언어유형지리론과 환태평양 언어권

-유형지리론으로 탐구하는 언어의 친족 관계-

언어유형지리론과 환태평양 언어권

유형지리론으로 탐구하는 언어의 친족 관계

마쓰모토 가쓰미(松本克己) 지음
박종후 옮김

역락

역자 서문

　이 책은 일본의 저명한 언어학자인 마쓰모토 가쓰미(松本克己) 선생님의 『世界言語の中の日本語－日本語系統論の新たな地平(세계 언어 속의 일본어－일본어 계통론의 새로운 지평)』(三省堂, 2007 초판)이라는 책을 번역한 것이다. 전체적으로 일본어의 계통과 관련한 내용이지만, 한국어와도 무관한 내용이 아니라고 생각하여 번역하게 되었다.

　처음 이 책을 접한 것은 2011년에 대학원에서 서울대학교의 박진호 선생님께 언어유형론 수업을 들을 때였다. 독특한 발상의 흥미로운 내용이라는 생각을 하고는 있었지만 당시에는 한국에 출판되어 있지 않았기 때문에 직접 읽을 생각은 하지 못했다. 그러다가 일본으로 일자리를 옮기고 나서 도서관에 가 보니 책이 있어 읽기 시작했다. 처음에는 가벼운 마음으로 슬쩍 넘겨보던 것이 책의 매력에 흠뻑 빠지게 돼, 좀 더 꼼꼼하게 읽어 보자는 취지에서 번역까지 하게 되었다.

　지난 2년 동안 보고 또 봤지만 여전히 볼 때마다 조금씩 고치고 싶은 부분이 나온다. 단독으로 내는 첫 출판물이어서 그런지 애정도 많이 가고 이렇게 훌륭한 저서를 괜히 번역한다고 해서 지은이와 읽는이 모두에게 폐를 끼치는 것은 아닌가 걱정스럽기도 하다. 최대한 원문의 내용을 살리면서 이해하기 쉽고 읽기 쉽게 우리말다운 번역을 하려고 노력했으나 소기의 성과를 거두었는지는 잘 모르겠다. 다소 부정확하거나 이해하기 어려운 부분이 있다면 전적으로 옮긴이의 능력 부족 때문일 것이다.

　책 내용을 간략하게 소개하자면, 이 책은 아직 해결의 실마리가 보이지 않는 일본어의 계통을 새로이 밝히고자 하는 시도에 관한 것이다. 일본어 계통론은, 메이지유신 이후 일본에 현대 언어학이 도입되어 100여 년 지나는 동안 수없이 많은 가설과 이론이 제시되고 많은 논의가 있어 왔다. 대표적인 학설로는 (우랄)알타이어족설과 오스트로네시아어족설, 드라비다어족설 등이 있는데, 어느 것 하나 만족스러운 결과를 내놓지 못한 채 일본어는 여전히 계통 불명의 고립 언어인 상태로 지금까지 이어져 오고 있다. (이것은 한국어의 경우도 마찬가지다.) 지은이의 견해에 따르면, 그동안 일본 학계가 일본어의 계통을 밝혀내지 못한 까닭은 인도유럽어의 계통을 밝히는 데 사용했던 비교·역사언어의 방법론을 그대로 답습했기 때문이라고 한다.

언어연대학에 따르면, 200개 정도의 기초어휘가 두 언어에서 공통적으로 살아남을 확률은 1,000년이 지났을 때 대략 81%(손실률 19%)라고 한다. 그러므로 분기한 후 5~6,000년이 지나면 공통 어휘의 수는 급격히 줄어들게 되어(약 10% 내외) 이미 비교·역사언어학에서 사용하는 음운 대응 규칙을 세울 수 없게 돼 버린다. 그러므로 현재 인도유럽어족과 같이 그 계통 관계가 분명히 밝혀진 여러 어족들은 공통 조어(祖語)에서 분기한 지 얼마 되지 않은 언어들인 것이다. 일본어나 한국어 등과 같이 그보다 훨씬 전에 분기해 버린 언어들의 경우는 이미 공통 어휘가 거의 존재하지 않기 때문에 기존의 비교·역사언어학의 방법으로는 음운 대응 규칙을 세울 수 없고, 그 계통 관계도 밝혀낼 수 없는 것이다.

그렇다면 일본어나 한국어 등과 같이 매우 오래 전에 분기하여 이미 공통 어휘가 소실돼 버린 언어들 사이의 계통 관계는 어떻게 해야 밝혀낼 수 있을까? 지은이는 기존의 비교언어학적인 방법과는 전혀 다른 각도에서 일본어의 계통을 탐구하기 위하여 '언어유형지리론'이라는 접근 방법을 도입한다. 어휘 항목이나 표면적인 형태-통사 구조가 아니라 각 언어의 기본 골격을 결정하는 유형적 특질들의 지리적·어족적 분포를 전세계적인 시야에서 조망하여 세계 언어 속에서 일본어의 위치가 과연 어디인가 하는 것을 분명히 하고자 하는 것이다.

이러한 관점에서 지은이는 유음(流音)의 유형(복식유음형-단식유음형-유음

결여형), 형용사의 유형(체언형 형용사–용언형 형용사), 명사의 수와 분류(명사 유별형–수사유별형), 동사의 인칭 표시(단항형–다항형–무표시형), 명사의 격 표시(대격형-능격형-중립형), 1인칭 복수의 포함과 배제의 구분, 형태법상의 수단인 중복법 등의 전세계적 분포를 살펴본다. 그 결과 놀랍게도 그 분포 양상은 크게 '유라시아 내륙'과 '환태평양'이라는 두 개의 커다란 분포권을 이루고 있었다. 이 중에서 태평양을 중심으로 한 동북아시아와 동남아시아, 그리고 오세아니아, 북·남미아메리카의 태평양 연안 지역이 하나의 공통 언어권인 (지은이의 명명에 따라) '환태평양 언어권'을 이루게 된다. 즉, 이 들 지역의 언어들은 거의 대부분 위에서 나열한 유형적 특질을 공유한다는 것이다. 일본어와 한국어는 이러한 '환태평양 언어권'에 속하게 되고, 그것 을 더욱 더 하위분류해 가면 '환동해·일본해제어'에 속한다는 것이다. 이러 한 발상 자체는 태평양을 중심에 두고 세계를 바라보는 관점에 서지 않으 면, 즉 대서양을 중심에 두고 세계를 바라보는 서구 중심의 관점에서는 절 대 나올 수 없는 것임을, 지은이는 강조한다.

이와 같은 지은이의 새로운 관점과 방법론은 그동안 정체되어 있던 일본 어 계통론에 매우 신선한 바람을 불어넣었다는 평가를 받는다. 일본어와 매 우 유사한 언어 구조를 가지고 있으면서 그와 동일하게 아직 계통 관계가 밝혀지지 않은 한국어의 계통론 연구에서도 분명 이 책이 많은 시사점을 던져 주리라 생각한다. 언어학에 대한 전문 지식은 물론 세계 여러 언어에 대한 해박한 지식을 바탕으로 진화생물학과 고고학, 문화인류학 등을 넘나 들며 통섭하는 지은이의 박학다식함과 넓은 시야는 전문적으로 언어학을 공부하는 연구자들에게 귀감이 될 뿐만 아니라 일반 독자들의 지적 호기심 을 충족시키는 데도 충분하리라 생각한다. 서울대학교 학생들의 베스트셀 러 목록으로 유명한 재레드 다이아몬드의 『총, 균, 쇠』(〈일본인은 어디에서 왔 는가〉가 추가로 수록된 개정증보판)와 같이 비교해 가면서 이 책을 읽어 보는 것도 흥미로울 것 같다. (결국 인류의 문명은 언어와 함께 발생·발전해 온 것이기 때문에.)

 이 책을 번역하면서 많은 것을 배웠다. 그동안 국어학을 공부하면서 너무 자잘한 나무만 봐 온 것은 아닌가 하는 반성도 하게 됐다. 나무만 보면 전체 숲을 볼 수 없고 전체 숲만 보면 개별 나무 하나하나를 보지 못하는 것처럼 개별 언어를 연구하는 데 있어서도 '언어' 또는 '세계 언어'라는 보편적 관점을 토대로 하지 않으면 결국 의미 없는 메아리가 돼 버릴 수밖에 없을 것이다. 그런 점에서 이 책이 국내 언어학계에도 신선한 바람을 불어넣지 않을까 생각한다.

 마지막으로 이 책을 번역하는 데 도움을 주신 여러분들께 감사의 인사를 드리고 싶다. 먼저 이 책을 소개해 주시고 실제 번역을 하는 데 도움을 주신 서울대학교의 박진호 선생님께 감사드린다. 또 이 책의 출판에 선뜻 나서 주신 역락출판사의 이대현 대표님과 편집을 맡아 주신 권분옥 편집장님께도 감사드린다. 물심양면으로 후배의 연구에 여러 도움을 주시는 일본 시마네현립대학의 오대환 선생님께도 감사드린다. 그밖에 지도교수이신 연세대학교의 서상규 선생님을 비롯한 모교의 여러 선생님들과 선후배 학형들에게도 감사드린다. 작은 성과지만 이 모든 분들의 도움과 격려가 없었으면 결코 이루지 못했을 것이다.

 그리고 뭐니 뭐니 해도 부모님과 아내에게 감사의 인사를 하고 싶다. 평소 말로 잘 표현하는 성격은 아니지만 항상 고마워하고 있음을 이 자리를 빌려 전하고 싶다.

2014년 10월 일본의 시마네현(島根縣)에서
옮긴이 박종후

차 례

제5장 일본어 계통론에 관한 새로운 생각
환동해 · 일본해제어와 아메리카 대륙

제6장 환태평양 언어권의 윤곽
인칭대명사를 통한 검증

제7장 태평양 연안 언어권의 선사(先史) 탐구

제1장

일본어 계통론 재검토
'거시 역사언어학'의 제언

1.1. 머리말

메이지(明治) 초기 일본에 서구의 언어학이 도입된 이후 일본어와 관련된 가장 큰 주제 중의 하나는 일본어의 계통을 둘러싼 문제인데, 이것은 전문 언어학자들뿐만 아니라 일반인들에게도 큰 관심을 받아 왔다. 이는 당시의 언어학이 인구어(印歐語) 비교문법을 중심으로 하여 모든 언어의 계보적 관계에 대한 역사·비교 연구를 주요 과제로 삼았기 때문이기도 하지만, 다른 한편으로는 이 주제가 단지 언어학만의 문제에 그치지 않고 일반인들도 누구나 흥미를 가질 만한 일본 문화의 발상(發祥) 또는 일본 민족의 기원이라는 문제와 밀접한 관련이 있기 때문이기도 하다.

그러나 이 문제를 논의하기 시작한 지 이미 백 년 이상의 세월이 흘러 수백 개의 논저가 세간에 나오며 여러 가지 논의가 수차례 되풀이되어 왔으나 여전히 이 문제는 해결될 기미가 보이지 않는다. 솔직히 말하자면 학문적인 측면에서 봤을 때, 애초의 출발점에서 어느 정도나 실질적인 진전이 이루어졌는지조차 의심스러울 정도다. 일부에서 일본어 계통론을 지목하여, 종종 학문적으로 이루어낸 것이 전혀 없는 쓸모없는 논의 또는 헛된 시도라고 하는 것도 결코 아무런 이유 없이 하는 이야기가 아닌 것이다.

아래의 소론(小論)은 이와 같이 막다른 골목에 부딪혀 갈 길을 잃고 헤매고 있는 일본어 계통론의 문제를 해결하기 위한 새로운 실마리를 찾으려 하는 시도이다. 그와 동시에 시간적으로 아주 오래된 언어들의 계보적 관계를 탐구하기 위하여, 고전적인 의미의 비교언어학을 대신할 무언가 새로운 접근 방법, 즉 부제(副題)로 쓴 이른바 '거시 역사언어학'적인 관점을 제안하고자 하는 의도도 포함하고 있다.

1.2. 일본어는 언제 일본 열도에 주어졌을까?

지금까지 일본어 계통론을 연구해 온 대부분의 학자들에게서 공통적으로 찾을 수 있는 것은, 현재 우리들이 일본어라고 부르는 언어가 일본 열도 안에서 자연적으로 발생한 것이 아니라 외부의 이주민들이 가지고 왔을 것이라는 견해다. 여기서 문제는, 그것이 과연 언제 이루어졌는가 하는 것이다.

이에 대해 지금까지 가장 유력시되어 온 것은 일본의 벼농사 문화가 시작된 야요이(弥生)[1]시대 초기로 보는 해석이다. 그 이전의 조몬(繩文)[2]시대에는 언어의 교체와 관련한 대대적인 이주나 급격한 사회 변동 등의 고고학적인 구획이나 단절이 잘 보이지 않기 때문이다. 이와 같이 일본어의 성립을 소위 '벼농사 민족의 일본 열도 도래'와 연결시키는 생각은 특히 야

---

1) [옮긴이] 오키나와(沖繩)와 홋카이도(北海道)를 제외한 일본 열도의 시대 구분 중에 하나로, 기원전 3세기부터 기원후 3세기 중반에 해당한다.
2) [옮긴이] 일본의 선사시대 중 중석기에서 신석기시대에 이르는 기원전 1만 3천 년~기원전 300년의 기간을 가리킨다.

나기타 쿠니오(柳田國男, 1875~1962)3) 이후 일본의 역사학과 고고학·민속학자들 사이에 뿌리깊게 박혀 있는 생각인데, 언어학자들 사이에서도 암묵적으로 이와 같은 발상에 근거하여 일본어 계통론을 전개하는 학자들이 적지 않다.

그러나 야요이시대 초기라고 하면 지금으로부터 겨우 2,300년 정도 전에 지나지 않는데,4) 이미 많은 언어사 관련 전문가들이 지적해 온 바와 같이 그 정도의 연대는 언어의 역사에서 그리 긴 시간의 폭이라고 할 수 없다. 적어도 지금까지 알려진 세계 여러 언어들의 역사를 근거로 판단할 때, 공통된 근원(根源)에서 서로 떨어져 나가 2,000~2,500년 정도 경과한 언어들 사이에는 그다지 큰 차이가 드러나지 않는다.

유럽에서 아주 가까운 관계에 있는 언어들의 예로 살펴보면, 영어와 독일어 그리고 북유럽어 등 게르만계 언어가 게르만조어에서 갈라진 시기는 지금으로부터 약 2,000년 정도 전이라고 한다. 이들 언어가 친족 관계에 있다는 것은, 19세기 초 처음으로 언어의 계통 문제에 대하여 연구하기 시작한 라스무스 라스크(Rasmus K. Rask, 1787~1832)5)와 야콥 그림(Jakob Ludwig Carl Grimm, 1785~1863)6)에게는 자명한 사실이었다. 단, 이 언어들은 서로 갈라진 이후에도 지리적으로나 역사적으로 어느 정도 연속성과 상호 접촉을 유지해 왔다. 반면에 일본어의 경우, 먼 바다를 건너 온 이주민의 언어가 조몬시대부터 이미 열도에 살았던 선주민 언어와 접촉하여 큰 변화를 보

---

3) [옮긴이] '일본인이란 누구인가' 하는 물음에 대한 해답을 찾아 일본 열도 각지와 당시 일본령이었던 여러 지역을 여행하며 조사하였다. 일본 민속학의 창시자로 여겨지고 있다.
4) 야요이시대의 시작 연대에 관해서 국립역사민족학박물관의 연구 그룹이 전혀 새로운 견해를 제기한 것은 본고가 쓰이고 나서 상당히 뒤의 일이다(2003년). 조몬 말기에서 야요이시대 사이에 과연 종래 여겨 왔던 것과 같은 명확한 경계가 존재했는가 하는 점을 포함하여 그것의 이행 시기와 그 역사적 성격에 대해서 앞으로 다시 살펴볼 필요가 있을 것이다.
5) [옮긴이] 덴마크의 언어학자이자 비교언어학의 주요 창시자.
6) [옮긴이] 독일의 언어학자이자 동화 수집가.

인 것이 틀림없기 때문에 게르만어(Germanic language)와는 동일하게 논할 수 없다는 반론을 할지도 모르겠다.

그러나 이와 비슷한 예로 아프리카 동부 에티오피아의 셈어(Semitic language)를 들 수 있다. 즉, 암하라어(Amharic language)를 비롯한 현재 에티오피아의 '셈계'로 불리는 여러 언어들은, 지금으로부터 약 2,500년 정도 전에 아라비아 반도 남부에서 바다를 건너 에티오피아로 이주한, 남아랍어를 말하는 셈족이 가지고 온 것이다. 그러나 그 당시 에티오피아에는 쿠시어(Cushitic language)라는 선주민 언어가 있었는데, 이것은 구조적으로 셈어와는 크게 다른 언어였다.

예를 들어 셈어는 (고전 아랍어에서 전형적으로 보이는 것과 같이) VSO형을 기본 어순으로 취하는 반면, 쿠시어는 그와 정반대로 (일본어와 완전히 동일한) SOV형의 어순을 취한다. 현재 에티오피아에서 사용되는 셈어의 대부분은 이 선주민 언어인 쿠시어의 영향을 받아 어순 형태가 VSO형에서 SOV형으로 바뀌었다. 또한 거기에 맞춰 문법 구조에도 커다란 변화가 생겼는데, 그럼에도 불구하고 이들 언어의 셈어적인 성격은 기초 어휘나 거기에 수반되는 명사와 동사의 형태법 등에 여전히 남아 있어 누가 보더라도 그 계통 관계를 의심할 수 없다. 선주민 언어의 영향력은 어순을 바꿔 놓을 정도로 대단한 것이었지만 2,000~2,500년 정도의 연대폭으로는 그 언어가 가지고 있는 셈어적인 성격을 완전히 뒤엎을 수는 없었던 것이다. 그 밖에도 세계 여러 언어들을 살펴보면 이와 비슷한 사례는 얼마든지 찾을 수 있다.

언어사에서 배울 수 있는 이러한 사례에 비추어 볼 때, 일본어(의 선조)가 야요이시대 초기에 외부에서 온 이주자들의 것으로 다른 대륙이나 남쪽의 여러 섬들, 또는 지구상의 어딘가에서 원래의 그 언어가 발견되리라고 하는 전제는 언어학적으로 전혀 근거가 없는 것이다. 만약 그러한 언어

가 존재한다면 그것과 일본어의 근친성(近親性)은 전문 언어학자는 물론 일
반인들도 쉽게 알아차릴 수 있을 것이다.

지금까지 많은 학자들이 그야말로 날카로운 시선으로 세계의 구석구석
을 샅샅이 뒤져봤지만 그러한 언어를 찾을 수 없었다는 것이 무엇보다 그
사실을 설득력 있게 입증하고 있다. 일본어의 '동계어(同系語)'라고 여겨지
는 언어들 중에 벼농사와 쌀 문화에 관한 '동원어(同原語, cognate word)'를 찾
아냈다고 하는 그럴 듯한 주장이 가끔 보이기도 하지만, 그것은 언어사의
상식을 무시한 시대착오적인 주장에 지나지 않다. 그러므로 일본어의 뿌
리는 지금도 역사언어학의 전문가들이 지적하는 것과 같이 야요이시대를
넘어 조몬시대 이상의 과거로 거슬러 올라간다고 보지 않으면 안 된다.

고고학자들에 따르면 조몬시대는 약 1만 년 전의 과거와 이어져 있다.
최종 빙하기가 끝나고 일본 열도가 지금과 같은 형태로 대륙에서 떨어져
나와 섬나라가 된 것이 바로 그때의 일이라고 한다면, 일본 열도의 형성과
조몬시대는 거의 같은 시기에 시작되었다고 할 수 있다.

그렇다면 일본어의 역사는 일본 열도의 선사(先史)에서 도대체 어디까
지 거슬러 올라가야 하고, 또 일본 열도 밖의 언어들과는 어떻게 이어져
있는 것일까?

1.3. 일본어의 계통은 왜 아직 밝혀지지 않았을까

지금까지 역사·비교언어학에서 불러 온 언어의 계통이나 친족 관계라
는 것은, 일찍이 아우구스트 슐라이허(August Schleicher, 1821~1868)[7]가 '계통
수(系統樹)'라는 모델로 제시한 것이다. '조어(祖語)'라는 하나의 공통 줄기에

---

7) [옮긴이] 인도유럽어족과 슬라브어를 연구한 언어학자.

서 마치 가지가 갈라져 나오는 것과 같은 형태로 언어들 사이의 계보적 관계가 나타난다. 그리고 이러한 계보 관계로 맺어진 언어 그룹의 총체를 '어족(語族)'이라고 한다. 그 모범이 되는 것은 두말할 필요도 없이 인도·유럽어족이고, 이것을 대상으로 한 인구어 비교문법이 그 후 다른 영역의 연구에도 방법론적 지침이 된다.

이렇게 세계의 모든 언어를 계통적으로 분류해 보려는 시도 속에서 여러 어족들이 하나둘씩 구분되기 시작한다. 그 중 주요 어족들만 살펴보면, 먼저 유라시아에는 방금 예로 든 인구어족 외에 셈어족(Semitic languages, 혹은 그것을 포함하는 아프로-아시아어족(Afro-Asiatic languages)), 우랄어족(Uralic languages), 드라비다어족(Dravidian languages), 티베트-버마어족(Tibeto-Burman languages), 오스트로-아시아어족(Austro-Asiatic languages) 등이 있고, 아프리카에는 반투어족(Bantu languages, 혹은 그것을 포함하는 니제르-콩고어족(Niger-Congo languages)), 태평양 지역에는 오스트로네시아어족(Austro-nesian languages) 등이 있다.

그러나 한편으로, 세계에는 어느 어족에 속하는지 그 계통을 명확하게 알 수 없는 언어들 또는 극히 제한된 지역에서 소수의 동계어(내지 동계 방언)만 가지는 언어들도 수없이 많이 있다. 일본어 역시 그러한 언어 중의 하나인데, 그 주변에 있는 한국어나 아이누어(Ainu language), 그리고 길랴크어(Gilyak language) 및 그 밖의 고(古)시베리아제어(Paleosiberian languages) 등도 모두 이와 같이 그 계통을 알 수 없는 언어들이다.

세계의 여러 언어들을 둘러보면, 이렇게 계통이 불분명한 고립 언어나 계통 관계가 극히 복잡한 언어들이 분포하는 지역은 비교적 한정되어 있다. 대략 그 지역은, 신석기시대 이후 발달한 인류의 주요 문명 중심지에서 멀리 떨어져 있는 주변부이거나 지리적으로 주위와 격리되어 있는 고립 지역들이다. 일본어를 포함하는 북태평양 연안부에서 시베리아 동북부까지는 그러한 주변 지역에 속하는데, 언어 분포가 매우 복잡한 호주(특히 북서부)나 뉴기니아(특히 고원 지역), 아메리카 대륙(특히 북아메리카 서해안과 남미의 아마존 지역) 등도 그와 같은 주변부라고 할 수 있다.

한편 인류의 발상지라고 불리는 아프리카와 고대 문명을 발달시킨 유라시아 중심부 및 그 서쪽에 위치한 유럽은, 적어도 현시점에서 보기에는 언어의 분포가 매우 등질적이고 그 계통 관계도 분명한 편이다. 예를 들어 현재 유럽에서 계통이 불분명한 언어는, 프랑스와 스페인 국경의 서부 피레네 산지에서 사용되는 바스크어(Basque language)밖에 없다. 또 인도 대륙에서는 파키스탄 북부 산악 지대의 부르샤스키어(Burushaski language)와 인도 중앙부에 고립된 나할리어(Nahali language)뿐이다. 단, 캅카스(Kavkaz)[8]는 유라시아의 중심부에서 복잡한 계통 관계를 가지고 있는 유일한 격절(隔絶) 지역으로, 문명의 주변부와 동일한 성격을 띠고 있다.

지금까지의 연구에 따르면, 위에서 예로 든 구대륙을 중심으로 넓은 지역에 분포하는 인구어와 그 밖의 주요 어족의 조어(祖語)는 대체로 5~6,000년 전으로 거슬러 올라간다. 비교적 주도 면밀하게 연구가 이루어진 인구어, 셈어, 우랄어, 오스트로네시아어 등의 조어(祖語) 역시 그 정도의 연대로 거슬러 올라가 거의 모두 일치한다. 그렇다는 것은, 이 언어들 모두 인류가 석기시대의 긴 정체기를 끝내고 새로운 '문명의 시대'를 받아들이는 개막기 즈음에 나타난 것으로, 꽤 단기간 내에 그 세력 범위를 확장하여 현재와 같은 어족의 분포도를 형성했다고 생각할 수 있다.

그러나 이들 주요 대어족이 형성된 수천 년의 세월은 인류가 거쳐 온 수만 년 혹은 그 이상의 긴 세월에서 보면 정말 짧은 찰나에 불과하다. 인류 언어사의 이른바 최근세에 발생한 사건에 지나지 않다. 그러나 이와

---

8) [옮긴이] 유럽권 러시아 남서부 끝에 있는 산지.

같은 새로운 사건으로 인해 세계의 언어 지형은 크게 바뀌게 된 것이다.

예를 들어, 후기 구석기시대의 유럽 각지에 훌륭한 동굴 벽화를 남긴 '크로마뇽'이라고 불리는 고대 유럽인들이 사용했던 언어는, 지금으로부터 4~5천 년 전부터 널리 퍼진 것으로 보이는 인구어와 우랄어 때문에 흔적도 없이 사라졌다. 또 현재 인구어, 셈어, 그리고 알타이어의 주요 어족들이 점령하고 있는 중동에서도, 지금으로부터 약 5,000~3,000년 전에는 쐐기문자(cuneiform script, 楔形文字)9) 기록 안에 등장하는 수많은 언어들이 쓰이고 있었다. 예를 들면 쐐기문자의 창시자로 여겨지는 수메르인의 언어, 메소포타미아 상류 지역의 미탄니(Mitanni) 왕국10)과 그 주변에서 사용되었던 후르리어(Hurrian language), 히타이트 선주민 언어인 하티어(Khattic language), 페르시아 선주민 언어인 엘람어(Elamite language), 그리고 아르메니아어(Armenian langauage)의 전언어인 것으로 보이는 우라르트어(Urartian language) 등이 있었는데, 이들은 모두 그 계통이 불분명하다. 이러한 고대 중동의 언어 상황을 알 수 있게 된 것은, 이 지역에 우연히 쐐기문자라는 고대 문자로 쓰인 기록들이 남아 있었기 때문이다. 만약 그것이 없었다면 이들 언어 역시 유럽의 석기시대 언어들처럼 흔적도 없이 사라졌을 것이다.

이러한 점을 살펴보면 지금까지 비교언어학적으로 동계 관계가 확인되어 하나의 큰 어족을 형성한 언어들은, 지금으로부터 약 5~6천 년 전에 시작된 인류사의 전혀 새로운 '문명의 시대'에 들어와 급속히 세력을 확장한, 이른바 신흥 언어들인 것이다. 한편 계통 관계가 분명하지 않은 언어들은,

---

9) [옮긴이] BC 3,000년경부터 약 3,000년 동안 메소포타미아를 중심으로 고대 오리엔트에서 광범위하게 사용된 문자.

10) [옮긴이] 메소포타미아 유프라테스강 중류 연안에 후르리인들이 세운 왕국. 수도는 와수카니로, 그 위치는 분명하지 않다. 지배 계층은 유럽인도어족을 사용하는 민족들이었고, 전성기인 BC 17~15세기에는 소아시아 남동부·북시리아·티그리스 동부 등을 지배하였다. BC 14세기 후반 분열 상태에 빠지고, BC 1300년 무렵 히타이트의 침입과 아시리아의 배반으로 멸망하였다.

이러한 신흥 언어들에 의해 변경으로 밀려났거나 그들의 세력이 미치지 않는 격절 지역에 고립되어 살아남은, 즉 이러한 큰 어족이 형성되기 이전에 존재했던 고대 언어층으로 거슬러 올라가는 언어들일 것이다.

언어지리학에서는 현재 지구상에서 이러한 대어족들이 차지하고 있는 곳을 '확산 지역', 반면에 고대 언어층이 살아남은 곳을 '잔존(殘存) 지역'이라고 한다. 전통적인 비교언어학의 관점에서 언어의 계통 관계를 확인할 수 있는지의 여부는, 요컨대 이러한 언어의 분포역과 각 지역이 속하는 언어층의 차이에 의한다고 할 수 있다. 즉, 고전적인 의미에서 언어의 동계성을 따질 수 있는 것은, 인류의 문명기에 형성된 새로운 언어층에 속하는 언어들뿐인 것이다.

이미 한 세기 이상의 현장 연구를 통해 밝혀진 바와 같이, 실제로 전통적인 역사언어학에서 사용하는 비교방법은 분기(分岐) 후 약 5~6천 년 정도의 범위 안에 있는 언어들 사이에서만 유효하다.

비교방법을 간단하게 설명하자면, 동계 관계에 있는 언어들이 유지하고 있는 동원어를 대조하여 거기에 일정한 '대응'의 규칙(이를 테면 '음운 대응의 법칙')을 세우고, 그것에 기초하여 '조어형(祖語形, proto-form)'을 재구하는 일련의 과정이다. 이러한 작업이 어느 정도 성공하면 이들 언어의 동계성이 증명됐다고 한다. 그러나 이 방법을 적용하는 데는 한계가 있다. 비교방법이 근거를 두고 있는 동원어라는 것이 언제까지나 일정하게 유지되는 것은 결코 아니기 때문이다.

예를 들어 한때 일본어 계통론 안에서 인기가 높았던 언어연대학의 전제에 따르면, 이른바 '기초 어휘'의 소실률은 모든 언어에서 거의 일정한 수치를 보이는데 대체로 1,000년당 20% 전후가 없어진다고 한다. 역으로 말하자면, 1,000년 후에 유지되는 기초 어휘는 대략 80%가 된다. 그렇다고 하면 하나의 조어에서 분기해 나간 동계어 사이에 공유되는 기초 어휘의 비율은, 분기 후 1,000년이 지나면 대략 64%, 2,000년 후에는 40%, 3,000년 후에는 26%, 4,000년 후에는 17%, 5,000년 후에는 10%, 6,000년 후에는 7%가 된다. 즉, 비교방법에 실마리를 제공해 주는 동원어가 시간의 흐름과 함께 점점 사라져 버려 결국 6,000~7,000년을 넘어서는 지점에 이르면 거의 없어지고 만다는 것이다. 또 어떠한 언어들이라고 해도 두 언어 사이에는 우연히 서로의 의미와 음형이 비슷한 단어가 반드시 5% 정도 나타난다고 한다.

지금까지 세계 언어의 계통적 분류에서 중심 역할을 해 온 인구어와 그밖의 주요 어족은, 각각 그 분기 연대가 우연히 이러한 비교방법의 사정권 내에 있었기 때문에 가능했던 것이다. 즉, 이미 말한 바와 같이, 이들 언어가 기나긴 인류의 언어사에서 비교적 최근에 세력을 확장한, 현재 지구상의 언어 분포도에서 가장 최신층을 형성하고 있는 언어이기 때문인 것이다. 이렇게 생각하면, 일본어를 포함한 동북아시아 연안부 언어들의 계통 문제에 대하여 지금까지 전통 비교언어학의 시도들이 성공하지 않았던 이유도 저절로 분명해진다.

이 언어들은 세계 언어 중에서도 비교적 고대층에 해당하는 적어도 5,000~6,000년이라는 연대를 넘어서는 시기까지 거슬러 올라가야 한다. 또 그 형성과 발달 과정은 슐라이허의 계통수 모델에서 보이는 것과 같이 급격한 분기적 확장이 아니라 극히 장기간에 걸친 완만한 분기와 수렴이 쌓여 형성되었을 것이다.

전형적인 계통수 모델에서 나타난 것과 같은 대규모 어족의 출현은, 주로 수렵과 채집에 의지하던 오랜 석기시대의 생활 양식에서 벗어나 농경과 목축 그리고 금속도구를 사용하는 '문명의 시대'에 들어서면서 생긴 새로운 언어의 발달 형태인 것이다. 씨족이나 부족을 넘어선 대규모 사회 집단의 형성과 넓은 지역에 걸친 대대적인 주민 이동이 이러한 사회적·경제적 뒷받침 덕분에 비로소 가능하게 되었기 때문이다.

일본의 조몬시대는 토기의 사용 흔적이 보이기는 하지만 수렵과 채집에 의지한 전(前)문명기에 속하고, 당시 사람들은 혈연에 근거한 소규모 집단으로 갈라져 각자 자급자족하며 생활했을 것이다. 일설에 따르면 조몬 중기의 인구는 약 30만 전후라고 하는데, 이러한 시대적·사회적 환경 속에서 언어의 모습은 도대체 어떠했을까?

여기서 그와 비슷한 전문명적인 성격을 가진, 다른 언어권으로 눈을 돌려보자. 예를 들어, 백인들이 들어오기 전의 오스트레일리아는 문화적으로 구석기 단계에 속한다. 또 통설에는 약 30만의 선주민이 600개에 가까운 부족으로 갈라져 있었으며, 적어도 200개 이상의 다른 언어가 있었다고 한다. 오스트로네시아어에 속하지 않는 이른바 파푸아제어(Papuan Languages)를 사용하는 파푸아 뉴기니와 그 주변 섬들의 현재 인구는 약 350만이고 거기서 사용하고 있는 언어는 약 750개인데, 적어도 60개 이상의 '어족'이 모여 있을 것으로 추정된다.

또 아메리카 선주민 언어들의 밀집 지역으로 잘 알려진 아메리카 북서해안에서 캘리포니아에 이르는 지역에는 백인들이 처음 북미에 왔을 때 사용되던 300~500개의 언어 중 절반 이상이 모여 있었는데, 30개 이상의 다른 '어족'이 있었다고 한다.

이렇게 이른바 '미개' 사회의 언어가 가지는 존재 양식은 단순히 계통수의 도식으로는 결코 파악할 수 없다는 점을 명심할 필요가 있다. 조몬시대 일본 열도의 언어 분포가 과연 뉴기니나 북태평양 연안과 동일한 정도로 복잡다기했는지는 지금 당장 판단할 수 있는 문제는 아니다. 그러나 어찌됐든 지금과 같이 단일하고 균질한 상황이 아니었던 것만은 확실하다. 3세기 전후 중국에서 쓰인『위지왜인전(魏志倭人傳)』11) 의 머리말에는,

"왜인은 동남대해 안에 있고, 산과 섬에 의지하여 고을을 이루고 산다.
원래 백여 개 국, 지금은 삼십 개 국 정도…"

와 같이 당시 일본 열도의 복잡한 부족 구성을 나타내는 기술이 보인다.
또 그보다 후대인 나라(奈良)[12]・헤이안(平安)[13]시대에도 일본 국내에 여러
언어가 존재했다고 하는 것은『이즈모풍토기(出雲風土記)』[14]와『도다이지
풍송고(東大寺諷誦稿)』등의 기술로도 알 수 있다.

지금의 일본어는 일본 열도가 조몬시대에서 야요이시대의 문명기로 이
행하고 나서, 거기서 주도적인 역할을 한 어느 종족 내지 부족(중국 사서에
서 말한 이른바 왜인)이 사용했던 언어가 정치적・사회적 세력 확장과 함께
서일본을 중심으로 상당히 급속하게 전 열도에 확산된 것으로 여겨진다.
그러나 그것은 결코 외부에서 주어진 것이 아니라 조몬시대 이후 열도 안
에서 사용해 온 수많은 언어 중 하나였을 것이다. 물론 그런 식으로 일본
어가 멀리 조몬시대에까지 거슬러 올라간다고 해서 일본어가 '만세일계(万
世一系)'[15]라고 하는 것은 아니다.

---

11) [옮긴이] 중국 위진남북조시대의 사학자 진수가 쓴 정사『삼국지』안에 있는 <위서(魏
書, 전 30권)>에 담겨 있는 동이전(東夷傳)의 '왜인'에 관한 조항. 정식 명칭은『삼국지』
위서동이전 왜인조이며, 1,988자 또는 2,008자가 쓰여 있다고 한다.
12) [옮긴이] 일본 역사상 시대 구분의 하나로 나라(奈良)를 도읍으로 했던 시대. 710년 겐메
이(元明) 천황이 나라로 천도한 후 794년 간무(桓武) 천황이 헤이안쿄(平安京 : 지금의 교
토(京都)로 천도할 때까지 7대의 왕이 통치한 70여 년 동안의 시대를 가리킨다.
13) [옮긴이] 나라시대의 다음, 가마쿠라시대의 이전 시대이다. 일본 사회사로는 고대 말기에
해당하는 시기이다. 794년 간무 천황이 헤이안쿄로 천도한 때부터 미나모토노 요리토모
(源賴朝)가 가마쿠라(鎌倉) 막부를 개설한 1185년까지를 가리킨다.
14) [옮긴이] 현재 시마네현 이즈모(出雲) 지방의 자연과 문화를 정리한 책으로, 이 지방에
대대로 전해 내려오는 민간 신화와 설화들을 다수 수록하고 있다. 713년 나라시대 초기
겐메이(元明) 천황의 명령에 의해 편찬되기 시작되어, 733년 쇼무(聖武) 천황 때 완성되
었다.
15) [옮긴이] 일본 천황가(天皇家)의 혈통이 단 한번도 단절된 적이 없다고 주장하는 견해이
다. 만세일계 주장은 메이지유신 이후 천황을 절대적인 존재로 부각시키는 과정에서 크
게 중요시되었고 대일본제국헌법의 제1조에도 만세일계라는 용어를 기술하여 법적으로

이미 가메이 다카시(龜井孝, 1912~1995)[16]도 지적했던 것처럼(龜井, 1973:67ff.), 옛 일본어의 어휘에 여러 개의 동의어가 병존한다는 점을 볼 때 일본어의 형성 과정에 복수의 다른 언어들이 관여하고 있었을 가능성을 짐작하게 한다.

예를 들어, 'turu'와 'tadu' [학], 'tani'와 'yatu'(또는 'yati') [골짜기], 'ue/sita'와 'kami/simo' [위/아래] 등이 있다.

또 친족 명칭에서도 'titi'(아버지) - 'haha'(어머니)와 함께 'kaso'(아버지) - 'iro'(어머니), 'sisi'(아버지) - 'omo'·'amo'(어머니)가 병존하고 있었는데, 더욱이 일상어에서는 'toto'(아버지) - 'kaka'(어머니)도 사용되었던 것으로 보인다.

형제자매의 호칭에서도 동일한 현상을 찾아볼 수 있다. 즉, 옛날에는 나이가 많은 형과 누나에 대해 'e', 연하의 남동생과 여동생에 대해서 'oto'가 있었고, 남녀를 구분하는 경우에는 'ehiko', 'ehime' / 'otohiko', 'otohime'라는 명칭도 있었다. 이와 함께 'ani', 'ane'가 있었고, 또 'irone'(같은 어머니의 형, 누나), 'iroe'(같은 어머니의 형), 'irose'(같은 어머니의 형제), 'irodo'(<iro·oto>, 같은 어머니의 남동생 여동생)이라는 명칭도 보이는데, 여기에는 단지 명칭의 차이뿐만 아니라 친족 명칭의 시스템적 차이도 개재하고 있는 것 같다.

참고로 'oto'는 친족 전용 명칭이 아니라 'oto-ru'(열등하다)와 'oto-su'(떨어뜨리다)와 같은 어간에서 유래하는 것으로, 본래 '아래'나 '낮음'을 뜻한다. 한편 'ani'·'ane'의 'ane'는 아마 'ani'의 파생형일 텐데, 이 'ani'와 앞의 'e'는 서로 계통이 다른 어휘였을 가능성이 높다.

이렇듯 일본어의 발상이 멀리 조몬시대에까지 거슬러 올라가고, 또한

강조하였다. 하지만 근래에 들어서는 현실적인 사료나 기록 등의 연구를 통해 매우 허술한 주장임이 드러나고 있지만 천황에 대한 논란을 금기시하는 일본 내에서는 본격적으로 의제화되지 않고 있다.

16) [옮긴이] 일본의 국어학자. 언어학자. 특히 일본어의 음운에 대하여 연구하였다. 히토쓰바시대학(一橋大學) 명예 교수 역임.

그 시대의 언어 상황이 결코 단순하지 않았다고 한다면, 그 안에서 살아남은 현재의 일본어는 계통적으로 볼 때 유라시아와 그 주변에 분포하는 주요 어족, 예를 들어 우랄어족이나 알타이어족, 티베트버마어족, 드라비다어족, 오스트로네시아어 중 어느 쪽으로도 귀속시키기가 곤란할 것이다. 이들 대어족은 이미 기술한 바와 같이, 지금부터 5~6천 년 전에 시작한 구대륙의 문명기 이후 분기적 확산을 이룬 것으로 각각 어족 내의 언어적 계통 관계가 비교언어학의 사정권 내에 있다.

고전적인 비교방법을 이용하여 지금까지 많은 학자들이 열심히 노력을 했지만 이들 어족 중의 하나와 일본어를 연결시키려는 시도는 모두 성공하지 못했다. 이들 어족의 분기적 확산이 일본 열도에 도달한 흔적이 보이지 않기 때문이다. 일본어의 계통이 불분명하다는 것은, 결국 일본어의 시작이 전통적인 비교언어학으로는 손댈 수 없는 멀고먼 과거로 거슬러 올라감을 의미하는 것이다.

1.4. 일본어의 유형적 특징으로 보는 '환태평양'적 분포

그러면 이와 같이 매우 오래된 연대폭을 가진 언어의 계보적 관계를 탐색하는 일은, 현재의 언어학적 방법으로는 전혀 가망이 없는 것일까?

이미 앞서 말한 바와 같이, 고전적인 비교방법은 한결같이 개별 단어와 형태소의 의미 그리고 음형의 유사성에서 단서를 찾는다. 그런데 이러한 언어의 이른바 표층 현상을 통하여 도달할 수 있는 언어들 사이의 관계는 결국 별로 오래 지나지 않은 친족 관계에 한정될 뿐이다. 만약 연대적으로 좀 더 오래된 곳에서 모든 언어를 연결하고 있는 끈 같은 것이 있다고 한다면, 그것은 개별 어휘의 의미와 음형의 유사성 등과 같은 표층 현상이 아니라 오히려 언어 내부에 깊숙이 숨어 있는 구조적 특질에 남아 있을 것이다.

일찍이 프리드리히 슐레겔(F. Schlegel, 1772~1829)[17]이 당대의 최첨단 과학 중에 하나인 '비교해부학(vergleichende Anatomie)'을 본따 '비교문법(vergleichende Grammatik)'을 처음 구상했을 때도 언어들 사이의 동계성을 증명하는 근거는, 이른바 음운 대응 현상이 아니라 의미의 구조적 특질, 즉 그의 언어를 빌려 말하자면 "언어의 가장 내적인 구조", 현재의 용어로 말하자면 오히려 유형적인 특징인 것이다. 물론 이러한 구조적 특징 중에는 최신 언어유형론이 밝혀낸 것과 같이 인류 언어의 보편성과 연결되는 것도 적지 않다. 따라서 여기서 살펴보고 있는 계보적·발생적 관계와 관련된 구조적 특성은, 물론 보편적 특성이 아니라 특정 언어가 갖추고 있는 기본 골격을 형성하는, 또 언어 변화에 대한 강한 저항력을 가지는, 그러한 특성이어야 할 것이다.

앞서 살펴본 바와 같이, 어떠한 언어든 단어의 의미와 음형은 시대의 변화를 거스르면서 언제까지나 존속할 수 있는 것이 아니다. 그러나 언어의 가장 기본적인 골격을 이루는 어떠한 종류의 구조적 특질과 문법적 카테고리는 시대와 환경의 변화를 거스르며 뿌리깊게 존속하는 것처럼 보인다. 따라서 이러한 특질을 서로 공유하는 언어는 혹시 비교언어학적인 관점에서 그 동계성을 찾을 수 없다고 하더라도 좀 더 깊이 파고들어가 보면 무언가 서로 연결되어 있는 부분이 있을 가능성이 크다. 비교방법으로 찾을 수 있는 언어들 사이의 계보적 관계를 '동계성'이라고 한다면, 언어의 기본적인 발음 습관이나 문법 조직의 근저를 이루고 있는 구조적 특질로 이어진 언어들 사이의 관계는 '유연성(類緣性, affinity)'이라는 것이 더 적절

---

17) [옮긴이] 독일의 시인, 철학자, 역사가. 낭만파의 이론적 지도자. 그는 인도학(印度學) 연구의 개척자로서 예술 비평과 철학적 사유를 하나로 융합한 문학연구가로서 큰 발자취를 남겼다.

할지도 모르겠다.

이와 같이 비교언어학의 사정권을 넘어 좀 더 깊숙한 곳에 있는 언어들 사이의 연결점을 탐구하는 하나의 시도로써, 일본어의 선사(先史)와 관련이 깊다고 여겨지는 흥미로운 유형적 특징을 살펴보자.

1.4.1. 일본어의 ラ(ra)행18) 자음

먼저 음운의 측면에서 살펴보자.

주지하다시피, 일본어에는 '유음(流音)'이라는 음소, 즉 ラ(ra)행 자음이 한 종류밖에 없다. 한편, 유럽을 포함하여 세계의 많은 언어에서는 이러한 유음에 '측면음(側面音)'인 [l]음과 '떨림음' 내지 '탄음(彈音)'인 [r]음의 구분이 있다. 그러므로 이와 같은 유음의 구분이 없다는 것은 일본어의 눈에 띄는 특징 중에 하나인 것이다. 그러나 이것은 결코 일본어만의 독특한 특징이 아니라 다른 언어들에서도 쉽게 찾을 수 있는, 음운적 측면에서 중요한 유형적 특징 가운데 하나다(松本, 1987). 세계 언어의 관점에서 이 특징을 살펴보면, 지리적으로 한쪽으로 치우친 분포 양상이 현저히 드러난다.

예를 들어 일본어의 주변부터 살펴보면, 일본어 외에도 아이누어, 한국어, 중국어의 여러 방언들, 먀오-야오제어(Miao-Yao language), 거기서 더 남쪽으로 내려가면 베트남·라오스·태국 북부의 여러 언어들에까지 이러한 음운적 특징이 널리 퍼져 있다. 단, 태국 남부의 몬-크메르(Mon-Khmer)와 티베트·버마, 그리고 대만·필리핀·인도네시아를 포함하는 오스트로네시아어족의 서쪽 그룹에서는 이러한 음운적 특징이 보이지 않아 여기에서 분포선이 끊어지는 것으로 보인다. 그러나 이곳을 넘어가면

---

18) [옮긴이] 일본어는 자음과 모음이 일체로 되어 있는데, 이는 '50음도'라는 표로 정리할 수 있다. 이것은 다시 행과 열로 구분할 수 있는데, 하나의 자음에 각 모음(a, i, u, e, o)가 연결되어 행을 이룬다.

뉴기니아의 폴리네시아, 더 나아가 남아메리카의 거의 전지역, 그리고 중미의 일부를 뺀 북아메리카 대부분 지역이 서로 연결되어 하나의 커다란 원과도 비슷한 분포권을 이루며 그 밖의 지역과는 확실한 대조를 이룬다.

참고로 북아메리카에는 l과 r의 구분은 없지만 다른 자음과 병행하여 측면음 /l/에 유성(有聲)・무성(無聲)・후두화(喉頭化)19)와 같은 구분을 가지는 언어가 있다. 그러나 이 현상은 원래 이 언어가 가지고 있던 것이라기보다 2차적 발달 때문이라고 봐야 할 것이다.

유음을 l과 r로 구분하지 않는 언어는 이와 같이 유라시아의 태평양 연안부에서 뉴기니아, 폴리네시아, 그리고 남북아메리카 대륙에 걸쳐 넓게 분포하는데, 지리적으로 제한적이기는 하지만 분명히 하나의 큰 권역을 이루고 있다. 그 밖의 지역에서 이러한 특징을 보이는 것은 아프리카 서부와 남부의 일부 언어들뿐이다.

이들을 빼면 아프리카의 거의 전지역, 태평양 연안부를 뺀 유라시아 전지역, 그리고 오스트레일리아의 거의 전지역이 유음을 l과 r로 구분하는 분포권에 속한다. 즉, 대략 말하자면, l과 r을 구분하는 언어권은 아프리카, 유라시아, 오스트레일리아라는 세 개의 구대륙을 포함하는 반면, 그러한 구분이 없는 언어권은 이들 구대륙의 주변부에 마치 태평양을 둘러싸고 있는 듯한 형태의 분포를 보이는데, 이것은 문자 그대로 '환태평양'적이라고 할 수 있다. 그리고 이미 말한 바와 같이, 이 언어권은 역사적으로 세계 언어의 주변 지역에 속하는, 옛날 언어층의 잔존 지대일 것이다. 그렇다고 한다면, 발음 습관의 기본과 관련된 이러한 특이한 음운 현상은 결코 새로운 시기에 발생한 현상이 아니라 오히려 유라시아 중심부에서는 대부분

---

19) [옮긴이] 성문의 폐쇄나 긴장이 수반되어 음이 동시조음되는 현상. 성문화(聲門化)라고도 한다. 한국어의 된소리가 후두화음(방출음)이라는 설이 유력했으나 최근에는 재검토되고 있다.

사라져 버린 오래된 언어적 특징의 흔적이라고 보지 않으면 안 될 것이다.

참고로 유럽과 아시아의 중심부에도 예전에는 l과 r을 구분하지 않는 언어가 존재했었다는 증거가 몇 개인가 존재한다. 예를 들어, 20세기 중반에 해독된 미케네[20]-그리스어의 표기에 사용된 '선문자B(線文字B)'라고 불리는 문자에는 l과 r의 구분이 없는데, 이것은 그리스 선주민이었던 미노아인의 언어에 이러한 구분이 없었기 때문일 것이다. 또 인구어 중에서도 인도・이란어는, 기록 시대 이전의 인도유럽어의 조어가 가지고 있던 l과 r의 구분을 상실하여 지금은 유음이 /r/ 한 종류밖에 없다. 이것은 인구어 역사상 아직까지 풀리지 않고 있는 수수께끼 중 하나인데, 아마 이동이 있었던 시기에 이러한 구분을 가지지 않은 미지의 언어와 접촉하여 생긴 것으로 추정된다.

주지하다시피, 일본어의 ラ행 자음은 옛날에는 어두에 오지 않았다. 이러한 현상이 알타이어(적어도 동쪽 그룹)에서도 보이는데, 예전에 일본어의 알타이 기원설을 주장하던 사람들은 이를 자신들의 견해를 뒷받침하는 유력한 근거 중 하나라고 주장했다. 그러나 이러한 종류의 현상은 그 밖의 지역에서도 종종 관찰할 수 있는데, 예를 들어 인구어 중에서도 그리스어・아르메니아어・히타이트어 등이 그렇다. 일반적으로 혀끝을 떨게 하는 유음은 어두보다는 어중에 오는 편이 훨씬 발음하기 쉽기 때문에 r음이 어두에 오지 않는 현상은 인류 언어의 보편적 경향성을 나타내는 일반적인 현상에 지나지 않는다. 그러므로 계통론의 근거로는 그다지 유효하다고 할 수 없다.

---

20) [옮긴이] 그리스의 펠로폰네소스반도 동북쪽에 있던 고대 도시국가. 미케네를 중심으로 한 미케네문명은 에게문명 후기에 속하며 BC 1,200~BC 1,100년에 발칸반도를 남하해 온 도리스인에 의해 멸망되었다. 미케네인들이 사용했던 선문자B는 점토판에 새겨진 것이 각지에서 출토되었는데, 초기의 그리스어를 나타내는 것으로 해독되었다.

1.4.2. 일본어의 수사유별(數詞類別)

다음으로 문법 현상과 관련한 것을 살펴보자. 일본어는 사물을 셀 때 인간이라면 'hi-tori(한 명)', 'hu-tari(두 명)', 개나 고양이라면 'ip-piki(한 마리)', 'ni-hiki(두 마리)', 종이나 접시라면 'ichi-mai(한 장)', 'ni-mai(두 장)' 등과 같이 명사의 의미 내용에 대응하는 별도의 '조수사(助數詞)'[21]를 사용한다. 이러한 조수사는 수사와 함께 한자어에서 차용한 것이 시대에 따라 변한 것인데, 일본어에서 숫자를 세는 방식은 나라시대 이후 변하지 않고 있다.

일반적으로 이러한 조수사를 '분류사(classifier)'라고 하는데, 이 역시 일본어에만 한정되어 나타나는 현상은 아니다. 이러한 분류사는 수사와 함께 쓰이는 것이 보통이지만, 언어에 따라서는 지시사나 형용사와 함께 쓰이는 것도 있다. 또 종류와 숫자 역시 제각각으로, 두세 개 정도의 단순한 형태에서부터 수십 개에 이르는 복잡한 체계를 갖춘 것까지 여러 가지 변종이 있다. 또, 구체적인 형태에 있어서도 수사와 독립한 다소 자립적인 형식에서부터 수사와 완전히 융합되어 있는 의존적인 형태에 이르기까지 여러 가지 형태가 존재한다.

그러나 세계 언어에는 이러한 수사유별과 달리, 명사 그 자체를 어떠한 의미 범주로 분류하는 또 다른 유형의 언어들이 있다. 즉, 인구어나 셈어, 드라비다어 등에서 보이는 '문법적 성(gender)'(예를 들어 남성·여성·중성, 또는 유생물·무생물 등의 구분)과 반투어에서 보이는 '부류(class)'가 바로 그것이다. 문법적 성이라는 것도 결국 부류(class)의 한 종류에 지나지 않는

---

21) [옮긴이] 일본어 문법에서 이야기하는 조수사는 한국어에서도 흔히 사용하는 단위인데, '한 명', '두 명' 할 때의 '명'이나 '한 마리', '두 마리'라고 할 때의 '마리' 같이 사람 수나 물건 의 개수 등을 셀 때 같이 사용되는 명사를 가리킨다.

데, 여기서는 인구어나 반투어와 같이하게 부류의 시스템을 가진 유형을
'명사유별형(名辭類別型)', 일본어와 같이 분류사를 가진 유형을 '수사유별형
(數詞類別型)'이라고 부르기로 한다.

　이러한 두 가지 유형은 다른 문법적 특징과도 밀접한 연관성을 가지고
있다. 예를 들어, 명사유별형 언어에서는 거의 대부분 명사에 문법적인
수(number)의 구분(예를 들어 단수와 복수)을 가지고 있다. 반면에 수사유별
형 언어에서 문법적으로 의미화된 수의 범주는 보이지 않는다(松本, 1993).

　지금까지 필자가 조사한 결과에 한해 이야기를 하자면, 명사유별과 수
사유별은 한 언어 안에서 절대 공존하지 않고, 명사의 의미 및 수 범주의
파악과 그 문법화의 방식에 있어서 매우 흥미로운 대조를 이룬다.

　그런데 여기서 흥미로운 것은, 이 두 유형이 전세계의 언어 안에서 나타
나는 분포 양상이다. 이 경우 역시 앞서 살펴본 유음의 분포 양상과 동일
하게 극히 한쪽으로 치우친 지리적 분포를 보인다.

　일본어의 주변부터 살펴나가면, 수사유별형은 먼저 북방의 길랴크어, 아
이누어, 한국어, 중국어의 여러 방언들, 먀오-야오제어, 베트남어, 라오어
(Lao language), 태국의 여러 언어들, 그리고 티베트-버마제어(단, 카친어
(Kachin language)는 제외), 몬-크메르제어(단, 문다제어(Munda languages)는 제외),
필리핀을 제외한 인도네시아, 미크로네시아(Micronesia),[22] 또 상당히 퇴화
한 형태로 남아 있는 폴리네시아(Polynesia)[23]의 여러 언어들에서 나타난다.
또 거기서 아메리카 대륙으로 범위를 넓히면, 남아메리카와 메소아메리
카,[24] 그리고 북아메리카 북서부에도 수사유별형의 언어들이 나타난다.

---

22) [옮긴이] 오세아니아 해양부의 분류 중 하나로, 남위 3도~북위 20도, 동경 130도~180도의
　　범위에 있는 여러 섬들의 총칭.
23) [옮긴이] 오세아니아 해양부의 분류 중 하나로, 미드웨이섬 · 뉴질랜드 · 이스타섬을 연
　　결한 삼각형 안에 있는 섬들의 총칭.
24) [옮긴이] 멕시코와 중앙 아메리카 북서부를 포함한 공통적인 문화를 가진 지역.

한편, 명사유별형은 아프리카와 오스트레일리아에서 나타나고, 또 유라시아에서는 셈어권과 인구어권, 캅카스제어(Kavkaz languages), 그리고 드라비다제어(Dravidian language)에서 나타난다. 그러나 유라시아 북동부의 우랄어나 알타이어, 그리고 고대 그리스의 여러 언어들에서는 명사유별 현상이 보이지는 않지만, 명사에 문법적 수의 구분은 존재한다(단, 고대 시베리아의 여러 언어 중에서 예니세이강(Yenisei River)[25] 유역에 잔존해 있는 케트어(Ket language)만은 예외적으로 명사유별이다).

이와 같이 명사유별형은 유라시아의 서남부에서 특히 현저하게 나타나고, 거기서부터 아프로-아시아어권을 경유하여 사하라 이남의 아프리카에서 연속적으로 나타난다.

그런데 뉴기니아의 파푸아제어는, 유음과 관련해서는 환태평양적인 특징이 나타나고 그 중 일부에서 분류사 비슷한 것이 나타나기도 하지만, 이들 언어가 과연 수사유별형에 속하는지는 아직 확실하지 않다. 그 이유는 뉴기니아의 언어 대부분이 수사가 발달하지 않은 언어들이고, 수사 비슷한 것으로는 1과 2, 그 밖에 기껏해야 3 정도까지밖에 없는 상황이 대부분이기 때문이다.

이와 관련하여 뉴기니아는 약간 특수하기는 하지만, 이를 제외하면 수사유별형 언어의 분포 역시 유라시아의 태평양 연안부에서 오세아니아를 거쳐 아메리카 대륙에까지 퍼져 있어, 여기에도 환태평양적 분포라는 형태가 분명하게 떠오른다. 단, 유음의 분포와 수사유별의 분포가 완전히 일치하는 것은 아닌데, 여기서 먼저 주목해야 할 것은 사할린과 아무르강 하류 지역에 분포하는 길랴크어에 이와 같은 수사유별이 매우 명료하고 복잡한 형태로 나타난다는 점이다. 이것은 인접한 아이누어가 극히 단순한 시스템만을 가지고 있는 것과는 매우 대조적이다.

---

25) [옮긴이] 러시아 중부를 북류하여 북극해로 흘러가는 길이 4,130km의 큰 강.

또한 유음과 관련해서는, 주변의 퉁구스어(Tungusic language)나 축치-캄차카제어(Chukchi-Kamchatka languages)와 동일하게 길랴크어에도 l과 r의 구분이 있다는 점이 확인되었다. 그러나 길랴크어의 r은 자음의 형태음소적 교체 중에서 b에 대한 v, g에 대한 γ와 함께 d의 마찰음에 해당하는 위치를 차지한다. 그렇다고 한다면, 길랴크어의 r은 통시적으로는 d의 마찰음에서 이차적으로 발생한 소리일지도 모른다. 어찌됐든 북태평양 연안부에서 길랴크어의 존재는 일본어를 포함한 이 지역의 옛 언어층 성립과 관련된 하나의 열쇠를 쥐고 있는 것처럼 보인다.

다음으로 동남아시아에서 유음과 수사유별을 살펴보면 분포 양상에 상당한 차이를 보인다. 즉, 북태평양 연안부에서 보이는 유음의 분포는 베트남, 라오스, 태국 북부에서 일단 끊기는데, 반면 수사유별의 분포는 이 경계를 넘어 버마제어, 몬-크메르제어를 포함한 말레이시아·인도네시아·미크로네시아의 오스트로네시아어권에까지 이어지고 있다.

단, 현재 살펴보기에 필리핀에서는 이러한 특징이 보이지 않으나 대만과 폴리네시아에서는 극히 미약한 형태로 존재한다는 것이 인정되고 있다. 지금까지의 연구를 보면, 재구된 오스트로네시아(적어도 서부 오스트로네시아) 조어에는 l과 r의 구분이 존재했던 것으로 보인다. 하지만 이 어족에 대한 수사유별의 통시적 배경에 관한 연구가 이루어졌는지는, 아직 알려진 바가 없고 필자의 조사 역시 별로 진척이 이루어지고 있지 않다. 따라서 동남아시아 지역에서 유음과 수사유별의 분포적 차이가 무엇을 의미하는지에 대해서는 앞으로의 연구를 기다릴 수밖에 없을 것 같다.

1.5. '환태평양 언어권'의 가능성

이상으로 '세계 언어'라는 거시적인 관점에서, 일본어의 두 가지 언어적 특징의 분포 양상에 대하여 대략적으로 살펴봤다. 동일한 관점에서 예로 들어야 하는 언어적 특징이 아직 많이 있을 수 있고, 또 그에 따라 다른 분포도를 그릴 수도 있을 것이다. 그러나 여기서 예로 들고 있는 두 가지 유형적 특징이 보이는 분포 양상으로 인해 상당히 명확하게 떠오르게 된 '환태평양'적이라고 부를 수 있는 언어적 분포는, 결코 우연의 소산이라고 생각하지는 않는다. 아마 거기에는 고전적인 비교방법으로는 손에 닿지 않았던 좀 더 오래된 인류 언어사의 어떠한 한 국면이 반영되어 있는 것은 아닐까.

여기서 떠오르는 언어 분포도를 근거로 하여 만약 '환태평양 언어권'이라는 것이 존재한다고 하면, 그 언어권이 형성된 시기는 아마 태평양과 그것을 둘러싼 섬들이 현재의 지형을 취하게 된 지질학적 현대에 해당하는 '완신기(完新期, 즉 지금으로부터 12,000/10,000년 전 이후)'라기보다, 오히려 일본 열도와 아메리카 대륙이 아직 유라시아대륙과 연결되어 있던 '뷔름-위스콘신'이라고 불리는 최종 빙하기(=후기 경신세, 更新世)로 거슬러 올라갈지도 모른다. 이러한 옛 언어권 내지 언어층에서 물려받은 구조적 특징의 공유는, 이미 말한 바와 같이 비교언어학적인 의미의 동계성과는 물론 다르고, 그보다 더 깊은 심층에서 모든 언어를 연결하고 있는 '유연성'에 근거하고 있을 것이다.

일본어의 계보적 관계를 규명하는 일은 지구상의 어딘가에 있을, 비교 언어학적 의미에서 일본어와 동계인 언어를 찾아내기보다 오히려 이러한 '유연성'에 근거하여 세계의 어떠한 언어 내지 언어권이 일본어와 연결되어 있는지를 밝혀내는 것이다. 그러기 위하여 여기서 시도한 것 같은, 각 언어에 뿌리깊게 이어져 내려온 언어적 특질의 지리적 분포 양상을 문자 그대로 전세계적인 규모에서 조사하는 것이 무엇보다 시급한 일일 것이다.

단지 5~6천 년이라는 사정거리밖에 가지고 있지 않은 고전적 비교방법을 대신하여 그보다 더 긴 언어사를 다루는 이른바 '거시적' 역사·비교언어학이라는 것을 구상해 본다면, 아마 인류 언어의 다양성을 연구해 온 언어유형론과, 언어 특징의 지리적 분포를 단서로 잃어버린 언어사를 재건하고자 하는 언어지리학이 합쳐진 '거시 유형지리론'이라는 것이 필요하게 될 것이다. 그것은 우리들에게 주어진 세계 여러 언어의 지리적 분포, 그리고 거기에 보이는 언어의 구조적 특징의 다양성, 그리고 그것에 따라 세계지도상에 그려질 여러 분포 양상들, 이른바 세계 언어의 '유형등어선(類型等語線)'을 통해 수만 년 인류 언어의 변천사를 재구하려고 하는, 진심으로 장대한 시도라고 할 수 있다.

이러한 노선을 따르고 있는 연구가 앞으로 본격적으로 진행된다고 하면 일본어를 포함하여 지금까지 계통이 불분명하다고 여겨져 왔던 일본어 주변의 여러 언어들도, 인류 언어의 발전사에서 마땅한 위치를 차지하게 되고, 최종적이라고 할 수는 없겠지만 비로소 일본어의 계통 문제에 대해서도 어느 정도 구체적인 해답을 가질 수 있게 될지도 모르겠다.

어찌됐든 일본어의 계통은 한국어·아이누어·길랴크어 등 동해·일본해26) 주변의 여러 언어와 분리하여 말할 수 없다. 그리고 이들 언어는 비교언어학이 미치지 않는 좀 더 오래된 심층에서 서로 연결되어 있을 것이다.

---

26) [옮긴이] 원문에서는 '일본해(日本海)'라는 용어만 사용하고 있지만 여기서는 동해와 일본해를 병기하여 번역하기로 한다.

제2장

일본어 · 타밀어 동계설에 대한 비판

2.1. 일본어 · 타밀어(Tamil language) 동계설에 대한 언어학적 검증
　　 － 오노 스스무(大野晋, 1919~2008)[1]에 대한 답을 겸하여

2.1.1. 머리말

　『国文学の解釈と感想(국문학 해석과 감상)』(1995년 2월호)에 게재된 「日本語とタミル語の関係(일본어와 타밀어의 관계)」에서 오노 스스무는 『日本語論(일본어론)』(1994년 11월호)에 실린 졸고(松本 1994a, 본서의 제1장)를 언급했다. 그 글에서 필자는,

---

1) [옮긴이] 일본의 국어학자. 가쿠슈인대학(學習院大學) 명예교수. 그는 인도 남부와 스리랑카에서 사용하고 있는 타밀어와 일본어의 기초어휘를 비교하여 일본어가 어휘와 문법적인 면에서 타밀어와 공통점을 가지고 있다는 학설을 주장하였으나 비교언어학적 방법론상의 문제로 많은 비판을 받았다. 그 후 그러한 비판을 받아들여 계통론을 버리고 일본어는 크레올-타밀어라는 학설을 주장하기도 했다.

　　일본어(의 선조)가 야요이시대 초기에 외부로부터 이주해 온 사람들이
일본 열도에 가지고 왔을 가능성은 언어학적으로 거의 생각할 수 없다. 따
라서 일본어의 동계어로 여겨지는 언어들 중에서 이른바 경작, 쌀 문화에
관한 '동원어' 등이 발견되지도 않을 것이다.

라는 이야기를 했다. 이에 대하여 오노는,

　　"일본어와 타밀어의 대응은 외국어를 약간 읽을 수 있는 사람이라면 프
로가 아니라고 해도 누구나 분명히 알 수 있을 만큼 명료하다. 오히려 너무
명료해서 지나칠 정도"인데 … "타밀어와 일본어의 관계는 2,000년 전에서
2,500년 전의 야요이시대에 생겼다."

라고 하며 본디 자신이 주장해 온 바를 다시 한번 강조했다.
　　필자가 쓴 글은 일본어 계통론에 대한 재고(再考)와 새로운 방법론에 대
한 시도로 쓴 것으로, 특별히 오노의 주장을 도마 위에 올려 놓고 이야기
하려는 의도가 있었던 것은 아니다. 그러나 그의 일본어-타밀어 동계설은,
이미 10년 이상 여러 학술지에 게재해 온 논문들이 있을 뿐 아니라 많은
저서와 기사를 통해서도 세간에 널리 알려져 있어 그 영향력이 작지 않다.
그렇기 때문에 그의 학설이 과연 언어학적으로 성립할 수 있는가 하는 것
을, 일체의 개인적인 입장을 떠나 현대의 역사·비교언어학의 관점에서
검증하는 일은 필요하리라 생각한다.

2.1.2. 일본어와 타밀어 어휘 비교의 문제점

　　오노의 타밀어 동계설은 기본적으로 지금까지 많은 일본어 계통설이 그
러했던 것처럼 대상 언어와 일본어의 어휘 안에 의미와 어형이 유사한 단
어를 찾아내는 방법에 기초하고 있다. 그에 따르면, 타밀어와 일본어 사이

에는 기초어휘를 중심으로 지금까지 500개에 가까운 '대응어'가 발견됐다고 한다. 문제는, 이러한 대응어가 그가 주장하는 것처럼 분기 후 2,000년 내지 2,500년밖에 지나지 않아 아마추어의 눈에도 쉽게 알 수 있을 정도로 가까운 동계 관계를 드러내는 증거로서 충분한 것인지 하는 것이다.

오노는 이 대응어들을 찾을 때, 타밀어는 주로 버로우 · 에멘느의 『드라비다어 어원사전』(Burrow & Emeneau, 1984)과 마드라스 대학(Madras University)의 『타밀어대사전』을 이용했다고 한다. 그에 따르면, 전자는 표제어가 5,618어(제2판), 후자는 약 10만 어가 수록되어 있다고 한다. 그러므로 『드라비다어 어원사전』의 표제어에서 대응어를 뽑았다고 한다면, 500이라는 수치는 전체의 약 9% 정도가 된다.

한편 일본어에서 선택한 어휘의 총량은 얼마나 될까? 오노는 상대일본어(上代日本語)[2] 연구의 일인자로서 이와나미(岩波)에서 출판한 『古語辞典(고어사전)』을 편찬한 것으로도 잘 알려져 있는데, 이 사전(초판)의 표제어는 4만여 개이다. 그의 일본어-타밀어 대응어 중에는 고어뿐 아니라 방언과 속어 등도 등장하는데, 일본어에서 그가 이용할 수 있는 어휘는 모두 동원되었다고 봐도 될 것이다. 대응어로 뽑힌 어휘와 총 어휘의 비율은 아무리 크게 잡아도 1%를 넘지 않는 것 같다. 따라서 동계설의 증거로 제시된 약 500개의 '대응어'는 타밀어와 일본어 양쪽을 평균 내서 살펴봐도 두 언어의 어휘 전체에 약 5%에도 미치지 못한다.

우리들은 여기서 이 '5%'라는 숫자에 주목하지 않으면 안 된다. 어떠한 언어들 사이에서도 우연히 그 소리와 어형이 비슷한 '유사어' 또는 '의사어(疑寫語)'라는 것은 대체로 약 5% 정도 존재한다고 한다. 그렇다고 한다면, 오노가 제시한 500개의 대응어 역시 이러한 우연의 일치에서 유래할 가능

---

2) [옮긴이] 상대어(上代語)라고도 한다. 일본의 나라시대 및 그 이전에 사용되었던 일본어를 가리킨다.

성이 높지 않을까.

오로지 개별 어휘만을 비교하는 식의 계통론 연구가 빠지기 쉬운 가장 위험한 함정이 여기에 있다. 지금까지 많은 언어학자들이 이러한 위험을 피하기 위하여 여러 가지 방법들을 고안해 왔다. 예를 들어 이른바 '언어 연대학'(또는 '어휘통계론')에서는 의미 영역을 엄격하게 제한하여 일정한 '기초어휘'의 범위 내에서만 비교 조사를 하는데, 그러한 방법 역시 우연과 자의성을 배제하여 언어 사이의 근친성(近親性)을 좀 더 객관적으로 측정하기 위한 것이다.

오노도 지난호의 「일본어와 타밀어의 관계」(1995년 1월호)에서 야스모토 비텐(安本美典, 1934~)3)의 비평에 답하며, 스와데시(Moris Swadesh)4)가 개발한 기초어휘에 의한 계량법을 언급하고 있다. 거기서 그는 500개의 대응어 가운데 84개가 스와데시의 기초어휘 200개 안에 해당한다고 하며 그 목록을 제시하고 있다. 이 부분을 별 생각 없이 읽으면, 마치 기초어휘 200개 중 84개가 일본어와 타밀어 사이에서 공유되고 있는 것처럼 들린다. 200개 중에 84개라고 한다면 그 비율은 42%가 된다.

언어연대학에 대하여 어느 정도 지식을 가진 독자라면, 기초어휘의 공유율 42%라는 것이 분기 후 대체로 2,000년 내지 2,500년 후의 동계어 사이에서 보이는 수치에 근접한다는 것을 알 것이다. 그러나 독자 여러분들이 만약 오노가 이야기한 '84'이라는 수치를 그렇게 해석했다고 한다면 그것은 어처구니없는 잘못이 될 것이다.

사실을 좀 더 정확하게 이야기하자면, 오노가 제시한 500개의 어휘 뒤에

---

3) [옮긴이] 일본의 심리학자 및 일본 고대사 연구가.
4) [옮긴이] 스와데시 목록(Swadesh List) : 미국의 언어학자 모리스 스와데시가 고안한 어휘 목록표이다. 이 목록에 속한 어휘들은 모든 언어의 가장 기본적인 어휘들이라고 할 수 있는데, 이들은 외래어의 영향에도 거의 변화지 않는 원소적 특성이 있어서 비교언어학에서 서로 다른 언어들간의 친족 관계를 밝히는 데 매우 유용하게 사용된다.

는 몇 만에 이르는 어휘들이 준비되어 있고, 그 중에서 스와데시의 기초어휘 목록과 연결되는 단어 84개를 추출한 것에 지나지 않는다. 기초어휘의 공유율을 측정하기 위해서는 각 언어에서 일정한 기준에 따라 독립적으로 작성된 어휘 목록을 대조하여 확인하지 않으면 안 된다.

그렇다면 여기서 『타밀어 기술문법』(Asher, 1982)의 권말에 수록된 207개의 기초어휘표와 服部(1954)에서 제시된 기초어휘를 사용하여 오노의 어휘를 검증해 보자. 이 논문에는, 현대어로는 도쿄(東京)방언, 가메야마(龜山)방언, 교토(京都)방언, 슈리(首里)방언5)을 포함하고 있다. 그 외에 나라(奈良)시대의 '상고어(上古語)'6) 기초어휘도 포함하고 있는데, "상고어 즉 나라시대의 일본어에 대해서는 오노에게 조사를 부탁했다"라고 한다.

먼저 오노가 실시한 방식과 거의 동일하게, 즉 타밀어(현대 구어)와 현대 도쿄방언의 기초어휘에서 의미와 음형이 조금이라도 비슷한 단어를 찾아보면, 다음과 같은 10개의 단어를 뽑아낼 수 있다(이것들은 물론 오노가 제시한 500개의 단어에도 포함되어 있다).

[표 2.1] 기초어휘에서 보이는 현대 타밀어와 현대 도쿄방언의 유사어

도쿄방언	kuroi(검다)	asi(발)	a-no hito(저 사람)	kiku(묻다)	korosu(죽이다)
타 밀 어	karuppu	aTi	a-vam	keeLu/keekar-	kollo
도쿄방언	hebi(뱀)	miQcu(삼)	ha(치아)	arau(씻다)	nani(무엇)
타 밀 어	paampu	muuNu	pallu	alampu	enna/inna

---

5) [옮긴이] 오키나와가 일본에 편입되기 전 류큐(琉球)왕국 시절 수도인 슈리성(首里城)에서 관료들이 사용했던 공용어. 현재 오키나와현에서 널리 쓰이는 말은 일본 본토의 표준어와 접촉하여 성립한 것으로, 이것과는 별개의 것이다.
6) [옮긴이] 상대일본어(上代日本語)

207개의 단어 중에서 10개라고 하면 약 5% 즉, 우연의 일치를 넘어서는 수치가 아니다.

다음으로 타밀어와 상고어의 '대응어'는 어떨까. 상대일본어는 현대어에서 약 1,200년 전으로 거슬러 올라간다. 만약 일본어와 타밀어가 같은 계통의 언어라고 한다면 기초어휘의 공유율은 당연히 상대(上代)가 현대보다 높지 않으면 안 된다. 언어연대학의 기본적인 전제에 따르면, 기초어휘의 상실률은 1,000년에 200개라면 19%, 100개라면 16%로 산정된다(Swadesh, 1955·1972). 만약 오노의 주장과 같이 타밀어와 일본어가 2,000년~2,500년 전에 갈라섰다고 한다면, 상대어에는 타밀어에서 기원하는 기초어휘가 80% 전후로 유지되어 있을 터이다.

그러나 현대 타밀어의 기초어휘와 오노가 작성한 상고어의 기초어휘 사이에는 대응어가 늘어나기는커녕 반대로 하나 줄어들어 9개밖에 나오지 않는다. 타밀어의 대명사 a-vam에 해당하는 단어가 상고어에서는 ka-re였고, 다른 것은 별다른 변화가 없었기 때문이다. 이것으로 기초어휘에 관하여 일본어와 타밀어 사이의 '대응'은 우연의 일치에 불과하다는 것을 알 수 있다.

노파심에서, 동일한 『기술문법』 시리즈 중에서 남미의 케추아어(Qhichwa language, Cole 1985)와 일본어의 기초어휘를 비교해 봤다.[7] 케추아어는 안데스 고지에 잉카 문명을 세운 민족의 언어이다. 어순은 일본어나 타밀어와 동일하게 엄격한 SOV형으로, 표면적인 통사 구조는 일본어나 타밀어와 크게 다르지 않다. 그러나 일반적인 의미에서 이 언어가 일본어나 타밀어와 동계 관계에 있다고 보기는 힘들다. 그렇기 때문에, 만약 이들 사이에 유사어가 있다고 한다면 그것은 우연의 일치라고 봐도 좋을 것이다.

---

7) 이 문법 시리즈는 언어 간의 비교와 대조를 용이하게 하기 위하여 통사·형태·음운·어휘의 네 분야를 완전히 동일한 짜임새로 기술하고 있다.

먼저 도쿄방언과 케추아어의 기초어휘를 대조해 보면, 8개의 유사어를 발견할 수 있다. 그 중에는 일본어 fuku((바람이) 불다) : 케추아어 fuku-, 일본어 chichi(젖) : 케추아어 chuchu와 같은 '쌍둥이어'도 포함되어 있다.

동일한 방식으로 케추아어와 타밀어를 비교해 보면 여기서도 역시 동일한 유사어가 약 8개, 약간 유사도를 넓게 잡으면 11개 정도 나타난다.

더 나아가서 일본어와 영어, 타밀어와 영어 사이에서 동일한 조사를 해 봐도 결과는 거의 비슷할 것이다. 지면 관계상 하나하나 그 예를 다 들기는 힘들지만, 시간적 여유와 관심이 있는 독자라면 스스로 확인해 보시기 바란다. 요컨대, 기초어휘에서 4~5%의 유사도는 어떤 언어들 사이에서도 찾고자 하면 언제든지 찾아낼 수 있는 것이다.

기술문법 시리즈 중에는 칸나다어(Kannada language, Sridhar 1990)가 포함되어 있다. 칸나다어는 타밀어의 북서부에서 사용되고 있는 대표적인 드라비다어 중 하나인데, 전문가들은 칸나다어와 타밀어가 지금으로부터 약 2,500년 정도 전에 갈라졌다고 보고 있다. 2,500년 전이라고 하면 조몬 말기부터 야요이시대가 시작되던 시기로, 즉 오노의 설명에 따르면 타밀어가 일본 열도에 상륙한 시기에 해당한다. 그렇다면 타밀어와 일본어 사이의 언어연대학적 거리는 타밀어와 칸나다어 사이의 그것과 거의 동일한 것이 되므로, 각 언어들 사이의 기초어휘 공유율 역시 당연히 그것을 반영하고 있지 않으면 안 될 것이다. 그렇다면 과연 결과는 어떨까?

칸나다어와 타밀어가 보이는 기초어휘의 일치는 역시 예상했던 대로 눈에 띄게 도드라진다. 언뜻 봐도 동일한 어원을 갖고 있다고 판단할 수 있을 만한 단어가 100개 중 50개 이상 나온다. 그 중에는 keTTa(나쁘다) · mole(젖) · naayi(개) · kaNNu(눈(眼)) · kombu(각) · kaalu(다리)와 같이 두 언어 사이의 음형이 완전히 일치하는 것도 있다. 또 타밀어 puu(꽃) · peenu(이) · pullu(풀)에 대하여 칸나다어 huu(꽃) · heenu(이) · hullu(풀), 혹은 타밀어 vaa

(오다)·veeTTe-(사냥하다)에 대하여 칸나다어 baa(오다)·beeTe(사냥하다)와 같은 대응을 찾을 수도 있는데, 거기에서 타밀어 /p/ : 칸나다어 /h/, 혹은 타밀어 /v/ : 칸나다어 /b/라는 흥미로운 '음운 대응의 법칙'도 도출할 수 있다.

이러한 모습은 그야말로 동계의 언어들 사이에서만 볼 수 있는 호응(correspondence)과 같은 것으로, 오노가 제시한 500개의 대응어와는 질적으로 다른 것이다. 필자가 '아마추어의 눈에도 쉽게 알 수 있다'고 한 동계 관계란, 이렇듯 누구한테 물어봐도 직감적으로 그 여부를 말할 수 있는, 그러한 호응 관계를 가리킨다. 타밀어와 일본어의 기초어휘에서 보이는 '대응'과 타밀어와 칸나다어 사이의 기초어휘의 '일치' 사이에는 단지 한쪽은 5%이고 다른 한쪽은 50%라는 양적인 문제뿐 아니라 내용적인 면에서도 분명히 큰 차이가 있다고 할 수 있다.

2.1.3. 문법적인 면에서 보이는 일치 : 브라후이어와 일본어의 경우

오노도 종종 지적한 바와 같이, 언어들 사이의 친연(親緣) 관계는 개별 어휘들이 얼마나 닮았는가 하는 것보다 오히려 문법 구조가 얼마나 일치하는가 하는 것을 따져 봐야 할 것이다. 단, 문법적 측면에서 일치한다고 해도, 흔히 예로 드는 어순이나 교착적 형태법과 같은 엉성한 유형적 특징이 그들의 계통 관계를 증명하는 결정적인 증거가 되는 것은 아니다. 일본어와 타밀어의 SOV형 어순은, 실제로는 세계 언어의 50%를 차지하고 있을 정도로 흔한 것이고, 또 '교착(agglutination)'이라는 것 역시 언어 일반에 가장 자연스러운, 그래서 매우 흔하디흔한 형태적 수법이기 때문이다.

이미 메일릿(Antonie Meillet, 1866~1936)[8]이 이야기한 바와 같이(Meillet, 1925),

---

8) [옮긴이] 프랑스의 언어학자. 고등학술연구소 소장을 역임했다. 인도유럽어를 비교 연구하여 각 언어들과 공통 조어 사이의 관계를 찾고, 그 역사를 밝히려 하였다. 음운 변화의

언어 간의 동계성을 증명하는 데 좀 더 유효한 수단은 형태법의 체계와 그 세목에 관련된 문법 현상이다. 과연 일본어와 타밀어가 그와 같은 현상에서 일치를 보이는지 검증하는 데 있어서, 드라비다어권에 매우 흥미로운 사례가 있다.

타밀어를 포함하여 현재의 드라비다제어는 주로 인도 남부에서 사용되고 있다. 이와는 전혀 동떨어진 인도 대륙의 북서부, 즉 현재의 파키스탄 중남부에서 아프카니스탄 국경 지역에서는 브라후이어(Brahui language)를 사용하고 있다. 사용 인구는 약 25만인데, 그 주변에는 이란계 발루치어(Baluch language)나 인도-아리아계의 힌디어(Hindi language) 등 완전히 인도-이란계 언어로 둘러싸여 있어 대부분의 주민들이 이 언어들을 같이 사용한다고 한다.

브라후이어는 언뜻 보면 어휘나 표면적인 통사 구조 등이 주위의 인도-이란제어와 크게 달라 보이지는 않지만, 사실은 드라비다어적인 요소가 많이 섞여 있는 언어이다. 이러한 사실은 드라비다어 비교 문법의 창시자인 콜드웰(Bishop Robert Caldwell, 1814~1891)[9]도 분명히 간파하고 있었다(Caldwell, 1856/1913). 그러나 콜드웰은 이 언어를 드라비다어의 일원으로 추가하는 것을 주저했는데, 결론적으로는 이 언어를 인도-아리아어 계통으로 간주하고 문제의 드라비다어적인 요소에 대해서는 정확한 이유는 잘 모르겠지만 여하튼 어떠한 이유에선가 외부로부터 들어온 것이라고 해석했다(Caldwell, 1856/1913:40). 왜냐하면 어휘만 보면 인도-이란어적인 성분이 압도적으로 우세하기 때문이다.

그러나 그 후에 그리어슨(Sir George Abraham Grieson, 1851~1941)[10]이 『인

사회적 심리적 요인, 동계어 사이에 일어나는 평행적 변화 등 많은 독창적인 견해로 비교 언어학의 방법론 확립에 공헌하였다.

9) [옮긴이] 드라비다어에 대한 학문적인 기초를 세운 북아일랜드의 선교사이자 언어학자.

10) [옮긴이] 364개의 언어 및 방언에 대한 정보를 담은 『인도 언어 조사(the Linguistic

도의 언어 조사(the Linguistic Survey of India)』(Grierson, 1906)의 제4권에서 브라
후이어를 드라비다어의 북부어파 중 하나라고 인정하였고, 그에 이어 브
레이(Sir Denys de Saumarez Bray, 1875~1951)[11](1909) 역시 더욱 더 결정적인 형
태로 이러한 견해를 주장하였다. 그 이후로 브라후이어의 계통에 관한 이
론(異論)은 전혀 나오지 않고 있다.

최근 드라비다어 학자들의 의견에 따르면, 이 언어는 지금으로부터
5,000년 정도 전에 다른 드라비다제어에서 갈라져 나와 인더스강의 유역
에 그대로 잔존한 것이라고 한다. 분기 후 5,000년 동안 전혀 다른 언어적
환경 속에서 심한 언어 변화에 노출되었던 이 언어가 유지해 온 '드라비다
어적인 특성'이란 과연 어떤 것일까. Caldwell(1856/1913:633ff.)과 Bray(1909:8ff.)
가 주목한 주요 일치 현상은 다음과 같다.

1. 대명사의 체계 : 특히 2인칭 대명사의 단수(nii)와 복수(num), 재귀대
   명사(ten), 지시대명사 및 의문대명사의 기본 조직
2. 명사의 격 조직 : 특히 여격-대격(ei), 관여격(-ki), 복수어미(-k) 등
3. 동사 활용 : 특히 2인칭 복수어미, 사역동사, 부정동사의 형성법, 존재
   동사(ar-)
4. 1부터 3까지의 수사 : asit, irat, musit
5. 몇 안 되지만 중요한 기초어휘 : 눈, 입, 귀, 얼굴, 머리, 아들, 어머니,
   물, 젖, 돌 등

오노 설에 따르면 일본어와 타밀어(즉 드라비다어)가 갈라진 것은 2,500년
전이다. 분기 후의 연대폭은 브라후이어의 절반에 지나지 않는다. 그렇다
면 지금까지 5,000년 동안 살아남은 위의 드라비다어적인 특성 중 과연 일

Survey of India)』(1898~1928)를 지휘했던 아일랜드의 언어학자.
11) [옮긴이] 인도 정부의 외무부 장관이자 어원학자. 브라후이어에 대한 깊은 이해를 토대
　 로 여러 저술을 썼다.

본어에는 어떠한 항목들이 남아 있을까. 적어도 필자가 보는 한, 대명사를 포함한 명사 및 동사의 형태법에 관하여 일본어와 드라비다어 사이에 분명히 일치하는 특성은 하나도 없다.

그건 그렇고, 지금까지 일본어 계통론자들에게 수사는 하나의 넘을 수 없는 장애물이었다. 오노도 말한 것처럼, 확실히 수사는 어떤 의미에서 일종의 문화어이다. 그러므로 일본어에서도 통상적으로 사용하는 수사는 대부분 한자어로 치환되었다. 그러나 한편으로는 'hi(1)', 'hu(2)', 'mi(3)'라는 일본어 고유의 수사도 뿌리깊게 살아남았다.[12] 이와 동일하게 브라후이어에서도 수사는 거의 대부분 이란어계로 바뀌었지만, 그 중에서 1~3까지의 수사만은 고유어 계통의 수사가 살아남아 있다. 그러나 5,000년을 유지해 온 드라비다어 수사와 일본어 수사에는 전혀 공통점이 없다. 오노는 드라비다어 수사의 3(mu-)와 일본어의 mi를 대응어로 추가했는데, 일본어에서 mi(3)과 mu(6)에 보이는 모음 교체는 hi(1)과 hu(2), yo(4)와 ya(8)과 같이 일본어 수사 시스템의 핵심이라고도 할 수 있으므로, u와 i의 모음 차이를 아무것도 아닌양 눈감아 줄 수 있는 것은 아니다.

브라후이어와 그 밖의 드라비다어를 연결시키는 것은 확실히 타밀어와 칸나다어처럼 아마추어의 눈에도 쉽게 알 수 있는, 그러한 성질의 것은 아니다. 그러나 당연히 전문 언어학자라면 그 계보 관계를 놓칠 수 없다.

한편 브라후이어에서 찾을 수 있었던 것처럼 일본어 안에서 어떤 언어학자라도 승복하지 않을 수 없는 '드라비다어적 특징'을 찾아내는 일은 거의 절망에 가까울지도 모른다. 그래서 필자가 보는 바로는, 일본어와 드라비다어 사이에는 단순히 문법적 측면의 유사성을 찾을 수 없을 뿐만 아니

---

12) [옮긴이] 한국어의 수사는 한자어계인 '일, 이, 삼, 사, …'와 고유어계인 '하나, 둘, 셋, 넷, …'이 공존하는 데 반해, 일본어의 경우 일반적으로 한자어계인 'ichi, ni, san, si, …'만이 사용된다. 그러나 사람의 수를 셀 때 사용하는 'hi-tori', 'hu-tari'나 사물의 수를 셀 때 사용하는 'hi-totu', 'hu-tatu', 'mi-tu' 등에는 일본고유어계 수사의 흔적이 남아 있기도 하다.

라 문법 구조의 근간에 있어서도 좀 더 근본적인 차이가 있으며, 아마도 그것은 일본어-타밀어 동계설이 뛰어넘기 힘든 장벽이 될 것이다.

첫 번째로, 드라비다어는 명사와 대명사에 '성(性)'과 '수(數)'라는 문법 범주가 있다. 즉, 드라비다어는 필자가 말한 이른바 '명사유별형' 언어에 속하는데, 이 점에서 일본어를 포함한 "환태평양"의 '수사유별형' 언어와는 분명히 구분된다.13) 오노는 타밀어 문어의 지시대명사가 일본어처럼 근칭·중칭·원칭의 i-(이)·u-(그)·a-(저)라는 3항대립을 이루고 있다는 점을 타밀어와 일본어의 두드러지는 일치점이라고 했는데, 드라비다어에서 좀 더 중요한 문법적 사실은 지시대명사 i-(이것)가 ivan(남성 단수)·ivaL(여성 단수)·idu(중성단수)·ivar(남녀복수)·ivei(중성복수)와 같이 성과 수에 따라 어형 변화를 한다는 점이다.

지시대명사의 3항대립은 세계 언어 어디에서나 쉽게 관찰할 수 있는 것이지만, 성과 수에 따른 이러한 구분은 아무 곳에서나 볼 수 있는 것이 아니다. 유라시아 대륙에서 이러한 현상을 보이는 언어는 인구어, 셈어, 그리고 일부의 캅카스제어(그 밖에는 시베리아의 케트어와 카라코룸(Qaraqorum) 산맥14)에 고립된 부르샤스키어)뿐이다.

두 번째로, 드라비다어의 동사 활용은 '어간+시제접사+인칭접사'의 구성을 기본으로 하여 유라시아 대륙의 주요 어족인 인구어나 셈어, 우랄어, 그리고 알타이어(의 일부)와 연결되는 반면에, 일본어를 포함한 환태평양 연안부의 언어들과는 차이를 보인다. 특히 드라비다어의 경우, 인칭접사가 동사의 어간뿐 아니라 명사에도 달라붙어 그것을 직접 서술어로 만드는 특이한 작용을 하는데, 이는 일본어의 종지형(終止形)15)과는 근본적으로 다

---

13) 松本(1994a:48f. = 본서 제1장)
14) [옮긴이] 파키스탄과 인도, 중국의 국경 부근에 있는 산맥. 동북부로 티베트고원에 접해 있고, 북으로는 아프가니스탄과 타지키스탄의 국경이 있다. 북서부는 힌디쉬 산맥과 연결되어 있고, 남부는 인더스강으로 히말라야 산맥과 경계를 이루고 있다.

른 것이다.

세 번째로, 품사 구분에 관하여 살펴보자. 명사와 동사는 어떤 언어에서도 명확하게 구분되지만 형용사는 중간적인 존재로, 어느 언어에서는 명사(혹은 체언)로 분류하기도 하고, 또 다른 언어에서는 동사(혹은 용언)의 하위 부류로 취급하기도 한다. 전자를 '체언형 형용사', 후자를 '용언형 형용사'라고 한다면, 일본어나 아이누어, 한국어, 그리고 거기에 아메리카 대륙을 포함한 환태평양 연안부의 많은 언어에서 형용사는 후자, 즉 용언형에 속한다. 반면에 드라비다어는 분명히 체언형에 속하며, 이 점에서도 인구어나 셈어, 우랄어, 그리고 알타이어와 함께 유라시아 내륙 언어권에 귀속되기 때문에 필자가 말한 이른바 "환태평양 언어권"과는 크게 차이가 난다.

이상으로 문법 구조의 기본적인 골격에 관한 특질을 살펴봤는데, 그 외에도 메일릿이 말한 이른바 형태법의 세목과 관련하여 드라비다어와 일본어의 차이는 상당히 결정적인 것들이 한도 끝도 없다.

우선 가장 현저한 차이로, 위에서도 살펴본 동사의 활용을 들 수 있다. 단지 인칭접사라는 구성상의 원리뿐 아니라, 에도(江戸)시대 이후 불러 온 '4단활용' · '2단활용' · 'ka변칙활용' · 'sa변칙활용' · 'ra변칙활용'과 같은 일본어 동사만의 특이한 활용 방식을 드라비다어의 동사에서는 전혀 찾아볼 수가 없다. 동사의 사역형(-s-) · 피동형(-r-) · 자발형(-y-) · 부정형(-n-) · 반복형(-p-) 등 옛 일본어에 보이는 동사파생접사에 대해서도 드라비다어에는 대응하는 것이 하나도 없다. 종합하자면, 드라비다어를 통해 일본어 동사 활용에 넘쳐흐르는 수수께끼 같은 통시적인 배경을 일거에 해명할 희망은 전혀 없다는 것이다.[16]

또 드라비다어의 의문사 대부분은 다른 지시대명사와 같이 기본적으로

---

15) [옮긴이] 일본어 용언의 활용형 중 하나로, 문장의 끝에서 단언하는 어형을 말한다.
16) 일본어 동사의 활용과 기원 문제에 대해서 자세한 것은 松本(1994b)를 참조.

e-라는 어간을 기본으로 하여 매우 규칙적인 파생을 하는데(예를 들어 evan, eval, edu, evei 등), 일본어는 ta-(re), nani, idu-(re), ika-(ni), iku-(tu)와 같이 복잡하고 불규칙한 파생을 한다. 게다가 고대 일본어의 인칭대명사 역시 드라비다어의 인칭대명사와는 전혀 일치하지 않는다. 더욱이 브라후이어를 드라비다어와 연결시키는 데 공헌한 명사의 형태법, 즉 드라비다어의 격어미도 일본어의 격조사와는 기능적으로나 형태적으로 쉽게 연결되지 않는다. 또 일본어의 통사법을 특징짓는 수많은 보조사와 인용조사 등을 드라비다어에서 찾아내려고 해도 거기서 명확하게 일치하는 것을 끄집어내기란 쉬운 일이 아니다.

필자가 여기서 지적할 필요도 없이, 이러한 차이는 아마 드라비다어에 통달한 전문가라면 그 밖에도 여러 가지 예를 찾아내어 열거할 수 있다. 여기서 중요한 것은, 일반적인 언어의 역사에서 문법의 근본적인 골격이나 형태법의 세목과 같은 특질은 단기간에 싹 없어질 수 있는 것이 아니라는 점이다. 일본어의 경우 기록이 남아 있는 1천 년 이상의 기간을 쭉 살펴볼 때, 여기서 들고 있는 기본적인 여러 특징들은 조금도 변하지 않았다. 또 드라비다어의 경우에도 마찬가지로 이러한 특징이 5~6천 년 전의 드라비다조어에까지 거슬러 올라가 드라비다어를 드라비다어답게 하고 있는 것이다.

여기까지 오면 대부분의 독자들도 이미 이 글의 결론이 무엇인지 분명히 아셨을 것이다. 일본어와 드라비다어 사이에 놓인 언어학적 거리는, 둘 사이의 지리적 거리만큼이나 멀고도 멀다. 지금으로부터 2,500년 전에 타밀어를 사용했던 사람들이 농경과 쌀 문화를 대동하고 일본 열도에 상륙했다든가 일본어와 타밀어 사이의 대응 양상이 아마추어의 눈에도 쉽게 알아차릴 수 있을 정도로 명료하다고 하는 주장은, 졸고(1994a = 본서의 제1장 1.2)에서 한 말을 굳이 다시 꺼내 말하자면 모두 "언어학적으로 전혀 근거가 없다"라고 하지 않을 수 없다.

지금까지의 논의에서 필자는 이른바 오노의 일본어-타밀어 동계설만을 예로 들어 이야기하기는 했지만, 어떠한 악의가 있어서 그렇게 한 것은 아니다. 여기서 오노의 주장을 검증하면서 이야기한 것은, '북방설'이든 '남방설'이든 아마 지금까지 주장되어 온 일본어 계통론 중 열도 밖의 언어들로부터의 도래를 주장한 많은 가설들에는 많든 적든 어느 정도 해당하는 부분이 있을 것이다. 그것은 결국 졸고(본서 제1장)에서도 되풀이하여 서술한 바와 같이, 지금까지 많은 일본어 계통론자들이 금과옥조로 여겨 온 고전적 비교방법론이 일본어 계통을 해명하는 데에는 거의 도움이 되지 않는다는 데에 기인할 것이다. 이제야말로 일본어 계통론에 근본적인 재검토가 요구되고 있다는 점을 다시 한번 강조해 두고 싶다.

2.2. 다시 일본어와 타밀어 동계설을 검증한다

『국문학 해석과 감상』(1995년 2월호)에 실린 일본어 계통론에 관한 오노의 비평에 대한 답장으로 쓴 졸고 「일본어-타밀어 동계설에 대한 언어학적 검증」이, 같은 책 5월호에 게재되었다. 단, 여기에는 졸고에 대한 오노의 회답(大野, 1995b)도 같이 실려 있는데, 통상 사람들이 읽는 방식을 따르게 되면 졸고보다 오노의 논문을 먼저 읽지 않을 수 없게 배치되어 있다. 마치 나의 답변보다도 오노의 재답변이 먼저 개진된 모습이다. 어떻게 해서 이렇게 되었는가 하는 것은 오노의 논문 머리말에도 언급되어 있는데, 졸고가 편집부에 송부되어 얼마 지나지 않았을 때 오노로부터 자신의 논문을 동시에 게재해 줄 것과 그렇게 하기 위하여 졸고를 미리 읽게 해 달라는 요청이 있었기 때문이다. 그러나 결과적으로 졸고에는 별로 바람직한 형태가 되지는 않은 것 같다.

서론은 이 정도로 하고 바로 본론으로 들어가자.

2.2.1. 언어의 계통(=동계성)과 그 증거

오노는 「일본어와 타밀어의 관계－마쓰모토의 반론에 대하여」의 머리 말에서,

> 언어학은 '경험 과학'이다. 따라서 머릿속으로 처음부터 '남인도의 언어와 일본어가 같은 계통의 언어라고 하는 것은 '언어학적으로 있을 수 없다'고 정해 놓지 말고, 새로운 사실 그 자체를 보는 것이 경험 과학이 취할 태도 이다' (p.199)

라고 서술하고 있다. 말씀하신 대로, 필자 역시 '일본어-타밀어 동계설'을 처음부터 무조건 부정한 것은 절대 아니다.

여기서 필자는 지금까지 일본어 계통론을 둘러싼 논의들이 자주 빠지곤 했던 밑도 끝도 없는 이야기를 피하기 위하여 언어의 계통과 관련한 다음 과 같은 기본 원칙을 미리 분명히 해 두고 싶다.

다시 말해, 현재의 언어학은 일정한 조건만 맞다면 두 언어가 동계라는 것을 증명할 수 있지만(그것이 어떠한 식으로 이루어지는가 하는 것은 나중에 설 명하겠다), 역으로 어느 두 언어가 동계가 아니라고 하는 것을 증명할 수는 없다.

왜냐하면 적어도 전통적인 비교언어학은 1만 년이 넘는 매우 오래된 언어사를 복원할 수 없기 때문에 만일 두 언어의 동계 관계가 그처럼 매우 오래된 과거로 거슬러 올라간다면 그것을 확인하는 일은 불가능하다.

또, 현재 전세계에서 사용하고 있는 인류의 모든 언어가 몇 만 년 혹은 몇 십만 년 전 아프리카의 어딘가에서 사용되었던 '원시 호모사피엔스어'

혹은 '인류조어'와 같은 단일 언어로 거슬러 올라갈 가능성이 없다고는 할 수 없기 때문이다. 따라서 남인도의 어느 언어와 일본어가 동계가 아니라고 무조건 단언하는 일은 그 어떤 누구도 할 수 없는 것이다.

따라서 만약 오노가 일본어와 타밀어의 관계에 대하여 연대를 특정하지 않고 단순히 동계일 가능성이 있다고만 막연하게 주장한다면, 그것을 언어학적으로 검증하는 일은 무척 힘들 것이다. 필자 역시 처음부터 그러한 일을 시도했던 것은 아니다. 필자가 굳이 이 일을 하려고 했던 것은, 애초에 그가 막연히 타밀어와 일본어가 동계라고 주장한 것이 아니라 지금으로부터 2,000년 내지 2,500년 전에 하나의 언어에서 분기하여 일반인이 봐도 분명히 알 수 있을 정도로 가까운 관계에 있다는 식으로, 매우 명확하게 분기점을 상정하며 주장했기 때문이다.

이 정도의 연대폭을 가진 동계 관계라면 언어학적으로 그것을 검증하는 것은 결코 어려운 일이 아니다. 지금까지 연구되어 온 역사 · 비교언어학의 견해에 비춰 보면, 이러한 경우에 발생하는 언어 간의 차이와 유사성은 매우 확실하게 예측할 수 있다. 거기다가 일본어의 경우 약 1,200년 전의 문헌 자료가 남아 있고, 타밀어 역시 좀 더 오래된 역사를 살펴보는 것이 가능하다. 따라서 만약 나라시대로까지 거슬러 올라가 두 언어를 비교한다고 하면, 그 시점은 분기 후 약 1,000년 정도가 될 것이다.

분기 후 약 1,000년 정도가 지난 언어들 사이의 차이는, 서로 다른 언어라기보다 오히려 동일한 언어의 방언 정도로 봐도 좋을 정도로 일상의 간단한 회화라면 그다지 큰 지장 없이 소통할 수 있다. 과연 일본어와 타밀어가 그렇게 가까운 근친 관계에 있는 것인지는, 졸고에서 실시한 검증 과정을 다 지켜보지 않아도 그 결과를 이미 다 예측할 수 있다.

오노는 또 약 500개의 대응어에 대하여 필자가 하나하나 직접 다루지 않았다는 것을 지적하며,

"나의 연구를 부정하기 위해서는 내가 예로 든 타밀어가 진짜인지 아닌
지, 거기에 왜곡이 있는지 없는지, 대응 법칙이 맞는지 않는지, 그 증거를
제출하는 것으로 충분하다. 그것을 하지 않는 한, 나의 연구를 부정할 수
없다고 생각한다"(pp.199~198)

라고 서술하고 마지막에,

"마쓰모토가 아무리 드라비다어와 일본어의 차이점을 역설하더라도, 일
본어와 타밀어의 사이에는 엄밀한 음운 법칙을 지지하는 약 500개의 대응
어가 있고, 용법과 어법에서도 고전어의 조사와 조동사 대부분이 대응하고
있다는 사실을 부정할 수 없는 한, 이 두 사실이 여전히 일본어와 타밀어의
동계설을 지지하는 가장 강력한 근거로 남을 수 있을 것이다."(p.193)

라는 결론을 내리고 있다. 그의 주장에 따르면, 마치 필자가 문제가 되는
500개의 단어에 대하여 반증할 수 없기 때문에 그것을 직접 살펴보는 것
을 단념하고 있는 것처럼 서술하고 있다.

그러나 필자가 오노의 대응어를 직접 다루지 않은 데에는 몇 가지 이유
가 있다. 가장 큰 이유는 한정된 지면 관계상 그것을 일일이 다룰 만한 여
유가 없었기 때문이고, 두 번째는 이미 몇몇 전문 언어학자들이 이에 대한
비판을 했기 때문에17) 그것을 따로 검증할 필요가 없다고 판단했기 때문
이다. 그러나 위와 같은 지적이 있었기 때문에 필자로서도 이 문제에 대하
여 어느 정도 이야기하지 않을 수 없을 것 같다.

---

17) 예를 들면 村山(1982).

2.2.2. 가설로서 일본어와 영어 동계론

그러면 먼저 검증에 들어가기에 앞서, 이 논의가 단순히 쓸데 없는 논의로 끝나지 않게 하기 위하여 언어 비교에 필수불가결한 '대응'과 '동원(同源)', '음운 법칙' 등과 같은 개념에 관한 기본적인 원칙을 명확히 해 두자.

이해의 편의를 위하여, 영어를 예로 들겠다. 영어를 타밀어와 같이 일반적인 일본인들이 잘 들어 보지 못한 머나먼 이국의 언어라고 가정해 보자.

현재 시중에서 쉽게 구할 수 있는 영어 사전은 소사전이라고 해도 4~5만 개의 표제어가 수록되어 있다. 일본어의 동계어를 열심히 찾고 있는 사람이 우연히 이 사전을 손에 넣어 일본어와 의미나 음형이 유사한 영어 단어를 검색하기 시작했다고 치자. 우연히 woman이라는 단어가 눈에 들어왔다. 이 단어의 의미는 '여자'다. 동일한 의미의 일본어 단어는 현재의 발음은 /onna/이지만 옛날에는 /womina/라는 형태였다. 영어 역시 조금 옛날에는 거의 비슷한 발음이었다. /woman/과 /womina/는 분명히 한 자 한 음 정확하게 '대응'하고 있다. 다만 현대 일본어에서는 어두에 'w > Ø'라는 음의 변화가 일어났으므로 영어와 현대 일본어 사이에 w : Ø라는 '음운 대응의 법칙'을 세울 수도 있을 것이다.

그렇다고 하면 영어의 walk(걷다)와 일본어의 /aruku/도 이러한 음운(대응의) 법칙에 따라 서로 대응어임을 쉽게 알 수 있다. 영어의 l과 r은 모두 일본어에서는 r음으로 나타나기 때문이다. 동일한 이유에서 영어의 kill은 일본어의 /kiru/(자르다)에 대응하고, 또 영어의 kill과 일본어의 /koro-su/(죽이다)는 'i와 o의 교체형'인 것이다. 일본어의 'ue(上)'는 옛날에는 upe/upa라는 형태였으므로 영어의 up과 정확히 대응하고, 또 일본어의 'soto(밖)'와 영어의 out은 's탈락형'의 대응으로 보인다.

이와 같은 방법으로 유사한 단어를 차례차례 500개 정도 찾아내 수집한 후에 이것을 근거로 일본어와 영어 동계설을 주창하는 경우를 생각해 보자. 앞선 글에서 서술한 바와 같이, 어떠한 언어들 사이에서도 의미나 음형이 유사한 단어는 반드시 5% 정도 뽑아낼 수 있다.

이 5%라고 하는 '우연의 일치율'은, 언어연대학 또는 어휘통계론에서 일반적으로 사용하는 약 200개의 기초어휘표 중 10개 정도에 해당한다(5월호 졸고 참조). 만약 두 언어 사이에 1만 개의 단어를 포함한 대조 어휘표가 작성되었다고 한다면, 그 중에 5% 즉 500개 정도의 단어는 이러한 유사어일 가능성이 높다는 것이다. 그렇다고 하면 4~5만 개의 표제어를 포함한 사전을 손에 넣으면 400에서 500개 정도의 유사어를 모으는 것은 별로 어려운 일이 아닌 것이다. 그러므로 하고자 한다면, 일본어와 영어의 동계설을 수립하는 것 역시 결코 실현 불가능한 계획만은 아닌 것이다.

한편 이에 의문을 가진 어느 학자가 반론을 하고자 할 경우, 어떻게 하면 확실한 반증을 할 수 있을까. 이것은 언뜻 보면 간단해 보이지만, 사실은 아주 힘든 일이다. 먼저 생각할 수 있는 것은, 이 동계론자가 예로 들고 있는 수많은 대응어를 하나하나 따져보는 방법이다. 만약 문제의 단어가 다른 언어에서 차용한 것이거나 새로운 시기에 만들어진 합성어라거나 의미 해석과 어형 분석에 문제가 있다고 한다면 적어도 그 대응은 무효임을 입증할 수 있다.

그러나 애당초 연구에서 그러한 어원적 정보가 상세히 포함된 사전을 사용했거나 처음부터 신뢰할 만한 어원사전을 따로 준비하여 의심스러운 단어를 주의 깊게 제거하면서 연구를 진행했다면, 대응어를 개별적으로 하나하나 따져 보는 것은 거의 효력이 없다. 즉, 영어의 woman과 일본어의 womina가 역사적으로 동원 관계에 있는 '대응어'인지 아니면 단지 우연히 비슷한 '의사어'에 지나지 않는지를 판별하는 것은, 단어들을 하나하나 찬찬히 따진다고 해서 입증할 수 있는 것이 아니다.

예전에 오노가 주장한 일본어와 타밀어의 동계설이 알려진 지 얼마 되지 않았을 때 『國語學』에서 이를 비판하는 무라야마 시치로(村山七郎)와 오노 사이의 논쟁이 이루어진 적이 있다(제124, 127, 130, 133집).[18] 그러나 이 논쟁은 결국 아무런 성과도 없이 끝났다. 무라야마의 반론이 시종일관 이러한 대응어에 대한 개별적인 검증에 그치고 말아 오노의 주장에 대한 결정적인 반증을 내놓지 못했기 때문이다. 오노도 본지 2월호에 실린 졸고에 대한 평에서 "필자가 예로 든 500개의 단어를 하나하나 따져 보기 바란다. 지적할 곳이 있다면 언제라도 다시 조사하고 잘못이 있으면 철회하겠다"라는 취지의 말을 했는데, 이는 아마 무라야마와 논쟁이 있은 후에 그러한 방식의 고찰로는 자신의 주장이 그다지 큰 타격을 받지 않는다는 것을 이미 충분히 알았기 때문일 것이다.

2.2.3. 증명 절차와 음운 법칙

일반적으로 앞서 예를 든 것과 같이 개별적인 유사어 수집만으로 세워진 동계설은 다음과 같은 이유 때문에 학문적으로는 전혀 검증할 수가 없다. 즉, 의미와 음형이 유사한 단어가 개별적인 형태의 '대응어'라고 제기됐을 경우, 그 자체만으로는 그것을 입증할 수도 반증할 수도 없기 때문이다. 앞서 말한 바와 같이, 애당초 언어학적으로는 어느 두 언어가 동계가 아니라는 점을 증명할 수 없는 것이 주요한 이유(가운데 하나)이다.

한편 어느 두 언어가 동계라는 점을 입증할 수 있다고 하면, 그것은 어떻게 해야 가능할까? 학문적 입증을 위하여 단지 woman과 womina나 walk와 aruku 같은 단어들을 많이 수집해 제시하는 것만으로는 충분하지 않을 것이다. 이들이 단순한 의사어인지 동계 관계에 기초한 대응어인

---

18) 무라야마(村山)의 주장은 村山(1982)에 수록되어 있다.

지 하는 것은 어느 쪽도 그 자체로는 입증력이 없기 때문이다. 의사어인
지 대응어인지를 입증하는 방법은 현재 딱 두 가지밖에 없다.

하나는, 5월호에 실린 졸고에서 시도한 어휘통계론적인 접근 방법인데,
일정한 기초어휘 대응표에 근거하여 유사어의 공유율을 측정하는 것이다.
만약 이러한 유사어가 우연적 출현율을 훨씬 뛰어넘는다고 하면 그것은
단순한 의사어가 아니라는 것을 나타내는 유력한 증거가 된다. 이에 대해
서는 5월호에 실린 졸고에서 이미 검증을 마쳤기 때문에 여기서는 반복하
지 않는다.

두 번째는 지금까지 역사・비교언어학에서 가장 정통이라고 여겨 온 방
법인데, 수집된 유사어들 사이에 일정한 규칙적인 음운 대응, 즉 '음운 대
응의 법칙'을 세울 수 있는가 없는가를 따져보는 것이다. 만약에 음운 법
칙이 성립한다고 하면 두 언어의 동계성은 거의 확실하다고 할 수 있다.
이러한 법칙성이 존재한다는 것만으로도 문제의 대응이 단순한 우연의 소
산이 아니라는 점을 확실히 입증하기 때문이다. 오노는 앞선 인용문에서
분명히 "일본어와 타밀어 사이에는 엄밀한 음운 법칙이 지지하는 대응어
500개가 있다"라고 말했다. 여기서 그가 말한 "엄밀한 음운 법칙"이 무엇
인지가 확실하지 않은데, 이 말을 그렇게 안이하게 사용해서는 안 될 것이
다. 역사언어학 강의가 될 것 같아서 조심스럽기는 하지만, 앞으로의 논의
를 위하여 여기서 잠깐 음운 법칙이란 무엇인지, 그 개념을 분명히 하고
넘어가자.

지금으로부터 백여 년 전 소장문법학파라고 불리던 사람들이 확립한
'음(운) 법칙'이라는 개념은, '소리의 법칙에는 예외가 없다'(즉, '모든 음의 변
화는 그것이 음의 변화라면 예외 없는 법칙으로 이루어진다')고 표명한 바와 같이,
어떠한 예외도 허용하지 않는 매우 엄격한 제약이다. 제기된 음운 법칙에
대하여 단 하나라도 설명할 수 없는 예외가 보인다면 그것만으로도 그 법

칙은 효력을 상실한다.

예를 들어 라틴어의 cord-(심장)에 대하여 독일어의 Herz, 이와 동일하게 centum(백)에 대하여 hund-ert를 대응시켜 라틴어 c(/=k/) : 독일어 /h/라는 음운 대응의 법칙을 수립했다고 하자. 다른 한편으로, 동일한 사람이 라틴어 habe-o(들다)와 독일어의 haben, 혹은 라틴어의 caput(머리)와 독일어 Kopf 사이에서 의미와 음형의 현저한 유사성을 발견하여 이를 동일한 대응어 안에 추가하게 되면, 이와 같은 단 하나의 사례만으로도 앞서 제기했던 음운 법칙은 무너지고 만다. /k/ : /h/라는 음운 법칙을 수립한 이상 그것을 무시하고 /h/ : /h/라든가 /k/ : /k/라는 대응도 인정하는 일은 절대로 용납되지 않는 것이다.

"그림의 법칙(Grimm's law)"[19] 혹은 게르만어의 음운추이(音韻推移)와 같은 음운 법칙은 이와 같은 엄격한 확인과 검증을 거친 다음에 비로소 확립된 것이다. 그리고 이 법칙을 발견하게 된 계기가 된 것이, 오노도 예로 든 라스무스 라스크이다. 라스크의 논문(Rask, 1818)에서 중요한 것은, 예로 든 대응어의 수가 300개냐 500개냐 하는 숫자의 문제가 아니라 게르만어와 다른 인구어의 자음들 사이에 매우 규칙적인 대응이 존재함을 발견했다는 점이다. 오노는 자신의 논저 안에서 빈번하게 음운 법칙이라는 단어를 사용하고 있지만, 과연 이 단어가 본래 가지고 있는 의미를 정확하게 이해하고 사용한 것인지 의심스럽다.

---

19) [옮긴이] 독일의 언어학자 J. 그림이 『독일어 문법』(1819~1837)에서 제창한 인도유럽조어와 게르만어 사이의 자음추이에 대한 법칙이다. ㉠ 인도유럽조어의 무성폐쇄음 p, t, k는 게르만어에서 무성마찰음인 f, θ, h로, ㉡ 인도유럽조어의 유성폐쇄음 b, d, g는 게르만어에서 무성폐쇄음 p, t, k로 ㉢ 인도유럽조어의 유성유기음(有聲有氣音) bh, dh, gh는 게르만어에서 유성폐쇄음 b, d, g로 된다. 그러나 실제로는 예외가 많아 이렇게 단순하지는 않다. 베르네르의 법칙 등이 이를 보충하고 있다.

2.2.4. 대응어의 검증

이상의 내용들을 염두에 두고, 지금부터 문제가 되는 대응어들을 하나
하나 검증해 보자. 500개의 단어 전부를 다 살펴보는 것은 지면상 불가능
하기 때문에 여기서는 오노가 본지 1월호에서 제시한 84개의, 이른바 기초
어휘와 5월호에서 제시한 조사와 조동사의 대응표만을 살펴보겠다.

먼저 오노가 5월호에서 예로 든 조사와 조동사의 대응을 살펴보자. [표
2.2]를 참조하라.

[표 2.2] 일본어와 타밀어 간의 조사의 '대응'

조사	일본어	타밀어	조동사	일본어	타밀어
の	nö	iN	타동사화	su	ttu
に	ni	in	자동사화	aru	ar, ir
も	mö	um	완료태	nu	nt
て	te	tu		tu	tt
と	tö	oTu	지속태	ri	ir
は	fa	vây	미래	mu	um
や	ya	yâ > ê, e	의무	bësi	vêNT
が	ga	aka			
か	ka	kol			
から	kara	kâl			
つ	tu	attu			

오노에 따르면, 일본어에서 타동사를 만드는 -su-는 타밀어의 -ttu-에
'분명히 대응한다'고 한다. 만약 이것이 진정한 대응이라고 한다면 거기서
일본어 /s/와 타밀어 /tt/라는 음운 법칙을 도출할 수 있어야 한다. 그러
나 이 법칙은 일본어의 완료 조동사 tu에 대한 타밀어 tt나 일본어 조사
tu에 대한 타밀어 attu를 동일한 대응 관계로 간주하는 것을 허용하지 않

는다. /s/ : /tt/에 대한 예외를 만들기 때문이다.

이와 같이 그가 주장한 대응어 중에는 서로 용인할 수 없는 예들이 나란히 들어 있는 경우가 있는데, 그것만으로도 분명 이들 사이의 대응 관계가 유효하지 않다는 것이 증명된다.

이와 동일하게, 일본어 nö에 대한 타밀어 in, 일본어 mö에 대한 타밀어 um이 서로 대응한다고 하면, 일본어 ni와 타밀어 in, 일본어 mu와 타밀어 um과 같은 예는 모음에 관한 예외를 만들게 되어 일본어 nu(완료태)와 타밀어 nt의 대응도 매우 이상하게 된다.

거기에다가 또 일본어 ka에 대한 타밀어 kol이 대응한다고 하면 일본어의 ga가 타밀어에서 aka라는 형태로 나타나는 것을 도저히 설명할 수 없게 된다. 여기서 일본어의 조사 ya는 아무렇지 않게 타밀어의 yâ(>ê, e)와 어깨를 나란히 하고 있지만, 동일한 페이지에 있는 의문사의 대응에 대한 설명에서는 yâ에서 바뀐 타밀어 ê, e는 "일본어의 i와 정연하게 대응하는" 것으로 되어 있다.

이렇게 보면 정말 그럴듯하게 보이는 이러한 '대응'들이 사실은 음운 대응의 규칙성과는 전혀 상관이 없는 것이고, 또 모든 대응이 다른 대응에 대한 예외를 만들어 버리는 상황이 연출되고 만다. 즉, 무엇이 규칙이고 무엇이 예외인지조차 알 수 없는, 온통 혼돈과 무질서밖에 없는 것이다. 이것은 분명 영어의 walk와 일본어의 aruku(걷다), 영어의 in과 일본어의 ni(에) 등을 연결시키는 것과 같은 어처구니없는 짓이다. 의미와 형태가 조금이라도 비슷한 의사어를 닥치는 대로 모은 결과로 생긴 혼란을 그대로 드러내고 있을 뿐이다.

다음으로 오노가 자신 있게 제시한 기초어휘 84개를 살펴보자. 이것은 모두 3페이지 분량의 표로 제시되어 있는데, 여기서는 이것을 그대로 다 제시하지는 않겠다. 이 표에서 중요한 것은 대응어를 12개의 음운 법칙 비숫한 것으로 배열하고 있는 것이다. 따라서 이 표를 자세히 살펴보면 그가 주장해 온 이른바 음운 대응이란 것이 어떠한 것인지 알 수 있다.

먼저 오노가 제시한 12개의 '음운 법칙' 가운데 절반은 다음과 같다.

> 1) 타밀어 a : 일본어 a, ö
> 2) 타밀어 i, e : 일본어 i
> 3) 타밀어 u : 일본어 u, ö
> 5) 타밀어 c, t : 일본어 s
> 9) 타밀어 p, v : 일본어 *p>f
> 12) 타밀어 v, p : 일본어 w

이것을 보면 어느 한쪽의 언어에 대하여 다른 쪽 언어에 두 개의 음소를 병렬로 제시하고 있다. 그러나 엄밀히 말하여 음운 법칙을 이러한 식으로 제시해서는 절대로 안 된다. 대응하는 음소는 항상 양쪽에서 하나뿐이어야 한다. 그러므로 첫 번째 대응은,

> 1a) 타밀어 /a/ : 일본어 /a/
> 1b) 타밀어 /a/ : 일본어 /ö/

와 같이 두 개의 다른 음운법칙으로 제시해야 한다. 그런데 이 두 법칙은 그 자체로 서로 양립할 수 없는 것이기 때문에, 하나가 진실이라면 다른 하나는 거짓이 되고 만다. 이것을 양립시키기 위해서는 조어 단계에서 서로 다른 두 개의 모음 음소를 설정하고 어느 한쪽으로 합류되었다는 식의 법칙을 따로 세우든지, 아니면 조어 단계에서 하나의 모음 음소가 다른 쪽의 언어에서 분열되었다고 하는 식의 법칙을 따로 수립해야 할 필요가 있다. 그러한 설명을 추가하지 않고서는, 이러한 대응은 음운 법칙으로 성립

할 수 없다. 즉, 엄밀한 의미에서 이론적으로 음운 법칙은 조어의 음소를 재건하지 않고서는 수립할 수 없는 것이다.

또한 말할 필요도 없이, 하나의 음운 법칙은 결코 다른 음운 법칙과 충돌해서도 안 된다. 따라서,

5) 타밀어 c, t : 일본어 s

라고 하는 대응은

6) 타밀어 ∅(< c) : 일본어 s
7) 타밀어 t : 일본어 t

의 어느 쪽과도 그대로 양립할 수 없다. 이와 동일하게,

9) 타밀어 p, v : 일본어 f
12) 타밀어 v, p : 일본어 w

와 같은 두 가지 대응도 어느 한쪽이 진실이라면 다른 한쪽은 거짓이 되고 만다.

이와 같이 오노의 음운법칙은 법칙 자체가 부정확할 뿐만 아니라 그 안에 상호 모순을 포함하고 있다.

더 나아가서 개별적인 용례를 살펴보면 어떻게 될까. 여기서도 역시 앞서 말한 조사-조동사의 경우와 같이 모든 대응이 다른 대응에 대하여 예외를 만드는 상황이 나타난다. 먼저 모음을 살펴보면,

1) 타밀어 a : 일본어 a, ö

라는 법칙에 대하여,

  acc-am : us-u(엷다), kar-u : kur-o(검다), ut-ir : öt-u(떨어지다),
  upp-u : öf-ö(크다)

라는 예외가 있고(첫 번째 음절의 모음에 주목하라. 이하 동일)

  3) 타밀어 u : 일본어 u, o

에 대한 예외로서

  mu : mi(삼), upp-u : sif-o(소금)

이 나타나며, 또

  2) 타밀어 i, e : 일본어 i

에 대한 예외로서

  tiNk-al : tuk-u(달), upp-u : sif-o(소금)

가 나타난다.

  다음으로 자음에 관해서는,

  5) 타밀어 c, t : 일본어 s

라는 대응 규칙에 대하여 cepp-u : if-u(말하다), upp-u : sif-o와 같이 이른바 'c 탈락형'이 설명할 수 없는 예외로 나타난다.

또 타밀어에서 모음 사이의 -cc-는 acc-an : acch-a(쓰가루(津輕)방언), acc-am : us-u [얇다], kacc-u : kaz-iru [갈대와 같이] -cc- : -cch-, -cc- : -s-, -cc- : -z-의 서로 다른 세 가지 대응이 충돌하고 있다.

이와 동일하게 모음 사이의 -vv-은 avv-ai : app-a(도호쿠(東北)방언)에서는 -vv- : -pp-로, kavv-u : kab-uru [씹다]에서는 -vv- : -b-로 나타난다.

한편, 모음 사이의 -v-는 kav-ar : kaf-a [하천]에서는 -v- : -f-로, tuv-al : tub:asa [날개]에서는 -v- : -b-로 나타나 일관적이지 않다.

게다가 이 용례들을 음절 단위로 살펴보면, upp-u : öf-ö, upp-u : sif-o, cup-u : suf-u [흡입하다], tupp-a : tuf-a [침]와 같이 -upp-를 포함하는 타밀어의 첫 음절은 모두 서로 다른 대응을 보인다.

또 타밀어에서 -ôL-을 포함하는 음절은, kôL에 대해서는 kör-ôsu(죽이다), tôL에 대해서는 ta(손)과 같은 어긋남이 보이고, 다른 한편으로 -al을 포함한 음절 역시 kal : kar-ausu [돌절구], mal-ai : mör-i [산], yal : yoru [밤], pal : fa [치아], vâl : wo [꼬리]와 같이 모든 대응이 서로 예외를 만들고 있다.

이와 동일하게 모음 a를 포함하는 일본어의 개음절은 ka-fina(팔)에서는 kai, ta(손)에서는 tôL, na(당신)에서는 naN, fa(치아)에서는 pal과 같이 실로 다채로운 대응을 보이고 있다.

게다가 오노의 대응표를 보면, 도처에 't~s 교체형'이라든가 'a~u 교체형'이라든가 'p~w교체형'과 같은 의미도 알 수 없는 주석을 달고 있어 그 대응 관계를 한층 더 어지럽게 만든다.

본디 언어학에서 '교체'라는 것은, 어느 한 언어의 공시태 안에서 동일한 언어 형식이 다른 음형으로 나타나는(예를 들어 일본어에서 <手>의 ta와 te) 현상을 가리키는 것이지 통시적인 관계를 나타내는 언어 간의 대응 관계에 함부로 사용할 수 있는 용어가 아니다.

그러나 이보다도 더 놀라운 것은 위에서 예로 든 'c 탈락형'인데, 이 어두자음은 일본어에서는 물론(예를 들어 ceppu : ifu), 타밀어에서도(예를 들어 uppu : sifo) 자유자재로 대응어를 만들 수 있게 돼 있다.

거기에다가 오노의 형태 분석 역시 자의적인데, 예를 들어 동일한 5단 동사가 '切る(자르다)/kiru/'에서는 kir-, '聞く(듣다)/kiku/'에서는 ki-로 되어 있는 것을 보면[20] 그때그때 자기 편의대로 분석하고 있는 것 같다.

2.2.5. 결론

오노가 제시한 500개의 대응어에 대하여 여기서 계속 살펴볼 필요는 없을 것 같다. 대응과 관련한 내부 모순과 자가당착은 단어 수를 늘리면 늘릴수록 더 늘어날 뿐 줄어들지는 않을 것이다. 앞에서도 서술한 바와 같이, 언어들 사이에 제기된 대응어가 계통 관계에 기반한 진정한 의미의 동원어인지 아니면 단순한 우연의 일치에 불과한 의사어인지 하는 것은 그 자체로는 판단할 수 없다. 오노 설이 지금까지 수없이 많은 비판에도 불구하고 끈질기게 살아남을 수 있었던 것도, 이와 같이 개별적인 의사어에 내재하는 반증 불가능성 덕분이었다고 할 수 있다. 반론이 있을 때마다 그가 "500개의 단어 하나하나에 대하여 찬찬히 음미하기를 바란다"라고 하는 이유도 아마 그 때문일 것이다.

이들 대응어가 진정한 의미의 대응인지 아닌지를 증명하기 위해서는 대

---

20) [옮긴이] 일본어 동사의 활용상 切る/kiru/의 어간은 'kir-', 聞く/kiku/의 어간은 'kik-'라고 하는 것인 정확하다. 그러므로 두 동사는 'ki-'라는 동일한 어간을 공유하는 것이 아니다.

응어 전체가 수미일관성과 무모순성을 가지지 않으면 안 된다. 음운 법칙
은, 이러한 수미일관성이 구체적인 언어 사실로 구현된 것이고, 또한 이것
이 법칙이라고 불리는 까닭은 예외를 허용하지 않기 때문이다. 언어의 계
통을 확립하는 데 음운 법칙이 중요한 이유는 이 법칙을 통하여 비로소
문제의 대응이 단순한 우연의 소산이 아니라는 것이 입증되기 때문이다.
이때 대응어의 개수 따위는 아무런 문제도 되지 않는다. 그것이 진정한 의
미의 대응이 아니라면 오히려 숫자를 늘리면 늘릴수록 자가당착만이 쉽게
눈에 들어올 것이다.

 이상으로 한정된 지면이지만 조사-조동사를 포함하여 오노가 제시한
500개의 대응어가 단지 의사어들을 모아 놓은 것에 지나지 않음을 검증해
봤다. 오노가 제시한 이른바 음운 대응의 법칙은 언뜻 살펴보더라도 도처
에 내부 모순이 드러나 있고, 거의 대부분 법칙으로서 이름을 내밀 가치도
없는 것임이 분명해졌다.
 이와 동시에 필자가 본고의 처음에 서술한 바와 같이, 그가 제시한 500
개의 대응어를 새로 검증할 필요가 없다고 판단한 이유 역시 저절로 분명
해졌을 것이다. 필자가 지난번 글에서 시도한 것과 같은 검증은 타밀어와
드라비다제어에 대하여 어느 정도 정확한 지식을 갖추고 있지 않으면 할
수 없는 것이지만, 이번과 같은 개별 대응어에 대한 검증은 제출된 데이
터의 정합성을 따져보는 것만으로도 그 목적을 쉽게 달성할 수 있다. 역
사-비교언어학의 방법론을 확실히 몸에 익힌 사람이라면 언제든지 간단히
실행해 볼 수 있을 것이다.

제3장

일본어의 계통과 '우랄-알타이설'

3.1. 일본어의 이른바 '우랄-알타이적 특징'

유럽의 발트해 부근에서 중앙아시아를 거쳐 시베리아 동부까지, 유라시아의 광대한 지역에 퍼져 있는 우랄-알타이어계 여러 언어들이 하나의 어족을 형성하고 있다고 하는 학설은 이미 옛날 방식 그대로는 지지를 받고 있지 않다. 그러나 전전(戰前)[1]의 일본 학계에서는 막연하게나마 일본어의 계통을 '우랄-알타이어'와 연결시키려고 하는 견해가 거의 정설에 가까웠다. 전후(戰後) 이 학설은 수정되지만 기본적인 노선은 그대로 계승되어, 현재는 '알타이설'이라는 형태로 바뀌어 여전히 일본어 계통론의 이른바 '북방설'의 주축으로 뿌리 깊게 남아 있다.

아마도 이와 같은 학설이 형성되는 데 가장 큰 영향을 미친 것은 구(舊) 도쿄제국대학의 후지오카 쇼지(藤岡勝二, 1872~1935)[2]의 '일본어의 위치'라는

---

1) [옮긴이] 여기서 '전전(戰前)'과 '전후(戰後)'란 제2차세계대전을 기준으로 전쟁이 일어나기 전을 전전이라고 하고 전쟁이 끝난 후를 전후라고 한다.

제목의 강연일 것이다(藤岡, 1908). 이 강연에서 후지오카는 일본어와 우랄-알타이어 사이에 공통되는 언어적 특징으로 14개의 조목을 예로 들었는데, 이것은 그 후 일본어 계통을 둘러싼 논의에서 반드시 인용되는, 일반에도 널리 알려진 목록이다. 거기에서 들고 있는 14개 조목의 '우랄-알타이적 특징'은 다음과 같다([표 3.1]).

[표 3.1] 우랄-알타이적 특징(藤岡, 1908)

1) 어두에 자음군이 오지 않는다.
2) 어두에 r음이 오지 않는다.
3) 모음조화가 있다.
4) 관사가 없다.
5) 문법상 "성"이 없다.
6) 동사의 활용이 오로지 접미사의 접합에 의한다.
7) 그러한 접미사의 종류가 매우 많다.
8) 대명사의 변화가 인구어와 다르다.
9) 전치사가 없고 후치사를 이용한다.
10) 'have'에 해당하는 단어가 없고 "있다"에 의해서 소유를 나타낸다.
11) 비교구문에서 탈격 또는 거기에 준하는 후치사를 이용한다.
12) 의문문에서 특히 어순을 바꾸지 않는다. 의문의 표식이 문장 끝에 온다.
13) 접속사의 사용이 적다.
14) 형용사가 명사 앞에, 목적어가 동사 앞에 놓인다.

후지오카는 이 조목들 중 세 번째 모음조화를 뺀 나머지 13개의 조목에서 일본어와 우랄-알타이어가 일치하기 때문에 일본어의 계통을 우랄-알타이어에 연결시키는 것이 가장 타당하다고 하였다. 이러한 후지오카의

---

2) [옮긴이] 교토 출신의 언어학자. 1901년 독일로 유학, 1905년 귀국하여 도쿄대학의 교수로 취임함. 아시아 여러 민족의 언어, 특히 알타이계 언어를 연구하였다.

학설에 대하여 긴다이치 교스케(金田一京助, 1882~1971)[3]는 다음과 같이 서술한다.

> 이상 후지오카 박사가 제시한 논거는 둘 사이에 일치하는 어휘의 예를 제시하고 있지 않을 뿐, 일찍이 일본어의 우랄-알타이계설에서는 볼 수 없었던 아주 상세한 설명이다. 물론 여기에 대해서는 반론을 제시하는 사람도 나타나지 않고 있어 학계에서는 대체로 이대로 정설이 되었는데, 만약 이것이 더욱 유력한 학설이 되려면 역시 일치하는 어휘가 발견돼야 할 것이다. 그럼에도 불구하고 그것이 그렇게 쉽게는 이루어지지 않고 지금에 이르고 있다(金田一, 1938=1992:346).

전후(戰後)에 이 노선을 따르는 연구로는 服部(1948·1958) 등이 주목할 만한데, 이 연구 역시 10개 정도의 일본어와 알타이제어의 공통 특징을 나열한 후 "알타이의 여러 언어는 영어나 중국어와 비교하면 언어 구조에 있어서 놀라울 정도로 일본어와 비슷하다"라고 서술하였다(服部, 1958:272). 그가 제시한 10개의 특징은 세부적인 사항에서는 차이가 있지만 내용적으로는 후지오카가 제시한 14개의 특징과 겹치는 것이 많다.[4]

---

3) [옮긴이] 일본의 언어학자, 민속학자. 아이누어 연구로 유명하다.
4) 거기에서 들고 있는 "알타이적 특징"은 다음과 같다(服部 1958:257ff.).
　　㉠ 어두에 자음군이 오지 않는다.
　　㉡ 어두에 /r/이 오지 않는다.
　　㉢ 모음조화가 있다.
　　㉣ 단어의 형태가 2음절 이상인 것이 많다.
　　㉤ 접미사-어미-접미부속어-후치사를 많이 사용하고, 전치사가 없다.
　　㉥ 주어가 술어 앞에 오고, 술어만으로 문장을 만들 수 있다.
　　㉦ 수식어가 피수식어의 앞에 온다.
　　㉧ 보어와 목적어가 그것을 지배하는 동사 앞에 온다.
　　㉨ 동사의 어간이 활용어미를 취하고, 여러 가지 연체형과 연용형이 만들어져 그것이 주어-객어-보어를 취해서 복문을 만든다.
　　㉩ 인구어에 있는 것과 같은 관계대명사가 없다.
　　한편, 이기문은 이것과 거의 동일한 조항을 알타이어제어와 한국어 사이의 공통 특징으

그러나 그 후 여러 학자들이 이 학설을 공고히 하기 위하여 구조적인 특징뿐 아니라 어휘적인 측면에서도 둘 사이의 일치점을 찾으려고 했지만 이내 커다란 벽에 부딪히지 않을 수 없었다. 그것이 어떠한 시도였든 정통 비교언어학의 기준에 따른 비판과 검증을 통과할 수 없었기 때문이다.

그러나 긴다이치의 말을 빌리자면, 이러한 상황에서 위의 14개 조목이 가지는 공통된 특징은 비교언어학적이라기보다 오히려 유형론적인 증거에 기초하고 있기 때문에, 마땅히 받아야 할 비판과 검증에 노출되는 일 없이 '거기에 대한 반증을 제시하는 사람도 나타나지 않은' 채 100년 가까운 시간이 흘러 오늘날까지 영향을 미치고 있는 것이다.

참고로 일본어 계통론의 기반이 된 우랄-알타이설은 오랜 역사를 지니고 있다. 이미 18세기경부터 유럽에서는 막연히 아시아의 여러 언어들을 한데 묶어 일괄적으로 '타타르어족(Tatar languages)' 또는 '스키타이어족(Scythaia languages)'이라고 부르며 유럽의 언어들과 대립시키는 견해가 있었다. 19세기 인구어를 중심으로 비교언어학이 발달하면서 이러한 학설은 차츰 제대로 된 형태를 갖추게 되었고, 연구 대상이 되는 언어도 정리되기 시작하였다.

이렇게 하여 유럽인에게 가장 친근하면서도 인구어계 언어가 아닌 핀-우그리아제어(Finno-Ugrian languages), 그리고 구조적으로 이와 유사한 알타이계통의 여러 언어들이 하나의 동계어로 정리되어 처음에는 '투란어족(Turanian languages)', 그리고 나중에는 '우랄-알타이어족'이라고 불리게 되었다. 그 근저에 있는 생각은, 이들 언어가 분명 근대 유럽의 여러 언어들과는 구조적으로 다르지만 다른 한편으로는 내부적으로는 현저한 공통점이 있다는 것이었다.

로서 들어 한국어=알타이어 동계설의 하나의 근거로 하고 있다(이기문, 1975:20ff.).

일본어의 계통 문제를 이러한 노선과 연결시킨 것 역시 19세기 후반의 유럽 학자들이었다. 예를 들어, 언어학의 역사에서는 거의 그 이름을 찾을 수 없지만 일본어 계통론에서는 반드시 인용되는 A. 볼러(Boller)라는 빈(Wien)의 어느 언어학자가, 지금으로부터 150여 년 전에『일본어가 우랄-알타이어족에 속한다고 하는 증명』이라는 제목의 책을 출판하였다(Boller, 1857). 또『日本文語文典(일본문어문전)』의 저자로도 잘 알려진 영국인 학자 윌리엄 조지 애스톤(William George Aston, 1841~1911)[5]도 자신의 책 서문 첫 부분에 다음과 같이 쓰고 있다.

> 일본어는 구조적인 면에서 투란어족의 모든 특징을 가지고 있다. 일본어는 기본적으로 교착어이다. 즉, 단어의 어근부에는 어떠한 변화도 없고, 유럽의 여러 언어가 굴절로 얻을 수 있는 결과를 일본어에서는 독립적인 조사를 어근에 접미함으로써 달성할 수 있다. 이 어족에 속하는 다른 언어들처럼 일본어에는, 예를 들어 독일어의 GE-나 라틴어, 그리스어의 완료를 나타내는 중복과 같은, 단어 형성의 접두사도 없다. 접속사도 빈곤하고, 그 대신에 동사의 분사형이 풍부한 용법을 가진다는 점도 또 다른 유사점 중 하나일 것이다. 일본어가 이 어족의 다른 언어들과 함께 공유하는 공통점 중 더 좋은 예로는, 어느 한 단어를 수식하는 모든 것이 반드시 그 단어 앞에 놓인다는 점이 있다. 즉, 형용사는 명사의 앞에, 부사는 동사의 앞에, 속격은 주요부 명사의 앞에, 목적어는 동사의 앞에, 전치사에 지배되는 명사는 전치사의 앞에 놓인다는 것이다.(Aston, 1877:i)

후지오카의 강연(1908) 역시 그가 유럽 유학을 마치고 귀국한 지 얼마 되지 않아 이루어진 것으로, 당시 유럽 학계가 가지고 있던 이러한 동향을

---

5) [옮긴이] 영국의 외교관. 일본학자이면서 한국어 연구자이기도 하다. 애스톤은 19세기 당시 막 시작한 일본어 및 일본의 역사에 대한 연구에 크게 공헌하였고, 1884년에는 최초의 조선주재 유럽인 외교관(영사)으로 취임하기도 하였다.

그대로 반영한 것이다. 단, 유학 중 후지오카에게 직접 영향을 준 것은 독일의 빈클러(H. Winkler)라는 학자였던 것 같은데, 강연 중에 이 인물에 대하여 이렇게 이야기했다.

> 메이지(明治) 35년 9월에 브레스라우에 왔을 때 거기서 먼저 사범학교 비슷한 학교에서 교사 생활을 하고 있는 빈클러라는 사람을 만났습니다. 빈클러는 특별히 대학교를 졸업하여 박사 학위를 가지고 있는 것은 아니었지만, 독학으로 언어학을 공부한 사람인데 예전에 쓴 책으로 이름도 꽤 알려져 있었습니다. 저 자신도 그 사람의 책을 읽은 적이 있습니다. 그래서 그 사람을 방문한 것입니다.

> 그가 쓴 책은 아마 베를린에서 『우랄-알타이 민족과 언어』라는 제목으로 출판된 책일 것인데(Winkler, 1884), 이 강연 후 얼마 지나지 않아 『우랄-알타이어족, 핀란드어 및 일본어』라는 제목의 책도 출간하였다(Winkler, 1910).6)

일본어 계통론에서 우랄-알타이설은 이와 같은 긴 역사적 배경을 가지고 있다. 여기서는 이 학설을 지지하는 가장 유력한 논거인 14개의 우랄-

---

6) 또한 최근의 문헌으로 우랄-알타이어의 공통 특징을 들고 있는 것으로 Sinor(1988)이 있다. 거기서는 다음과 같은 특징을 들고 있다.
　㉠ 모음조화
　㉡ 어두 위치에서의 자음 연쇄를 피한다.
　㉢ 문법적 성(gender)의 결여
　㉣ 오로지 접미사에 의한 교착적 형태법
　㉤ 어순 : 수식어가 피수식어의 앞에 온다.
　㉥ 병렬구문(parataxis)에 대한 현저한 경향
　㉦ 소유동사(to have)의 결여
　㉧ 명사문의 사용 : 헝가리어 a haz nagy(집은 큼(다)), 만주어 : doro juve(교의가 두 개(있다), Sinor 1988:711ff.)

알타이적 특징을 가지고, 그것이 과연 타당한 것인지 아닌지 현대 언어학, 특히 유형지리론적인 입장에서 하나씩 살펴보겠다. 그리고 이와 함께 우랄-알타이설과는 다른 대안을 제시함으로써 가능하다면 앞으로의 일본어 계통론에 새로운 관점을 도입하고 싶다.

3.2. '우랄-알타이적 특징' 14개 조목의 검증

지금부터 각 조목에 대하여 과연 그것이 유라시아의 여러 언어들 중에서 우랄-알타이어만이 가지는 고유한 특징인가 하는 점을 검증해 보기로 하자.

1) 어두 자음군

확실히 우랄-알타이어도 그렇고 일본어에서도 어두에는 단 하나의 자음만이 올 뿐 두 개 이상의 자음은 오지 않는다. 문제는 이러한 현상을 과연 우랄-알타이적 특징이라고 부를 수 있는가 하는 것이다.

일반적으로 어두에 자음군이 오지 않는 것은 유라시아를 포함한 세계 언어의 도처에서 보이는 현상으로, 오히려 어두에 자음군을 허용하는 언어가 드문 편이다. 유라시아에서 어두자음군을 허용하는 언어는 현대 인구어계 유럽제어를 제외하면 일부의 캅카스제어(북서 및 남캅카스제어), 단음절형 경향이 강한 일부의 티베트-버마제어, 타이제어, 몬-크메르제어 등으로 한정된다. 그 이외의 유라시아 언어 대부분은 어두에 자음군을 허용하지 않는다.

즉, 지금 이야기하고 있는 우랄-알타이어 외에도 대부분의 아시아 쪽 인구제어, 대부분의 셈어계 언어들, 바스크어, 북동캅카스제어, 드라비다제어, 문다제어, 오스트로네시아제어, 롤로-버마제어(Lolo-Burmese languages),

베트남어, 중국어, 히말라야제어, 먀오-야오제어, 일본어, 한국어, 아이누어, 길랴크어, 축치-캄차카제어, 유카기르어(Yukaghir language), 이누이트-알류트제어(Innuit-Aleut languages) 등이 그러하다. 유라시아 이외에도 대부분의 아프리카 언어들, 오스트레일리아 선주민 언어들과 파푸아제어를 포함한 대부분의 오세아니아 언어들, 대부분의 아메리카 선주민 언어들이 이러한 특징을 공유한다.

요컨대 현재 지구상에서 약 5~6천을 헤아리는 세계 언어의 압도적인 다수는 어두자음군을 허용하지 않는다. 그것을 허용하는 언어는 아마 전체의 약 10%에도 미치지 못할 것이다. 따라서 이 특징은 결코 일부의 어족에만 있는 고유한 특징이 아니라 이른바 인류 언어의 '초기값(default)'인 것이다.

일반적으로 어두자음군은 악센트에 영향을 받은 모음의 상실 때문에 일시적으로 발생하는 경우가 많다. 예를 들어, 현대 한국어는 어두에 자음군을 허용하지 않지만 중세 한국어는 어두에 자음군이 나타난다. 현대 한국어에서 된소리라고 불리는 소리는 대부분 옛날 자음의 연속체에서 생긴 것이다. 예를 들어, 현대 한국어의 RICE를 의미하는 ssal은 중세 한국어의 psal로 거슬러 올라가는데, 이 형태 역시 더욱 더 옛날로 거슬러 올라가면 posal과 같이 첫 음절의 모음이 없어져서 생긴 것이다(이기문, 1975:151; 田村, 1980).

또 지금은 어두에 자음군을 허용하지 않는 중국어 역시 상당히 오래전에는 어두에 여러 가지 자음의 연속이 있었다고 알려져 있다. 그리고 이러한 자음군 역시 시노-티베트조어(Cino-Tibetan祖語)에 존재했던 접두사를 가진 복음절의 단어가 단음절로 바뀌는 광범위한 언어 변화의 결과로 생긴 것이다. 현재 동남아시아의 일부 언어에서 보이는 어두자음군 역시 대체로 이와 같은 과정을 거쳐 생긴 것이라고 봐도 될 것이다.

인구어의 경우도 조어는 원래 어근이 CVC의 형태인 것이 일반적이었다. 또 인구어에는 접두사가 없었기 때문에 원칙적으로 어두에 자음의 연속이 나타나는 일이 없었다. 그런데 어두자음군이 출현하게 된 것은 주로 악센트와 관련한 모음 교체의 결과이다. 산스크리트어나 그리스어, 라틴어 등 고대어에서 많이 나타났던 어두자음군은 시대와 함께 많은 언어에서 없어졌다. 예를 들어, 인도에서는 고대어에서 중세어로 가는 과정에서 거의 전면적으로 이러한 어두자음군이 없어지게 된다. 예를 들어, 산스크리트어에서 팔리어(Paali language)로 가는 다음과 같은 변화를 살펴보자.

jñāna ➡ ñāṇa	priya ➡ piya
kriyā ➡ kiriyā	stūpa ➡ thūpa
hrasva ➡ hassa	srava ➡ sava
svarga ➡ sagga	śmaśru ➡ massu
smarati ➡ sumarati/sarati;	tṛṣṇā ➡ taṇhā
strī ➡ (istrī ➡) itthī	kṣana ➡ khaṇa

이와 거의 유사한 현상이, 티베트 문어가 현대 티베트 구어로 진행해 가는 과정에서도 나타난다. 또 라틴어에 있던 어두자음군도 프랑스어, 스페인어 등 남부 로망스제어(Romanace languages)에서는 대폭 감소하게 되는데, 현재 이들 언어에서 허용되는 어두자음군은 패쇄음 및 /f/와 유음(l, r)의 결합뿐이다. 그 밖의 자음군은 '앞에 붙는 모음' 등에 의하여 전부 없어졌다. 다음의 예를 참조하라.

Lat. *strata* ➡ Prov., Cat., Sp., Pg. *estrada*; OFr. *estrée*
Lat. *sperare* ➡ Prov. Cat. Sp. Pg *esperar*; OFr. *espérer*[7]

---

7) Lat.=라틴어, Prov.=프로방스어, Cat.=카탈루니아어, Sp.=스페인어, Pg.=포르투갈어

2) 어두의 r음

일본어에서는 한자어나 그 밖의 외래어를 제외하면 어두에 r음이 오지 않는다. 이 현상 역시 우랄-알타이어와 공통된 특징으로 자주 인용되어 왔다. 그러나 여기에는 몇 개의 단서를 붙일 필요가 있다.

먼저 우랄-알타이어 중에서 헝가리어를 포함한 우그리아제어(Ugrian languages)와 투르크제어(Turkic languages)에는 이 현상이 들어맞지 않는다. 최근 우랄어의 비교 연구에 따르면, 우그리아조어는 어두에도 r음이 올 수 있었다고 한다. 따라서 엄밀히 말하자면, 이것은 우랄-알타이어의 공통된 특징이라고 할 수 없다.

두 번째로, 일본어의 ラ행 자음(=유음)은 한 종류밖에 없지만 우랄-알타이어에는 l(측면음)과 r(떨림음 또는 탄음)의 구분이 있다. 이들 언어에서 어두에 오지 않는 것은 r음뿐이고, l음은 이러한 제약을 받지 않는다. 일본어의 ラ행 자음은 통상적으로 혀끝으로 튕기는 소리인데 음성학적으로는 r음의 범주에 들어간다. 한편, 아메리카 대륙의 많은 언어 역시 일본어처럼 l음과 r음의 구분이 없어 음소로서는 유음이 한 종류밖에 없다. 그런데 이들 언어에서 어두에 r음이 오지 않는다고 해서 이를 우랄-알타이적 특징이라고 보는 것은 문제가 있다.

일반적으로 우랄-알타이어말고도, 음소로서 l음 이외에 r음을 가지고 있고 그것이 어두에 오지 않는 언어는 수없이 많이 있다. 먼저 유럽에서는 바스크어가 대표적이다. 예를 들어, 옛 일본어에서 러시아를 '오로시아'라고 했던 것처럼 바스크어에서는 라틴어의 Roma는 Erroma, regem(왕을)은 errege가 된다. 이것은 인구어 이전에 존재했던 옛 이베리아어(Iberian language)의 특징일 것이다(Trask, 1997:381).

이러한 특징은 남인도의 드라비다제어나 동부캅카스의 다게스탄제어

(Dagestan languages) 등에서도 볼 수 있는데(Schulze, 1997:20), 드라비다어는 조
어의 단계에서도 이와 동일한 특징이 있었다고 한다(Zvelebil, 1990:8; Steever,
1998:16f.).

인구어 중에서 그리스어, 아르메니아어, 히타이트어 등에서도 이와 동일
한 현상을 찾을 수 있다. 그리스어나 아르메니아어에서는, 다른 인구어들
의 어두 r음에 대하여 그 앞에 모음이 붙어서 나타난다. 예를 들어 영어의
red, 라틴어의 ruber는 그리스어로 erutheros이고, 라틴어 reg-o(지배하다)는
그리스어로 oreg-o라고 한다. 이것은 '앞에 붙는 모음(前付き母音)'이라고 하
여, 예전에는 그리스어나 아르메니아어의 개신(改新)이라고 간주되었다.
그러나 최근에는 원래 r 앞에 있던 h나 ?와 같은 일종의 후음(喉音)이 그
리스어 등에서는 모음으로 남고 다른 언어에서는 없어졌다고 해석하고 있
다. 그렇다면 사실 인구조어에도 어두에 r음이 오지 않았던 것은 아닐까?

어두에 r음이 오지 않는 언어는 유라시아보다 아프리카나 오세아니아
지역에 많이 존재한다. 이들 지역에는 음소로서 유음을 전혀 가지고 있지
않은 언어나 l음밖에 없는 언어도 적지 않은데, 이러한 언어들 중에서 많
은 경우는 어두의 폐쇄음(특히 t, d)이 어중모음 사이에서 그 폐쇄성이 약화
되어 일종의 지속음처럼 변하는 일련의 변화 과정에서 r음이 발생한 것이
기도 한다. 따라서 종종 이들 언어에서 t/d와 r은 각각 전자가 어두, 후자
가 어중에서 배타적으로 나타나는 변이음 관계를 이루게 된다. 따라서 r음
은 어두에 나타나지 않고 독립적인 음소로도 성립하지 않는 것이다. 인류
언어의 r음은 많은 경우에 이러한 과정을 거쳐 발생한 것 같다. 그렇다면
r음이 어두에 오지 않는 현상은 특별히 우랄-알타이어만의 특징인 것이
아니라 인류 언어에 보편적으로 나타나는 현상 중에 하나라고 보지 않을
수 없다.[8]

3) 모음 조화

당시에는 후지오카의 14개 조목 가운데 모음조화만이 일본어에는 없는 것이기 때문에 이것이 일본어와 우랄-알타이어 동계설의 큰 약점으로 여겨져 왔다. 그러나 그 후 이를 둘러싼 학계의 상황은 크게 달라졌다. 먼저 중세 한국어에서 모음조화가 존재했음이 확인되었고, 그에 이어 '상대특수 가나표기법(上代特殊假名遣い)'9)에 대한 연구가 진척을 이루어 옛 일본어에서도 모음조화의 흔적으로 보이는 현상이 확인되었기 때문이다. 이것은 당초 우랄-알타이어설을 지지했던 사람들에게 큰 용기를 북돋워 주었지만, 유라시아 언어들의 모음조화에 관한 최근의 연구 결과를 보면 종래의 생각을 크게 수정하지 않을 수 없다.

이 문제는 이미 다른 곳에서 여러 차례 이야기한 적이 있기 때문에 여기서는 요점만 간단히 서술하고 말겠다. 유라시아 언어들에서 보이는 모음조화에는 '우랄-알타이형'뿐만 아니라 '태평양 연안형'이라는 또 다른 유형이 존재한다. 한국어 · 길랴크어 · 축치-캄차카제어의 모음조화는 분명히 후자에 속하는 것이고, 만약 일본어에도 모음조화가 존재했다고 한다면 이들과 같을 가능성이 높다. 우랄-알타이형 모음조화는 '혀의 앞뒤' 대립에 기반한 것이지만 태평양 연안형 모음조화는 혀뿌리의 수축(retracted tongue root=RTR)이 그 음성적 기반인 것으로 보인다. 이와 동일한 유형의 모음조화가, 아메리카 북서부의 태평양 연안 지역에서 사용되었던 일부

---

8) 세계 언어에서 r음의 유형과 그 지리적인 분포에 대한 자세한 내용은 松本(1998b)를 참조.
9) [옮긴이] 상대일본어인 『고지키(古事記)』 · 『니혼쇼키(日本書紀)』 · 『만요슈(万葉集)』 등 나라시대 쓰인 만요가나(万葉假名) 문헌에 사용되었던 표음적 가나(表音的假名) 사용법을 가리킨다. 이 명칭은 일본의 국어학자인 하시모토 신키치(橋本進吉)의 논문 「上代の文獻に存する特殊の假名遣と當時の語法(상대 문헌에 있는 특수 가나 사용과 당시의 어법)」에서 유래한다. 특히 고대 일본어의 8모음설이 널리 수용되어 거의 정설로 여겨져 왔으나 쇼와 50년대(1975~1984)에 들어와 이에 반대하는 학설들이 차례로 등장하여 현재 정해진 결론은 나와 있지 않다.

언어(네즈퍼스어(Nez Perce language)[10])와 내륙의 살리시제어(Salishan languages))에 서도 나타난다.

참고로 혀뿌리 부분이 관여하는 모음조화는 아프리카(특히 서아프리카) 언어에서 많이 나타난다. 그러나 아프리카 언어들의 모음조화는 태평양 연안형과 달리 혀뿌리의 전방화(advanced tongue root=ATR)가 음성적으로 유 표적인 특징이기 때문에 엄밀하게는 이 둘을 구분해야 한다. 여하튼 모음 조화는 결코 우랄-알타이어만의 특수한 현상은 아닌 것이다(자세한 것은 松 本 1998c를 참조).

4) 관사의 결여

문법적인 특징으로서 관사를 예로 드는 것은 당시의 우랄-알타이어설 이 얼마나 근대 유럽어를 중심으로 짜여 있었는지 잘 보여 준다. 유럽 언 어들의 관사에는 정관사 외에 부정관사라는 것이 있는데, 일반적으로 관 사라고 하면 유럽어에서는 흔히 정관사를 가리킨다. 관사는 명사나 명사 구 앞 혹은 뒤에 놓여 지시물의 '동정가능성(同定可能性)' 또는 '기지성(旣知 性)' 등을 표시하는 다소 부속적인 형식이다. 일본어의 'aru hito(어느 사람)' 에서의 'aru(어느)' 등은 관사로 보지 않는다. 이러한 관사라는 것은 세계 언어 전체에서 보면 비교적 희귀한 현상 중의 하나이다.

먼저 유라시아의 언어에서 이를 살펴보면, 인구어 계통의 유럽제어 이 외에 관사가 있는 언어는, 체르케스어(Cherkess language) 등의 일부를 제외 한 북서캅카스제어, 남캅카스어 중 그루지야어(Gruziya language), 일부의 셈 제어(헤브라이어(Hebrew language)를 포함한 가나안제어(Canaanite languages), 아랍 어(Arabic language), 아람어(Aramaic language) 등. 단, 아카드어(Akkadian language)나

---

10) [옮긴이] 지금까지 네즈퍼스어에 대한 유일한 포괄적 문법서인 靑木晴夫(1970)의 『네즈 퍼스 문법』(캘리포니아대학)에 따르면, 네즈퍼스어에도 모음조화가 있다고 한다.

우가리어(Ugaritic language)에는 관사가 없다), 그리고 유럽의 바스크어와 (우랄어에 속하는) 헝가리어 정도뿐이다. 아시아의 인구어 중에는 아르메니아어말고 관사를 가진 언어는 하나도 없다.

한편 유럽의 인구제어 중에서도 관사를 가지고 있는 것은 브리튼제도(British Islands)[11]의 켈트제어(Celtic languages), 게르만제어(Germanic languages), 로망스제어(Romanace languages), 발칸제어(Balkan linguistic union)뿐이고, 그 밖의 발트제어(Baltic languages)나 발칸 지역을 제외한 슬라브제어(Slavic languages)에는 관사가 없다. 또 게르만어의 경우도 기원전 4세기 고트어(Gothic languages)의 단계에서는 아직 관사가 없었고, 로망스제어에도 라틴어까지 거슬러 올라가면 관사는 없었다. 오래된 인구어 중에서 관사를 가진 것은 고전 그리스어, 고전 아르메니아어(5세기 이후), 고(古)아일랜드어(6세기 이후)뿐이다.

그 중에서 가장 오래된 그리스어의 경우에도 호메로스나 미케네-그리스어의 단계에서는 관사가 없었다. 또 켈트어의 경우도 대륙의 켈트어에는 관사가 없었다. 이와 같이 인도유럽제어에서 관사는 비교적 새로운 시기에 발생한 변화에 속할 뿐이지 원래 이 어족이 가지고 있었던 것은 아니다. 게르만어와 로망스어를 중심으로 이루어진 관사의 발달은 대체로 8~9세기 이후에 발생한 사건에 속하고, 서유럽의 여러 언어를 둘러싼 커다란 변화의 흐름 속에서 바스크어나 헝가리어도 관사를 획득하게 된다.

유라시아 이외의 지역 중 아프로-아시아어족에서 관사를 가진 언어는 셈어 외에 에티어피아의 쿠시제어가 있는데, 고대 이집트어나 베르베르제

---

11) [옮긴이] 유럽의 서쪽에 자리잡은 그레이트브리튼섬(Great Britain)과 아일랜드섬(Ireland)을 비롯한 주의의 여러 작은 섬으로 이루어진 제도이다. 정치적으로 브리튼제도의 전지역은 1922년까지 영국이라는 단일 국가에 속해 있었으나, 1922년 아일랜드 공화국이 독립함으로써 현재는 영국과 아일랜드 공화국으로 이루어져 있다. 브리튼 제도에는 6천 개 이상의 섬이 있다.

어(Berber languages), 차드제어(Chadic languages)에는 관사가 없다. 그 밖에 남아프리카의 일부 언어에 관사가 있고, 반투제어 중 일부에서 나타나는 '전치접두사'가 관사와 비슷한 기능을 보인다고 하는데, 그 밖에 관사를 가지고 있는 언어는 알려지지 않았다.

세계 언어를 둘러보면 관사는 VSO 또는 VOS와 같이 동사가 문장 맨 앞에 오는 언어에 비교적 많이 나타난다. 위에서 살펴본 언어 중에서 셈어와 섬 지역의 켈트어(브리튼제도)가 바로 그러한 언어이다. 그 밖에 오스트로네시아어족 중에서 폴리네시아제어 · 미크로네시아제어 · 말라가시어(Malagasy language), 또 아메리카 선주민어 중에서는 북아메리카 남서부의 살리시제어와 중앙아메리카의 마야제어(Mayan languages) 중 일부에 관사가 나타는데, 이들 모두 동사가 문장 맨앞에 오는 언어들이다. 나중에 다시 살펴보겠지만, 어순의 유형으로서 이들은 SOV형이나 SVO형에 비해 그 수가 가장 적은 소수파에 속한다(세계 언어 전체의 약 10~15%). 세계 언어에서 관사가 드문 것은 이러한 사실과 관련이 있을지도 모르겠다.

여하튼 관사의 유무는 언어의 계통과는 전혀 상관이 없다. 그러므로 관사의 결여를 우랄-알타이적 특징이라고 하는 것은 아무런 근거도 되지 않는다. 오히려 관사의 결여는 인류 언어에 더 일반적이라고 할 수 있으며, 지시물의 동정가능성이나 기지성이라는 정보 구조나 담화 기능에 대하여 세계 언어는 관사가 아닌 다른 여러 가지 표현 수단을 가지고 있다.

5) 문법적 '성'의 결여

이 '성(gender)'이라는 것에 대하여 후지오카는 이렇게 이야기하고 있다.

이것은 일본인이 생각할 때 지극히 불가사의한 것입니다. 성이 있다고 하는 것은 정말로 무의미하다고 생각합니다. 우리들은 '도대체 저런 무익한 것은 왜 있나, 없어도 될 텐데' 하고 자주 생각할 정도입니다. 저런 것이 있기 때문에 독일어나 러시아어 등을 익히는 데 정말 어렵습니다.

확실히 지당한 말씀이기는 한데, 그러나 이러한 특징 역시 특별히 우랄-알타이어에만 한정되는 것은 아니다.

문법적 '성(gender)'이라고 하는 것을, 최근에는 남성과 여성이라고 하는 생물학적인 성 구분과 연관시켜 생각하기 쉽지만, gender라는 문법 용어는 라틴어 genera에서 온 말로 단지 '종류'를 뜻할 뿐이다. 요컨대 어떠한 의미적 기준에 근거한 명사의 분류가 통사적 기능(예를 들어 문법적 일치)과 연결되어 문법화된 것이다. 이와 같은 의미적인 범주에는 남성과 여성의 구분 외에도 인간과 비인간(일본어의 의문사 'dare(누구)'와 'nani(무엇)'에 호응한다), 유정과 무정(일본어의 존재동사 'iru'와 'aru'[12]에 호응한다), 혹은 그 하위부류로서 인간 또는 생물 중에 암컷과 수컷, 비인간 중에 동물과 비동물, 더 나아가서 무생물 중 식물·자연물·인공물을 구분하는 등 여러 가지 변종이 있을 수 있다.

인구어의 경우에도 독일어·러시아어·라틴어·그리스어·산스크리트어 등은 남성-여성-중성의 3항체계이고, 로망스어·발트어·인도-아리아제어 등은 남성-여성의 2항체계, 그리고 히타이트어·북부 게르만어 등은 유정-무정의 2항체계이다. 관사와는 달리, 이러한 문법적 성은 인구조어에까지 거슬러 올라가는 아주 오래된 특징이다. 인구조어는 히타이트어에서 보이는 것과 같은 유정(=남녀 공통성)-무정(=중성)의 2항체계로, 남성과 여성의 구분은 유정성의 하위부류로서 이차적으로 발달한 것으로 보인다.

이러한 문법적 성은 유라시아 언어에서는 인구어 외에 셈어, 캅카스제

---

12) [옮긴이] 한국어에서는 존재를 나타내는 단어가 '있다' 하나뿐인 데 비해서 일본어에서는 유정물에는 'いる/iru/', 무정물의 경우에는 'ある/aru/'를 구분하여 사용한다.

어, 드라비다제어, 그리고 카라코룸산맥에 고립되어 있는 부르샤스키어, 시베리아 예니세이강 유역의 케트어에서만 볼 수 있을 뿐, 동아시아의 언어들에서는 전혀 보이지 않는다. 이 중 셈어는 남성-여성의 2항, 북서캅카스제어는 인간-비인간의 2항, 드라비다어는 남성-여성-중성(=비인간)의 3항, 북동캅카스제어는 인간-비인간을 기반으로 하여 거기에 남성-여성의 구분, 동물과 비동물, 더 나아가 고등동물과 하등동물의 구분 등까지 추가되어 적은 경우에는 다르기어(Dargin language)에서와 같은 3항, 많은 경우는 아르치어(Archi language)에서와 같은 8항형 체계도 나타난다.

문법적 성은 유라시아보다도 오히려 아프리카에서 널리 보이는 현상인데, 북부 아프리카의 아프로-아시아제어와 남아프리카의 코이산제어(Khoisan languages)는 남성-여성의 구분을 기본으로 하고, 반투어를 포함한 니제르-콩고어족은 인간-비인간을 기반으로 하여 비인간을 다시 동물·식물·도구·자연물 등으로 하위 분류함으로써 매우 복잡하고 정치한 명사분류 시스템을 만들어 내었다.

아프리카 이외의 지역에서는 오스트레일리아 선주민 언어와 파푸아제어에 이러한 문법적 성을 가진 언어가 많이 나타나는데, 반면에 아메리카 대륙에는 이러한 언어가 비교적 드문 편이다. 북아메리카에서 문법적 성을 가진 언어로는 알곤킨제어(Algonquian languages)와 이로쿼이제어(Iroquoian languages)가 있는데, 여기서 '성'은 유정과 무정의 2항체계이다. 남미 아마존 지역의 언어 중에도 산발적이지만 이와는 다른(남성-여성의 구분이 관여된다) 문법적 성의 체계를 가지고 있는 언어들이 있다고 하는데, 거기에 대해서는 아직 자세히 알려지지 않았다.

마지막으로 유라시아에서 문법적 성의 분포를 살펴보면, 대체로 서쪽 지역에 집중적으로 나타나는 것을 알 수 있다. 유라시아의 옛 언어 분포도를 살펴보면 아마 아프리카와 이어지는 서남아시아 부근이 본거지였을 것이다. 지금은 주로 남인도에서 사용되고 있는 드라비다제어도 본래 거주지는 서남아시아나 지중해 지역이라고 여겨지고 있다. 참고로 고대 오리엔트의 쐐기문자 기록을 남긴 수메르어·하티어·엘람어 등도 유정과 무정에 기반한 문법적 성을 가지고 있었던 것 같다.

마지막으로 유라시어에서 문법적 성을 가지지 않는 언어로는 우랄-알타이제어 외에도 남쪽으로는 시노-티베트어족·따이까다이어족(Tai-Kadai languages)·오스트로-아시아어족·오스트로네시아어족이 있고, 북쪽으로는 일본어·한국어·아이누어·길랴크어·유카기르어·축치-캄차카제어·이누이트-알류트제어 등 동아시아의 모든 언어가 포함된다. 이와 같이 유라시아 동부에서 문법적 성을 가지지 않는 언어권은 이누이트-알류트제어를 매개로 하여 아메리카 대륙으로 이어진다. 그러므로 관사의 경우와 마찬가지로, 문법적 성을 결여하고 있는 것이 결코 우랄-알타이어만의 고유한 특징인 것은 아닌 것이다.13)

6) 동사의 활용이 오로지 접미사의 접합에 의한다

7) 그와 같은 접미사 내지 동사 어미의 종류가 많다

14개 조목 가운데 6), 7), 8)은 모두 우랄-알타이어의 형태법과 관련한 현상인데, 그 중에서 6)과 7)은 특히 동사의 활용과 밀접한 관련이 있다.

후지오카의 표현에 약간 엄밀함이 떨어지기는 하지만, 여기서 말할 수 있는 부분은 인구어의 동사에는 어미 변화라는 형태의 '굴절'이 있지만 우

---

13) 덧붙이자면, 인구어에서 성을 잃어버린 언어로서는 유럽에서는 영어가 있고, 아시아에서는 아르메니아어 외에 이란어 중에서는 현대 페르시아어(Persian language)·사리콜리어(Sarikoli language)·발루치어(Baluch language)·오세트어(Ossetic language)가 있으며, 인도-아리아어 중에서는 아삼어(Assamese language)·벵골어(Bengali language)·오리야어(Oriya language) 등이 있다.

랄-알타이어(및 일본어)에서 동사의 활용은 여러 가지 접미사가 차례차례로 동사 어간의 뒤에 '접합하는' 형태를 취한다는 사실이다. '접합한다'는 표현이 독특하기는 하지만 아마 당시에는 '교착(膠着, agglutionation)'이라는 언어학 용어가 그다지 알려지지 않았기 때문에 이를 알기 쉽게 표현한 것이라고 여겨진다. 요컨대, 당시 유럽 학계에 널리 유포되었던, 인구어는 '굴절어'에 속하고 우랄-알타이어는 '교착어'에 속한다고 하는 학설을 충실하게 따르고 있는 것이다.

여하튼 인구어와 우랄-알타이어 동사의 활용에 차이가 있는지 없는지, 만약 있다고 한다면 과연 어떠한 차이가 있는지, 사실에 근거하여 하나하나 확인할 필요가 있다.

먼저 굴절어를 대표하는 라틴어의 동사 amare(사랑하다)와 교착적인 우랄-알타이어를 대표하는 터키어의 sevmek(사랑하다)라는 두 개의 동사를 가지고 그 활용형을 비교해 보자([표 3.2]). 세 번째 열에는 각각에 해당하는 영어의 형태를 예로 든다.

[표 3.2] 라틴어와 터키어의 동사 활용

라틴어	터키어	영어
ama-ba-m	sev-di-m	I loved
ama-ba-s	sev-di-n	you loved
ama-ba-t	sev-di-Ø	(s)he loved
ama-ba-mus	sev-di-k	we loved
ama-ba-tis	sev-di-niz	you loved
ama-ba-nt	sev-di-ler	they loved

이 활용표를 보면 한눈에 알 수 있듯이, 동사의 활용에서 라틴어와 터키어는 완전히 동일한 방식을 취하는 반면에 영어는 이들과 상당히 다르다

는 것을 알 수 있다. 다시 말해, 라틴어를 예로 들자면, ama-ba-m은 ama-
라는 어간 뒤에 과거를 나타내는 접미사 -ba-가 달라붙고, 그 뒤에 주어인
1인칭<단수>를 나타내는 인칭어미 -m이 붙는다. 똑같이 터키어도 sev-라
는 어간 뒤에 -di-라는 과거를 나타내는 접미사가 붙고, 그 뒤에 인칭어미
-m이 달라붙는다. 한편 영어에는 -d라는 과거를 나타내는 접미사가 달라
붙기는 하지만, 인칭을 나타내는 접미사는 붙지 않는다. 이것은 큰 차이다.

　또 다른 예로 산스크리트어의 활용 형식과 터키어를 비교해 보자. 다음
의 표를 참조하라.

[표 3.3] 산스크리트어와 터키어의 동사 활용

산스크리트어	터키어	영어
gacch-e-yam	gel-e-yim	would that I come
gacch-e-s	gel-e-sin	would that you come
gacch-e-t	gel-e-Ø	would that (s)he come
gacch-e-ma	gel-e-lim	would that we come
gacch-e-ta	gel-e-siniz	would that you come
gacch-e-yur	gel-e-ler	would that they come

　여기서 -e-는 모두 희구법(希求法)14)을 나타내는 접미사인데, 그 뒤에 인
칭 어미가 달라붙는 방식이 산스크리트어와 터키어에서 모두 완벽하게 똑
같다. 한편, 영어는 산스크리트어와 함께 인구어에 속하기는 하지만 그 형
태법은 산스크리트어와 전혀 다른데, 오히려 고립어인 중국어나 베트남어
에 상당히 가깝다. 그러므로 근대 유럽의 여러 언어들만을 척도로 하여 인
구어의 특성을 추출해서는 안 된다.

---

14) 기본적으로는 화자의 원망(願望)을 나타내는 동사의 서법(mood).

8) 대명사의 변화가 인구어와 다르다

이에 대해 후지모토는 "우랄-알타이어와 인도-게르만어의 대명사 변화를 비교하면 변화의 양상이 현저하게 다르다"라고 서술하고 있는데, 구체적으로 어떻게 다른지에 대한 설명이 없다.

아마 독일어의 ich, meiner, mir, mich, 영어의 I, my, me와 같은 대명사 특유의 불규칙 변화를 가리키는 것이라고 생각되는데, 그것이 과연 인구어와 우랄-알타이어를 구분하는 특징이라고 할 수 있을까? 여기서도 무엇보다 언어 사실을 있는 그대로 살펴볼 필요가 있다.

아래 예를 들고 있는 것은 '굴절어'의 대표로 여겨지는 산스크리트어와 '교착어'의 대표로 여겨지는 터키어, 그리고 일본어의 1인칭 대명사 변화표이다([표 3.4]).

[표 3.4] 산스크리트어, 터키어, 일본어의 1인칭 대명사

1인칭	산스크리트어		터키어		일본어	
	단수	복수	단수	복수	단수	복수
주 격	aham	vayam	ben	biz	watasi-ga	watasitachi-ga
대 격	mām	asmān	beni	bizi	watasi-o	watasitachi-o
속 격	mama	asmākam	benim	bizim	watasi-no	watasitachi-no
여 격	mahyam	asmābhyam	bana	bize	watasi-ni	watasitachi-ni
처소격	mayi	asmāsu	bende	bizde	watasi-ni	watasitachi-ni
탈 격	mat	asmat	benden	bizden	watasi-kara	watasitachi-kara
도구격	mayā	asmābhis	–	–	watasi-de	watasitachi-de

여기서 산스크리트어와 터키어의 대명사 변화를 비교해 보면, 확실히 터키어 쪽이 훨씬 더 어간의 형태가 일정하고 규칙적으로 변한다는 것을 알 수 있다. 거기에 비해 산스크리트어에서 대명사의 주격은 aham, vayam

인데, 이것은 그 밖의 어간과 다른 이른바 보충법(suppletion)15)에 의한 것으로 보인다. 그러나 이와 같은 보충법에서 유래하는 불규칙적인 형태법은 정도의 차이는 있지만 어떤 언어에서나 여러 형태로 나타난다.

예를 들어 터키어에서는 일반적으로 명사의 복수를 나타낼 때 단수형에 -ler/-lar라는 접미사를 붙여서 만드는데, 위의 대명사 변화에서 ben의 복수는 ben-ler가 되지 않고 biz가 된다. 이것도 일종의 보충법이다. 따라서 산스크리트어의 대명사 변화 중에 우연히 이와 같은 보충법으로 만들어진 형태가 섞여 있다는 것은 형태법의 본질과는 아무런 상관도 없는 것이다.

한편, 일본어의 대명사 변화를 터키어나 산스크리트어와 비교해 보면 두 가지 점에서 크게 차이가 난다. 먼저, 일본어는 인칭대명사가 보통명사와 명확하게 구분되지 않고, 독립적인 체계를 이루고 있지도 않다. 두 번째는, 일본어에서 격조사라고 불리는 형식은 이른바 격어미와는 달리 어간 또는 단어와 연결성이 극히 느슨하다.

예를 들어, 일본어에서 Watasi와 ga 사이에 watasi (to anata) ga, watasi (ya tuma nado) ga와 같이16) 다른 형식이 자유롭게 들어갈 수 있다. 한편, 산스크리트어나 터키어에서는 어간과 격어미가 완전히 달라붙어 있어서 그 사이에 어떠한 자유 형식도 들어갈 수 없다. 즉, 산스크리트어와 터키어의 대명사 변화는 교착적이지만 일본어의 경우는 교착적이라고 할 수 없는 것이다.

참고로 19세기 유럽에서 활발히 연구되었던 고전적인 의미의 언어유형

---

15) [옮긴이] 어형의 규칙적인 변화 틀에서 예외를 메우는 수단. 예를 들어, 한국어에서는 동사나 형용사의 어간에 선어말어미 '-시-'를 붙여 주체 존대를 나타내는데, '먹다'의 경우 '먹으시다' 대신에 '잡숫다'라는 형태가 전혀 다른 보충어가 쓰인다.

16) [옮긴이] 이것은 한국어도 마찬가지인데, 명사와 그 명사에 붙는 격조사 사이에 다른 언어 형식이 들어갈 수 있다. 예로 들고 있는 일본어를 번역하여 풀면 '나'+'이/가'의 사이에 <'나' + ('와/과' + '당신') +이/가 = 나와 당신이, '나' + ('이나/나' + '아내' + '등') + 이/가 = 나나 아내 등이>와 같이 다른 언어 형식이 들어갈 수 있다.

론에 따르면 세계의 언어는 '고립어'·'교착어'·'굴절어'의 세 가지 유형으로 분류할 수 있고, 이것은 인류 언어의 세 가지 발전 단계를 반영한다고 하였다. 다시 말해, 중국어나 베트남어로 대표되는 고립어는 인류 언어의 가장 원시적인 단계이고, 한편 산스크리트어나 그리스어로 대표되는 굴절어는 인류 언어의 최고 발전 단계를 나타낸다. 또 세계 언어에서 굴절어에 속하는 것은 인구어와 셈어뿐이고, 나머지 언어는 모두 교착어나 고립어에 속한다고 여겼다. 그러나 이것은, 그 후 아메리카 선주민의 여러 언어에서 보이는 '다종합어(多綜合語) 또는 포합어(抱合語)'17)를 네 번째 유형으로 추가하는 형태로 수정되지만 인구어를 인류 언어의 최고 발전 형태인 굴절어의 대표로 본다고 하는 기본적인 생각에는 변함이 없다.

그러나 현대 언어학의 관점에서 보면 이러한 생각은 유럽 우월주의와 인종적 편견이 낳은, 전혀 말도 안 되는 미신에 지나지 않는다. 세계 언어를 공평하게 살펴보면, 접사를 부가하는 교착법은 모든 언어에서 가장 기본적이고 최적의 형태법이라고 할 수 있다. 일부의 인구어에서 보이는 굴절(이라기보다도 오히려 융합)적 형태법은, 이와 같은 투명한 접사법(接詞法)이 음 변화나 그 밖의 요인 때문에 상실된 결과 때문에 원래 있던 접사의 원리가 불투명하게 된 것에 지나지 않는다. 이와 같이 불투명하기 때문에 더욱 불규칙해진 형태법은 시간이 지나가면서 차차 해소되어 다시 투명한 형태법으로 복원하는 것이 언어 변화의 일반적인 존재 양식이다.

근대 유럽의 여러 언어가 동사의 활용이나 명사의 격 변화에서 예전의 형태법을 점점 잃어버리고 이른바 분석적인 구조로 옮겨 간 것은, 이러한 옛 인구어에 나타났던 불투명하고 불규칙한 형태법을 해소하기 위한 방책

---

17) [옮긴이] 언어 유형의 하나로, 문장을 구성하는 요소가 밀접하게 결합되어 마치 전체 문장이 하나의 단어를 이루는 것처럼 보이는 구조의 언어. 아이누어·이누이트어·바스크어·아메리카 선주민 언어 등이 있다.

이었던 것이다. 이와 동일하게 중국어나 동남아시아의 여러 언어에서 나타나는 단음절적 고립어화라는 큰 흐름 역시 오래된 굴절적 형태법(여기서는 주로 접두사에 의한 형태법과 그 융합에 따른 불규칙성의 확대)을 해소하고, 그 대신에 의미와 형태의 투명한 대응, 즉 문법적 규칙성을 확립하기 위한 방향으로 이루어진 것이다. 인류 언어의 형태법은 19세기 유럽의 언어학자들이 생각했던 것처럼 직선적인 발전 단계를 밟아 온 것이 아니라 오히려 원환적·순환적으로 변화한다고 봐야 할 것이다. 그것은 형태법의 투명성을 둘러싸고 끊임없이 상실과 복원이라는 형식을 되풀이하고 있는 것이다.

여하튼 19세기부터 이어져 온, 인구어는 굴절어이고 우랄-알타이어는 교착어, 거기에 일본어 또한 교착어라고 하는 미신이 아직 살아있다면 이것은 즉시 불태워 없애 버리지 않으면 안 될 것이다. 굴절어라는 언어 유형은 본래 존재하지 않기 때문이다.

9) '소유동사'의 결여

이에 대해 후지오카는 이렇게 서술하고 있다.

> 이것은 참 드문 현상입니다. 일본어에도 있지 않냐는 질문이 있지만, 서양에서 말하는 의미에서, 즉 영어로 말하자면 have에 해당하는 것은 없습니다. 일본어는 물론 우랄-알타이어 어디에도 없습니다. 눈에 띄는 특징입니다.

그렇다. 영어에서 "I have money(나는 돈을 가지고 있다)"라고 하는 문장을 일본어에서는 "私(に)は金がある(나(에게)는 돈이 있다)"라고 한다. 그러나 과연 이러한 소유구문이 우랄-알타이어(와 일본어)만이 가지는 '희귀하고' '눈에 띄는' 특징이라고 할 수 있을까? 결코 그렇지 않다. 왜냐하면 소유를 나타내는 구문에서 'ある[aru](있다)'와 같은 존재동사를 사용하는 것은 전세계에서 압도적으로 많은 언어들이 가지고 있는 공통적인 현상이기 때문이다. 반면에 have와 같은 소유동사를 사용하는 것은 세계에서 극히 일부의 언어에만 한정되어 나타나는 현상이다.

유라시아만 한정하여 살펴보면, have와 같은 소유동사는 근대 유럽 언어들을 제외하면 현대 페르시아어(Persian language)나 파슈토어(Pashto language) 등 일부의 이란제어에서만 보일 뿐이다. 또 유럽의 인구제어에서도 모두가 소유동사를 가지고 있는 것은 아니다. 즉, 브리튼 제도의 켈트어, 발트해 지역의 라트비아어(Latvian language), 그리고 가장 동쪽에 위치하는 슬라브어인 러시아어에는 이러한 소유동사가 없다. 이것은 옛날 인구어의 특징이 우연히 유럽의 주변부 언어에서 살아남은 것뿐이다.

영어의 I have money와 같은 소유구문은, 유럽 중심부의 언어에서 일어난 비교적 새로운 발달인 셈이다. 현재의 로망스제어는 모두 have에 해당하는 소유동사를 가지고 있는데, 원래 라틴어에서 소유를 나타내는 구문은 존재동사 esse를 사용하는 쪽이 더 일반적인 표현이었다. 예를 들어,

> *est mihi pecunia.* / *nihi est pecunia.*
> (나에게(mihi) 돈이(pecuniam) 있다(est))

이 구문이

> *pecuniam habeo.* / *habeo pecuniam.*
> (나는) 돈을 (pecuniam) 가지고 있다(habeo)

와 같은 구문으로 바뀐 것은 비교적 후대의 일이다.

본래 인구제어에서 소유동사는 다음 표에서 보는 바와 같이 전부 문맥에 따라 그 형태도 다르고 어원도 서로 다르다([표 3.5]).

[표 3.5] 인구제어의 소유동사

히타이어	hark-(<*H2org-)
그리스어	echo(<*segh-)
라틴어	habeo(<*ghab(h)-)
독일어	haben(<*kap-)
리투아니아어	turėti(<*twer-)
교회슬라브어	iměti(<*em-)
현대 페르시아어	dāshtan(<*dheH$_1$ -?)

이것은 영어의 be동사에 해당하는 인구어의 존재동사가 거의 모든 문맥에서 일치하고 있는 것과는 큰 차이다.[18] 이러한 점을 봐도 이들 소유동사가 인구어 일부에서 일어난 개별적인 변화이고, 따라서 인구조어에는 그와 같은 소유동사가 존재하지 않았음을 알 수 있다.

그런데 서양어로 쓰인 중국어 문법서 등을 보면 "我有錢"과 같은 문장을 I have money라고 번역하고 마치 이 "有"를 소유동사와 같이 간주하는 경우가 있다. 그러나 이 구문은 라틴어의 mihi est pecunia, 일본어로 하면 私に錢あり(나에게 돈이 있다)라고 하는 존재문과 동일하다. 중국어나 동남아시아의 언어는 유럽어와 동일한 어순의 SVO형인데 소유구문 역시 위와 같은 SVO형을 취하기 때문에 언뜻 보면 유럽어와 동일한 구문처럼 보이는 것이다.

---

18) 예를 들어 3인칭 단수의 형태는, 히타이트어 : eszi, 그리스어 : esti, 라틴어 : est, 산스크리트어 : asti, 슬라브어 : jesti, 리투아니아어 : esti, 독일어 : ist이다.

예를 들어 태국어에서,

(1) *kháw mii lǔuk sǎam-khon.* (그녀는 3명의 아이가 있다)
　　She has child three person. (She has three children.)

라는 문장을 영어로 번역하면 위와 같이 되는데, mii가 마치 소유동사인 것처럼 보인다. 그러나 다음 문장을 보면 mii가 틀림없는 존재동사인 것을 알 수 있다.

(2) *mii khon sǎam-khon thǐinǒon.* (저쪽에 사람이 3명 있다)
　　be person three-person overthere. (There are three persons overthere.)

그 밖에 예를 들자면 한도 끝도 없을 텐데, 요컨대 존재동사를 사용하여 소유구문을 나타내는 것은 세계 언어에서 흔히 볼 수 있는 지극히 흔한 현상에 지나지 않는 것이다.

오히려 세계 언어에서 '희귀하고' '눈에 띄는' 것은 have와 같은 소유동사를 가진 언어이다. 현재 유라시아에서 이러한 언어는 위에서 열거한 유럽제어와 이란제어의 일부 외에는 아마 일본 열도의 아이누어뿐일 것이다. 예를 들어 아이누어의 소유문은 다음과 같다.

Poro cise ku-kor.
big house I-have(I have a big house.)

단, 앞에서 인용한 후지오카의 문장에서 "일본어에도 있는 것이 아닌가"라는 말처럼, 일본어(및 한국어)에는 "金がある(돈이 있다)"와 함께 "金を

持っている(돈을 가지고 있다)"라고 하는 표현이 있기 때문에 이때의 "持つ(가지다)"를 소유동사로 볼 수 없는 것도 아니다. 이처럼 소유구문에서 존재동사와 소유동사가 공존하는 것도 사실은 세계 언어에서 아주 희귀한 현상이라고 할 수 있을지도 모르겠다.

10) 전치사가 없고 후치사를 이용한다.
11) 비교구문에서 탈격 또는 거기에 준하는 후치사를 이용한다.
12) 의문문에서 특히 어순을 바꾸지 않는다. 의문의 표식이 문장 끝에 온다.
13) 접속사의 사용이 적다.
14) 형용사가 명사 앞에, 목적어가 동사 앞에 놓인다.

마지막으로 정리한 다섯 조목은 문장, 절, 구 등 구성 요소의 배열과 관련한 것인데, 이러한 종류의 문법 현상은 최근에는 단지 '어순의 유형'으로 취급할 뿐이다. 세계 언어의 어순 유형에 대해서는 이미 많은 연구가 있기 때문에 여기서는 아주 간단하게만 살피기로 한다.

위에서는 여러 가지 다른 형태로 표현하였지만 이를 간략하게 정리하자면,

일본어의 어순 유형은 수미일관한(즉, 정합적인) SOV형에 속한다.

와 같이 나타낼 수 있다.

즉, 위의 어순적 특징은 명사에 대한 접치사(接置詞)의 위치(전치사인지 후치사인지), 비교구문에서 대상 명사와 형용사의 배열, 주요부 명사에 대한 수식어의 위치, 동사에 대한 목적어의 위치 등 여러 국면을 다루고 있는데 이러한 개별적 특징들 사이에는 밀접한 상관 관계가 있다.

예를 들어, 일본어와 같이 목적어가 동사 앞에 놓이는(14) 언어에서는

명사 앞에 명사를 수식하는 성분이 오고(高い-山 / 높은-산)(14), 명사 뒤에 후치사가 오며(山-から / 산-에서)(10), 비교구문에서 비교관계사와 형용사는 대상 명사의 뒤에 오고(山-より 高い / 산-보다 높다)(11), 의문을 나타내는 어미는 문장 끝에 오는 것(山は高い-か? / 산은 높-니?)(12)이 일반적이다.

또 문장의 연결 관계는 문장 끝에 나타나는 동사의 활용형과 거기에 접하는 여러 가지 부속형식이 나타나기 때문에 접속사가 따로 필요하지 않다(13).

그 까닭은 문법적 지배에 관하여 일본어는 '지배되는 것(rectum)'이 '지배하는 것(regens)'의 앞에 놓인다는, 즉 rectum ante regens의 원리가 수미일관하게 작동하기 때문이다.

한편, 아랍어나 폴리네시아의 언어들은 동사가 문장 맨앞에 오는 VSO형의 어순을 취하는데, 그 결과 위에서 얘기한 배열이 모두 일본어와 정반대로 나타난다. 즉, 지배 방향이 일본어와는 반대로 rectum post regens의 형태가 되어 그것이 수미일관하게 작동하고 있기 때문이다. 이와 같이 지배의 방향이 항상 수미일관하게 나타나는 어순을 '정합적' 어순이라고 한다.

세계 언어를 전체적으로 둘러보면 정합적 어순을 취하는 언어가 압도적으로 많지만, 유럽에서는 정합적 어순을 가진 언어로 VSO형에 속하는 켈트제어와 SVO형에 속하는 로망스제어 등 비교적 소수의 언어밖에 없다. 한편, 유라시아에서 일본어와 같이 수미일관하게 SOV형의 어순을 가진 언어는 우랄제어[19]나 알타이제어 외에도 한국어, 아이누어, 길랴크어, 축치-캄차카제어, 그리고 드라비다어·문다어·인도-아리아어를 포함하는 인도 대륙의 언어들 대부분, 그리고 거의 모든 캅카스제어 등 그 수가 매

---

19) 단, 발트-핀제어는 SVO형

우 많다. 참고로 인구조어의 어순 유형도 이와 같은 SOV형이었던 것으로 보인다. 단, 같은 SOV형의 언어 중에서도 바스크어나 대부분의 티베트-버마제어, 그리고 이누이트어 등은 수식 형용사가 명사 뒤에 놓인다는 점에서 정합성을 약간 결여한다.

덧붙여 세계의 언어들 중에서 타동사 구문의 세 가지 성분 배열로 나타내는 어순 유형의 출현 빈도를 살펴보면, 일본어와 동일한 SOV형이 세계 언어의 약 50%, 이어서 영어나 중국어와 같은 SVO형이 약 35%, 폴리네시아어와 같은 VSO형이 약 10% 정도 된다. 이 중에서 SVO형 어순은 아프리카에 가장 많고, 유라시아에서는 중국과 동남아시아와 유럽에서만 나타날 뿐이다. 이 두 지역과 중동의 아랍어권(VSO형)을 제외한 유라시아의 모든 언어는 SOV형에 속한다. 즉, 일본어에서 보이는 SOV형 어순은 유라시아뿐 아니라 세계 어디에서나 흔히 볼 수 있는 것이기 때문에 이 또한 특별히 우랄-알타이적 특징이라고 할 수 없을 것이다. 또 일반적으로 어순 유형과 언어의 계통 관계 사이에 반드시 밀접한 관계가 있는 것도 아니다.[20]

지금까지의 검증을 정리하기 전에, 우랄-알타이어계 이외의 유라시아 제어 중 몇몇 언어를 골라 위의 14개 조목이 어떻게 나타나는지 살펴보자. [표 3.6]을 참조하라.

---

20) 세계 언어의 어순 유형과 그 지리적 분포에 대한 상세한 설명은 松本(1987), Matsumoto (1992), 山本(1998) 참조.

[표 3.6] 유라시아 여러 언어에서 보이는 '우랄-알타이적 특징'의 분포

우랄-알타이적 특징	유럽의 인구어			환동해·일본해제어				아시아의 인구어			그 밖의 언어들		
	Eng	Grm	Frn	Jap	Kor	Ain	Gil	Krd	Bng	Htt	Bsk	Lsg	Esk
1 어두자음군 결여	−	−	−	+	+	+	(+)	+	+	+	+	+	+
2 어두/r/ 결여	−	−	−	+	+	−	+	−	−	+	+	−	+
3 모음조화	−	−	−	(+)	+	?	+	−	−	−	−	+	−
4 관사 결여	−	−	−	+	+	+	+	+	+	+	−	+	+
5 문법적 성 결여	+	−	−	+	+	+	+	+	+	(−)	+	+	+
6 교착접미사	−	−	−	+	+	±	±	+	+	+	+	+	+
7 동사접사	−	−	−	+	+	+	+	+	+	±	+	+	+
8 대명사 곡용	−	−	−	+	+	+	+	+	+	±	+	+	+
9 후치사	−	−	−	+	+	+	+	±	+	+	+	+	+
10 소유동사 결여	−	−	−	+	+	−	+	−	+	+	+	+	+
11 비교구문	−	−	−	+	+	+	+	−	+	+	+	+	+
12 의문문 어순	−	−	−	+	+	+	+	+	+	+	+	+	+
13 접속사 결여	−	−	−	+	+	+	+	+	+	+	+	+	+
14a A-N어순	+	+	−	+	+	+	+	−	+	+	−	+	−
14b O-V어순	−	−	−	+	+	+	+	+	+	+	+	+	+

여기에서 다루고 있는 언어는, 먼저 근대 '유럽의 인구어' 대표로 영어 (Eng) · 독일어(Grm) · 프랑스어(Frn), 그리고 '환동해 · 일본해'로 일본어(Jap) · 한국어(Kor) · 아이누어(Ain) · 길랴크어(Gil), '아시아의 인구어'로 (이란 제어 중 가장 서쪽에 위치하는) 쿠르드어(Krd) · (인도-아리아어 중 가장 동쪽에 위치하는) 벵골어(Bng) · (인구어 중 가장 오래된 연대에 속하는) 히타이트어(Htt), 그리고 마지막으로 '그 밖의 언어들'로 (유럽에서·유일하게 계통적으로 고립된) 바스크어(Bsk) · (캅카스의 다겐스탄을 대표하는) 레즈기어(Lsg) · (북극에 살아남은) 이누이트어(Esk)이다.

또 이 표에서 '+'는 '우랄-알타이적 특징'을 가지고 있음을, '−'는 그러한 특징이 없음을 나타낸다(따라서 예를 들어 관사가 없는 언어는 +, 관사가 있는 언어는 −가 된다). 또 '±'는 두 가지 특징이 공존한다는 것을 나타낸다.

이 표를 보면 이른바 우랄-알타이적 특징이라고 여겨지는 것은, 사실 단지 근대 유럽어들의 특징을 뒤집어 놓은 것에 지나지 않음을 눈치챌 수 있을 것이다. 그러한 특징을 공유한다고 해서 일본어를 우랄-알타이어와 연결시킬 수 있다고 한다면, 그와 동일한 논법으로 벵골어나 히타이트어를 우랄-알타이어의 일원으로 추가하는 것도 가능할 것이다.

일본어 계통론에서 '우랄-알타이설'은, 아마 유럽 중심의 언어관이 낳은 환상에 지나지 않을 것이다. 언어의 계통 문제에 유형적 특징을 적용시키려면 좀 더 넓은 시야를 가지고 그것이 해당 어족이나 언어군의 고유한 특징인지 아닌지 충분히 살펴보지 않으면 안 될 것이다.

3.3. 일본어가 우랄-알타이어와 현저하게 다른 언어적 특징 14조목

메이지(明治)시대 이후 일본 학계에는, 음운이나 문법 구조의 측면에서 일본어가 우랄-알타이어와 특별히 가까운 관계에 있다는 사고방식이 매우 깊게 침투해 있었다. 그러나 지금까지의 검토에 따르면, 그 근거는 매우 미약하다는 결론이 나온다. 그렇다면 여기서 한 발 더 나아가, 후지오카가 14개 조목을 이야기한 것과 비슷한 방식으로 음운이나 문법 구조의 측면에서 일본어와 우랄-알타이어가 상당히 다른 언어라는 사실을 논증해 보자.

아래에서 보는 것과 같이, 그 안에는 단순히 각 언어의 표면적 차이라기보다 오히려 언어 구조의 심층과 관련된 차이가 포함되어 있다는 것을 알수 있다.

1) 일본어의 음절 구조

이미 살펴본 바와 같이 일본어는 CV의 단순 개음절(開音節)을 기본으로 하고, 촉음(促音)21)과 발음(撥音)22) 외에는 폐음절(CVC)을 가지지 않는다. 이와 같은 개음절형의 언어는 우랄-알타이어를 포함하여 유라시아 내륙 지역 어디에도 거의 보이지 않는다.

2) 일본어의 악센트

일본어의 특징으로 여겨지는 고저 악센트는 우랄-알타이어에는 없는 것이다. 특히 현재의 간사이(関西) 지방이나 『루이주묘기쇼(類聚名義抄)』23)에 보이는 복잡한 성조 시스템은 우랄-알타이어와는 전혀 상관없다.

3) 일본어의 ㅋ행 자음

일본어에서는 유음(流音) l과 r의 음운적 구분이 없어 ㅋ행 자음에 r음 한 종류밖에 없다. 한편, 우랄-알타이어를 포함한 유라시아 내륙 지역에서 사용되는 거의 대부분의 언어는 l과 r의 구분이 있다.

유라시아에서 일본어처럼 l과 r의 구분이 없는 언어는 태평양 연안부에 집중적으로 나타난다. 북쪽으로는 이누이트어, 축치-캄차카제어, 길랴크어, 아이누어, 한국어, 일본, 그리고 남쪽으로는 중국의 여러 방언들, 먀오-야오제어, 베트남어, 타이제어, 티베트-버마어족의 동쪽 그룹, 그리고 대만·필리핀·미크로네시아·폴리네시아에 이르는 수많은 오스트로네시아

---

21) [옮긴이] 일본어에서 'っ' 또는 'ッ'로 표기하는 음절로, 한국어 치면 파열음 종성과 같아 뒤에 오는 소리에 따라 'ㄱ, ㄷ, ㅂ'와 같이 발음한다.
22) [옮긴이] 일본어에서 'ん' 또는 'ン'로 표기하는 음절로, 한국어 치면 비음 종성과 같아 바로 뒤에 오는 자음에 따라 'ㄴ, ㅁ, ㅇ' 중 하나의 소리로 발음한다.
23) 11세기말에서 12세기경에 만들어진 일본의 한자 사전. '仏', '法', '僧'의 3부로 나뉘어 있다. 편찬자는 분명하지 않으나 법상종(法相宗)의 학승으로 보인다.

제어가 여기에 포함된다. 지도상에서 대략적으로 그 분포 양상을 살펴보면, 축치-캄차카 반도에서 러시아령 연해주를 거쳐 한반도, 그리고 여기에서 중국 대륙을 가로질러 인도의 아삼 지방에 이르는 경계선의 거의 동쪽 지역이 모두 '단식 유음형' 언어권에 속한다.

4) 일본어의 형용사

품사로서 형용사의 위치와 관련하여, 세계 언어는 크게 '용언형 형용사'와 '체언형 형용사'의 두 가지 유형으로 나눌 수 있다. 이 점에서 일본어는 분명히 용언형 형용사에 속한다. 한편, 우랄-알타이제어를 포함한 유라시아 내륙의 언어들은 거의 대부분 체언형 형용사에 속한다. 유라시아에서 일본어와 같이 용언형 형용사에 속하는 언어는 앞서 살펴본 단식 유음형의 분포와 동일하게 오로지 태평양 연안부에만 집중적으로 나타난다.

5) 일본어의 지시대명사

일본어의 지시대명사는 나라(奈良)시대부터 '근칭(近稱)'·'중칭(中稱)'·'원칭(遠稱)'(현대어의 kore·sore·are)의 3항체계가 변하지 않은 채 이어져 오고 있다. 한편, 모든 알타이어와 대부분의 우랄제어는 '근칭'·'원칭'의 2항체계이다.

3항형 체계의 지시대명사는 일본어 외에도 다른 환동해·일본해제어(한국어·아이누어·길랴크어)에 공통적으로 나타나고, 더 남쪽의 오스트로네시아어족에 속하는 언어들 역시 대부분 3항체계이다.[24]

---

24) 그 밖의 유라시아 지역에서 이와 같은 3항형 지시대명사를 가진 언어로는 드라비다제어, 캅카스제어, 일부의 인구제어, 바스크어 등이 있다.

6) 명사의 수 범주

일본어의 명사에는 문법적으로 의무화된 '수' 범주가 없다. 일본어에는 '男たち(남자들)', '犬ども(개들)', '家々(집집)'와 같이 명사의 복수성을 나타내는 형태가 여러 가지 있어 필요에 따라 각각 다른 방식을 사용하지만, 이 것이 문법적 범주로서 확립되어 있는 것은 아니다. 한편, 우랄어나 대부분의 알타이제어에서 명사의 단·복수 구분은 거의 의무적이다. 명사에 수 범주가 의무적이지 않은 언어 역시 환동해·일본해를 기점으로 중국과 동남아시아에 이르는 태평양 연안부에 집중적으로 나타난다.

7) 일본어의 분류사

일본어에는 명사의 수 범주가 없는 대신에 사람이나 물건을 셀 때 분류사(일본어 문법에서는 조수사)라는 특별한 형식을 사용한다. 한편, 우랄-알타이제어를 포함하여 유라시아 내륙 지역의 언어에서 이러한 분류사는 거의 보이지 않는다. 대체적으로 수사와 연결된 이러한 분류사를 가진 언어 역시 유라시아의 태평양 연안부에 집중적으로 나타난다.

단, 그 분포는 (3)이나 (4)보다는 다소 협소한 모습을 보이는데, 북부 태평양 연안에서 한국어·아이누어·길랴크어는 여기에 포함되지만 축치-캄차카제어와 이누이트-알류트제어는 포함되지 않는다. 또 오스트로네시아어족 중에서도 필리핀이나 폴리네시아에서는 이러한 분류사가 보이지 않는다. 단, 이 특징은 태평양을 끼고 아메리카 북서부에서 멕시코에 이르는 지역에 널리 분포하는데, 앞서 살펴본 유음의 특징이나 용언형 형용사와 함께 '환태평양'적인 주요 특징 중의 하나라고 할 수 있겠다.

8) 일본어의 인칭대명사

앞에서도 서술한 바와 같이, 일본어는 우랄-알타이어와 달리 여러 종류
의 인칭대명사를 가지고 있고(동일한 1인칭이라고 해도 '私[watasi]', '僕[boku]',
'おれ[ore]' 등), 복잡한 대우(待遇) 표현의 시스템을 가지고 있다.

이러한 특징은 환동해·일본해 지역에서도 특히 한국어와 일본어에서
눈에 띄고, 여기에서 중국어권을 거쳐 그 주변의 동남아시아 여러 언어에
도 이러한 특징이 널리 퍼져 있다. 단, 태평양 연안부의 다른 '연안형 특징'
과 비교하면 그 분포 범위가 상당히 좁게 나타난다.

9) 동사 활용에서 인칭 표시의 결여

일본어의 동사에는, 앞선 터키어와 라틴어에 보이는 것과 같은 동사 활
용에 함께 따라붙는 '인칭 표시'(다른 이름으로 '일치(agreement)')가 없다.25) 이
것도 태평양 연안부에서는 (8)과 거의 같은 분포를 보이는데, 특히 중국에
서 동남아시아에 이르는 단음절형 성조 언어권을 중심으로 주변부에 널리
퍼져 있다.26)

10) 동사 활용과 경어법

일본어에는 인칭표시가 없는 대신에 동사 활용 안에 경어법이 포함되어
있다. 이것은 다른 언어에서 인칭표시가 하는 역할을 똑같이 수행한다. 이

---

25) 우랄-알타이어와 인구어의 인칭 표식은 동사의 주어만을 나타내는 '단항형 인칭표시형'
인데, 아이누어·티베트-버마어·캅카스제어·파푸아제어·오스트레일리아제어·아메
리카 선주민 제어 등 세계 대부분의 언어는 주어 이외에 목적어(그 밖)를 나타내는 '다
항형 인식 표지형'에 속한다. 이른바 '다종합어'는 결코 아메리카제어에 한정된 것이 아
니다.
26) 알타이의 여러 언어 중에서도 만주어와 몽골어는 알타이어를 특징짓는 이러한 인칭 활
용을 잃어버리고 있으나, 둘 다 중국어의 강한 영향 아래에 놓였던 언어라는 점에 주목
할 필요가 있다.

와 같이 동사 활용 안에 포함되어 있는 경어법은 우랄-알타이어를 포함하여 유라시아 내륙 지역의 언어에서는 거의 보이지 않는 현상이다. 덧붙이자면, 환동해·일본해 지역에서도 이것을 공유하는 것은 일본어와 한국어뿐이다.

11) 명사의 주격 표시

우랄-알타이어에서 명사의 주격은 한결같이 격어미 Ø가 가장 무표적인 형태인 반면, 일본어는 주격에 'ga'와 같은 특별한 표식이 나타난다. 주격조사로서 'ga'의 출현은 그렇게 오래되지 않았는데, 그 이전에는 'i'라는 일종의 접미어가 그러한 기능을 수행하고 있었던 것 같다. 대격언어에서 이러한 특징이 나타나는 것은 비교적 드문 일인데, 환태평양 연안부에서는 역시 일본어와 한국어에서만 주격 표시가 나타난다.

12) 'ga(이/가)'와 'wa(은/는)'

일본어에는 'ga'와 같은 유표적 주격표지말고도 담화 기능상 주제를 표시하는 특별한 형식으로 'wa'라는 '보조사'(또는 특수조사)가 있다. 그러나 우랄-알타이어에는 이러한 주제 제시 형식이 따로 있는 것이 아니라 일반적으로 문장 맨앞에 놓아(필요하면 그 뒤에 짧은 휴지) 나타낼 뿐이다. 우랄-알타이어에서, 일본어 문법의 독특한 특징 중 하나인 'ga'와 'wa'의 구분 같은 것은 일체 알려져 있지 않다.

13) 중복(또는 첩어)

일본어에서는 물건의 복수성이나 반복성을 나타낼 때 중복어 또는 첩어(reduplication)와 같은 형태법이 자주 쓰인다. 예를 들면 'hito-bito(사람사람)',

'yama-yama(산들)', 'tuki-duki(다달이)', 'hi-bi(나날이)', 'toki-doki(때때로)' 등이 있다. 그러나 우랄-알타이어에서는 이와 같은 중복이 거의 보이지 않는데, 특히 명사의 복수를 나타내기 위하여 중복을 이용하는 경우는 전혀 없다.

14) 의성-의태어

이미 다 잘 알고 있는 바와 같이, 일본어는 의성어와 의태어가 매우 발달해 있는 반면, 우랄-알타이어에는 이와 같은 형식이 극히 드물다.

의성-의태어는 위의 중복과 함께, 태평양 연안부 언어에서도 특히 일본어와 한국어의 두드러진 특징 중 하나이지만, 아이누어나 길랴크어 등과 같은 동북아시아의 다른 여러 언어에서도 공통적으로 나타나고, 더 남쪽으로 내려가면 동남아시아에서 오세아니아로 이어진 태평양 연안부의 언어들에도 보이는 특징이다.[27]

이 밖에도 일본어와 우랄-알타이어의 차이점을 들려면 더 들 수 있겠지만, 후지오카류의 14개 조목과 균형을 맞추기 위하여 여기서 그만두도록 하겠다. 중요한 사항은 거의 다 이야기했다고 생각한다.

이미 앞서 말한 바와 같이 이러한 특징들은, 단지 우랄-알타이어와 일본어를 서로 갈라놓을 뿐만 아니라 유라시아 내륙 지역의 다른 언어들과 대하여 일본어·한국어·아이누어 등의 태평양 연안부의 언어들을 한데 묶는 독특한 특징이라고 할 수 있다. 이러한 특징 중에서는, 연대적으로 매우 깊숙이 들어가면 이들을 하나로 이어주는 이른바 '동원성'으로 거슬러 올라가는 것도 있고, 한편으로는 여러 시대에 걸쳐 일어난 언어적 접촉

---

27) 덧붙이자면, 위에서 열거한 특징은 일본어를 우랄-알타이어에서 떨어뜨릴 뿐 아니라 동시에 유럽의 여러 언어를 포함한 인구어에서 일본어를 구분하는 특징이라는 점에 주의하기를 바란다. 즉, 관점을 바꾸면 우랄-알타이어는 일본어·한국어·아이누어 등과 비교하자면 훨씬 더 인구어에 가까운 언어라고 할 수 있다.

이나 차용(이른바 diffusion)의 결과로 생겨난 특징들도 포함되어 있을 것이다. 지금 여기서 그러한 것들을 모두 찬찬히 음미할 여유는 없지만, 일본어가 유라시아의 여러 언어 중에서 어느 쪽과 밀접한 관계에 있는지 정도는 파악할 수 있었다고 본다.

그런데 여기서 든 언어적 특징 중에는 유라시아의 태평양 연안부뿐 아니라 멀리 태평양을 사이에 두고 아메리카 대륙의 여러 언어들에서도 나타나는 것들이 적지 않다.

예를 들어 1), 3), 4), 5), 6), 7), 13), 14) 등이 바로 그것인데, 이것들은 '환태평양'적이라고 할 만한 분포를 보인다. 이것이 일본어의 계통 관계에서 어떠한 의미를 가지는지에 대해서 여기서는 깊게 관여하지 않겠다. 여하튼 일본어의 계통 문제는 종래 '북방설'과 '남방설'이라는 단순한 도식에 머무르는 것이 아니라 좀 더 글로벌한 입장에서 유라시아의 여러 언어들 전체, 혹은 적어도 태평양 연안부의 여러 언어들이 어떻게 성립되었는가 하는, 상당히 거시적인 관점에서 다시 파악하지 않으면 안 될 것이다.28)

---

28) 본고는 일본 에드워드 사피어 협회 제14회 연구발표회(1999년 10월 9일 도호쿠대학(東北大學)에서 이루어진 공개 강연의 원고를 약간 수정한 것이다.

마지막으로 덧붙이자면, 본고에서 예를 든 후지오카의 우랄-알타이적 특징 14개 조목은 淸瀨義와 三郞則府의 사신에 따르면, 이미 에스토니아의 언어학자 Wiedemann(1838)에 그 모델이 있었다고 한다. Widemann이 들고 있는 14개 조목의 특징은 村上(1991:64)에서 처음으로 지적하였고, 또 小泉(1991:220ff.)에서도 상세하게 소개하고 있다. 단 후지오카의 14개 조목에는 어두 자음군, 어두의 r음, 대명사의 변화 등 Wiedemann이 들지 않은 특징도 포함되어 있다.

참고로, Wiedemann이 든 "우랄-알타이적 특징"을 소개하자면 1) 모음조화, 2) 문법적 성의 결여, 3) 관사의 결여, 4) 교착적 형태법, 5) 소유인칭접사에 의한 명사의 어미 변화, 6) 풍부한 동사파생접사, 7) 전치사 대신에 후치사의 사용, 8) 수식어를 주요 명사의 앞에 둔다, 9) 수사 뒤의 명사가 항상 단수형, 10) 탈격에 의한 비교구문, 11) 소유동사의 결여, 12) 부정동사에 의한 부정 표현, 13) 의문문 전용의 조사(일본어의 'ka'에 해당함), 14) (접속사 대신에) 풍부한 동명사, 부동사의 사용이라고 되어 있다. 모든 것이 근대 유럽어를 기준으로 하여 그것과의 표면적인 차이가 열거되어 있는 것에 지나지 않다.

제4장

언어유형지리론으로 탐구하는 언어의 먼 친족 관계
태평양 연안 언어권과 환동해·일본해제어

4.1. 언어의 계통적 분류와 비교방법의 한계

이미 많은 학자들이 백 년 이상 일본어의 계통과 관련하여 논의해 오면서 여러 가지 학설들을 제기해 왔지만, 최종적인 결론에 도달하기까지는 아직도 너무나 먼 상황에 있다. 도대체 왜 그런 것일까?

▌언어의 계통과 그 분류

일반적으로 언어의 계통 혹은 언어들 사이의 동계 관계는, 혈연에 기반한 친족 관계와 동일하게 같은 부모 또는 선조를 공유하는 관계를 말한다. 언어의 경우에는 그러한 선조에 해당하는 것을 '조어(祖語)', 동일한 조어를 공유하는 언어들을 '어족(語族)', 그리고 그러한 관계에 있는 언어들을 '동계어(同系語)'라고 한다.

이러한 관점에서 보면, 현재 약 6천 개가 넘는다고 알려져 있는 전 세계의 언어들은 대부분 상당히 한정된 수의 몇몇 어족으로 정리할 수 있다.

예를 들어, 현재 아프리카 대륙에서 사용하고 있는 2천여 개의 언어는, 최종적으로는 '아프로-아시아', '나일-사하라(Nilo-Saharan)', '니제르-콩고', '코이산'이라는 네 어족으로 정리할 수 있다. 따라서 현재의 통설에 따르면 적어도 아프리카에는 일본어처럼 계통이 불분명한 언어는 존재하지 않는다.1)

한편, 세계에서 언어 수가 가장 많다고 여겨지는 유라시아 대륙은 아프리카처럼 분명한 형태로 분류되는 것은 아니지만, 대부분의 언어가 10개 정도의 어족 안에 포함된다. 즉, 아프로-아시아의 한 분파라고 여겨지는 '셈어족', 유럽에서 인도 대륙까지 광범위하게 퍼져 있는 '인도-유럽(인구)어족', 남인도를 주된 분포권으로 하는 '드라비다어족', 유라시아 남서부에 퍼져 있는 '우랄어족', 그 동쪽에 접해 있는 '알타이어족', 히말라야 지역에서 동남아시아와 중국 대륙에 퍼져 있는 '시노-티베트어족', 중국 남부에서 인도차이나 반도에 퍼져 있는 '먀오-야오어족'과 '따이까다이어족', 동일한 인도차이나 반도에서 인도 동부에 산재해 있는 '오스트로-아시아어족', 대만에서 인도네시아, 그리고 남양제도까지 광대한 분포를 보이는 '오스트로네시아어족' 등이 있다.

이 중 유럽 북부에서 시베리아 동부까지 북방 유라시아의 거의 전역에 퍼져 있는 우랄제어와 알타이제어의 경우, 예전에는 '우랄-알타이어족'이

---

1) 현재 아프리카의 모든 언어의 계통적 분류는, Greenberg(1966)에 의한 위의 4분류설에 거의 준거하고 있다. 단, 이 가운데, 북쪽의 아프로-아시아와 남쪽의 니제르-콩고라는 두 개의 대어족 간에 복잡한 분포를 보이는 나일-사하라제어는 내부적인 언어 차이가 현저하고 어족으로서의 정리가 상당히 희박하다. 한편, 동아프리카에 고립된 일부의 언어를 제외하고 대부분이 남아프리카의 칼라하리 사막과 그 주변 지역에 잔존하는 코이산제어는 코이(Khoe)계의 중앙군(호텐토트어(Hottentot language)를 포함한다)과 그 주변에 분포하는 산계의 북부 및 남부군 간에 언어적 간격이 상당히 크다. 만약 이들 언어가 단일 어족을 형성한다고 하면 이 어족 본래의 모습은 중앙군의 여러 언어에 좀 더 많이 보존되어 있다고 봐도 좋을지 모르겠다.

라고 하여 하나의 계통을 이루는 것처럼 여겨져 왔다. 전전(戰前)부터 일본 학계에서는 일본어와 한국어 역시 이 우랄-알타이어족의 일원이거나 적어도 이들과 먼 동계 관계에 있을 것이라는 견해가 유력시되어 왔다. 그러나 이 언어들이 본격적으로 비교 연구되기 시작하면서 이 학설은 차례차례 무너져 갔다. 즉, 핀-우골제어와 사모예제어(Samoyedic languages)는 거의 확실히 동계 관계에 기반한 하나의 어족(즉, '우랄어족')을 형성하는 것이 분명하지만, 이들 언어와 그 밖의 알타이계 언어인 투르크·몽골·퉁구스의 언어군이 하나의 동계 관계로 묶이는지는 극히 의심스럽기 때문이다.

　20세기 중반에 이르러 본격적으로 알타이어 비교언어학이 탄생하면서 일본어의 계통 문제도 최종적인 해답을 얻을 수 있을지 모른다는, 막연한 기대가 생기기도 했다. 그러나 핀란드의 언어학자인 람스테드(G.J. Ramstedt, 1873~1950)[2]가 죽은 후에 『알타이 언어학 도론』(Ramstedt, 1952~1966)이 출판되고, 그 뒤를 이어 구소련의 알타이어 학자 니콜라스 포페(Nikolaus Poppe, 1897~1991)[3]가 매달린 '알타이어 비교문법' 중 제1권에 해당하는 『음론(音論)』(Poppe, 1960)만이 출판되었을 뿐 알타이제어에 대한 후속 연구는 이루어지지 않았다. 필자가 알기로는, 그 후 알타이 비교언어학 혹은 비교문법이라는 이름이 붙은 서적은 단 하나도 세상에 나오지 않았다. 이를 가지고 바로 알타이 비교언어학의 좌절이라고 보기에는 조금 성급할지도 모르겠지만, 그 전에 비해 이후의 일본어 계통 연구가 더 혼미해진 것처럼 보이는 것은 '우랄-알타이설' 혹은 그것을 계승한 '알타이설' 연구

2)　[옮긴이] 핀란드 출신의 언어학자. 터키어와 몽골어 전공으로, 뒤에 한국어학에 큰 공헌을 남겼다.
3)　[옮긴이] 러시아의 언어학자. 몽골어를 주전공으로 하여 퉁구스어, 투르크어 등을 연구하고 이를 종합하여 알타이어족의 가설 체계를 세웠다. 람스테드와 함께 한국어 계통에 대해서도 중요한 연구를 남겼는데, 초기 논문에서는 한국어를 알타이어 계통이라고 보았다가, 나중에는 이를 단정하지 않고 보류하였다.

가 정체되어 있는 것과 결코 무관하지 않을 것이다.4)

그런데 유라시아에는 일본어말고도 지금까지 서술한 주요 어족에 포함되지 않은 채 고립되어 있는, 즉 계통이 불분명한 언어 내지 소언어군이 제법 많이 존재한다. 예를 들어 유럽의 프랑스와 스페인 국경 지대인 피레네 산맥 서쪽에서 사용하고 있는 바스크어나 파키스탄령 카라코룸산계의 협곡에 고립되어 있는 부르샤스키어가 바로 그와 같은 고립 언어의 전형이다. 또 수많은 소언어가 밀집해 있는 캅카스 지역은 일반적으로 북동·북서·남부의 세 그룹으로 나뉘어 계통적으로는 한 묶음인 것으로 여겨지지만 그 중 가장 복잡하다고 하는 북동캅카스제어의 내부 관계는 아직 확실히 밝혀지지 않았다.

현재 유럽과 소아시아 지역에는 계통이 밝혀지지 않은 언어가 일부밖에 없지만, 고대에는 좀 더 많이 있었다고 한다. 예를 들어, 쐐기문자 기록으로 알려진 고대 오리엔트제어 중에서 수메르어·호루리어·하티어·엘람어 등도 그 계통 관계가 불분명하고, 또한 고대 이탈리아의 에트루리아어(Etruscan language) 역시 고립적인 언어였다고 한다.

한편 일본어가 위치해 있는 북부 유라시아의 태평양 방면으로 눈을 돌려 보면, 일본 열도와 그 주변 지역의 언어들도 그 계통 관계가 확실하지 않은 것들이 대부분이다. 즉, 일본어 외에도 아이누어, 한국어, 그리고 북방의 아무르강 하류 지역과 사할린에서 사용하는 길랴크(별칭 니브흐)어, 그보다 더 북쪽에 캄차카 반도에서 축치 반도에 걸쳐 분포하는 축치-캄차카라고 불리는 소언어군,5) 또 여기에서 베링해협을 끼고 알래스카와 캐나다

---

4) 일본어 계통론과 밀접한 관련이 있는 '우랄-알타이설'과 그에 대한 비판적 검토에 대해서 자세한 내용을 알고 싶으면 松本(2000a=본서의 제3장), 또 일본어의 계통을 둘러싼 전후 50년간의 연구사에 대한 개요는 松本(2001)을 참조하라.
5) 이 언어군 중에서도 캄차카반도 남부에 잔존하는 이텔멘어(Itelmen language, 별칭 캄차달어)는 고립적 양상이 강해 축치-코랴크제어라는 별도의 계통으로 보는 견해도 있다.

의 북극권에 이어져 있는 이누이트-알류트제어도 그와 같은 고립된 소언어군이다.

현재 아프리카와 유라시아의 언어들은 대부분 비교적 적은 수의 어족들로 정리할 수 있는 반면, 기타 지역 즉 오세아니아의 뉴기니아와 오스트레일리아 그리고 남북아메리카 대륙의 언어 분포와 그 계통 관계는 상당히 다른 양상을 보인다. 이들 지역에는 아프리카나 유라시아에서 보이는 것과 같이 폭넓게 분포하는 대단위 어족은 거의 존재하지 않는다. 일본 열도나 그 주변부와 같이, 계통적으로 고립된 언어나 소언어군이 비교적 좁은 지역에 밀집해 있다. 예를 들어, 백인들이 도착하기 전에 약 500개 이상 존재하던 북미 선주민 언어는 2/3가 록키산맥 서쪽(면적으로 하면 북아메리카 전국토의 1/4) 지역에 위치했고, 그 중에서도 특히 캐나다의 브리티시 콜롬비아 주부터 미국의 캘리포니아 주에 이르는 태평양 연안의 비교적 좁은 지역에 고립적인 소언어가 밀집해 있었다.

이와 같은 소언어의 밀집은 남미 대륙의 아마존 지역이나 뉴기니아의 내륙 지역, 또 오스트레일리아에서는 킴벌리(Kimberley) 고원에서 아넘랜드(Aenhem Land)[6]에 이르는 북서부 등에서도 볼 수 있다. 이처럼 언어의 분포와 계통 관계는 아프리카-유라시아(즉, 구대륙)와 그 밖의 지역이 큰 차이를 보이고, 아메리카 대륙이나 오세아니아에서는 일본어와 같이 계통적으로 고립된 언어가 오히려 더 일반적인 형태라고 할 수 있다. 이것은 왜 그런 것일까?

일반적으로 둘 또는 그 이상의 언어가 같은 계통이라고 하는 것은 이들 언어의 문법 구조나 기초어휘에 일정한 유사성이 있고, 그것이 단순한 우연이나 차용에 의한 것이 아니라는 사실이 확인되었음을 의미한다. 비교

6) [옮긴이] 오스트레일리아 북부 노던주의 북쪽 지역. 아라프라해에 면한 큰 반도로 된 지방. 오스트레일리아 선주민들이 살고 있다.

언어학에서 특히 중요하게 생각하는 것은 기초어휘와 형태소에서 보이는 유사성인데, 진정한 동계 관계에 있는 언어들 사이에서 그와 같은 요소는 단지 겉으로 보이는 유사성이 아니라 '음운법칙'이라는 규칙적인 대응으로 나타난다. 이것을 '동원어'라고 하는데, 그와 같은 동원어를 공유한다는 사실이 언어 간의 동계성을 나타내는 가장 유력한 증거가 된다. 그러나 동계 관계에 있는 언어들 사이에 항상 이러한 동원어가 존재하는지 확인할 수 있는 것은 아니다. 인간의 혈연관계와 같이 시간이 지남에 따라 언어 간의 동계 관계도 희박해지는 것을 피할 수 없기 때문이다.

▌언어연대학의 교훈

이러한 사실을 가장 확실히 알려 준 것은, 지금으로부터 반 세기 정도 전에 역사언어학의 새로운 방법으로서 등장한 언어연대학이다.

언어연대학의 기본 전제에 따르면, 어떠한 언어에나 거의 공통적으로 존재하는 '기초어휘'는 세월의 흐름에 상관없이 비교적 안정적으로 유지될 뿐만 아니라 그 변화 속도 역시 거의 일정하다는 것이다. 이 방법을 처음으로 제창했던 미국의 언어학자 스와데시에 따르면, 200개 정도의 기초어휘가 살아남을 확률은 1,000년이 지났을 때 대략 81%(즉 손실률 19%)이라고 한다. 이것을 역으로 생각해 보면, 동계 관계에 있는(또는 있다고 여겨지는) 언어들에서 공유되는 기초어휘의 비율을 통해 그 동계성의 정도, 즉 공통 조어에서 분기한 후 얼마의 시간이 지났는가를 계산할 수 있게 된다.[7]

---

[7] 언어연대학의 측정은 다음과 같은 식으로 나타낼 수 있다.

$$T = \log c \, / \, 2 \log r$$

여기서 t는 분기 후의 연대(1,000년 단위), c는 언어 간에 공유되는 어휘 즉 동원어의 공유율, r은 정수로 기초어휘 보존율을 나타낸다.

언어연대학의 기본 전제에도 여러 가지 문제가 있기는 하지만, 언어의 동계성을 나타내는 주요한 증거 중 하나인 기초어휘는 시간이 지남에 따라 점점 손실되어, 필연적으로 동계 관계 자체가 옅어지고 만다는 사실을 명확히 제시했다는 점에서 매우 중요한 의미를 가진다. 즉, 어휘 항목과 형태소의 유사성으로 실마리를 찾는 전통의 비교언어학적 방법에는 한계가 있다는 점을 분명히 하고 있는 것이다. 스와데시의 계산식에 따르면, 기초어휘의 공유율은 조어에서 분기한 후 6천 년이 지나면 10%, 1만 년이 지나면 거의 0에 가까워진다.

지금의 보존율을 81%로 하여 1,000년마다의 기초어휘(200개 단어) 공유율을 계산해 보면 다음과 같다([표 4.1]).[8]

[표 4.1] 동원어의 공유율과 분기 후 연대

연대(세기)	10	20	30	40	50	60	70	80	90	100
보존율=81%	66%	43%	29%	18%	12%	8%	5%	3%	2%	–

참고로 인구제어의 경우 그리스어와 산스크리트어, 그리고 라틴어 등 대표적인 고대어들 사이의 기초어휘 공유율은 대체로 30% 전후, 가장 동떨어진 현대어의 경우 예를 들어 영어와 현대 페르시아어, 현대 그리스어와 힌디어, 스페인어와 벵골어 등에서는 약 12~14% 정도가 된다. 즉, 현대어들의 경우 어형의 겉모습만으로 동원성을 확인하는 것은 매우 힘든 일이다.[9]

---

8) 두 언어 사이의 공유율은 '우연의 법칙'에 의해 보존율의 제곱이 되고, 따라서 분기 후 1천 년 후의 공유율은 81% × 81% = 65.61%가 된다. 표에 나타난 것은 추정치이다.

9) 고대 인도유럽어들이 가지는 기초어휘 공유율에 대해서는 Tischler(1973)을, 유럽의 현대어들에 대해서는 주로 Dyen 외(1992)를 참조하기 바란다. 위에 서술한 현대어들의 계산은 필자 자신이 한 것이다.

인도유럽어에 대한 비교언어학의 연구 실적을 토대로 살펴보면, 기초어
휘의 공유율 20~30%, 즉 스와데시의 계산식에 따라 분기 후 3,000~4,000년
정도 지난 동계어들 사이에서 비교언어학의 연구 방법이 가장 유효하게
적용될 수 있을 것이다.10)

한편, 의미와 어형이 우연히 비슷해지는, 이른바 '의사어'는 어떤 언어
들 사이에서나 반드시 5% 정도는 나타난다(음운 체계가 유사한 언어들 사이에
서 그 수치는 더욱 높아질 가능성이 있다). 그러므로 기초어휘의 공유율이 10%
밑으로 떨어질 경우 진정한 의미의 동원어와, 외형만 그럴싸한 의사어를
구별하는 일은 거의 불가능하게 된다. 구체적으로 비교방법을 통해 찾아
낼 수 있는 언어들 사이의 동계 관계는 기껏해야 5~6천 년 정도의 연대폭
에 한정된다. 비교방법뿐 아니라 종래의 역사언어학적 방법으로 1만 년 전
이상의 과거로 거슬러 올라가는 일은 도저히 불가능한 것이다.11)

---

10) 참고로 주요한 인도유럽어들 사이의 기초어휘(200개) 공유율을 계산해 보면 다음과 같
다(Tischler, 1973).

	Ved.	Skr.	Hit.	Arm.	Grk.	Lat.	Got.	Slv.	Lit.	Alb.
Ved.	//	82	24	28	31	31	32	35	31	21
Skr.	82	//	24	21	29	29	30	30	28	21
Hit.	24	24	//	17	22	22	18	21	15	14
Arm.	28	21	17	//	25	18	21	19	15	13
Grk.	31	29	22	25	//	30	29	23	21	22
Lat.	31	29	22	18	30	//	34	27	26	23
Got.	32	30	18	21	29	34	//	27	25	21
Slv.	35	30	21	19	23	27	27	//	39	17
Lit.	31	28	15	15	21	26	25	39	//	17
Alb.	21	21	14	13	22	23	21	17	17	//

이 표에서 보는 바와 같이, 인구어의 경우 그리스어(Grk.), 라틴어(Lat.), 산스크리트어
(Skr.), 특히 베다어(Ved.) 등이 연대적으로는 물론 기초어휘의 공유율 측면에서도 비
교방법을 적용하는 데 이상적인 상황에 있었던 것을 알 수 있다. 만약 이 언어들 대신
에 아르메니아어(Arm.)나 알바니아어(Alb.), 혹은 그 밖의 근대 언어들밖에 알려지지
않았다고 한다면 인도유럽어에 대한 비교언어학은 지금처럼 큰 성공을 이루지 못했을
것이다.
11) 이 문제에 대해서 구체적인 것은 마쓰모토(松本, 1996:140ff.)를 참조. 덧붙이자면 언어연

█ 진화유전학에서 본 견해

근래 눈부신 발전을 보이고 있는 진화유전학(내지 유전자 계통론) 분야에서는, 유전자다형분석(遺傳子多形分析)을 통하여 인종·민족·종족이라는 인류의 여러 집단들 사이의 유전적 거리를 측정하고, 그것을 토대로 세계 여러 집단들 사이의 계보적 관계를 밝히려는 시도가 활발히 이루어지고 있다(예를 들면, Cavall-iSforza et al. 1994, Brenner && Hanihara (eds.) 1995 등).[12]

이 연구들에서 특히 주목 받고 있는 것은, 어머니를 통해서만 유전되는 미토콘드리아 DNA의 계통을 추적하면 현생인류의 모든 유전자가 지금으로부터 약 15만 년 전의 한 공통 선조(이른바 '미토콘드리아의 이브')로 거슬러 올라간다는 사실을 밝혀 낸 것이다(Wilson et al. 1985; Cann et al. 1987; Sykes 2001).[13]

그 후 남성을 통해서만 전달되는 Y염색체 유전자에 대해서도 비슷한 연구가 진행되었는데(Cavalli-Sforza, 2000:80f; Underhill et al., 2000; Jobling & Tyler-Smith, 2003), 'Y염색체의 아담'이라는 공통 선조의 연대가 (아프리카를 나온 현대형 인류에 한정한다면) 지금으로부터 약 5만년 전이라는 설도 제기되고 있다(Underhill et al., 2001; Wells, 2002:54f.).

예전의 고전적인 인류학에서 이야기했던 니그로이드(Negroid)[14]·코카소이드(Caucasoid)[15]·몽골로이드(Mongoloid)[16]라는 이른바 인종의 기원은, 약

대학이 힌트를 얻은 방사성탄소측정법은 4만여 년의 연대폭까지 측정이 가능하다.

12) Cavalli-Sforza et al. (1994)를 대신하는 최근의 진화유전학 분야의 포괄적인 개설서로서 Jobling et al(2004)가 있다.

13) 미토콘드리아 DNA의 연대 측정의 문제에 관해서는 Horai(1995) 참조. 현생 인류의 미토콘드리아 DNA의 공통 기원은 지금으로부터 20만 년~15만 년 전이라고 하는 것이 거의 정설로 되어 있다.

14) [옮긴이] 아프리카 사하라 사막 남쪽에 사는 인종군. 흑인종이라고도 한다.

15) [옮긴이] 유럽을 중심으로 북아메리카, 서아시아에 사는 인종군. 백인종이라고도 한다.

16) [옮긴이] 인도에서 동아시아 대륙, 태평양제도 및 아메리카 대륙에 분포하는 인종. 황인종이라고도 한다.

100만 년 정도의 세월을 가지는 원인(homo erectus) 단계에까지 거슬러 올라가기 때문에 인종들 간의 차이는 매우 심각한 것이라고 생각해 왔다(예를 들어, Coon, 1962; Thorne & Wolpoff, 1992). 그러나 최근의 진화유전학에서는 이러한 정설이 완전히 뒤집혀져, 현대 인류의 기원과 확산을 지금으로부터 약 10만 년 이내의 연대폭에서 계산할 수 있다는 견해가 점점 유력시되고 있다.17)

실제로 지금까지 비교적 연구가 잘 진행되어 온 인도유럽어족·우랄어족·오스트로네시아어족·시나-티베트어족 등 유라시아의 주요 어족들을 살펴보면, 이들의 조어로 추정되는 언어의 연대는 대체로 지금으로부터 약 5~6천 년 전으로 여겨진다. 이것은 앞서 서술한 비교방법으로 거슬러 올라갈 수 있는 언어사의 최대치에 가까운 수치인데, 이 또한 인류사에서 이러한 대규모 어족이 생겨날 수 있는 사회·경제적 조건들이 출현한 시기와 거의 일치하고 있다.

즉, 현대형 인류가 출현한 후 그 역사의 대부분을 차지해 온 긴 빙하기가 끝나고, 지금으로부터 1만여 년 전에 완전히 새로운 세계(完新世)인 온난한 후빙하기가 시작되면서 아프리카와 유라시아 각지에서는 농경·목축·금속기 사용 등의 특징을 가진 이른바 신석기 혁명이 본격적으로 일어나기 시작한다. 인류 역사에 있어서 이러한 기술 혁신은 매우 획기적인

---

17) 인류 진화의 최종 단계를 구분 짓는 '언어의 획득'(이른바 최후의 "대약진/빅뱅")의 연대를 지금으로부터 약 5만년 전이라는 설도 최근에 제기되었다(예를 들어, Klein & Edgar, 2002).

또 최근에는 인간의 언어와 발화행위에 관여한다고 보는 FOXP2라는 이름의 유전자가 발견되었는데(일부에서는 '언어 유전자'로서 알려졌지만, 이 유전자 자체는 다른 포유류에게도 존재한다), 인류에게 고유한 이 유전자 변이의 발생 연대가 20만 년~1만 년 전의 범위 내라는 설도 나왔다(Enard et al. 2002).

여하튼 지금으로부터 35,000년 전 정도 전까지 살아남았던 네안데르탈인에게는 현생인류의 '분절할 수 있는'(마르티네가 말한 "이중분절"이라는 특징을 가지는) 언어는 아무래도 없었을지도 모르겠다.

것이었는데, 이를 통해 이들 지역에서는 인구가 급속히 증가하게 되어 집단의 급격한 팽창과 그에 따른 거주지 이동 및 확장이 활발히 일어나게 된다. 아프리카와 유라시아에 출현한 대규모 어족은 이와 같은 농경과 목축의 발달과 밀접한 관련이 있을 것이다.

그렇다고 하면 역으로 오세아니아나 아메리카 대륙에 이와 같은 대규모 어족이 비교적 드문 것도 절로 이해가 될 것이다. 예를 들어 비교적 최근까지 북미 북서해안과 오스트레일리아 대륙에서 볼 수 있었던 것과 같이, 모든 집단이 몇 만 년 동안 수렵과 채집에 의존하며 유지해 온 농경 전 사회에서는 동일 언어를 사용하는 집단의 규모가 기껏해야 수백 명이거나 많아도 수천 명 정도였을 텐데, 천연 자원이 풍부한 환경에서라면 이러한 언어 집단은 비교적 좁은 지역에 밀집하여 살아간다.

이들 언어 집단은 지속적인 상호 접촉 속에서 장기간 공존하면서 느슨한 분기와 속박을 반복한다. 이러한 경우의 언어 관계는 슐라이허의 계통수에서 보이는 것과 같은 단순한 수형도로는 파악할 수 없을 것이다. 뉴기니아 내륙 지역·오스트레일리아 북부·북미 태평양 연안에서 사용하는 여러 언어들의 계통 관계가 명확하게 파악되지 않는 것도, 그곳의 언어들이 농경 전 사회에서 사용했던 언어의 자연적 존재 양식에서 유래하고 있기 때문인 것이다.[18]

---

18) 언어의 발달에서 보이는 이와 같은 서로 다른 존재 양식은 전통적인 역사언어학에서 <계통수설>과 <파동설> 혹은 <어족 Sprachfamilie>과 <언어연합 Sprachbund>이라는 개념으로 파악해 왔는데, 이제부터는 인류 언어사의 전체를 시야에 넣고 좀 더 거시적으로 파악할 필요가 있다. 농경 전의 사회람에서 소언어의 운집이 오히려 정상적인 상태라고 하는 견해는 일본에서는 미야오카 오사히토(宮岡伯人, 1936 ~)에 의해서 일찍부터 제기되었고(예를 들면 宮岡伯人 (편) 1992:49ff.), 또 최근 오스트레일리아의 언어학자 딕슨(Dixon, R.M.W)도 이와 같은 시점에서 linguistic equilibrium(소언어군의 안정적인 공존 상태)과 그것을 깬 punctuation(대언어의 급격한 분기와 확산)이라는 언어 발달의 두 가지 국면을 대치시켜 고전적인 비교방법이 적용될 수 있는 것은 후자의 경우에 한정된다고 한다(Dixon 1997). 단, 딕슨의 이와 같은 착상은 진화생물학의 분야에서 제창된 <단

일본어가 그 계통이 명확하지 않고 기존의 어족 분류에서 어디에도 귀속되지 않는 것은, 이미 말한 바와 같이 일본어의 계통 관계가 비교언어학의 방법으로 어떻게 할 수 있는 연대폭을 넘어서기 때문일 것이다. 관점을 달리 하면, 일본어와 그 주변의 여러 언어는 지금으로부터 약 5~6천 년 전 새로운 대규모 어족의 확산 때문에 유라시아의 내륙에서는 거의 사라져버린 언어층들 중 현재까지 살아남은 아주 적은 수의 귀중한 생존물 중에 하나일 것이다.

그렇다면 이와 같이 연대적으로 아주 오래된 계통 내지 친족 관계에 있는 언어들을 조사할 수 있는 방법에는 어떠한 것이 있을까.

4.2. 언어의 먼 친족 관계와 언어유형지리론

언어연대학에서 1,000년에 약 20% 가까이 없어진다고 하는 기초어휘의 소실률은, 유전자 변이로 발생하는 유전자 정보의 변화와 비교해 보면 거의 2천 배 정도 빠른 속도라고 한다(Nei, 1995:76).[19] 이를 보면 어휘 차원에서 언어가 얼마나 빨리 변하는지 가늠할 수 있다.

일본 열도에서 조몬시대가 시작된 것은 지금으로부터 1만여 년 전이라고 한다. 일본어의 역사가 만약 그 시대에까지 거슬러 올라간다고 한다면, 어휘 차원의 정보는 일본어의 발상(發祥)을 알아보는 데 거의 도움이 되지 않을 것이다.

지금부터 서술하는 것은, 비교방법과는 전혀 다른 각도에서 일본어의

속평균 punctuated equilibria설>(Eldredge & Gould 1972, Mayr 1963, 1992, etc)에서 힌트를 얻은 것으로 그 형태 그대로 언어 현상에 적용할 수 있는지 없는지 의문이 남는다.
19) 단, 세포핵 바깥에 있는 미토콘드리아 DNA의 경우 그 변화는 통상적인 핵 DNA의 20배의 속도로 이루어진다고 한다. 그래도 어휘 차원의 언어 변화는 거기에 비교하면 100배의 속도가 된다.

계통을 탐구하기 위하여 요근래 필자가 수 년간 시도해 온 '언어유형지리론'적인 접근 방법의 개요이다.[20]

여기서 다루는 것은, 쉽게 검토할 수 있는 어휘 항목이나 표면적인 형태-통사 구조가 아니라 언어의 가장 깊은 곳에 숨겨져 있고 각 언어의 기본 골격을 결정하는 언어적 특질, 화자의 인지 양식과 언어에 따른 범주화, 이른바 언어의 유전자형에 해당하는 특질이다. 이것은 넓은 의미에서 언어의 유형적 특징이라고도 할 수 있는데, 이러한 언어적 특질의 지리적·어족적 분포를 문자 그대로 글로벌한 시야에서 조망하여 세계 언어 속의 일본어의 위치는 과연 어디인가 하는 것을 분명히 하고자 한다. 그것은 단순히 세계 언어 안에서 일본어의 유형론적 위치를 평가하는 것이 아니라(예를 들면 松本 1987), 인류 언어사라는 커다란 틀 속에서 일본어를 계통론적으로 자리매김하려는 것이다.

---

20) 언어학에서 이와 같은 연구 분야는 현재로는 <지역유형론 areal typology>이라고 부르는 것이 보통인데, 필자가 볼 때 일본에서 <언어유형지리론>이라는 명칭을 처음으로 사용하여, 언어접촉이 복잡하게 관계하는 언어사의 해명에 이와 같은 접근 방법을 본격적으로 시도한 것은 고(故) 하시모토 만타로(橋本萬太郎)이다(橋本, 1978). 이것은 전통적인 언어(내지 방언)지리학의 방법을 복수의, 그리고 계통을 다르게 하는 여러 언어를 포함하는 광역의 언어권에까지 확대 적용한 것이라고 할 수 있는데, 하시모토는 이러한 접근 방법을 사용하여 중국 대륙을 중심으로 하는 동아시아의 여러 언어를 대상으로 비교방법으로는 파악할 수 없는 여러 언어의 지역적 발달의 양상을 보기 좋게 나타냈다. 하시모토의 접근 방법은 더 나아가서 이것을 세계 언어의 전체, 문자 그대로 전지구적 규모로까지 확대시키려고 하는 것으로, 그렇게 하기 위해서 특정한 언어와 지역에서밖에 나타나지 않는 어휘 항목이나 형태적 요소를 배제하여 모든 언어에 적용 가능한 유형적 특징만으로 고찰 대상을 한정하고 있다. 어찌 됐든 이러한 접근 방법은 언어 특징의 지리적 분포를 통해서 언어사의 해명을 목표로 한다는 점 공통하고 있다. 단 대상이 되는 지역과 연대폭에서 사정권에 차이가 있을 뿐이다.

▌대상 언어의 취급 방법

본론에 들어가기 전에, 본고에서 이용한 접근법의 방법론적인 측면에 대하여 언급하자. 앞서 '세계 언어 전체를 시야에 넣은 언어유형지리론적인 고찰'이라고 말했지만 실제로 6천 개가 넘는 세계의 여러 언어들 전체에 대한 자료를 샅샅이 수집하는 일은 거의 불가능하다. 이러한 어려움을 극복하기 위하여 종래의 유형론 연구에서는 세계 언어에서 샘플 언어 몇 개를 임의로 뽑아 그것으로 세계 내지 인류 언어를 대표하게 하는 방법을 취해 왔다. 개별 언어를 선택할 때는 신뢰할 만한 내용 기술이 되어 있어야 한다는 조건 외에도 지리적으로나 어족적으로 편중되지 않도록 가급적 공평하게 샘플을 뽑아야 하는데, 실제로는 연구자의 자의에 맡겨지는 경우가 많다. 또 그 후 이루어지는 고찰에서도 샘플로 추출된 언어의 지리적 위치나 역사적-계통적 배경이 고려되는 일은 거의 없었다.

이러한 방법은 세계 언어의 다양성을 통하여 인류 언어의 보편성을 밝힌다고 하는, 지금까지의 언어유형론이 목표로 해 온 주된 목적을 달성하는 데는 분명히 효과가 있었다. 그러나 이와 같은 개별 언어의 샘플 추출법은, 본고가 의도하는 언어 내지 어족의 먼 친족 관계, 즉 비교방법으로는 손에 닿지 않는 연대적으로 그 깊이가 매우 깊은 언어사의 재건이라는 목적을 이루기 위해서는 결코 적절하지 않다. 대상이 되는 것은 개별 언어보다 오히려 그것들을 포함하는 어족이고, 분명히 그러한 어족들 간의 관계를 통해 먼 옛날 언어들 간의 친족 관계를 밝힐 수 있을 것이기 때문이다. 이러한 점에서 일본어와 그 외의 유라시아 대륙에서 계통적으로 고립된 언어들은, 제각각 단독으로 이 어족들과 대등한 관계에 놓여 있는 것이다.

따라서 본고에서는 유형론에서 상투적으로 이용하는 샘플 언어 추출법을 채용하지 않는다. 고찰 대상이 유라시아에서 계통적으로 고립된 언어가 아닌 경우에는 원칙적으로 어족을 단위로 하여 어족 차원에서 가능한 한 세계 언어를 망라하는 방침을 취한다. 또 이미 서술한 바와 같이, 예로 제시하는 언어적 특징 역시 여러 언어들의 가장 기본적인 골격을 이룬다는 의미에서, 역사적 변화에 저항력이 강하고 비교적 항상성을 유지한다고 여겨지는 것으로만 한정한다. 애초 어족 내부, 혹은 한 언어의 사적 변천 속에서 다양하게 등장하는 언어 현상은 고려하지 않는다.

그러나 이후에 다시 살펴보겠지만, 예로 든 유형적 특징이 항상 어족 내부에서 일정한 모습을 유지하는 것은 아니다. 이러한 현상에 대해서는 당연히 어떻게 해서 내부적 차이가 발생했는지, 또 해당 어족의 본래 특징은 무엇이었는지 하는 점이 문제가 된다. 인구어처럼 지금까지의 비교방법만으로도 조어를 재구하는 데 상당히 성공한 경우는 이 문제에 대하여 대답하는 일이 용이하겠지만 오히려 이 경우가 매우 예외적인 것으로, 대다수 어족 같은 경우에는 신뢰할 만한 조어의 재건조차 아직 요원한 상태이다. 따라서 어족 내부의 언어적 특징이 다르게 나타나는 이유에 대하여 어느 정도는 추측할 수 있지만 여전히 미해결인 상태로 남아 있는 경우가 적지 않다. 따라서 어족 내부에 다소 중대한 차이가 나타나고 그것이 지역적 차이와 연결되는 경우에는 동일한 어족이라고 하더라도 세분하여 취급하기로 한다.

▌세계 언어의 계통적 분류 틀

다음으로 어족이나 언어군을 살펴보겠는데, 지금까지 지구상의 모든 지역에서 언어의 계통적 분류가 연구된 것은 아니다. 특히 오스트레일리아 선주민의 여러 언어들, 뉴기니아를 중심으로 하는 파푸아계(=비(非)오스트로네시아)의 여러 언어들, 남미(특히 아마존 지역)의 여러 언어들에 대해서는 아직도 해결되지 않은 부분들이 많이 남아 있다. 따라서 이들 지역에 대해서는 현재의 연구 진척 상황에 따라 어느 정도 편의적인 분류를 하지 않을 수 없다. 특히 오스트레일리아 선주민어와 파푸아제어는 내부적인 계통 분류를 도외시하고 일괄적으로 지역적 분류를 한다. 이들 언어의 내부적 분류는 당면한 연구 목적에 비추어 볼 때 그다지 중요한 관련성이 없다고 판단하였기 때문이다. 또 본고에서 일본어와 같이 계통적으로 고립된 언어를 어족과 동일한 독립 단위로서 다루는 것은 유라시아 지역에 한정한다.

본고에서 다루고 있는 세계 여러 언어의 지역적-계통적 분류의 틀에 대해서는 [부록 - 표 1~2] <어족·언어군·고립 언어>란을 참조하기 바란다.

이 표에서 보는 바와 같이, 여기서는 시베리아에 산재해 있는 계통적 고립 언어를 '고(古)시베리아제어' 내지 '고(古)아시아제어'로 묶는 분류법을 채용하지 않는다. 또 유라시아의 고립된 언어 중 하나로 여겨지는 중부 인도의 나할리어는 아마 오스트로-아시아계의 언어를 기층으로 한 일종의 혼합어로 추측되기 때문에 고립 언어로 취급하지 않는다. 한편 시베리아 동북부의 콜리마강(Kolyma River)21) 유역에 분포하고 있는 유카기르어는 유형적으로 우랄어와 매우 가깝기 때문에 우랄어족에 포함시키고, 쐐기문자 기록에 남아 있는 고대 오리엔탈의 계통이 불분명한 몇몇 언어는 수메르어에 포함시켰다.

그러면 이제 본론으로 들어가 보자.

---

21) [옮긴이] 북동 시베리아에 위치한 강인데 하바롭스크 지방의 오호츠크와 마가단 주의 마가단 북쪽을 흐른다.

4.3. 유음(流音)의 유형

먼저 처음으로 다룰 것은 음운적 특징인데, '유음' 즉 일본어의 ラ행 자음에 해당하는 음의 유형이다. 이것은 본고에서 다루는 유일한 음운 현상으로, 지금까지 유형론자들에게 거의 주목을 받은 적이 없었던 것이다. 그러나 일본어 및 일본 열도의 관점에서 바라볼 때 매우 중요하고 흥미진진한 사실이 떠오른다.

4.3.1. 세계 언어에서 유음의 종류

음성학에서 '유음(流音, liquid sound)'이라고 불리는 소리는, 모음과 협의의 자음(obstruent)의 중간적인 소리로 비음이나 반모음과 함께 공명음(sonorant resonant)의 일종으로 여겨져 각 음운 체계에서도 특별한 위치를 차지하며 통시적인 변화에 대해서도 비교적 안정성이 높다.

이러한 유음에는 통상적으로 측면음(lateral) [l]과 r음(rhotic) [r]의 두 가지 소리가 있는데, 유럽의 모든 언어와 대부분의 아시아 언어는 자신의 음운 체계 안에서 /l/과 /r/이라는 적어도 두 종류의 음소를 구분하고 있다. 그런데 일본어에는, 나라시대 이후의 기록을 보거나 현재 일본 열도에서 사용하고 있는 모든 방언을 살펴보더라도, 유음에는 ラ행 자음이라고 불리는 소리 한 종류밖에 없다. 이것은 일본어의 눈에 띄는 특징인데, 무로마치(室町)시대[22]에 일본에 온 포르투갈 사람인 로드리게스(João Rodriguez, 1561~1634)[23]가 자신의 『일본문전(日本文典, Arte da Lingoa de Iapam)』[24]

---

22) [옮긴이] 일본의 시대 구분 중 하나. 1336년 아시카가 다카우지(足利尊氏)가 겐무(建武) 정권을 쓰러뜨리고 정권을 잡은 때부터 1573년 아시카가 막부가 오다 노부나가(織田信長)에게 멸망될 때까지 약 240년간. 교토의 무로마치에 궁을 세웠기 때문에 통상 무로마치 시대라고 한다.

23) [옮긴이] 포르투갈 예수회의 선교사. 어학자. 1577년에 일본에 들어와 1613년까지 일본에 머무르면서 통역가로서 활동하였다.

에서 처음으로 이야기한 후에 해외의 여러 학자들에게서 주목을 받아 왔
다. 그러나 이러한 특징은 결코 일본어에만 한정된 현상은 아니다.

먼저 일본 열도 북방의 아이누어에서도 유음은 일본어와 거의 동일하게
혀끝을 튕기는 소리(flap) 한 종류만 있고, 또 동해·일본해를 사이에 두고
열도와 마주하고 있는 한반도의 한국어 역시 음소로서 유음은 한 종류밖
에 없다.

일본어의 ラ행 자음에 대응하는 중국어의 자음(성모)은 중국 음운학에
서 '來母'라고 분류해 온 것인데(만요가나나 가나문자에서 ラ행음을 나타내기 위
해서 이용한 羅, 良, 利, 里, 留, 流, 礼, 漏, 魯, 呂, 侶 등과 같은 한자의 첫자음), 음성
학적으로는 측면음 [l]에 해당한다. 적어도 중고(中古) 한자음 이래 중국
어에서 유음의 범주에 들어가는 것은 이것 한 종류뿐이다. 또 이러한 한자
음들과 일본어 ラ행 자음의 대응 역시 나라시대부터 전혀 변하지 않고 있
다.25)

한반도 북방 아무르강 유역에서 사할린에 걸쳐 분포하는 길랴크(별칭 니
브흐)어는 표면적으로 보면 측면음 외에도 r음([r]과 [ˆr])을 음소로 가
지고 있는 것처럼 보이기는 하지만, 이 음들이 음운 체계 내에서 차지하는

---

24) [옮긴이] 1604~1608년에 나가사키(長崎)에서 출간된 일본어 문법서. 당시의 일본어 구어
   의 문법을 라틴어 문법의 조직에 따라 포르투갈어로 기술하였다.

25) 현대 중국의 여러 방언 중 일부, 예를 들면 베이징어에는 이러한 l음 외에 음성적으로 r
   음에 상당히 가까워서 로마자 표기에서 r로 나타내는 소리가 있다. 이것은 중국의 운서
   에서 <日母>라고 분류한 소리로, 日, 兒, 人, 然 등의 한자의 첫자음에 나타난다. 이것은
   현재 표준적인 베이징어에서는 혀의 마찰 내지 접근음으로서 발음되는데, 일본의 한자
   음에서 오음(吳音)에서는 'nichi', 'ni', 'nin', 'nen', 한음(漢音)에서는 'jitu', 'ji', 'jinn', 'zenn'이
   라고 발음된다. 이것은 본래 구개적인 비음이 그 비음성을 잃어버리고 구개마찰음(예를
   들어 ʒ)이 되어이것이 더욱 마찰첨음화 되어 조찰성을 약하게 한 것이라고 추정된다. 어
   찌 됐든 현대 베이징어는 표면적으로 보면 마치 l음에 대립해서 r음을 가진 복식유음형
   인 것과 같은 양상을 보인다. 이오 같은 e음의 발생이 특히 중국의 북방 지역에서 발생
   한 것은 아마 알타이어(좀 더 구체적으로는 청조의 만주어)의 영향 때문이라고 볼 수도
   있겠다(松本, 1998b:14).

위치는 통상적인 유음과는 성격이 전혀 다르다(松本, 1998b : sf.).

한편 길랴크어의 주변을 둘러싸고 있는 퉁구스계의 언어는 유라시아 대륙의 다른 언어들과 동일하게 [l]과 [r]의 유음을 구분하는데, 퉁구스어는 원래부터 이러한 특징을 가지고 있었던 것으로 보인다. 그러나 아무르강 유역에서 한반도 북부에 이르는 동해·일본해의 연안부, 즉 현재의 러시아령 연해주에서 사용되는 네기달어(Negidal language)나 오로치어(Oroch language), 우디헤어(Udihe language)와 같은 일부의 퉁구스어는 어찌된 일인지 원래 있던 [r]음이 없어지고 유음이 [l] 한 종류로 되어 버렸다.

더욱 더 북쪽으로 시베리아의 북동부 끝을 차지하고 있는 축치-캄차카제어는 일부에서 l음과 구별되는 r음이 나타나기는 하지만, 음운적으로 매우 특이한 성격을 띠기 때문에 아마 이차적으로 발생한 것이라고 추정된다(松本, 1998b:11). 또 거기서 베링해협을 거쳐 알래스카와 캐나다 북극권에 널리 퍼져 있는 이누이트-알류트제어도 러시아어에서 차용한 요소를 빼면 본래 있던 유음의 음소는 한 종류뿐이다.

이와 같이 일본 열도와 그 주변의 유라시아 극동 지역은, 이른바 유라시아의 극서(極西) 지역을 차지하고 있는 유럽과는 대조적으로 일본어처럼 유음의 종류가 하나밖에 없는 언어로 가득차 있다.

문제는 이러한 유음 유형이 세계 언어 전체에서는 과연 어떠한 분포를 보이는가 하는 것인데, 그 전에 여기서 문제가 되는 유음 유형에 대하여 간단히 정리해 두자.

유음 유형에는 먼저 영어나 스페인어처럼 l음과 r음이라는 적어도 두 종류의 음소를 구별하는 복식유음형과, 일본어처럼 그러한 구별을 가지지 않는 단식유음형, 그리고 비교적 드물기는 하지만 l음이든 r음이든 독립적인 음소로서 유음을 가지지 않는 유음결여형이 있다.26)

세계 언어에서 유음 유형의 지리적-어족적 분포에 대해서는 이미 松本 (1998b)에서 상당히 자세히 논의하고 있기 때문에 여기서는 간략한 개요만을 서술하겠다. 지금까지의 조사 결과는 [부록 - 표 1~2:유형적 특징의 지역-어족적 분포]의 '유음 유형'에 집약되어 있기 때문에 그것을 참조하기 바란다. 예를 들어, 이 표 안에서 '단-복'이라고 되어 있는 것은 해당 어족 내지 어군 안에 단식유음형과 복식유음형이 공존하는 것을 나타내는 것인데, 그 안에서 비교 우위에 있다고 여겨지는 유형을 앞에 제시했다.

또 松本(1998b)에서는 약 천 개에 가까운 언어 자료를 가지고 주요 지역과 계통별 각 유형의 출현 빈도를 일람표로 제시했는데(松本, 1998b:5), 이 자료는 그 후 수정·보완되어 현재는 약 1,200개 정도의 자료를 분석하여 제시하였다. 여기에 거의 동일한 틀에 맞춘 수정판을 제시하면 [표 4.2]와 같이 된다. [부록 - 표]에 있는 유음 유형을 상호 참조하기 바란다.

그러면 세계 언어의 세 가지 유음 유형 중에서 먼저 복식유음형의 분포 현황을 살펴보자.

---

26) 단식유음형에 대하여 부언하자면, 이 유형의 언어가 항상 음소로서의 유음을 한 종류밖에 가지지 않는 것은 아니다. 예를 들어 기본적으로는 측면음 밖에 가지지 않는 언어에서도 그 측면음에 유성과 무성, 혹은 구개음과 비구개음과 같은 대립이 나타나는 경우도 있다. 이것은 복식과 단식에 상관없이 유음이 해당 언어의 다른 자음과의 상관 관계 안에서 조직되는 형태에서 종종 일어나는 현상인데, 이와 같은 2차적인 조음의 부가에 의해서 생기는 유음의 변종은 기본적인 소리의 종류로서 l음과 r음의 구별과는 성질이 다른 것이다.

[표 4.2] 세계 언어에서 유음 유형의 출현 빈도

지역	어족 및 어군	복식	단식	결여	합 계
아프리카	코이산	1	5	14	20
	니제르·콩고	43	53	2	98
	나일·사하라	43	0	0	43
	아프로·아시아	42	2	0	44
유라시아	캅카스제어	36	0	0	36
	인도유럽	78	0	0	78
	드라비다	13	0	0	13
	우랄	20	0	0	20
	알타이제어	36	3	0	39
	티베트·버마	29	0	0	57
	한어	2	7	0	9
	따이까다이	2	9	0	11
	먀오-야오	0	8	0	8
	오스트로-아시아	17	1	0	18
	오스트로네시아	71	44	0	115
	환동해·일본해제어	0	7	0	7
	축치·캄차카	2	3	0	5
	이누이트·알류트	2	5	0	7
대양주	파푸아제어	9	54	10	73
	호주제어	36	0	0	36
아메리카대륙	북미제어	26	133	22	181
	중미제어	46	19	9	74
	남미제어	47	115	22	184
기타	고립언어	17	1	0	18
	피진·크레올	2	4	0	6
합계		621	500	79	1,200
백분율		51.75%	41.67%	6.58%	00.00%

4.3.2. 복식유음형의 분포

복식유음형은, [표 4.2]에서도 분명히 알 수 있듯이 현재 지구상에서
가장 우세한 타입인데,27) 세계적인 분포도를 상당히 명확하게 그릴 수

27) 필자가 지금까지 실시하고 있는 조사는 세계 언어 안에서 비교적 열세인 단식 유음 및

있다.

즉, 복식유음형의 언어는 사하라 사막을 포함한 아프리카 대륙의 북부 전역에 분포하고 있고, 유라시아 대륙에서는 유럽과 아시아 내륙의 거의 전 지역을 빈틈없이 덮고 있다. 이를 어족 단위로 살펴보면, 아프리카의 4 대 어족 중에는 나일-사하라어족(Nilo-Saharan languages)과 아프로-아시아어족, 유라시아에서는 인도유럽어족, 드라비다어족, 우랄어족, 그리고 투르크·몽골·퉁구스를 포함하는 이른바 알타이제어가 복식유음형 언어권의 주요 구성원이 된다. 거기에 캅카스제어·수메르어·바스크어·케트어·부르샤스키어 등 유라시아 내륙에서 고대 및 현대의 계통적으로 고립된 언어 대다수가 이 유형에 속한다. 주요 어족의 복식유음 출현율은 거의 100%에 가까워 어족 내부의 유형적 차이는 극히 일부의 예외적인 경우를 빼면 전혀 보이지 않는다.[28]

또 지금까지 이루어진 각 어족의 비교 연구에 따르면 여기서 복식유음형의 예로 들고 있는 주요 어족들은 조어의 단계로 거슬러 올라가도 기본적인 성격은 변하지 않는다.

이와 같이 복식유음형 언어는 아프리카 북부에서 유라시아에 걸쳐 거의 완벽하게 이어져 있는 이른바 아프로-유라시아적인 분포권을 형성하고 있는데, 언어지리학의 용어를 빌리자면 세계 언어에서 '중심 분포'의 양상을

유음결여형의 언어권에 대해서 중점적으로 자료를 수집하고 있기 때문에, [표 4.3]에서 나타난 각 유형의 출현 빈도는 반드시 세계 언어의 평균치를 나타내고 있는 것은 아니다. 세계 언어에서 복식유음형의 실제 출현율은 아마 표에 나타난 수치(전체의 51.75%)보다 높아질 것이다.

28) 이와 같은 예외적 사례로는 앞서 살펴본 연해주의 퉁구스어 외에 아프로-아시아 중에서 유일하게 단식유음형을 나타내는 고대 이집트어(이것은 원래 있던 r음을 상실한 결과인 듯하다), 케트어를 포함한 예니세이제어(Yeniseian languages)의 일부(이 어족에서 r음은 아마도 /d/에서의 2차적 발달이다(Werner 1997:17f, Vajda 2004:6), 그 밖에는 기원전 2천 년의 에게해 세계에서 미노아문자(선문자A)에 기록을 남긴 '미노아어'도 아마 단식유음 형이었을 것이다.

확실하게 나타내고 있다.

또한 아프로-유라시아권 이외의 지역에서 복식유음형이 집중적으로 나타나는 곳은 오세아니아의 호주다. 이 대륙이 선주민들이 사용했던 언어들은 현재는 소멸의 길을 걷고 있는데, 수중에 있는 자료만으로 살펴볼 때 이들 언어는 거의 100% 복식유음형(그것도 다양한 종류의 r음을 가진 유형)으로 세계 언어 안에서도 독자적인 복식유음형의 분포권을 이루고 있다.

4.3.3. 단식유음형의 분포

다음으로 일본 열도와 그 주변부의 특징 중 하나인 단식유음형의 분포를 살펴보자.

먼저 유라시아에서 이 유형이 나타나는 것은 대체로 태평양 연안부에 한정된다. 지도상에서 그 분포 양상을 살펴보면, 대략 북으로는 축치-캄차카반도부터 러시아령 연해주를 거쳐 한반도 북단, 그리고 중국 대륙을 횡단하여 남으로는 인도의 아삼 지방에 이르는 경계선의 동쪽 지역이 단식유음형의 분포권이 된다. 여기에 속하는 언어 내지 언어군은, 북으로 축치-캄차카제어, 길랴크어, 아이누어, 일본어, 한국어, 그리고 아무르강 하류 지역에서 연해주에 퍼져 있는 일부의 퉁구스어(네기달어·오로치어·우디헤어), 중국어([부록 - 표 1]의 '한어(漢語)'[29]) 및 티베트-버마제어의 동쪽 그룹, 그리고 남으로 먀오-야오어족, 따이까다이어족, 오스트로-아시아어족과 오스트로네시아어족의 대다수 언어들이다.

유라시아 태평양 연안부의 특징 중 하나인 이 단식유음형 분포권은 여기서 더 나아가 베링해협을 넘어 아메리카 대륙에까지 이어진다.

즉, 콜럼버스 이전 시기 남북아메리카 대륙에는 약 2천 개 이상의 언어

---

29) 여기서 한어라고 하는 것은 시노-티베트어족 가운데 한 분파로서의 중국어(Sinitic language)라는 의미로, 고대 중국어에서 현대 중국의 모든 방언을 모두 포함한다.

가 있었는데, 그 언어들은 단식유음형이 가장 큰 분포를 보이고 있었다. 그러나 복식유음형이 압도적으로 우세한 유럽어의 지배 아래 오랜 시간 놓여 있었기 때문에 현재로는 다른 지역과 비교하여 유음 유형이 균질적이지 않다. [표 4.2]에서 보는 바와 같이 북미와 남미의 언어들의 경우 확실히 단식유음형의 출현율이 매우 높게 나타나기는 하지만, 그 중간에 위치한 중미(언어상 분류로는 메소아메리카)에서는 적어도 표면적으로는 복식유음형처럼 보이는 언어의 수가 가장 많이 나타나고 있다. 거의 동일한 현상이 남미의 안데스 지역에서도 나타난다.

토착 아메리카 대륙에서 문화적으로 가장 앞선 지역이었던 이들 지역은, 백인들이 가장 먼저 침략했기 때문에 그 탓에 지배자의 언어인 스페인어의 영향도 가장 오래 받게 되었던 것이다. 현재 이 지역의 많은 언어들에서 나타나는 복식유음의 출현은 이러한 스페인어의 영향을 제외하고서는 정당한 평가를 내릴 수 없을 것이다.

4.3.4. 유음결여형과 그 분포

마지막으로 유음결여형을 살펴보자. [표 4.2]에서 보는 바와 같이 유음결여형은, 세계 언어 안에서도 가장 출현율이 낮은(중점적으로 자료를 모아 봐도 전체의 6.58%), 가장 열세인 유형이다. 출현하는 지역도 극히 한정되어 있는데, 유라시아에서는 내륙 지역은 물론 태평양 연안부에서도 이 유형의 언어는 전혀 나타나지 않는다.

유라시아 이외의 주요 분포 지역으로는 아프리카 대륙의 남단을 차지하고 있는 코이산어권과 남아프리카의 니제르-콩고제어 중 일부,30) 그리고

---

30) 수중에 있는 자료를 보는 한 니제르-콩고어족의 유음결여형은 남아프리카의 극히 일부 언어에서 출현할 뿐, 동부와 남부를 차지하고 있는 반투계의 여러 언어에서는 확실한 예증이 없다. 그러나 반투조어의 단계에서는 유음이 없었을 가능성이 있다(松本, 1998b:30).

오세아니아에서는 뉴기니아를 중심으로 하는 파푸아어권이다.

아메리카 대륙에서는 북미의 동부 및 남부에 분포하는 알곤킨제어, 이로쿼이제어, 수제어(Sioux languages), 유토-아즈텍제어(Uto-Aztecan languages) 등의 일부에 유음결여형이 나타난다. 수중에 있는 자료만을 가지고 살펴보는 한, 그 중 중앙 알곤킨제어는 음소로서 유음을 결여하고 있지만, 다른 언어들에서는 그 출현이 상당히 산발적이다. 한편, 록키산맥 서쪽의 태평양 연안부에서 유음결여형으로 보이는 언어는 전혀 나타나지 않는다.

중앙아메리카에서 유음결여형의 언어가 나타나는 것은, 이 지역 최대어족을 형성하고 있는 오토망게어권(Oto-Manguean languages)에 한정된다. 마지막으로 언어 분포가 가장 복잡다양하고 연구 조사도 가장 늦게 이루어지고 있는 남미 대륙의 유음결여형 언어는, 주로 아마존 지역(면적, 언어 수 그리고 분포의 다양성에 관해서 남미 대륙 최대-최고의 언어권)의 계통적으로 고립된 소언어군에서 나타나지만, 수중에 있는 자료로 볼 때 전체적인 출현 양상은 역시 상당히 산발적이기 때문에 집중 분포 지역을 확정 짓기가 무척 어렵다.

그런데 유음결여형으로 보이는 언어에 음성학적으로 유음에 해당하는 소리가 전혀 없는가 하면, 결코 그런 것만은 아니다. 이들 언어에도 유음에 해당하는 소리(특히 혀끝을 윗턱에 가볍게 대는 탄음의 일종)가 종종 나타난다. 그러나 이 언어들에서 이 소리는 혀끝의 폐쇄음 / t /, / d /의 조음이 어중(또는 모음 사이)에서 약화되어 생긴 것으로, 어두에서는 폐쇄음([t] 내지 [d])이 나타나고 어중에서는 탄음([r])이 나타나는 상보적 분포를 이루기 때문에 음운적으로는 동일 음소의 변이음 관계일 뿐이다.

이 현상은 특히 코이산제어나 뉴기니아의 파푸아제어에서 현저하게 나타난다. 음성적 측면에서 관찰할 수 있는 이들 언어의 r음을 음운적으로 어떻게 해석해야 할지는 상당히 복잡한 문제이다. 즉, 이들 언어에서 유

음이 음소로서 존재하는 것인지 아닌지는 이러한 음성적 r음의 출현 조건
과 그 기능 부담량(의미 변별 기능의 유무)과 깊은 관련이 있기 때문이다. 혀
끝 폐쇄음(t, d)과 상보적 분포를 보이지 않게 돼 r음이 독자적인 행동을 시
작하면 그 언어가 단식유음형으로 이행했다고 판단할 수 있다. 동시에 이
사실은 인류 언어가 어떠한 프로세스를 거쳐 유음이라는 음소를 획득했는
가 하는 매우 흥미진진한 문제뿐 아니라 일본어를 포함한 세계의 많은 언
어에서 어두에 r음이 잘 나타나지 않는 인류 언어의 일반적인 경향을 설
명하는 데도 유력한 시사점을 준다(松本, 1998b:32・2000a:6f 참조).

4.3.5. 유음 유형에서 볼 수 있는 지리적 분포의 특징

이미 살펴본 바와 같이 복식유음형은 매우 넓은 지역에 걸쳐 강한 연속
성을 가지면서 분포하는데, 매우 균질적이고 안정적이다. 반면에 단식유
음형과 유음결여형의 분포는 복식유음권만큼 균절적이지는 않고, 또 그
내부에 어떠한 동요나 추이(推移) 현상을 안고 있다.

즉, 단식유음권에서는 단식과 복식의 공존 혹은 단식에서 복식으로의
추이, 유음결여형에서는 특히 단식유음형으로의 추이가 현저하다. 이러한
사실은 적어도 현재 세계 언어 안에서는 복식유음형이 우위이거나 중심적
인 분포권을 형성하고 있는 데 비해 단식유음형은 상대적으로 열세이거나
주변적인 분포권을 이루고 있음을 의미한다. 또 유음결여형은 가장 열세
에 처해 있는데, 주변적인 단식유음권보다도 더 고립된 소분포권을 형성
하고 있다. 복식유음권은 분포를 확대하려는 강한 경향성을 보이는 반면
에 다른 두 유형 특히 유음결여형의 분포는 축소 및 후퇴의 길을 걷고 있
는 것처럼 보인다.

단식유음권 안에서 복식유음과의 공존이나 복식으로의 추이 현상은, 이
미 살펴본 바와 같이 축치-캄차카제어나 중국어의 북방방언 등에서도 보

이는데, 이 현상이 가장 광범위하게 나타나는 지역은 태평양 연안 남부, 즉 동남아시아다.

그 중에서도 동남아시아의 섬 지역에서 태평양 지역에 걸쳐 광범위하게 분포하는 오스트로네시아제어의 유음 유형 분포가 가장 복잡하다. 대략적으로 이야기하자면, 말레이반도에서 인도네시아를 포함하는 이 어족의 중심부에는 복식유음형이 퍼져 있는 반면에, 단식유음형은 대만, 필리핀, 폴리네시아 등 이 언어권의 주변부에 집중해 있다. 이 어족에서 복식유음형의 출현을 어떻게 평가해야 할지는 매우 어려운 문제인데, 먼저 모든 언어에서 측면음 /l/의 대응이 아주 규칙적으로 안정되어 있어(폴리네시아의 일부에서는 탄음 /r/로 대응) 조어의 단계에서도 이 소리가 존재했다는 것은 의심할 필요가 없을 것 같다. 한편, r음의 대응은 극히 복잡하고 불규칙적인 모습을 보이는데, 통시적으로 이를 어떻게 해석하여 조어의 음소를 어떻게 재건할까 하는 것은 여전히 큰 문제이다. 여기서 간단히 개인적인 의견을 이야기해 보자면, 오스트로네시아제어에서 /l/과 대립하는 r음은 아마 일부는 유성의 연구개마찰음에서 발생했고, 다른 일부는 유성의 혀끝폐쇄음 /d/에서 이차적으로 발생했을 것으로 여겨진다(자세한 것은 松本, 1998b: 19ff. 참조).

한편 동남아시아의 대륙부 즉 인도네시아 반도에서 인도 동부에 걸쳐 널리 분포하는 오스트로-아시아제어에 관해서는 언어 정보가 매우 불충분하여 수중에 있는 자료만으로 볼 때, 인도네시아 반도 동단을 차지하고 있는 베트남어(이 어족 안에서 최대의 화자 수를 가진 대언어이다)를 빼고는 단식유음형의 확실한 예는 보이지 않는다(단, 반도 북동부의 베트-무옹제어(Viet-Muong languages) 중에 그러한 예가 나올 가능성이 있다). 그 밖에 몬-크메르제어는 대부분 복식유음형에 속하는 것 같고, 또 인도 동부에서 사용되는 문다제어의 유음은 현재로는 세 종류의 유음을 구별하는 인도형 유음 타입인 것 같다.

그러나 간접적이기는 하지만 오스트로네시아제어의 유음 유형이 본래
는 단식이었을 것으로 추정되는 상당히 유력한 증거가 있다. 인도의 갠지
스강 중하류 지역에서 사용했던 '마가히(Magadhi)'라는 중기(中期) 동부 인도
어는, 기록에 나타난 가장 초기의 아리아어의 l과 r의 구분을 잃어버린 채
l음만 남아 있던 단식유음형의 언어였다. 이 중세 인도어에서 생겨난 벵골
어나 아삼어, 그리고 오리아어 등은 모두 지금은 인도형 복식유음형인데,
이것은 단지 산스크리트어나 중부 아파브럼셔(Apabhraṃśa)31) 등 중앙어의
영향을 받아 후대에 발달하게 된 것이다.

이와 같이 인도 동부의 중기 인도어가 단식유음형으로 바뀐 것은, 이
지역에서 오래 전부터 사용하고 있었던 것으로 추정되는 오스트로네시아
계 언어의 영향 때문이라고 보는 것이 가장 자연스러운 해석일 것이다.
그러나 이러한 갠지스강 유역의 지역적 특징은 중앙어의 영향 때문에 완
전히 사라져 버려, 현재는 문다제어를 포함하여 모두 다 범인도적 유음
유형으로 바뀌게 되었다. 현재 동남아시아 단식유음권의 가장 서쪽 끝은
인도의 아삼 지방인데, 예전에는 그것이 갠지스강 중류 지역에까지 이어
져 있었고 이 특징의 담당자는 티베트-버마계가 아니라 아마 현재 문다제
어의 선조에 해당하는 오스트로-아시아계였을 가능성이 가장 높다.32)

마지막으로 티베트-버마제어에서 유음 유형이 나타나는 방식을 살펴보
면 매우 특이한 점을 발견할 수 있는데, 단식유음과 복식유음의 두 유형
이 이 어족의 내부를 동서로 크게 양분하고 있는 것처럼 보인다는 것이다.

---

31) [옮긴이] 인도의 근대어들이 부상하기 전에 북부 지역에서 사용되었던 방언.
32) 몬-크메르제어를 포함해서 동남아시아 대륙부에 보이는 /l/에 대립하는 r음은 연구개마
찰음의 변종으로서 발생했을 가능성이 높다. 타이제어나 카렌제어(Karen languages)의 r
음도 동일한 성격을 나타내고 있다. 또 이 지역에서 단식에서 복식유음형으로 변화는 인
도의 언어-문화에 의한 영향이라는 외적 요인도 크게 작용했을지 모르겠다.

즉, 대략 티베트에서 히말라야 산맥을 포함한 서쪽의 언어들은 복식유음형에 속하고, 아삼 지방 및 버마에서 중국 남부에 이르는 동쪽 그룹, 특히 가장 동쪽에 있는 버마-로로제어는 단식유음형에 속하는 것처럼 보인다는 것이다. 마치 서쪽 내륙부에는 복식유음이 나타나고 동쪽 태평양 연안부에는 단식유음이 나타나는 유라시아 대륙 전체의 축소판과도 같은 모습이다.

어족 내부의 이러한 차이를 통시적으로 어떻게 해석해야 할지는 상당히 중요한 문제이다. 최근 티베트-버마어의 비교 연구에 따르면, 티베트-버마조어의 음운 체계는 서쪽 언어에서 보이는 것과 같은 복식유음형이었던 것 같다. 만약 이러한 재구가 정확하다면, 현재 동쪽 그룹의 단식유음은 /l/에 대립하는 r음의 상실이라는 통상적인 유음의 발달 방향과는 반대의 변화가 야기한 것이 된다.

따라서 계통적으로 티베트-버마어의 한 분파로 여겨지는 중국어(한어) 역시 동일한 프로세스를 거쳐 기록 전 시대에 단식유음형으로 바뀌었다고 봐야 할 것이다.[33] 그렇다고 하면 연해주의 퉁구스어에서 일어난 것과 같은 유음 유형의 변화가, 이 어족의 경우에는 지역적으로는 물론 시대적으로도 좀 더 큰 규모로 일어났다는 것이 된다. 이와 같은 대규모 변화를 이끌어 낸 것은, 아마 태평양 연안부에 퍼져 있는 오래된 단식유음형의 토착 언어였을 것이다.

지금까지 살펴본 것과 같이 유음 유형의 지역적-어족적 분포는 결코 자의적이지 않고 매우 흥미로운 형태로 세계의 여러 언어를 구분하고 있다. 즉, 유라시아를 중심으로 보면 거기에는 복식유음형에 속하는 유라시아 내륙 지역과 단식유음형에 속하는 태평양 연안부라는, 두 개의 큰 언어권

---

33) Bodman(1985)에 따르면 상고 한어는 아직 복식유음이었던 것으로 보인다.

이 명확히 구분되어 나타난다. 거기에 더해 전자는 아프리카 북부를 병합하여 아프로-유라시아적인 분포를 보이는 반면, 후자는 남북 아메리카 대륙과 이어져 이른바 환태평양적인 분포를 보인다. 이 사실은 세계 언어에서 일본어의 위치를 어디에 둬야 할지 하는 점과 관련하여 매우 중요한 의미를 가진다.

또 본고에서 다루고 있는 유형적 특징에 관해서는, 본장 말미(4.13)의 [부록 - 표 1~2]에서 그 어족-지역적 분포를 제시하는 것 외에, 그것을 보충하는 의미로 매우 대략적인 분포도를 별도로 첨부한다([지도 1~8]). 그 중 유음에 관해서는 [지도 1 유음 타입의 분포]를 참조하기 바란다.

거기에 제시한 세계 언어의 분포도는 어디까지나 편의적인 것으로, 다소 정확성이 떨어질 것이다. 특히 아메리카와 오세아니아에서는 오래된 토착 언어가 급속히 쇠퇴하여 없어지고 있기 때문에, 백인들이 오기 전의 모습은 어느 정도 추정만으로 복원해 내지 않으면 이미 분포도를 그릴 수 없을 정도의 상황이 되었다. 그러한 의미에서 각 언어의 특징을 나타내는 분포도 역시 복원을 거친 추정상의 언어 지도를 기반으로 그렸다는 점을 양해해 주기 바란다. 또 아메리카의 언어들은 복잡하기 그지없는 각 어족의 분포를 나타내지 않고 '나-데네어족(Na-Dene languages)'[34) 외에는 그린버그(Joseph Greenberg, 1915~2001)의 방식에 따라 편의상 단지 '아메린드제어(Amerind languages)'로 다루고 있다(Greenberg, 1987). 개별적인 어족과 언어군에 대해서는 [부록 - 표 2]를 참조하기 바란다.

---

34) '나-데네(Na-Dene)'라고 불리는 언어군은 북미 대륙의 'Subarctic'이는 북부 지역을 중심으로 널리 분포하는 '아사바스카어족(Athabaskan languages)'에 북미 북서 해안의 이야크어(Eyak language), 하이다어(Haida language), 틀링깃어(Tlingit langauage)의 계통적으로 고립된 세 언어를 포함시킨 대어족의 명칭이다. 엄밀한 계통적 단위로서는 '아사바스카어족'이라고 하는 것이 더 적절할 것이다. 본고에서는 아사바스카, 나-데네의 명칭을 어느 정도 편의적으로 사용할 뿐 반드시 엄밀하게 구분하지 않는다. 예를 들어, '나-데네(혹은 아사바스카) 어족'과 같이 사용하기도 한다.

4.4. 형용사의 유형

다음으로 형용사의 품사적 유형, 즉 통상적으로 '형용사'라는 어휘 부류가 각 언어에서 품사로서 어떠한 위치를 차지하고 있는지 살펴보겠다.[35]

4.4.1. 형용사가 차지하는 품사적 위치 : 체언형과 용언형

일본어에서 '형용사'라는 용어는, 메이지시대에 서양 문법의 'adjective'(라틴어로 adjectivum)의 번역어로서 도입된 것이다. 『고지엔(広辞苑)』[36] (제4판)의 뜻풀이를 살펴보면,

> 형용사(adjective) : 사물의 성질이나 상태를 사물의 지속적이고 정태적인 속성에 착안하여 나타내는 단어. 일본어에서는 용언의 하나로 진술하는 힘을 가진다. 문어에서는 'ku, si, ki, keredo'(ku활용) 또는 'siku, si, siki, sikere'(siku 활용)와 같이 이미 활용을 하고, 구어에서는 'ku, i, i, kere'와 같은 어미 활용을 한다.

라고 쓰여 있다.

그러나 서양 문법에서 본래 adjective라는 것은 일본어의 형용사와는 전혀 성격이 다른 것이다. 라틴어 문법의 adjectivum은 원래 '부가어' 또는 '첨부어'라는 의미로, 반드시 nomen(명사)과 함께 쓰여 nomen adjectivum '부가(＝형용) 명사'라고 했다. 즉, 품사로서 형용사(adjective＝adjectivum)는 어디까지나 명사(noun＝nomen)의 하위 부류인 것이다. 적어도 18세기 정도까지는 영문법에서도 형용사를 정식으로 부를 때는 noun adjective라고 하는

---

35) 이 문제에 대해서는 松本 1998b에서 이미 다루고 있으므로 참고하기 바란다.

36) [옮긴이] 이와나미서점(岩波書店)이 발행하는 일본의 대표적인 중형 국어사전. 현재 제6판을 기준으로 수록하고 있는 표제항 수는 약 24만 단어. 산세이도(三省堂)의 『다이지린(大辞林)』과 함께 일본 현지에서는 그 내용의 권위와 신뢰도에서 높은 평가를 받고 있다.

것이 일반적이었다.

한편 라틴어 문법의 adjectivum은 그리스어 문법의 epitheton의 번역어로서 도입된 것이다. 이 용어를 처음으로 정의한 그리스의 문법가 디오니시오스-트락스(Dionysios Thrax, BC170~BC90)[37]에 따르면, epitheton이란 고유명사 또는 보통명사에 붙어 그것을 칭찬하거나 폄훼하거나 하는 역할을 하는 것으로,[38] 그가 분류한 23종이 넘는 명사의 하위 부류 중 하나에 지나지 않았다. 즉, 서양 문법에서 '형용사'라는 것은 본래 품사로서는 명사의 하위 부류, 그 중에서도 극히 작은 일부분에 지나지 않았을 뿐 현재와 같이 주요한 단어 부류로서 자리를 차지하기에는 약간 거리가 먼 존재였다. 참고로 4세기의 로마 문법가 도나투스(Aelius Donatus)[39]의 라틴어 문법은 거의 대부분 품사론이라고 할 수 있는데, 라틴어의 8품사를 논한 그의 문법 중에서 'adjectivum'이라는 용어는 한번도 나오지 않는다. 명사(nomen) 안에 완전히 포함시켜 버렸기 때문이다.[40]

그리스-라틴 문법에서 이러한 형용사의 위치는 적어도 고대 그리스어나 라틴어에서 형용사가 차지하는 성격을 충실히 반영한 것인데, 이것은 또한 서양의 고전어뿐 아니라 산스크리트어나 그 밖의 옛 인구어들 모두의 공통된 특징이기도 하다. 즉, 이들 언어에는 현재의 영어나 일본어에서 일반적으로 이해하고 있는 형용사라는 것이 존재하지 않았다. 이들 언어에서 '명사'(onoma, nomen)라는 것은, 의미적으로는 사람이나 사물의 명칭

---

37) [옮긴이] 알렉산드리아와 로도스에서 활약했던 고대 그리스의 문법학자. 현존하는 가장 오래된 문법서인 『문법의 예술(Ars Grammatica)』을 썼다고 전해진다. 이 책에서 그는 그리스 문법을 명사, 동사, 분사, 관사, 대명사, 전치사, 부사, 접속사 등 8품사로 분류하였는데, 이러한 분류법과 그 정의는 전통문법은 물론 현대의 언어학에도 오랫동안 큰 영향을 미치고 있다.

38) Epitheton de esti to epi kyriōn ē prosēgorikōn homōnymōs tithemenon kai dēloun epainon ē psogon. (Uhlig (ed.) : Dionysii Thracis Ars Grammatica : 34)

39) [옮긴이] 4세기 중반에 활동한 고대 로마의 문법학자이자 수사학 교사.

40) *Donati Ars Grammatica*(Keil (ed.) : Grammatici Latini IV

을 나타내고 문법적으로는 '성'·'수'·'격'의 문법적 범주로 인해 고유의
어형 변화를 일으키는 것으로, 또 다른 주요 품사인 '동사'와 명확히 구분
되었다. 이러한 점에서 이른바 형용사는 협의의 명사와 조금도 다를 바가
없었다.

근대 유럽어들에서 형용사만의 특징이라고 여겨지는 '비교법'이라는 형
태 변화도 이들 고대어에서는 형용사의 전유물이 아니었다. 예를 들어 라
틴어에서 super(위)-superior(더 위), infer(아래)-inferior(더 아래) 등은 형용사
라기보다 부사나 전치사에 더 가까웠고, 또 그리스어는 basileus(왕)과
basileu-teros(보통 이상으로 왕다운 왕)이라고 하는 '비교급 명사'를 만들 수도
있었다. 더욱이 dexi-teros(오른쪽)과 aris-teros(왼쪽)과 같은 단어는 처음부
터 '비교급'으로밖에 존재하지 않았다.

이와 같이 명사 중에서도 극히 존재감이 옅었던 인구어의 형용사는 중세
이후 차츰 자립적인 성격을 강화해 간다. 즉, 13세기의 프랑스와 독일을 중
심으로 번영했던 스콜라 철학자의 '사변문법'(grammatical speculativa)은 라틴
문법의 전통적인 품사론을 아리스토텔레스의 철학으로 재해석하여 독자
적인 문법 이론을 구축하였다. 이때 논리학을 바탕으로 명사를 재분류하
여 크게 nomen substantivum(실체 명사)와 nomen adjectivum(부가 명사=형용
명사)의 두 가지 큰 부류로 나누었는데, 전자는 물체의 실체(substance)를 나
타내고 후자는 물체의 속성(accident, attribute)을 나타낸다고 하였다.[41]

---

41) 중세 문법학의 이러한 전통을 충실하게 계승한 17세기의 <포르루아얄 문법>은 다음과
   같이 이야기하고 있다.
   Les objects de nos pensées, sont où les choses, comme *la terre, le Soleil, l'eau, le bois,*
   ce qu'on appelle ordinairement substance. Ou la maniere des choses; comme d'estre *rond,*
   d'estre *rouge,* d'estre *dur,* d'estre *dur,* d'estre *sçavant,* etc. ce qu'on appelle *accident.*
   우리들의 사고의 대상은 '대지', '태양', '물', '수목'과 같은 물체, 즉 통상적으로 '실체'라는
   것이거나, 혹은 '둥글다', '빨갛다', '딱딱하다', '현명하다' 등과 같은 물체의 존재 양식, 즉
   '(우연히 가지게 된) 속성'이라고 불리는 것이다.

중세 문법학에서 보이는 이러한 형용사에 대한 취급 방식은 사실 근대의 유럽어들에서 보이는 형용사의 성격 변화와 밀접한 관련이 있다. 즉, 이들 언어에서 '명사로부터 형용사의 분리'라고 할 수 있는 현상이 차츰 강해졌기 때문이다.

그것이 가장 분명하게 나타난 것은 게르만어이다. 본래 명사와 완전히 똑같았던 형용사의 어형 변화가 '강변화'와 '약변화'의 두 종류로 갈라지게 되는데, 후자는 정관사를 동반한 수식어 고유의 용법으로 명사의 어형 변화와는 확연히 구분되었다. 즉, 다른 명사에 첨가되어 그것을 수식한다고 하는 본래적인 기능에 고유의 조어법(造語法)이 확립되었던 것이다. 이것과 동일한 현상이 슬라브어에서도 나타나는데(여기서는 '부정형용사'와 '정형용사'라고 부른다), 이와 같이 형용사 고유의 조어법으로 (협의의) 명사와는 다른 독립적인 어휘 부류로서 그 성격을 차츰 강화시켜 갔던 것이다.

근대의 서양어들 중에서 이와 같이 명사에서 형용사가 분리되어 가는 현상이 가장 먼저 진행된 것은, 게르만어 중에서도 영어다. 즉, 영어의 형용사는 약변화의 방향을 더욱 더 진행시켜 나가 최종적으로는 명사와 공유하고 있던 일체의 문법적 범주(성·수·격)와, 그것에 동반되는 조어법을 잃어버린다. 형용사는 명사적 특징인 수 표시와 격(소유격) 표시가 없어지

Et il y a cette difference entre les chose ou les substance, et la maniere des choses ou les accidents; que les substances subsistent par elles-mesmes, au lieu que les accidens ne sont que par les substances.
또 물체 내지 실체와 물체의 존재 양식 또는 속성 사이의 차이는 실체가 그 자체로 존재하는 데 비해 속성은 실체에 의하지 않고서는 존재할 수 없다는 점에 있다.
C'est ce qui a fait la principale difference entre les mots qui signifient les substances, ont esté appellez *noms substanifs*; et ceus qui signifient les accidens, en marquant le sujet auquel ces accidens conviennent, *noms adjectifs*(Arnauld et Lancelot 1660:30f.).
분명히 이러한 주요한 차이에 따라서 실체를 표현하는 단어는 '실질 명사'라고 하고, 속성을 나타내는 단어는 이와 같은 속성을 갖춘 주체를 나타내기 때문에 '부가(=형용) 명사'라고 불려온 것이다.

고 '비교법'이라는 고유의 조어법을 가짐으로써 독자적인 어휘 부류의 성격을 강화하여 명사·동사와 함께 제3의 주요 품사로서 그 지위를 확립하기에 이른다. 그러나 영어의 형용사 역시 원래는 명사의 하위 부류였다는 본질이 결코 다 없어진 것은 아니다. 영어의 형용사는 동사와는 달리 술어로 사용하기 위해서는 명사와 동일하게 계사(be동사)의 도움을 받아야 하고, 또 경우에 따라서는 수식어가 아니라 명사처럼 독립어로도 사용할 수도 있다. 영어의 형용사는 분명히 품사로서 명사와 구분되는 존재가 되었지만, 직접 서술어가 될 수 없다는 점에서 동사보다는 명사에 더 가까운 존재라고 할 수 있다.

　반면에 일본어의 형용사는 영어를 포함한 유럽어의 형용사와는 현저하게 다르다. 앞서 『고지엔』의 뜻풀이에서 본 바와 같이 "일본어에서는 용언의 하나로 진술하는 힘을 가진다"라는 점에서 형용사는, 명사(=체언)가 아니라 동사(=용언)의 하위 부류로서 위치하기 때문이다. 즉, 일본어에서 형용사는 동사와 동일하게 '종지(終止)'·'연체(連体)'·'연용(連用)'과 같은 활용형이 있고 그 자체만으로도 서술어의 역할을 할 수 있지만, 명사처럼 격조사와 직접 연결될 수는 없다.

　에도(江戸)시대의 독창적인 문법가 도야마 다니나리(富山谷成, 1738~1779)는 일본어의 주요 품사로서 (1) 명(名, ナ) (2) 장(裝, ヨソイ) (3) 삽두(揷頭, カザシ) (4) 각결(脚結, アユヒ)과 같이 네 가지를 내세우며 "명(名)으로써 사물의 도리를 밝히고 장(裝)으로써 사건을 정하고, 삽두(揷頭)와 각결(脚結)로써 말을 뒷받침한다(名をもて物をことわり、裝もて事をきだめ、挿頭、脚結もてことばをたすく)"라고 하였다(『あゆひ抄』, 1778). 여기서 말하는 명(名)은, 두말 할 것도 없이 서양 문법의 명사(nomen)이고, 장(裝)은 동사(verbum)에 해당한다. 장(裝)은 더 나아가서 사건을 나타내는 것과 상태를 나타내는 것으로 크게 구분할 수 있는데, 후자가 분명 형용사에 해당하는 어휘 부류일 것이다.[42]

이와 동일한 방식으로 스즈키 아키라(鈴木朖, 1764~1837)[43]는, 자신의 저서 『言語四種論』(1824)에서 일본어의 사(詞, コトバ)를 (1) 체의 사(体の詞) (2) 형상의 사(形狀(アリカタ)の詞) (3) 작용의 사(作用(シワザ)の詞) (4) テニヲハ(Tenioha)의 네 종류로 나누고 이 중 (2)와 (3)을 합쳐 용(用の詞 또는 活用の詞)이라고 했다. 현재의 용어로 바꿔 말하자면 (1)은 체언(=명사), 그리고 (2)와 (3)은 용언(=동사)을 가리키는데, 물체의 상태나 형상을 나타내는 어휘 부류로서 형용사는 용언의 하위 부류가 되며 체언과는 엄격하게 구분된다.

이와 같이 일본어에서 형용사라고 여겨지는 어휘 부류는 문법적으로는 분명히 용언(=동사)의 하위 부류이다. 이 점에서 인구어의 형용사와는 근본적으로 그 성격을 달리한다. 단, 일본어의 형용사는 활용을 하기는 하지만, 그 방식이 동사의 활용법과 분명하게 다르기 때문에 좁은 의미에서 동사와 형용사 사이에는 뚜렷한 경계가 있다. 이러한 의미에서 일본어의 형용사는 형태적으로 동사와는 별개의 어휘 부류로 상당히 독립적인 성격을 띤다. 스즈키가 형상사(形狀詞)와 작용사(作用詞)를 별개의 어휘 부류로 세운 근거도 여기에 있다.

이러한 형용사의 용언적 성격은 물론 일본어에만 한정된 것은 아니다. 예를 들어 아이누어를 살펴보면, 조어법이나 통사론적인 움직임에 관하여 형용사와 동사의 차이가 거의 보이지 않아 독립적인 어휘 부류로서 형용사를 구획하는 것이 거의 불가능하다. 한국어 역시 사정은 거의 비슷한데, 한국어에서 일본어의 형용사에 해당하는 어휘 부류의 활용은 기본적으로 동사와 거의 다를 바 없고, 단지 협의의 동사(=작용사)에 비해 상(aspect)이

---

42) 이 단어류는 더 나아가 在(アリサマ, 예를 들어 '靜かなり、堂々たり'), 芝(シザマ, 예를 들어 '高し'), 鋪(シキザマ, 예를 들어 嬉し)와 같이 세 가지로 분류하였다.
43) [옮긴이] 일본 에도시대 후기의 국학자.

나 서법(modality)의 표지에 약간의 제한이 있을 뿐이다(예를 들어 완료/미완료의 구분이나 명령법의 결여 등). 이러한 점을 빼면 둘 사이의 뚜렷한 경계는 존재하지 않는다고 볼 수도 있다. 현재의 류큐방언도 한국어와 거의 동일한 모습을 보이는데, 기본적으로 류큐방언의 형용사와 동사가 같은 방식으로 활용을 하게 된 것은, 본래 이 방언의 형용사와 동사의 활용이 アリ(ari)・ヲリ(ori)라는 조동사의 복합 형식에 의해 전면적으로 재편성되었기 때문이다.

한편 명사와 동사를 구분 짓는 고유의 조어법이 거의 없는 중국어의 경우, 품사로서 형용사가 어떠한 위치를 차지하고 있는지 파악하는 일은 그렇게 간단하지 않다. 이 경우 결정권을 쥐고 있는 것은 주로 통사론상의 기능이지만, 이 점에서 볼 때 중국어의 형용사 역시 동사의 하위 부류와 같은 성격을 가진다.

예를 들어 중국의 문법가 劉復는 자신의 저작 『中國文法通論』(1920)에서 중국어의 품사를 (1) 실체사(實體詞) (2) 품태사(品態詞) (3) 지명사(指明詞) (4) 형식사(形式詞)와 같이 4개로 분류했는데, 통상적인 의미에서 형용사와 동사는 (2)의 품태사(品態詞) 안에 포함되어 있다. 이와 동일하게 金兆梓의 『國文法之硏究』(1922)에서는 중국어의 품사를 크게 실자(實字)와 허자(虛字)로 나누는데, 실자(實字)는 (1) 체사(體詞) (2) 상사(相詞) (3) 부사(副詞)와 같은 3개의 품사로 구분된다. (2)의 상사(相詞)는 그 안에 '정사(精詞)'와 '동사(動詞)'의 두 가지 하위 부류를 포함하는데 여기의 '정사(精詞)'가 바로 형용사인 것이다.

중국어의 형용사에 대한 이러한 견해는 현재의 중국어 연구자들 사이에서도 별로 다르지 않다. 예를 들어 Li & Thompson은 다음과 같이 서술하고 있다.

엄밀하게 말하자면 중국어에는 '형용사'라는 품사가 존재하지 않는다. 즉, 물체의 성질이나 특성을 나타내는 단어는 확실히 존재하지만, 문법적인 관점에서 '형용사'를 '동사'와 구별해 내는 것은 곤란하다. '형용사'가 동사와 같은 기능을 보이는 데는 적어도 세 가지 방식이 있다. 첫 번째로, 중국어에서는 성질이나 특성을 나타내는 어휘는 인구어에서와 같이 계사와 공기하지 않는다. 두 번째로, 중국어에서 성질이나 특성을 나타내는 어휘는, 동사와 동일하게 부정문에 bu라는 조사를 사용한다. 세 번째로 '형용사'가 명사를 수식할 때 동사와 같이 de라는 연체조사를 붙인다. 이와 같은 이유에서 중국어에서 성질이나 특성을 나타내는 어휘는 단지 동사의 하위 부류, 말하자면 '형용동사'(adjectival verbs)로 간주해도 상관없을 것이다(Li & Thompson, 1987:826f.).44)

이와 같이 일본어나 그 주변의 여러 언어들에서 형용사는 유럽의 인구어에서 동일한 명칭으로 부르는 어휘 부류와는 그 성격이 크게 다르다.

따라서 본고에서는 이러한 형용사의 차이에 착안하여, 인구어와 같이 명사의 하위 부류나 그에 가까운 어휘 부류로 간주되는 형용사를 '체언형 형용사', 일본어나 그 주변의 여러 언어들과 같이 동사의 하위 부류나 혹은 그에 가까운 어휘 부류로 간주되는 형용사를 '용언형 형용사'라고 이름 붙이기로 한다.

물론 동일한 체언형 형용사라고 해도 그 안에는 옛 인구어와 같이 형용사와 명사가 형태-통사적으로 거의 구별할 수 없는 언어가 있는가 하면, 영어와 같이 명사와 형용사가 거의 대등한 관계인 언어도 있다. 이와 동일하게 용언형 형용사의 언어 중에서도 아이누어나 한국어와 같이 형용사와 동사를 거의 구별할 수 없는 언어가 있는가 하면, 일본어와 같이 형용사와

---

44) 또 고대 중국어에 대해서 완전히 동일한 견해는 Pulleyblank(1995:24)에서도 보인다. 또 중국어와 동일한 '고립어'에 속하는 태국어의 형용사의 동사적 성격에 관해서는 Prasithrathsint(2000)에 자세하게 서술되어 있기 때문에 그것을 참조하기 바란다.

동사가 어휘 부류로서 상당히 명확히 구별되는 언어도 있다.[45]

4.4.2. 형용사의 유형별 분포

본고에서 무엇보다 중요시하는 문제는, 이러한 형용사의 유형이 세계 언어 안에서 어떻게 분포하고 있는가 하는 것이다. 지역·어족별로 살펴 본 형용사의 분포 양상은 [부록 - 표 1~2]의 <형용사의 유형>란을 참조하 기 바란다.

이것을 보면 바로 알 수 있듯이, 체언형 형용사와 용언형 형용사의 분 포는 앞서 살펴본 복식유음형과 단식유음형의 분포와 놀라울 정도로 유 사하다.

다시 말해, 체언형 형용사는 복식유음형과 거의 동일하게 아프리카 북 부에서 유라시아 내륙 지역의 거의 전 지역에서 나타나 아프로-유라시아 적인 분포를 보인다. 여기에 속하는 주요 어족으로는 나일-사하라어족, 아 프로-아시아어족, 인도-유럽어족, 드라비다어족, 우랄어족, 남캅카스제어 (카르트벨리어족(Kartvelian languages)), 그리고 투르크어·몽골어·퉁구스어를 포함하는 알타이제어 등이 있다.[46] 단, 그 분포는 복식유음형의 경우처럼

---

45) 일본어의 형용사는 어디까지나 용언이기는 하지만, 그 활용 방식은 동사와 분명히 다르 다. 특히 일본어 문법에서 '형용동사'라고 불리는 부류는 그 명칭과는 반대로 그 어간 부 분에 착안한다면 오히려 명사에 가깝다. 이 어휘 부류는 통시적으로는 체언적 어간을 형 용사적으로 활용시키기 위해서 'タリ(<トアリ)', 'ナリ(<ニアリ)'라는 조동사를 붙인 것 으로, 본래는 2개의 단어로 이루어지는 복합 형식이다. 형용동사라는 명칭은 그 조동사 적 성분에 착안하여 명명된 것일 테다. 현재의 일본어에서 본래의 형용사(예를 들면 tanosii)와 형용동사(예를 들면 yukaida/na)의 관계는 본래의 동사(예를 들면 manabu)와 체언에서 파생된 동사(예를 들면 benkyousuru)의 관계와 거의 대등한 것이라고 보면 될 것이다.

46) 알타이제어의 형용사도 형용사와 명사 사이에 이른바 문법적 일치 현상이 없는 점을 빼 면, 그 체언적 성격은 옛 인구어와 거의 다르지 않다. 단, 알타이제어 중에서 일부의 퉁 구스어(예를 들면 에벵키어)는 형용사와 명사 사이에 '수'나 '격'의 일치를 가지고 있다 (Nedjalkov, 1997:27ff.).

완전히 균질한 것은 아닌데, 아프리카의 나일-사하라제어에는 용언형 형용사로 보이는 언어들도 몇몇 섞여 있다. 또한 유라시아 내륙 지역의 계통적으로 고립된 여러 언어들 중에서 동부 시베리아의 유카기르어의 경우, 다른 특징들은 모두 우랄어와 거의 유사하지만 형용사의 유형만은 용언형이다(遠藤, 1993; Maslova, 2003). 현재 캅카스제어 중에서 그루지야어로 대표되는 남쪽 그룹은 분명히 체언형에 속하지만, 북부캅카스제어는 용언형인 듯하고, 또 북동캅카스제어에는 용언형과 체언형이 혼재되어 있는 것 같다. 또 고대 오리엔트제어 중 수메르어의 형용사가 동사적이었다고 해석하는 학자도 있다.47)

한편 용언형 형용사는 단식유음형과 동일하게 북으로 축치-캄차카반도에서 한반도와 그 북부, 거기에서 중국 대륙을 횡단하여 남으로 인도의 아삼 지방 부근으로 이어지는 경계선의 동쪽, 즉 환태평양 연안부에 집중하여 나타난다. 즉, 용언형 형용사를 가지는 언어 또는 언어군에는 축치-캄차카제어, 길랴크어, 아이누어, 일본어, 한국어, 중국어, 버마-로로제어를 중심으로 한 티베트-버마어족의 동쪽 그룹, 먀오-야오제어, 따이까다이제어, 오스트로-아시아제어, 오스트로네시아제어 등이 있다.

유라시아의 태평양 연안부를 특징짓는 용언형 형용사의 분포는 단식유음형의 경우보다 훨씬 균질하다. 유음 유형은 특히 동남아시아의 오스트로-아시아와 오스트로네시아의 여러 언어를 중심으로 단식과 복식이 혼재하는 복잡한 분포를 보이지만, 형용사의 유형과 관련해서는 놀라울 정도로 통일성을 보인다. 특히 오스트로-아시아제어는 동쪽의 몬-크메르어족과 서쪽의 문다어군 사이에 언어 구조상 현격한 차이를 보이지만, 형용사의 용언적 성격이라는 점에서는 완전히 일치한다. 한편으로 문다제어는

---

47) Thomsen(1984:64). Djakonov는 형용사를 명사류로 보고 있다(Serdjuchenko (ed.) 1979:23).

이 점에 있어서 주변의 인도-아리아제어 및 드라비다제어와는 명확히 선을 긋고 있다.

또 동남아시아에서 오세아시아에 이르는 광대한 지역에 퍼져 있는 오스트로네시아제어의 경우 역시 형용사가 동사적 성격을 강하게 가지고 있다는 사실이 이미 잘 알려져 있다. 이들 언어에는 원래부터 형용사라고 불리는 어휘 부류가 존재하지 않았고, 영어나 일본어 등의 형용사에 해당하는 어휘는 대부분 동사의 주요 하위 부류 중 하나인 상태동사 안에 포함되기 때문에 시제나 상의 제한을 빼면 형태적으로 형용사와 동사를 거의 구별할 수 없다.

예를 들어 동부 인도네시아의 숨바섬(Sumba island)48)에서 사용되는 캠베라어(Kambera language)49)의 '형용사'에 대하여 클레머는 다음과 같이 서술하고 있다.

> 이른바 '형용사'와 '자동사' 사이의 통사적 측면에서의 대응은, 그것들이 모두 자동사임을 나타내고 있다. 크기, 색채, 부피, 형태 등 전형적인 특성 개념을 나타내는 자동사를 다른 자동사로부터 구별하기 위해서 '정태' 자동사라는 개념을 이용하지만, 그것은 어떠한 (그 자신에게 고유한) 구조를 반영하는 것이 아니라 순수하게 의미적인 구별에 지나지 않는다. 바꿔 말하자면, 전형적인 형용사적인 개념을 나타내는 정태동사는 통상적으로 자동사, 예를 들어 meti(죽다), mabadi(근질근질하다), njorung(쓰러지다), laku(가다), puru(내리다) 등과 어떠한 형식적(선택적 내지 통사적)인 차이도 보이지 않는다. (Klamer, 1998:116)

물론 유라시아의 주요 어족 중에서 티베트-버마어족은 유음의 경우와 동일하게 형용사의 유형과 관련해서도 티베트에서 히말라야 지역에 이르

---

48) [옮긴이] 인도네시아 소(小)순다 열도에 딸린 섬.
49) 오스트레일리아제어의 명사유별에 관해서는 Sands(1995)에 자세하게 논의되어 있다.

는 서쪽 그룹과 아삼-버마의 동쪽 그룹 사이에 차이를 보이는데, 서쪽은 거의 체언형인 반면에 그와는 대조적으로 동쪽은 거의 용언형이다.

예를 들어 현대 티베트어(Tibetan language)의 라싸방언에서는 형용사가 서술어로 사용될 때 명사와 같이 yin, red, yod 등의 이른바 '계사'가 필요하고, 또 명사 뒤에 놓이는 수식 형용사는 피수식 명사와 수·격이 일치하지 않으면 안 된다. 티베트어에서 형용사의 이러한 명사적 성격은 고대 티베트어로 거슬러 올라간다(武内, 1985:8). 히말라야제어에서 림부어(Limbu language)의 형용사에 대해서는 Driem(1987:21)을 참조하고, 킨나우리어(Kinnauri language)에 대해서는 Sharma(1988:192)를 참조하기 바란다. 단, 히말라야 지역에서도 네와르어(Newary language)는 Malla의 기술에 따르면 용언형 형용사인 것 같다(Malla, 1985:59). 이 언어권의 형용사 유형에 대해서는 좀 더 자세한 조사가 필요한데, 그 차이의 통시적 배경에 대해서는 앞으로 전문가들의 검토를 맡기지 않으면 안 될 것이다.

유라시아의 태평양 연안부를 특징짓는 용언형 형용사는 단식유음형의 경우처럼 이누이트-알류트제어를 매개로 하여 아메리카 대륙으로 연결된다. 실제로 아메리카 대륙은 극북(極北)의 알래스카와 캐나다에서 남미 남단의 파타고니아(Patagonia)50)에 이르기까지 거의 대부분 용언형 형용사를 가진 언어들 일색이라고 해도 과언이 아니다. 이들 언어의 대부분은 전형적인 용언형 형용사에 속하는데, 오스트로네시아제어와 동일하게 형용사를 포함한 상태동사가 동사 조직 안에서 매우 중요한 역할을 한다. 특히

---

50) [옮긴이] 남아메리카의 최남단 지역. 남위 40도 부근을 흐르는 콜로라도강 이남을 말한다. 아르헨티나와 칠레의 양국에 걸쳐 있으며 서쪽에서 남쪽으로는 안데스 산맥, 동쪽으로는 고원과 낮은 평원을 포함한다. 파타고니아라는 명칭은 마젤란과 그의 원정대가 거인족이라고 묘사했던 선주민들을 가리키는 파타곤(patagón)이라는 말에서 비롯됐다고 한다. 당시 스페인 사람들의 평균 키가 1.55m였던 데 반해 파타곤이라고 묘사되었을 것으로 추정되는 떼우엘체족의 평균 키는 1.80m라고 한다.

북미의 수제어와 이로쿼이제어, 남미의 투피-과라니제어(Tupi-Guarani languages) 등 이른바 ‘동격형(動格型, active type)’ 언어(이것에 대해서는 후술)에서 형용사는, 동사 안에 비동작동사(=소동사(所動詞)[51])의 일부로서 완전히 자리를 차지하고 있다.

용언형 형용사의 가장 큰 분포권을 형성하고 있는 아메리카 대륙 내에서도 남미의 안데스 지역만은 약간 예외적이다. 예전에 잉카 제국의 공용어였지만 스페인의 침략 후 주변 지역의 이른바 링구아프랑카(lingua-franca)[52]로 널리 퍼지게 된 케추어어의 형용사는, 독립적인 조어법과 술어적 용법에서의 계사의 병용이라는 점에서 분명히 명사와 공통된 성격을 가진다(Shopen (ed.), 1985 1:17). 이와 거의 동일한 현상이 케추어어와 밀접한 관련이 있는 아이마라어(Aymaran language)에서도 보인다. 또 안데스 산지의 동쪽에 분포하는 일부 아라와크제어(Arawakan languages)의 형용사 역시 용언형이라기보다는 체언형에 속하는 것 같다.

다음으로 오세아니아의 오스트레일리아와 뉴기니아로 눈을 돌리면, 먼저 오스트레일리아 선주민의 언어는 거의 전면적으로 체언형 형용사에 속한다. 형태론적으로 명사와 형용사 사이에는 어떠한 차이도 없고 고대 인구제어나 현재의 알타이어처럼 형용사는 단지 명사의 하위 부류에 지나지 않는다. 여러 언어들에 관한 지금까지의 기술을 살펴봐도, 이들 언어의 형용사가 가지고 있는 명사적 성격에 관해서는 대부분 의견 일치를 보이고

51) [옮긴이] 일본어 문법에서 피동태를 만들 수 있느냐 없느냐를 기준으로 동사를 분류할 때, 피동태가 가능한 동사를 ‘능동사(能動詞)’, 피동태가 불가능한 것을 ‘소동사(所動詞)’라고 한다. 일본어의 소동사에는 ‘ある(있다), 要る(필요하다), 見える(보이다), 消える(사라지다), できる(생기다/할 수 있다)’ 등이 있다.
52) [옮긴이] 모국어가 다른 사람들끼리 의사소통을 하기 위하여 사용하는 제3의 언어를 말한다. 특정 언어를 지칭하는 것이 아니라 의사소통의 가교 역할을 하는 언어들을 통칭하는 표현이다. 이러한 의미에서 학술이나 상업 등의 특정 분야에서 널리 사용되는 언어라는 뜻으로 사용되기도 한다.

있다.

예를 들어 오스트레일리아 언어들 전반에서 형용사는 "명사류(nominals)의 하위 부류에 속하지만, 어형 변화의 측면에서는 보통명사와 특별히 다르지 않고 단지 통사적인 배치의 측면에서만 구분될 뿐이다…"(Blake, 1987:3). 또 "대부분의 오스트레일리아 언어들에서 명사와 형용사는 동일한 어형 변화를 나타내는데, 일반적으로 명사구(NP) 안에서 어느 쪽 순서로도 생길 수 있다…. 따라서 형용사를 명사로부터 구분하기 위한 완전히 문법적인 기준을 정하는 것은 어렵다"(Dixon, 1980:274).

개별 언어의 예를 더 들자면, 디야리어(Diyari language)에서 "명사류는 문장 안의 술어 혹은 다른 명사류와 호응하여 격변화하는 부류라고 정의할 수 있다. 이러한 어휘 부류에는 전통적으로 '명사' 및 '형용사'라고 불리는 것이 포함되는데, 이 둘은 동일한 품사의 하위 범주로 분류할 수 있다"(Austin, 1981:33). 이와 동일하게 "와르와어(Warrwa language)는 명사와 형용사에 형식상의 구분이 없다. 대체적으로 명사 어근은 지시적으로 실체를 나타내고 또 속성적으로 성질 내지 특성을 나타낼 수 있다. 둘의 차이는 하위 부류라기보다 오히려 명사절 내에서 명사류의 기능에 의존한다"(McGregor, 1994:14).

또 와르다만어(Wardaman language)에는 "일반적으로 단순히 '명사류'라고 불리는 커다란 어휘 부류가 있는데 전통적으로 여기에는 '명사'와 '형용사'를 포함한다"(Merlan, 1994:57). 이와 동일하게 카야르딜드어(Kayardild language)에는 "다른 많은 오스트레일리아의 언어들과 같이 '명사/형용사'라는 커다란 어휘 부류가 있어 동일한 어형 변화와 파생 형태를 보인다"(Evans, 1995:85).

또 "굼바인개르어(Gumbainggar language)에서 굳이 명사와 형용사를 구분하고자 한다면 그것은 의미적인 이유에서다. 명사 중 일부는 다른 명사들에 비해 전형적인 수식어 자리에 나타나는 것들이 있다. 이들은 예를 들어 '좋다', '키가 크다' 등과 같이 성격이나 성질을 나타내는 어휘들이다. 그러나 이들이 형태적·통사적으로 수식어의 역할을 하든 말든 모든 명사는 동일한 기능을 맡는다(Eades, 1979:271)" 등과 같은 기술은 일일이 셀 수가 없을 정도로 많다.

이러한 형용사의 명사적 성격은 오스트레일리아 선주민 언어들의 눈에 띠는 특징이라고 할 수 있는데, 복식형 유음과 함께 이 언어권을 아프로-유라시아와 연결시키는 불가사의한 역할을 맡고 있다.

한편, 뉴기니아를 중심으로 분포하는 파푸아계의 여러 언어에서 형용사의 유형은 반드시 모든 언어가 일치하는 것이 아니라 체언형과 용언형이 서로 혼재하는데, 그 분포 양상은 지리적으로나 계통적으로 일목요연하지 않다. 단, 이 언어권에서 용언형이 출현한 것은 오스트로네시아제어와의 접촉 때문일 수도 있을 것이다.53)

마지막으로 사하라 이남의 아프리카에 대하여 살펴보면, 최남단에 분포하는 코이산제어는 거의 일정하게 용언형 형용사를 가지는 것 같다. 여기에는 수사나 양사 등도 상태동사의 역할을 한다. 예를 들어 코이어(Khoe language)의 형용사에 대하여 쾰러(Köhler)는 다음과 같이 서술하고 있다.

형용사는…… 동사적 어근이다. 수식어로서 이용될 때 그것은 명사의 앞에 놓이지만 성이나 수의 일치는 없다…… 술어적으로 기능할 때 형용사는 동사 체계의 규칙을 따르고, 그 구성은 통상 .hā라는 시제 표지를 수반

---

53) 예를 들어, 뉴기니아섬 포트모레스비 동부의 코이아리어(Koiaric languages, Dutton 1996) 와 할마헤라섬(Halmahera island) 북부의 토벨로어(Tobelo language, Holton 1999)의 형용사는 용언형에 가까운데, 한편 세픽-라무(Sepik-Ramu) 유역의 이몬다어(Imonda language, Seiler 1985), 아멜레어(Amele language, Roberts 1987), 코본어(Kobon language, Davies 1981), 이마스어(Yimas language, Foley 1991) 등은 여러 학자의 연구를 통해 볼 때 체언형인 것 같다.

한다. (Köhler, 1981:510)

한편, 동남부에 퍼져 있는 반투제어를 포함하여 아프리카 대륙에서 최대의 분포권을 가지는 니제르-콩고제어는 용언형과 체언형이 혼재하여 나타나는 것처럼 보인다. 예를 들어, 우간다 남서부에서 사용되고 있는 반투계 언어인 응코레-키가어(Nkore-Kiga language)의 '형용사'에 대한 다음과 같은 기술을 참조하기 바란다.

> 응코레-키가어에서 '형용사'라는 것은 약간 잉여적인 용어다. 영어에서의 형용사에 해당하는 단어는 두 가지로 나눌 수 있는데, 즉 (1) 명사와 같이 행동하는 어휘와 (2) 동사와 같이 행동하는 어휘다. 전자는 그 수가 적어 기껏해야 20개 정도밖에 그 예를 찾을 수 없다…. 형용사로 분류되는 용법을 가진 대다수의 형식은 실제는 상태동사(stative verbs)로, 그 행태는 동사와 다르지 않다. (Taylor, 1985:174f.)

이와 동일하게 서아프리카의 말리 공화국에서 사용하고 있는 수피레어 (Supyire language)에 대해서도 다음과 같은 기술이 보인다.

> 인구제어에서 형용사가 담당하는 명사 수식의 기능은 수피레어에서 두 가지 방식으로 이루어진다. 즉, 합성어를 이용하는 방법과 파생된 독립형용사를 이용하는 방법이다. 영어와 같이 형용사가 풍부한 언어에서 형용사로 나타내는 의미는 수피레어에서는 대부분 상태동사를 이용하여 나타낸다….
> 그러나 현재 카프워-수피레어에는 동사가 아니라 진정한 의미의 형용사로서 이용되는 소수의 어근이 있다. 이것들은 명사와의 합성어로서 이용되거나 혹은 파생된 독립형용사의 어근을 형성하기도 한다. (Carlson, 1994:164)

또 세네갈의 대표적인 언어인 월로프어(Wolof language)에서 '형용사'의

결여와 그것을 대신하는 상태동사에 관한 다음과 같은 기술을 참조하기
바란다.

> 명사나 그 밖의 실사를 수식하는 품사 …… 즉 형용사라고 불리는 품사
> 는 월로프어에는 존재하지 않는다. 월로프어는 개별 품사로서 형용사를 가
> 지지 않기 때문에 이 언어는 형용사적인 기능을 표현하기 위하여 동사(특
> 히 상태동사)를 짧은 관계절 형태로 만들어 사용한다.
>
> 바꿔 말하자면, 이 언어는 '형용사'라고 불리는 어휘 부류가 없기 때문에
> 실사 혹은 명사구(NP)를 기술하거나 수식 내지 한정하기 위하여 관계절을
> 사용한다…… 이러한 짧은 관계절들이 월로프어에서는 형용사와 동일한 의
> 미적 가치를 지니게 되는 것이다. (Ngom, 2003:49f.)[54][55]

지금까지 일부의 학자들은, 아프리카의 여러 언어들에서 명사적 형용
사, 즉 다른 명사에 첨가되어 오로지 수식어적으로 쓰이는 단어(내지 어근)
가 비교적 한정되어 있다는 점에서 이들 언어를 용언형에도 체언형에도
속하지 않는, 한정된 소수의 형용사밖에 가지지 않는 이른바 형용사의 세
번째 유형으로 취급하기도 했다(예를 들어 Dixon, 1982).

그러나 이들 언어의 형용사가 가지는 존재 양식을 자세히 관찰해 보면,
다른 언어의 형용사에 해당하는 듯한 어휘 부류들은 대부분 상태동사에
포함되어 완전히 동사로서 그 역할을 하는 것을 알 수 있다. 또 그것이 동
사인 이상 가장 일반적인(즉 무표의) 용법은 서술어로 쓰이는 것이고, 수식
어로 이용될 때는 다른 동사와 같이 특별한 표식(예를 들어 다른 언어의 관형
형이나 분사형, 혹은 관계절 구문)이 있어야 한다. 유럽 언어들의 형용사가 가
지는 가장 필수적인 요건인 '다른 명사에 첨가되는 수식어'라는 기준에서

---

54) 여기서 언급하고 있는 '짧은 관계절 short relative clause'이라는 것은 일본어 용언의 이른
   바 '연체형'이다.
55) [옮긴이] 한국어 문법에서는 '관형형'이라고 한다.

보면, 이들 동사는 처음부터 형용사로서 자격을 가지지 않는다고 간주할 수밖에 없을 것이다. 그 결과 지금까지 유럽 학자들은 아프리카의, 특히 반투계 여러 언어들에는 형용사가 없다고 하는 관점을 종종 제기해 왔으나, 이 역시 언어학의 유럽 중심주의가 낳은 편견 중에 하나라고 봐도 될 것이다.

또, 형용사 유형의 지리적 분포에 대해서는 부속 자료의 [지도 2 형용사 유형의 분포]를 참조하기 바란다. 유음 유형의 분포도와 비교해 보면 그 유사성을 일목요연하게 알 수 있을 것이다.

4.5. 명사의 수와 분류

다음으로명사의 가장 기본적인 문법 범주인 '수'와 '분류'에 관한 현상을 살펴보자. 먼저 '수' 현상이다.

4.5.1. 명사의 수 범주

주지하다시피 영어와 독일어 등 유럽의 모든 언어는, 명사에 단수와 복수의 구분을 가지고 있다. 이른바 가산명사에는 유정명사이든 무정명사이든 상관없이 단수와 복수의 구분이 의무적이다. 한편, 일본어에는 지시물의 복수성을 나타내기 위하여 '男たち(남자들)', '子供ら(아이들)', '野郎ども(새끼들)', '人々(사람들)'과 같은 방식뿐 아니라 '殿がた(신사분들)', '旦那衆(나리들)', '友だち(친구들)'과 같은 방식을 사용하는 등 여러 가지 표현 수단을 사용한다. 그러나 이것은 모두 필요에 따라 수의적으로 사용될 뿐이지 문법상 의무적인 범주로 확립되어 있는 것은 아니다.56)

---

56) 명사에서는 수의 범주가 의무적이지 않은 언어에서도 인칭대명사에서는 그것이 의무적인 경우가 많다(단, 인칭대명사에서도 수의 구분이 확립되어 있지 않은 언어도 존재한

아이누어는 명사에 의무적인 수 표지를 가지지 않는 점에서 일본어보다 더 철저한 모습을 보이는데, 통상적으로 명사 쪽에서 단수와 복수를 구분하는 일은 거의 없다. 특히 복수성을 나타낼 필요가 있을 때는 명사 뒤에 utar(패거리, 무리)를 첨가하는데(예를 들어 ainu utar(아이누(=인간) 무리), sisam utar(일본인 무리)), 원칙적으로는 일본어의 'たち[tachi]'와 같이 사람명사에 한정된다.

아이누어에서 주목해야 할 것은, 명사가 아니라 동사 쪽에 복수성을 표시한다는 점이다(예를 들면 '열다'는 maka<단수>-makpa<복수>, '휘다'는 komo <단수>-kompa<복수>). 더욱이 일부의 동사에서는 단수형과 복수형이 전혀 다른 어근으로 나타나기도 한다(예를 들면 '있다'는 an<단수>-okay<복수>, '가다'는 arpa<단수>-oman<복수>, '죽이다'는 rayke<단수>-ronnu<복수> 등). 일반적으로 복수 동사는 자동사에서는 동작주를 나타내고 타동사에서는 동작 대상의 복수성을 나타내는데, 동작 자체의 복수성을 나타낼 때도 있다.[57]

다). 일반적으로 명사구에서 수의 범주가 출현하는 것은 대략 '인칭대명사 → 인간명사 → 동물명사 → 무생물명사'와 같은 단계성에 따른다. 예를 들어 현대 일본어에서 <私たち> <君たち>와 같이 인칭대명사에서는 복수 표지는 거의 의무적이지만, 보통의 인간명사나 의인화된 무생물명사에서는 수의적, 그 밖의 무생물명사는 일부의 중복 형식(예를 들어 <家々(집집)> <山々(산산)>)을 빼면 직접 복수화할 수 없다(松本 1993:41f.). 또 여기서 문제시하고 있는 것은 명사에서 수의 범주이지 대명사의 그것은 아니다(대명사의 수의 문제는 뒤에 나온다(4.9)).

57) 이와 같이 명사가 아니라 동사 쪽에 단수-복수가 구분된다고 하는 현상은 오스트로네시아어족에서 특히 폴리네시아제어에 널리 보이는데, 유라시아 언어에서는 수메르어 등에서 보이는 것 이외에는 극히 드물다. 그러나 뉴기니아의 파푸아제어나 남북아메리카 대륙에서는 이 현상은 극히 평범한게 받아들여지고, 또 아프리카에서도 일부의 차드제어, 니제르-콩고제어, 코이산제어에서 동일한 현상이 보인다. 더욱이 일부의 동사에서 단수동사와 복수동사가 다른 어근에서 만들어진다고 하는 현상도 이들 언어의 대부분에서 공통적으로 보인다. 예를 들어 폴리네시아 서쪽의 푸투나-아니와어(Futuna-Aniwa language)의 예를 들면, fano<단수>-roro<복수> [가다], tere<단수>-fura<복수> [달리다], mai<단수>-romai<복수> [오다] 등(Dougherty 1983:97), 여러 언어에서 이와 동일한 예는 일일이 셀 수 없이 많다. 이것이 인류 언어에 오래되고 깊게 뿌리 내린 특성인 것은 여기서도 쉽게 추측할 수 있다.

한국어에서도 명사의 복수성을 표시하기 위하여 일본어의 'tachi'와 거의 비슷한 '–들'을 사용하는데, 이 역시 필요에 따라 수의적으로 사용될 뿐 의무적인 것은 아니다. 단, 한국어의 '–들'은 필요에 따라서는 무생물명사에도 사용할 수 있고(예를 들어 '집들'), 또 동사(혹은 술어 전체)에 첨가되어 아이누어의 복수동사와 같이 동작주나 동작 대상의 복수성을 표시할 수도 있다. 길랴크어에도 복수를 나타내는 접사로서 '–kun'이 있는데, 그 사용은 의무적이지 않고 또한 명사는 물론 동사에 첨가하는 것도 가능하다.

한편 현대 중국어(베이징방언)에서는 복수를 나타내기 위하여 '–men'이라는 형식을 사용하는데 wǒ(나)에 대해서 wǒ-men(우리), nǐ(너)에 대해서 nǐ-men(너희)과 같이 대명사에 단수와 복수를 구분하는 것은 의무적이지만, 명사의 복수 표시는 수의적이다. 또 '–men'으로 복수를 표시할 수 있는 것은 일본어의 'tachi'와 같이 대체로 사람명사에 한정되고 무생물명사를 직접 복수로 표시하는 수단은 없다.

이와 같이 명사의 복수성 표시와 관련하여 유라시아의 서쪽과 동쪽이 현저한 차이를 보이는데, 여기서 명사의 수 표시에 관한 두 가지 유형을 세우기로 하자.

다시 말해, 하나는 영어나 독일어처럼 복수 표시가 문법 범주로서 의무적인 유형, 다른 하나는 일본어나 아이누어처럼 복수성을 표시하는 수단은 있지만 문법적으로 의무적이지 않은, 즉 명사의 수 범주를 결여하고 있는 유형이다. 이러한 두 가지 유형이 세계 언어 속에서 어떻게 분포하는지 하는 것은, [부록 – 표 1~2] <수의 범주>란을 참조하기 바란다. 여기서 수 범주를 가진 언어 또는 언어군을 +, 수 범주를 가지지 않는 언어 또는 언어군을 −로 나타낸다. 또 ±는 동일한 언어군 안에 수 범주를 가지는 유형과 가지지 않는 유형이 공존하거나 혼재되어 있는 것을 가리킨다.

이 표를 보면 수 범주에 관한 두 가지 유형이 나타나는 방식은, 완벽하게 겹치는 것은 아니지만 이미 앞서 살펴본 유음의 특징 및 형용사의 유형과 상당히 유사한 분포권을 이루고 있음을 알 수 있다. 특히 유라시아 대륙에서 내륙 지역과 태평양 연안부는 여기서도 눈에 띠는 대조를 이루고 있다.

먼저 명사에 의무적인 수 범주를 가진 언어권을 전반적으로 둘러보자. 이 유형은 복식유음 및 체언형 형용사보다도 더 넓은 분포 영역을 가지고 있는데, 아프리카에서는 사하라 이남을 포함한 거의 전 지역에 분포하고 있고, 한편으로 유라시아에서는 내륙 지역을 넘어 시베리아 동부에까지 퍼져 있어 축치-캄차카제어와 이누이트-알류트제어도 그 안에 포함되며, 더 나아가서는 북아메리카의 동부(알곤킨제어 및 이로쿼이제어)와 남부(카이오와-타노아제어(Kiowa-Tanoan languages) 및 유토-아스테카제어)에까지 이어져 있다.

다음으로 명사에 의무적인 수 범주를 가지고 있지 않은 언어권은, 유라시아에서는 역시 태평양 연안부에 집중적으로 나타나는데, 단 북방의 축치-캄차카제어는 여기에서 제외된다. 따라서 이 언어권에 포함되는 것은, 북쪽으로는 환동해·일본해 지역의 길랴크어·아이누어·일본어·한국어, 남쪽으로는 중국어, 먀오-야오제어, 따이까다이제어, 티베트-버마어족의 동쪽 그룹 대부분, 문다어군을 뺀 오스트로-아시아제어, 그리고 오스트로네시아제어이다. 또 알타이제어의 가장 동쪽에 위치한 퉁구스어 중 에벵어·에벵키어 등 북방 그룹은 수 범주가 명확하지만, 만주어를 포함한 아무르강 유역 남쪽에 위치하는 여러 방언들에서는 수의 구분이 존재할 뿐 문법적으로 의무적인 것은 아닌 것 같다.

아메리카 대륙은 위에서 기술한 북미 동남부의 일부와 남미 아마존 지역의 일부 언어와 안데스 고지의 케추아어를 빼면, 대부분의 언어가 수 범주가 없는 유형에 속한다. 특히 북미 록키 산맥 이남의 태평양 쪽은 마치 유라시아의 태평양 연안부에 호응하는 것 같이 거의 전면적으로 수 범주를 결여하는 언어권을 이루고 있다.

분포도에 대해서는 [지도 3 명사의 수 범주]를 참조하기 바란다.

4.5.2. 명사의 분류 : 명사유별과 수사유별

다음으로 명사의 수 범주와 밀접한 관련이 있는 문법 현상으로 지시물의 의미적 범주에 기반한 '분류'에 대하여 살펴보자.

예를 들어, 독일어나 러시아어 등에서 명사는 '남성'·'여성'·'중성'으로 분류할 수 있다. 전통적인 서양 문법에서 '성 gender'이라고 불리는 문법 범주는, 이러한 명사유별의 일종인 것이다. 문법 용어로서 gender는 라틴 문법의 genera에서 유래하는 것인데, 본래는 단순히 '종류'를 뜻하는 어휘였다.

한편, 일본어의 명사에는 성에 해당하는 문법 범주가 존재하지 않는다. 그 대신 일본어는, 물체를 셀 때 인간이라면 'hi-tori(한 사람)', 'hu-tari(두 사람)', 동물이라면 'ip-piki(한 마리)', 'ni-hiki(두 마리)', 책이라면 'is-satu(한 권)', 'ni-satu(두 권)'과 같이 지시물의 종류에 따라서 다른 방식을 사용한다. 수사에 첨가하는 이러한 형식은 일본어 문법에서 조수사(분류사)라고 하는데 오로지 수사하고만 같이 쓰인다. 중국어나 베트남어, 태국어 등에서는 수사뿐 아니라 지시사에도 이러한 형식이 붙을 수 있다.

여기서는 성처럼 명사 자체를 문법 범주로서 직접 분류하는 유형을 '명사유별형', 반면에 수사나 지시사를 동반하여 지시물을 간접적으로 범주화하는 유형을 '수사유별형'이라고 하겠다.

4.5.2.1. 명사유별과 그 분포

명사유별형에도 여러 가지 변종이 있다. 대표적인 것으로는 '남성'과 '여성'이라는 자연의 성에 기반한 2항형, 혹은 거기에 '중성'을 덧붙인 3항형이 있다. 전자는 셈어를 비롯한 아프로-아시아제어, 후자는 인도-유럽제어에 많이 보인다.58)

유라시아에서 이러한 명사유별을 가진 어족 내지 언어군은, 셈어와 인구어 외에 캅카스제어(단, 남캅카스어는 제외함)와 드라비다제어가 있는데, 그밖에도 파키스탄령 카라코룸산맥의 협곡에 고립되어 있는 브루샤스키어59)와 예니세이강 유역의 케트어60) 등이 있다. 이 중에서 남캅카스제어는 인간-비인간의 2항, 드라비다어는 인간류-비인간류를 기반으로 인간류에서 다시 남성과 여성을 구분하는 3항형,61) 동부캅카스제어는 유정류와 무정류를 기반으로 거기에 다시 인간류-비인간류, 남성-여성, 동물-비동물, 더나아가 고등동물-하등동물 등의 구분을 추가한 최소 3항형(예를 들어 다르기어)에서 최대 8항형의 시스템(예를 들어 아르치어)을 가진 언어가 나타난다.62)

---

58) 인구어에서는 독일어·러시아어·라틴어·그리스어·산스크리트어 등이 남성-여성-중성의 3항형, 로망스어·발트어·많은 수의 인도-아리아제어는 남성-여성의 2항형, 히타이트어, 북유럽 게르만어 등은 유정(=남녀 공통성)-무정(=중성)의 2항형이다. 인구어 중에서 성을 잃어버린 언어로서 유럽에서는 유일하게 영어, 그 이외로는 아르메니아어·이란어 중 현대 페르시아어·오세트어·쿠르드어·팔레스타인어·야그노비어·사리콜리어, 그리고 인도-아리아제어 중 아삼어·벵골어·오리야어 등이 있다.
59) 인간류에 남성-여성, 비인간류에 유정(=동물)-무정을 구분하는 4항형(Berger 1998:33f.).
60) 남성-여성-무정의 3항형(Werner 1997:88f.).
61) 드라비다조어의 명사유별은 인간류-비인간류의 2항형이었을 가능성도 있다(Steever 1998:21).
62) 북동캅카스제어의 명사유별은 예를 들어 루툴어(Rutul language)나 부두크어(Budukh language)에서 보이는 것처럼 유정류-무정류의 구분을 기본으로 하여 그 유정류에 인간류와 비인간류(=동물), 그 인간류에 남성-여성을 구분하는 4항형이, 이 어족에 본래 시스템이었던 것 같다(Schmidt 1994:187). 이것은 또 브루샤스키어의 시스템이기도 하다.

또한 고대 오리엔트의 수메르어에는 유정과 무정(혹은 인간과 비인간)의 구분이 여러 가지 문법 현상에 반영되어 있었는데, 엄밀히 따져 명사의 문법 범주로서 확립되어 있었는지는 의심스럽다. 또 축치어(Chukchi language)도 유정-무정의 구분이 명사의 수나 격표지와 연결되어 있는데, 여기에 유정성과 친족 명칭을 정점으로 하는 일종의 단계성을 이루고 있어 엄밀한 의미의 명사유별형이라고 할 수 있는지는 의문이다.

아프리카는 세계 언어 중에서 명사유별형이 가장 우세한 지역인데, 유형적 차이와 어족의 구분이 상당히 밀접하게 관계하고 있다. 즉, 북부의 아프로-아시아제어와 남부의 코이산제어(의 중앙군)는 남성-여성의 구분에 기반한 이른바 '성' 언어인 반면, 중앙부를 차지하는 니제르-콩고어족은, 반투제어에 전형적으로 보이는 것과 같이 인간-비인간을 기반으로 하여 다시 비인간 부류에 동물·식물·도구·자연물 등의 여러 하위 부류를 만드는 이른바 '부류(class)' 언어이다.63)

한편, 니제르-콩고와 아프로-아시아어족 사이에서 복잡한 분포를 보이는 나일-사하라제어는 아프로-아시아적인 '성'(즉, 남성-여성의 구분)은 물론 반투어적인 '부류'도 가지고 있지 않다. 단, 이 중에서 예전에 '나일-햄어족(Nilo-Hamitic language)'이라고 불리던 동부 나일제어 중 일부(마사이어(Maasai language)·테소어(Teso language)·투르카나어(Turkana language)·로투코어(Lotuko language) 등)는, 아프로-아시아어적인 '성'에 의한 명사유별을 가지고 있다. 이때 '나일-햄'이라는 명칭은, 셈-햄어족(Semitic-Hamito languages)과 이러한

---

63) 니제르-콩고어족 중에서 만데어파(Mande languages)를 포함하여 남아프리카의 여러 언어나 중앙 아프리카의 아다마와-우방기어파(Adamawa-Ubangi languages)의 일부에 부류 체계를 결여하는 언어가 보이지만, 이들 언어에도 어떠한 형태로든 그 흔적은 남아 있다(Welmers 1973:184ff.). 또 아프로-아시아어족 중에서 에티오피아 남동부에서 사용되는 알리어(Ali language), 보로어(Boro language), 자이세어(Zayse language) 등과 같은 일부의 오모제어(Omotic languages)는 성 범주를 잃어버렸다. 또 차드제어 중에서도 이와 비슷한 언어가 존재할 가능성이 있는데, 아직 자세한 내용은 불명료하다.

연관성에 기초한다.

아메리카 대륙에서 명사유별형으로 보이는 언어는 북미에서는 동북부의 알곤킨제어와 일부의 이로쿼이제어, 그리고 남부의 카이오와-타노아제어와 일부 연안 언어들이다. 북미의 명사유별은 유정과 무정의 구분이 기본인데, 일부 언어에서는 주로 유정류 대명사에 남성과 여성을 구분하기도 한다. 하지만 이렇게 성별이 명사유별에 관여하는 일은 극히 드문 일이다. 또 북서해안의 치누크어(Chinookan language)는, 대명사에서는 남성-여성-중성을 구분하지만 명사 자체는 유별형인 것 같지 않다.

한편, 남미에서는 안데스 산지의 동쪽 기슭부터 아마존 지역의 북서부에 걸쳐 분포하는 투카노제어(Tucanoan languages)와 북부 아라와크제어 및 그 주변 언어들에서는 남성-여성의 구분을 기본으로 하는 명사유별과 비슷한 것이 보이기는 하는데, 아라와크제어에서 그것은 동사의 인칭 표시와 연결되어 문법적인 일치 현상을 보인다.[64]

그 밖의 지역에 있는 명사유별형은, 뉴기니아의 파푸아계 언어들과 오스트레일리아의 선주민 언어들에서 다수 나타난다.

뉴기니아에서는 특히 세픽강(Sepik river) 유역에 펼쳐진 저지대와 거기에 인접한 연안부의 토리첼리산맥(Torricelli Mountains)[65]에 이러한 유형의 언어들이 많이 보이는데, 중앙부의 고지(高地)에는 비교적 드문 편이다. 이들 언어의 분류 유형은 드라비다어에서 보이는 것과 같이 비인간명사(동물명사와 무정명사)에 대립하는 인간명사, 그리고 그 안에 남성과 여성을 구분하는 시스템이 기본인데, 언어에 따라서는 무정명사를 더 세분하는

---

64) 이들 언어에서 보이는 분류는 본래는 어찌 됐든 대명사 범주인 것으로, 셈어와 인구어에서 보이는 명사의 gender와는 상당히 성격이 다르다. 문법 범주라기보다 순수하게 의미적으로 조건 지워졌다는 점에서 영어나 치누크어의 대명사에 나타나는 gender 현상에 가까울지도 모른다.

65) [옮긴이] 파푸아뉴기니 북서쪽 산다운(Sandaun 州)에 있는 산맥.

체계가 있기도 하다.66)

호주에서 명사유별형은 북서부 특히 아넘랜드(Arnhem Land)67)를 중심으로 분포하는 비(非)파마-늉간제어에 다수 보이는데, 대륙의 대부분을 차지하고 있는 파마-늉간제어(Pama-Nyungan languages)에도 적지 않은 예를 찾을 수 있다. 오스트레일리아 언어들의 명사유별도 기본적으로는 인간명사에 남성과 여성의 구분, 그리고 비인간명사의 3항형 시스템을 보이는데, 그 밖에 유표적 여성명사에 대한 무표적 남성명사라는 2항형 시스템을 가진 언어도 있고, 의미적으로 투명한 원리가 없어진 언어도 적지 않다. 구분의 표식은 북부 비(非)파마늉간제어에서는 명사의 접두사로 나타내는데, 이것이 통사 관계를 만드는 다른 어휘 부류와 호응하여 마치 반투제어의 부류 시스템과 유사한 역할을 한다.68)

호주 언어들의 명사유별형에서 특히 주목할 만한 것은, 많은 언어에서 무정류 안에 '식용식물'이라는 종류가 중요한 위치를 차지하고 있다는 점이다.69)

4.5.2.2. 수사유별과 그 분포

명사유별형과 동일하게 수사유별에서도 의미적으로 여러 유형의 분류 원리가 있다. 그러나 일반적으로 분류의 근거가 되는 것은, 유정과 무정 혹은 사람과 물건의 구분인데, 이를 토대로 여러 가지 하위 분류를 추가하여 언어에 따라서는 상당히 복잡하고 정치한 분류 시스템을 가지기도

---

66) 예를 들어, 세픽강 하류 지역의 이마스어는 비인간명사 안에 동물명사와 식물명사, 그리고 음운 조건에 따라서 구분되는 6종의 무생물명사를 하위 구분한다(Foley 1991:199ff.).
67) [옮긴이] 오스트레일리아 노던준주(Northern Territory)의 북부 지역을 가리킨다.
68) 예를 들면 와르다만어(Merlan 1994:61f.), 티위어(Tiwi language, Osborne 1974:51ff.). 단, 티위어에서 부류 표식은 접미사로 나타난다.
69) 오스트레일리아제어의 명사유별에 관해서는 Sands(1995)에 자세하게 논의되어 있다.

하다.

일본어는 분류사의 종류가 매우 많고(문어에서는 200~300개), 고유어 수사와 한자어 수사가 섞여 있어 상당히 복잡한 양상을 띤다. 한국어도 이와 거의 비슷한 현상이 나타난다. 일반적으로 수사유별은 명사유별과 달리 닫힌 체계를 만들지 않고 그 용법도 엄격하게 규칙화되어 있지 않다. 발화 상황이나 문체에 따라 쉽게 바뀌기도 하여 문법적이라기보다도 오히려 어휘적인 성격이 강하다.

수사유별에서 가장 단순한 시스템은 사람과 물건을 구분하는 두 종류의 수사로 이루어진다. 그 가장 가까운 예가 아이누어의 sine-n(한 명)~ sine-p(한 개)인데,[70] 이와 동일한 최소 체계는 대만의 가오산족(高山族)[71]의 언어(예를 들어 파이완어(Paiwan language)의 ma-Dusa(두 명)~matja-Dusa(두 개))[72]와 필리핀·폴리네시아의 일부 언어, 그리고 북미 북서부의 네즈퍼스어(예를 들어 lepu?(두 명)~lepit(두 개)) 등이 있다.

또 중미의 마야계 하칼텍어(Jakaltek language)의 분류사는 여기에 동물류를 추가한 3항형(예를 들어 ox-wang(세 명)~ox-kong(세 마리)~ox-eb'(세 개))인데, 이와 같은 유형도 종종 보인다. 이와 동일하게 중미의 토토나코어(Totonacan language)의 분류접사는, 사람(cha-)과 물건의 종류를 형상에 따라

---

70) 아이누어의 -p는 '물건'을 의미하는 pe에서 유래하는데, -n의 어원은 정확하지 않다. 또한 -n이 붙은 것은 1에서 4까지로, 5 이상의 수사에는 -niw를 붙여 asikne-niw(다섯 명), iwan-niw(여섯 명)과 같은 형태가 된다.

71) [옮긴이] 17세기~19세기 사이에 한족들이 타이완 섬으로 이주를 시작하면서 대만 선주민족들의 한화(漢化)가 진행되었다. 한족들은, 평지에 살며 한화된 부족을 평포족이라고 하고 한화되지 않은 가오산(高山) 지역의 부족들을 가오산족(高山族)이라고 하여 구분하였다.

72) 도다(土田滋) 씨의 사신에 따르면, 이러한 체계는 가오산제어의 조어(혹은 오스트로네시아조어)에까지 거슬러 올라가는 오래된 기원을 가지는데, 사람을 세는 수사는 원래 기본 수사의 제1음절 중복으로 나타낸다고 한다. 2:*DewSa~*Da-DewSa, 3: *telu~*ta-telu, 4:*xepat~*xa-xepat, 5:*lima~*la-lima.(1은 보충법에 의한 것.)

둥근 것(ka-)·가늘고 긴 것(kan-)·평평한 것(mak-)의 세 가지로 분류하는
데, 이것이 중미 언어들의 분류사에서 보이는 가장 일반적인 유형인 것 같
다(Suárez, 1983:88).

또한 환동해·일본해 지역에서 아이누어에 인접해 있는 길랴크어의 수
사유별은 1에서 5까지로 한정되는데, 인간과 동물의 구분에 추가로 물건
의 종류가 형상과 용도에 따라 20가지 이상 분류되기도 한다. 몇 개의 예
를 들면 다음과 같다(『언어학대사전(言語學大辭典)』,[73] 1:1411).[74]

[표 4.3] 길랴크어의 수사유별

	독립형	인간	동물	배	썰매	종이·직물	의복	둥근물체
1	ñaqř	ñeɣ	ñan	ñim	ñir	ñarχ	ññiwř	ñix
2	meqř	meɣ	mař	mim	miř	meraχ	miwř	mix
3	ʒaqř	ʒaqř	ʒaqř	cem	ʒiř	craχ	ʒiwř	ʒax
4	nyqř	nyrɣ	nuř	nym	nuř	nuraχ	nuř	nux
5	toqř	torɣ	toř	tom	toř	toraχ	toř	tox

중국어의 분류사 체계는 시대와 지역에 따라 크게 다르지만, 현대어(베
이징방언)의 시스템은 일본이나 한국어만큼 복잡하지는 않다. 하지만 주목
할 만한 것은, 중국어의 분류사가 수사뿐만 아니라 수량사나 지시대명사
와 함께 이용된다는 점이다(예를 들어 nèi tiáo niú '그' + 분류사 + '소', zhèi jǐ mèn
pào '이' + '소수의' + 분류사 + '대포'). 이와 동일한 현상이 베트남어나 태국에
서도 보이는데, 형용사에 첨가되기도 한다(예를 들어 태국어에서 plaa tua yày

---

73) [옮긴이] 일본의 산세이도(三省堂)가 만든 언어학 사전. 1988년 <세계언어편(상)>을 발행
한 이후, 2001년까지 총 7권을 간행하였다. 제1권 세계언어편(상), 제2권 세계언어편(중),
제3권 세계언어편(하1), 제4권 세계언어편(하2), 제5권 보유(補遺) 및 언어명 색인편, 제6
권 술어편, 별권으로 세계문자사전도 있다.
74) 『언어학대사전』=亀井 외(편저) 1988~1992. 이 책의 경우에만 인용할 때 각 항목의 저자명
을 쓰지 않고 사전명을 가지고 대신한다.

'물고기' + 분류사 + '크다').

　이미 서술한 바와 같이, 분류사는 닫힌 체계로 이루어져 있는 것이 아니고, 또 통사 관계를 만드는 다른 어휘 부류와 문법적인 일치를 유발하는 일도 없다. 더욱이 의미적인 분류 원리에 관해서도 명사유별과는 크게 다르다. 먼저 첫 번째로 명사유별에서 중요한 역할을 담당하는 남성-여성의 성별이 분류 원리로 작동하는 것은, 남미 아마존 지역의 일부 언어를 빼면 전혀 보이지 않는다.

　분류의 기본 원리는 앞서 서술한 바와 같이 '사람'과 '물건' 혹은 '유정류'와 '무정류'인데, 그 '사람'이나 '유정류'가 더 나아가서 남성과 여성 혹은 암컷과 수컷으로 하위 분류되는 일은 거의 없다.[75] 두 번째로 물건이나 무정류를 하위 분류하는 데 있어서 중요한 원리는, 물체의 실질이나 종류(예를 들어 식물·금속·액체·자연물·가공물 등)가 아니라 오히려 물건의 형상(예를 들어 가늘고 긴 물건·평평한 물건·둥근 물건·뾰족한 물건 등)이다. 예를 들어 일본어에서 수목·철사·무·연필·끈 등은 모두 가늘고 긴 형상이기 때문에 1本(ip-pon), 2本(ni-hon)이라고 세고, 이와 동일하게 종이·유리·천·전병·생선 말린 것 등은 모두 평평한 형상을 하고 있기 때문에 1枚(ichi-mai), 2枚(ni-mai)라고 센다.

　덧붙여, 태국어에서 분류사는 '형상명사'라고 하는데(『언어학대사전(言語學大辭典)』, 2:539), 이에 대해서는 [부록 - 표 1~2] <수사유별>란을 참조하기

---

75) 유라시아의 수사유별형 언어권 중에서 성별에 근거한 명사유별과 분류사가 공존하고 있는 것처럼 보이는 유일한 언어는 인도의 아삼 지방에 고립되어 있는 오스트로-아시아계의 카시어(Khasi language)이다. 이 언어에서 gender articles(Rabel 1961:66)이라고 여겨지는 것은 아마 인도-아리아어의 영향에 의해서 대명사 안에서 발달한 것으로 명사의 문법 범주로서 확립되어 있는지는 의문이다. 한편 이 언어의 분류사는 다른 여러 언어와 동일하게 사람과 물건의 구분에 기반할 뿐 남-녀의 성별과는 무관하다. 덧붙여 카시족(Khasi people)은 예전에 영국 식민지 통치하에서 기독교를 받아들여, 사회적-문화적으로도 고립적인 성격이 강하다.

바란다.

이 지도를 보면, 수사유별형은 단식유음형이나 용언형 형용사보다도 그 분포 영역이 좁다는 것을 알 수 있다. 즉, 아프리카 대륙 및 오세아니아의 오스트레일리아와 파푸아-뉴기니아에서는 이 유형이 거의 나타나지 않는다.

유라시아에서는 태평양 연안부에서 수사유별형 언어가 집중적으로 나타나는데, 그 분포 양상은 수 범주를 결여하고 있는 언어권과 거의 일치한다. 즉, 북쪽으로는 환동해·일본해 지역의 길랴크어·아이누어·일본어·한국어가 여기에 속하지만, 축치-캄차카제어와 이누이트-알류트제어는 포함되지 않는다. 남쪽으로는 중국어, 먀오-야오제어, 따이까다이제어, 오스트로-아시아제어(단, 문다제어는 제외), 그리고 대부분의 오스트로네시아제어가 여기에 속한다.[76]

한편 티베트-버마제어는 이 특징에 관해서도 일종의 경계선 역할을 하는데, 동쪽 그룹에 속하는 카렌어(Karen language)나 버마-로로제어에서는 수사유별이 보이지만 티베트어나 히말라야 서부의 여러 언어, 또 중앙부의 카친어에서는 보이지 않는다.

수사유별에 관한 또 하나의 경계 영역은 인도의 동부인데, 여기서는 앞서 살펴본 '마가히'라고 불리는 중기 인도어에서 생겨난 벵골어·아삼어·

---

76) 오스트로네시아어족 중에서 분류사는 인도네시아에서 미크로네시아 및 멜라네시아의 일부를 포함한 중심부의 여러 언어에서 다소나마 발달한 시스템이 보이는데, 대만과 필리핀과 폴리네시아를 포함하는 주변부의 여러 언어에서는 약간의 흔적을 빼고는 분류사가 보이지 않거나 대만의 가오산제어와 같이 사람과 물건의 최소 체계밖에 가지고 있지 않는 경우가 많다. 또 분류사가 소유물의 분류로 재편된 것처럼 보이는 언어도 적지 않은데, 예를 들어, 미크로네시아의 차모로어(Chamorro language)의 경우 현재 사용되는 수사는 모두 스페인어의 수사로 바뀌었기 때문에 본래의 수사와 함께 본래 가지고 있던 분류사 시스템도 잃어버렸다. 예전의 분류사는 소유대명사와 연결된 형태로만 잔존하고 있다. 예를 들면, na-hu guihan <분류사 (음식) - 나의 + 생선>(Topping 1980:184).

오리야어 등에서 수사유별이 나타나고(다른 한편으로 이들 언어는 성과 의무적
인 수 범주를 잃어버렸다), 또 문다리어(Mundari language)·카리아어(Carian
language) 등과 같은 일부의 문다제어와 말토어(Malto language)·크룩스(Kurux
language) 등과 같은 일부의 드라비다어에서도 이 현상의 파급이 엿보인다.
인도 동부의 아리아제어에 수사유별을 야기한 것은, 앞서 살펴본 단식유
음형의 경우와 동일하게 갠지스강 유역의 오래된 오스트로-아시아적 기층
어가 작용한 것이라고 봐도 될 것이다.

유라시아의 태평양 연안부와 함께 수사유별형 언어가 집중해서 나타나
는 것은 아메리카 대륙이다. 그 분포는 북미 알래스카의 태평양 연안에서
중미를 거쳐 남미의 아마존 지역에까지 이어져 있다.

먼저 북미 지역을 살펴보자. 북미에서 수사유별형 언어는, 알래스카에서
캐나다의 브리티시 콜롬비아 주를 거쳐 미국의 캘리포니아 주에 이르는 태평
양 지역에 거의 집중되어 있다(이미 서술한 바와 같이, 이 지역은 북미에서 언어 분
포가 가장 복잡하고 조밀한 지역이다). 여기서 수사유별형으로 보이는 언어 또는
언어군은 북쪽의 이야크어(Eyak language), 틀링킷어(Tlingit langauage), 하이다
어(Haida language), 침시안어(Tsimshianic language), 와카시제어(Wakashan
languages), 살리시제어 등이 있고, 그 밖에 '페누티대어족(Penutian languages)'
안에 포함되는 치누크어(Chinookan language), 타켈마어(Takelma language),
알시어(Alsea language), 클레머스어(Klamath language), 사합틴어(Sahaptinan
language), 네즈퍼스어 등도 수사유별형에 속한다.

이러한 북미의 수사유별형 언어권은 중미에서 다시 그 모습을 드러내는
데, 마야제어를 중심으로 그 주변에 널리 분포한다. 마야제어 이외의 수사
유별형 언어로는 와베어(Huave language), 토토나코어(Totonacan language), 타
라스코어(Tarascan language), 틀라파넥어(Tlapanec language), 나우아틀어(Nahuatl
language) 등이 있고, 그 밖에 일부의 유토-아즈텍제어와 일부의 오토망게

제어(예를 들어 치난테코어(Chinantec language) 등)가 포함된다. 여기에는 일본어나 동남아시아의 여러 언어들과 필적할 만큼 고도로 발달한 분류사의 체계가 종종 눈에 띄기도 한다.[77]

중미의 수사유별형 언어권은, 중미 남부에서 남미 북부에 걸쳐 분포하는 치브차제어(Chibchan languages)를 매개로 하여 남미로 이어지는데, 콜롬비아 남부와 페루 동북부, 그리고 브라질 북서부에 걸쳐 있는 아마존 지역이 하나의 커다란 수사유별형 언어권을 이룬다. 이곳은 북미의 태평양 연안 지대 이상으로 언어 분포가 복잡하고 다양한데, 아직 많은 부분이 밝혀지지 않고 있다.

지금까지 판명된 것만으로 살펴볼 때 수사유별형으로 보이는 주요 언어군은, 위에서 서술한 치브차제어 외에도 남미 최대 규모의 어족이라고 할 수 있는 아라와크제어(특히 그 북부군), 아마존강 상류의 바우페스강(Vaupes River) 유역을 중심으로 분포하는 투카노제어, 그리고 좀 더 소규모 언어군으로는 오리노코강(Orinoco River) 상류의 브라질과 베네수엘라 국경 지대에서 사용되는 야노맘어(Yanomaman language), 콜롬비아 남동부에서 페루에 걸쳐 프라마요강에서 페루령 아마존강 유역에 분포하는 보라-위토토제어(Bora-Witoto languages), 그 상류인 페루와 에콰도르 국경 근처의 사파로-야와제어(Saparo-Yawan languages), 브라질의 마토 그로소강(Mato Grosso River)에 분포하는 남빅와라제어(Nambikwaran languges), 그 밖에 계통을 알 수 없는 몇몇 고립 언어들이 있다.

아마존 지역의 언어들 가운데 바우페스강 유역의 투카노제어를 중심으로 남녀의 성에 대한 구분을 포함하는 명사유별형과 수사유별형이 공존하

---

77) 예를 들어, 유카탄 반도의 마야어에는 80종 이상(Tozzer 1921:200f.), 과테말라 남부의 마야계 추투힐어(Tzutujil language)에는 200종 이상의 분류사가 있고(Dayley 1985:164f.), 더 나아가서 첼탈어(Tzeltal language)의 경우는 Berlin(1968:191ff.)에서 열거된 분류사의 수만 따져도 500종 이상이나 된다.

는 것처럼 보이는 언어들이 있는데, 유라시아는 물론 아메리카 대륙을 포함하는 수사유별형 언어권에서도 눈에 띄는 예외적인 경우라고 할 수 있겠다. 아마존 지역의 여러 언어에 대한 현지 조사와 본격적인 기술적 연구는 이제 막 시작한 단계에 불과하기 때문에, 이들 언어가 명사유별형인지 수사유별형인지 하는 정확한 실태에 대해서는 앞으로 좀 더 정밀한 조사가 필요할 것이다.78)

명사유별과 수사유별을 포함하여 전체적인 분류 유형의 분포에 관해서는 [지도 4 명사의 분류 유형 분포]를 참조하기 바란다.

4.5.2.3. 분류 유형과 수 범주

앞서 살펴본 바와 같이 분류 유형의 지리적 분포에 관하여, 명사유별형은 의무적인 수 범주를 가진 언어권과 관련이 있고 수사유별형은 그것이 없는 언어권과 밀접한 관련이 있어, 극히 일부의 예외적인 경우를 제외하면 각각의 하위부류로 자리매김할 수 있다. 여기서 예를 들면,

어느 언어가 명사유별형에 속한다면 그 언어에는 반드시 명사에 의무적인 수 범주의 구분이 있고, 반대로 어느 언어가 수사유별형에 속한다면 그 언어는 의무적인 수 범주를 결여하고 있다.

라는 형태의 보편적인 합의에 다다를 수도 있을 것이다. 예를 들어 반투제어에 전형적으로 보이는 것과 같이, 많은 언어에서 명사유별은 명사의 단·복수 구분과 불가분의 관계에 있다.

---

78) 아마존 언어들의 수사유별에 대해서는 Derbyshire & Payne(1990), 또 아라와크제어·투카노제어에 대해서는 Dixon & Aikhenvald (eds.) (1999:83, 218f.) 등에서 간단한 개요를 볼 수 있다. 또 명사유별과 수사유별을 포함하여 몇 개인가의 개별 언어의 분류 현상에 대해서는 Barnes(1990), Aikhenvald(1994), Aikhenvald & Green(1998) 등의 논고가 있다.

한편, 대부분의 수사유별형은 왜 명사에 의무적인 수 범주가 없는 언어에만 나타나는 것일까. 그것은 아마, 이들 언어에서는 명사가 가리키는 사물이 셀 수 있는 것이라고 할지라도 실제로는 개체가 아니라 집합(collective) 또는 총칭(generies)으로 파악되기 때문이 아닐까.

일본어에서 'otoko(남자)', 'inu(개)', 'hon(책)'과 같은 명사는 그것을 단독으로 사용하는 경우 특정한 개체물이라기보다 총칭적인 부류 내지 집합물을 의미하는 것이 보통이다. 따라서 그와 같은 대상물을 셀 때는 수 범주를 가진 언어에서 비가산적인 집합명사나 물질명사를 셀 때와 동일하게 그것을 개별화할 필요가 있다. 분류사는 확실히 그와 같은 개별화-개체화 작용을 하기 때문에, 이 점에서 물질명사나 집합명사에 붙는 '수량사'와 동일한 기능을 가진다.

예를 들어 '한 자루의 연필', '세 마리의 개' 등에서의 분류사와 '한 홉의 술', '세 잔의 커피' 등에서의 수량사는, 기능적 측면에서 거의 차이가 나지 않는다. 둘 다 대상을 개체화함으로써 그것을 셀 수 있는 것으로 만들고 있다. 이 점에서 분류사는, 예를 들어 영어의 a cup of coffee, two sheets of paper 등에서 보이는 a cup of, two sheets of 등의 수량사와도 완전히 똑같은 기능을 담당하고 있는 것이다.

요컨대, 수사유별형의 언어에서는 가산명사와 비가산명사와 같은 구분이 존재하지 하지 않고 모든 명사가 그 자체로 비가산적, 즉 집합 내지 총칭명사의 성격을 띠는 것이다. 또 분류사가 지시물과 연결되거나 혹은 분류사가 붙은 수사가 마치 다른 언어의 대명사와 같이 그것만으로 지시적 내지 대용적(anaphoric)인 기능을 수행할 수 있는 것도 분류사에 내재하는 이러한 개체화의 작용에 기인한다고 할 수 있다.

마지막으로, 넓은 의미에서 명사유별화의 또 다른 유형으로 일부의 동사에 의한 대상물의 분류라는 현상이 있다. 가장 가까운 예는 일본어의 존재동사 'iru'와 'aru'인데, 일본어는 이 동사를 구분하여 사용함으로써 모든 지시물을 '유정류'와 '무정류'로 양분한다.

이와 같이 존재동사로 대상을 분류하는 언어로는, 일부의 티베트-버마 제어(네팔 동부의 드히말어(Dhimal language), Driem 1993:168), 대부분의 로로제어(馬 1991:517f.), 중국 쓰촨성 북서부의 이른바 사천주랑(川西走廊)[79] 지역의 여러 언어들 중 일부(『言語學大辭典』, 4:278), 스리랑카의 싱할라어(Sinhala language, Gair & Paolillo 1997:25f.), 북미의 라코타어(Lakota lnaguage, Buechel 1939:319f.), 중남미의 엠베라제어(Embera languages, Licht 1999:74) 등이 있는데, 뉴기니아의 파푸아제어는 조금 더 복잡한 모습을 보인다. 예를 들어, 뉴기니아 동부의 고지대에서 사용하는 엥가어(Enga language)는 유정과 무정의 구분 외에도 대상물의 형상이나 자세에 따라서 모두 7개의 존재동사를 구분하여 사용한다(Lang, 1971).

이러한 동사유별 시스템이 매우 발달한 언어로는 북미의 아사바스카제어(Athabaskan languages)가 있다. 여기서는 존재(또는 위치)동사뿐 아니라 이른바 처치동사(處置動詞)나 운동동사(運動動詞) 등에서도 동일한 현상이 나타나고, 그 분류 내용도 상당히 다양하다. 또 메소아메리카의 마야계 촌탈어(Chontal language)에서 '씻다'의 뜻을 가진 동사는, 대상물이 의복·맷돌·입·손·머리카락·접시냐에 따라서 각각 다른 형태를 취한다(Suárez, 1983:89f.), 동일한 현상이 필리핀의 언어에서도 보이는 것 같다. 덧붙여, 일본어에서도 영어의 break에 해당하는 동작에 대하여 'yaburu'(의복이나 종이)·'waru'(유리나 병)·'kudaku'(고형물)·'oru'(가지나 봉 모양의 물건)·'chigiru'(가볍고 얇은 물건) 등과 같이 여러 가지 형태를 구분하여 쓰고 있다.

일반적으로 동사에 의한 이러한 분류는 문법 현상이라기보다 오히려 한

---

79) [옮긴이] 중국 칭하이성 남부에서 쓰촨성 서쪽을 거쳐 윈난성으로 이어지는 지역.

정된 어휘 차원의 현상이라는 성격이 강한데, 세계 언어에서 이것의 출현 방식 역시 상당히 산발적이어서 여기에서 다루고 있는 명사유별이나 수사 유별과는 조금 성격을 달리한다. 또 남미 아마존 지역에서는 이러한 동사 유별이 수사유별이나 명사유별과 종종 공존하여 나타나기도 하고, 또 북미 북서해안에서도 수사유별이 종종 동사유별과 병존하기도 한다.

4.6. 태평양 연안 언어권과 환동해·일본해제어

이상 일본어를 중심으로 세계 언어 전체의 관점에서 언어의 기본적인 골격을 형성한다고 여겨지는 몇 가지 유형적 특질들의 지리적·어족적인 분포를 개관했다.

이러한 언어적 특질에는 수 범주와 명사의 분류 유형과 같이 서로 깊은 관련을 맺고 있는 것도 있지만, 유음과 형용사 혹은 형용사의 유형과 명사의 수 범주 등 서로 아무런 관련도 없는 특성도 있다. 그러나 그 출현 방식은 여러 언어에서 결코 자의적이지 않다. 그것은 세계 모든 언어 내지 모든 어족의 계통적 분류에 관하여 매우 의미 있는 시사점을 던져 주는데, 특히 세계 언어 속에서 일본어의 위치, 혹은 그 안에서 일본어가 어떠한 언어들과 좀 더 친근한 관계로 묶이는지에 대하여 상당히 명확한 전망을 제공해 준다.

먼저 시야를 유라시아에 한정하여 살펴보면, 그 안의 모든 언어들은 유라시아 내륙 지역과 환태평양 연안부라는 두 개의 큰 언어권으로 구분할 수 있는데, 일본어는 틀림없이 태평양 연안부 언어권에 속할 것이다.

유라시아 내륙 언어권의 특징은 복식유음·체언형 형용사·명사의 의무적인 수 범주·명사유별(gender)이고, 태평양 연안부 언어권은 단식유음·용언형 형용사·명사의 수 범주 결여·수사유별이라는 특징을 가진다. 그리고 이 두 언어권에서 내륙 지역은 아프리카 대륙과 연결되어 아프로-유라시아적인 확장을 보이고, 태평양 연안부는 베링 해협을 건너 아메리카 대륙과 연결되어 환태평양적인 확장을 보인다.

이러한 태평양 연안부 언어권의 특징이 아메리카 대륙에까지 확장되는 것은 단순한 우연의 일치라고는 생각할 수 없다. 이것은 아메리카 선주민의 언어(의 적어도 일부)가 유라시아의 태평양 연안 지역에서 아메리카 대륙으로 전파된 언어적 유산의 일부이기 때문이라고 생각하는 것이 가장 자연스러운 해석일 것이다. 그렇다고 한다면 이러한 언어적 특징과 그것을 가지는 언어권의 형성은, 지금으로부터 1만 년 이상 전의 최후빙하기, 즉 아메리카 대륙이 베링 육교(Beringia land bridge)를 통해 아시아와 완전히 이어져 있었던 고고학상 '후기 구석기시대'로 불리는 시기(약 35,000～10,000년 전)로까지 거슬러 올라갈 것이다. 현 단계에서, 아주 오래 전에 아메리카 선주민들이 아메리카 대륙으로 이동해 온 시기나 그 정주 과정을 정확하게 추적하는 일은 매우 어려운 일이지만, 적어도 그 이동이 후기 구석기시대의 어느 시기에(아마 한번은 아닐 것이다) 이루어졌다고 하는 것은 의심할 여지가 없다(이 문제에 대해서는 본장의 마지막에서 다시 한번 논의하겠다).

유라시아의 내륙 지역과 태평양 연안부는 유라시아의 여러 언어들을 양분하여 두 개의 큰 언어권을 만드는데, 이들 내부를 자세히 보면 결코 균질한 것은 아니다. 이들은 좀 더 세세하게 하위분류할 수 있고, 그러한 작업은 꼭 필요한 일이기도 하다.

여기서 먼저 태평양 연안부 언어권에 초점을 두고 살펴보면, 남방군과 북방군이라는 두 개의 하위군이 상당히 분명한 형태로 떠오른다([부록 - 표 1]의 가장 오른쪽란의 <계통 관계>를 참조). 다시 말해, 여기서 남방군은 중국에서 동남아시아에 이르는 광대한 지역을 차지하고 있는 여러 언어들로 먀오-야오 · 따이까다이 · 오스트로-아시아 · 오스트로네시아의 네 어족, 그리고 중국어와 티베트-버마어족의 동쪽 그룹 거의 대부분(모두 '시노-티베트'라는 대어족에 포섭된다)이 포함된다. 반면에 북방군은 일본열도를 포함한 북태평양 연안부에 분포하는 여러 언어이 포함되는데, 여기에는 남방군에서와 같은 대규모 어족은 없고, 계통이 불분명한 고립 언어 또는 소언어군이 모여 있을 뿐이다.

남방군과 북방군의 언어적 차이는, 어순 유형과 관련 있는 통사적 구조 및 조어법상의 차이가 가장 현저하다(세계 여러 나라의 어순 유형은 본고에서는 특별히 다루고 있지 않지만 그 분포에 대해서는 [부록 - 표 1~2] <어순 유형>란을 참조하기 바란다).

다시 말해, 북방군에 속하는 언어는 모두 SOV형의 어순과 후치사를 가지고 있고, 조어법은 이른바 '교착형'에 속하며, 또한 접미사의 사용이 압도적으로 우세하다. 거기에 비해 남방군에 속하는 언어는 주변부의 일부 언어를 제외하면 대부분 SVO형의 어순과 전치사를 가지고 있고, 적어도 중국 대륙 · 인도차이나 반도 · 인도네시아에 이르는 중심부의 조어법은 이른바 '고립형'에 속하며, 또 접미사보다는 접두사의 사용이 훨씬 우세하다. 가까운 예로 북방군과 남방군의 이러한 언어 구조적 차이는 일본어와 중국어, 혹은 아이누어와 말레이어(Melayu language)를 비교해 보면 일목요연하게 알 수 있다.

그러나 통사법과 조어법에 나타나는 이러한 차이는, 이른바 언어의 표면구조에 관한 것으로 1,000년 내지 2,000년 정도의 범위 내에서도 크게 변할 수 있다. 결코 각 언어의 항상적인 특질은 아닌 것이다. 예를 들어, 같은 인도유럽어족의 내부만 보더라도 현대 유럽의 여러 언어와 인도 및 그 외의 아시아 인구어들 사이에는, 어순은 물론 통사법이나 조어법에서도 앞서 살펴본 태평양 연안 언어권의 남방군과 북방군에 필적할 만큼 현저하게 차이가 난다. 중국어와 일본어를 가로막는 문법 구조상의 차이는, 영어와 힌디어 사이의 차이와 거의 다르지 않다.

이와 동일하게 시노-티베트어족도, 어순이나 명사-동사의 조어법에 관하여 그 내부에 매우 큰 차이가 있다. 즉, 티베트-버마제어는 모두 한결같이 SOV형의 어순을 취하는 반면, 중국이나 버마 동남부, 태국의 국경 지대에 분포하는 카렌어의 어순은 SVO형이다. 또 조어법에 관해서도 티베트-버마제어와 같은 이른바 '대명사화언어(代名詞化言語)'는 '다종합형'이라고 할 만큼 복잡한 조어법을 가지지만, 중국어나 카렌어는 전형적인 '고립형'에 속한다. 많은 티베트-버마제어가 명사에 능격적인 격 표시를 하지만 카렌어나 중국어의 경우 명사의 격 표시를 완전히 결여하고 있다. 오스트로-아시아어족의 경우도, 베트남어나 몬-크메르제어를 포함하는 동쪽 그룹과 인도 동부에 분포하는 문다제어 사이에는 어순뿐 아니라 형태-통사법 전반에 걸친 언어 구조상에 심각한 차이가 나타난다.

더욱이 태평양 연안부의 남방언어권은, 중심부에 해당하는 중국 대륙에서 인도차이나 반도에 이르는 지역에 '단음절형 성조 언어'들이 집중적으로 분포하고 있다. 그러나 이러한 언어 유형은 아마 연안 언어권이 가지고 있던 본디 모습은 아닐 것이다. 이것은 이 지역의 많은 언어에서 추적할 수 있는 '성조 발생'의 과정을 통해서도 알 수 있듯이 비교적 새로운 시기(아마 지금으로부터 4,000/3,000년 전 이후)에 여러 형태의 언어접촉으로 인해 생긴 새로운 지역적 특징인 것이다(이 지역에서 중국어의 위치에 대해서는 나중에 살펴보겠다).

한편 연안부의 북방군은, 크게 보면 일본 열도와 그 주변부에서 시작하여 축치-캄차카, 그리고 더 나아가 이누이트-알류트제어가 분포하는 영역까지 이어져 있는데, 그 안에는 일본어·한국어·아이누어·길랴크어를 포함하는 동해·일본해 지역의 언어군과, 극북(極北)의 축치-캄차카 및 이누이트-알류트제어 사이에 상당히 분명한 경계가 있다. 다시 말해, 이 두 언어군은 단식유음과 용언형 형용사라는 두 개의 특징을 공유하지만, 명사의 수 범주와 분류 유형에 관해서는 분명히 다른 모습을 보인다. 태평양 연안 언어권의 중요 특징인 수사유별은, 앞서 본 바와 같이 축치-캄차카제어와 이누이트-알류트제어에는 전혀 나타나지 않기 때문이다.

여기서는 동해·일본해를 둘러싸고 연환(連環)같은 분포를 보이는 언어군, 즉 한국어·일본어·아이누어·길랴크어의 네 언어를 환동해·일본해제어라고 부르기로 한다. 이 언어군은 물론 통상적인 의미에서 말하는 어족과는 동일시할 수 없지만, 이미 서술한 바와 같이 연대적으로 아주 오래된 시기로 거슬러 올라가면 서로 연결되어 있었을 가능성이 높다. 그 연대는 물론 일본의 조몬시대 이전, 일본 열도가 아직 대륙의 일부를 이루고 있고 동해·일본해가 마치 내해과 같은 모습을 하고 있던 후기 구석기시대로 거슬러 올라갈 것이다.

이러한 윤곽을 나타내는 환동해·일본해제어는, 지금까지 다룬 여러 가지 특징을 따져볼 때 확실히 하나의 언어권으로 묶일 수 있다. 물론 그 내부를 조금 더 자세히 살펴보면 여러 가지 차이가 나타나기도 한다. 그것은 지금까지 지적되어 온 것과 같은 어휘 차원에서 보이는 차이에 머물지 않고 언어 구조의 여러 가지 측면에 걸쳐 있는 차이다.

특히 동일한 일본 열도 안에서 인접해 있는 일본어와 아이누어 사이에는 그러한 언어적 차이가 현저하여 지금까지 두 언어의 계통 관계를 부정하는 매우 강한 근거의 소재가 되어 왔다.

예를 들어 긴다이치에 따르면, 아이누어는 일본어뿐 아니라 주변의 어떠한 언어와도 계통적으로 연결되어 있지 않고, 마치 언어 세계의 고도(孤島)와 같은 존재로 여겨져 왔다.80) 그는 코펠만의 '유라시아 어족'설(Koppelmann, 1933)을 언급하며 이렇게 서술하고 있다.

그런데 길랴크와 아이누를 한국어에 연관시켜 같은 어족 내의 언어로 생
각하는 데 이르러서는 인식의 부족함이 너무 지나쳐 그 경솔한 억측에 혀
를 내두를 정도이다. (金田一, 1938 =『전집』1:387)

참고로 긴다이치는 일본어의 계통에 관련하여 '우랄-알타이설'의 열렬
한 지지자였다.

여하튼 아이누어와 일본어 혹은 길랴크어와 한국어 사이의 차이가 과연
동계 관계를 밝히는 데 그렇게 큰 장애가 되는 것인지에 대답하기 위하여,
다음으로 아이누어와 일본어 사이에 서로 다른 모습을 보이는 언어 현상
에 초점을 맞춰 각 언어권의 성격을 좀 더 명확하게 드러내는 몇몇 흥미
로운 언어적 특징을 살펴보도록 하겠다.

4.7. 동사의 인칭 표시

여기서 인칭 표시라는 것은, 동사의 활용 형태 안에 들어 있는 동사의
역할(이른바 주어와 목적어 등)에 관한 표식이다. 일본어나 한국어의 동사에
는 이러한 인칭 표시가 전혀 없는데, 예를 들어 라틴어나 터키어의 동사
활용을 보면 다음 표와 같다.

---

80) "아이누어의 이러한 포합어적 성질이나 집합어적인 경향은 모두 일본어나 조선어, 퉁구
스어, 그 밖의 북동이나 남쪽에 인접한 우랄-알타이족의 이른바 교착어와는 언어상의 범
주가 하나 정도 다른 별종의 것이고, 중국 방면의 이른바 고립어와는 더욱 더 먼 것으로
그 간격이 거의 양극에 가까운 성질의 것이다. 말레이-폴리네시아 쪽도 교착어이거나 고
립어여서 예전에 이러한 것이 있다는 것은 듣지 않았다. 그렇다고 하면, 이것의 화자들
이 사는 국토가 동해의 도비시마(飛島)인 것처럼 아이누어 그 자체도 또한 정말로 세계
언어의 도비시마를 이루고 있는 것처럼 보이는 결론이다."(金田一, 1927 = <전집> 5:77f.).

[표 4.4] 라틴어와 터키어의 동사 활용

라틴어	터키어	일본어
ama-ba-m	sev-di-m	(watasiga) aisi-ta
ama-ba-s	sev-di-n	(gimiga) aisi-ta
ama-ba-t	sev-di-$\varnothing$	(karega) aisi-ta
ama-ba-mus	sev-di-k	(wareraga) aisi-ta
ama-ba-tis	sev-di-niz	(gimiraga) aisi-ta
ama-ba-nt	sev-di-ler	(kareraga) aisi-ta

　이와 같이 라틴어나 터키어에는 타동사와 자동사를 불문하고 동사의 '주어'에 해당하는 인칭 표시가 동사의 활용 형태 안에 삽입되어 있다(위의 표에서 이탤릭체로 표시된 '인칭 어미'라는 부분이 그것이다—또 인칭 어미 앞의 라틴어 -ba-, 터키어 -di-는 일본의 '-ta'에 해당하는 과거 시제를 나타내는 접사).

　이에 대하여 예를 들어 아이누어의 동사 활용은 [표 4.5]와 같다.81)

[표 4.5] 아이누어의 동사 활용

ku-i-kore (나-당신에게-주다)	i-kore-an (우리들-당신에게-주다)
e-en-kore (너-나에게-주다)	$echi$-en-kore (너희-나에게-주다)
a-en-kore (당신-나에게-주다)	a-en-kore (당신들-나에게-주다)
e-un-kore (너-우리들에게-주다)	$echi$-un-kore (너희들-우리들에게-주다)
a-un-kore (당신-우리들에게-주다)	a-un-kore (당신들-우리들에게-주다)

---

81) 이것은 물론 아이누어 동사의 인칭 표시의 완전한 패러다임을 나타내는 것은 아니다. 이 표는 金田一(1931)(=『전집』)에 기반하고 있다. 아이누어의 인칭 접사 전반에 대해서는 田村(1971), Tamura(2000:47ff.) 등을 참조하기 바란다. 또, 아이누어에서는 인칭이 명시적으로 표시되는 것은 1인칭과 2인칭만으로, 이른바 3인칭은 원칙적으로 zero표시이다. 동일한 현상은 다른 많은 언어에서도 보인다.

이와 같이 아이누어에는 주어뿐 아니라 목적어의 인칭도 활용 형태 안에 포함되어 있다(위의 표에서 이탤릭체로 나타난 '인칭 접사'로 불리는 부분. 또, 이 활용형 안에는 '너 나에게 <그것을> 주다'의 <그것을>에 해당하는 '3인칭 직접 목적어'도 'zero표시'의 형태로 함의하고 있다). 긴다이치에 따르면, 이러한 동사 활용이 아이누어를 일본어나 그 밖의 주변 여러 언어들과 가르는 가장 큰 차이점이라고 한다.

4.7.1. 인칭 표시의 세 가지 유형 : 단항형~다항형~무표시형

동사에서 인칭 표시의 형태적인 출현 방식에 대하여 각 언어의 세부 사항을 살펴보면 매우 다종다양함을 알 수 있다. 그러나 여기서는 세계 언어의 인칭 표시 유형을 크게 두 가지로 나눈다. 라틴어나 터키어와 같이 항상 동사의 활용 안에 주어의 인칭만을 표시하는 유형을 단항형 인칭 표시, 아이누어와 같이 주어 외에도 목적어나 그 밖의 성분에도 인칭을 표시하는 유형을 다항형 인칭 표시라고 부르기로 한다. 또 일본어와 같이 동사 활용 안에 주어나 목적이 인칭을 전혀 표시하지 않는 유형을 인칭 무표시형이라고 하여, 인칭 표시의 세 번째 유형으로 하겠다.

단항형 인칭 표시에 비해 다항형 인칭 표시는 그 구성이 복잡한 만큼 여러 가지 변종을 보인다. 그러나 이것도 크게 분리형과 일체형의 두 가지 하위 유형으로 분류할 수 있다.

분리형은 위에서 얘기한 아이누어의 예에서 보듯이 형태적으로 주어 인칭과 목적어 인칭(및 그 밖의 관여자)이 각각 다른 형태로 표시되는 유형이다. 이 유형 안에서도 아이누어나 반투제어 등은 인칭 접사의 접사법이 대단히 투명하고, 이로쿼이제어나 이누이트어 등은 두 개의 접사가 단단히 연결되어 있어 그 경계가 불투명한 경우도 있다. 또 때로는 분리형인지 일체형인지 판단하기 어려운 사례들도 있다.

분리형에 비해 일체형은 주어 인칭과 목적어 인칭이 하나의 형태소 안에 완전히 융합하거나 합체하여 나타나는 것인데, 외견상 마치 단항형 인칭 표시와 같은 양상을 나타낸다. 이 유형은 주어 인칭과 목적어 인칭의 조합 수에 따라 표시 형태의 수도 늘어나기 때문에 이론상 꽤 복잡해 보이기도 하지만, 실제로는 반드시 그런 것만도 아니다. 인칭 체계 자체가 비교적 단순한 언어에서는 주어 인칭과 목적어 인칭의 가능한 모든 조합에 대응하는 표시 형식을 갖춘 시스템도 보인다.

남미 안데스 지역에서 사용되는 아이마라어의 인칭 표시가 적절한 예가 될 것이다(Hardman et al., 1988). [표 4.6]을 참조하기 바란다. ⇒의 왼쪽이 주어 인칭이고, 오른쪽이 목적어 인칭이다.

[표 4.6] 아이마라어의 인칭 표시

인칭	I⇒II	I⇒III	II⇒I	II⇒III	III⇒I	III⇒II	III⇒III	III⇒IV	IV⇒III
접사	-sma	-ta	-ista	-ta	-itu	-tam	-i	-istu	-tan

여기서 I, II, III은 각각 1인칭, 2인칭, 3인칭, 그리고 IV은 1+2인칭, 즉 말하는 사람과 듣는 사람의 포괄인칭을 가리키는데, 이에 대해서는 나중에 살피겠다(4.9.2.). 표시된 인칭 접사는 직설법의 현재형이다(위 표에서는 I⇒III과 II⇒III이 동형으로 되어 있는데, 이 언어와 가까운 하카루어(Jaqaru language)에서 전자는 -ta, 후자는 -tha로 나타난다(Hardman, 2000:50)).

아이마라어의 활용 예를 살펴보면, chur-sma(나 너에게 주다), shur-ista(너 나에게 주다), chur-tam(그 너에게 주다) 등이 된다. 또 아이마라어에서는 인칭대명사의 복수 표시는 가능하지만, 수의 범주가 의무적인 것은 아니다(4.9절의 [표 4.17]).

일체형의 인칭 표시는, 이와 같이 주어 인칭과 목적어 인칭의 모든 조합에 각각 개별의 표시 형태가 일일이 다 붙는 사례보다 오히려 1인칭, 2인칭, 3인칭 등에 각각 한 종류의 표시 형태밖에 없어 '주어-목적어'라는 문법 관계는 인칭 사이의 계층성 및 그것과 관련된 역행태(inverse)라고 불리는 수단으로 표시되는 사례가 보통 일반적이다. 그 전형적인 예로 [표 4.7]에서 알곤킨제어 중 크리어(Cree language)의 인칭 표시를 살펴보자(Wolfart, 1996).

[표 4.7] 크리어의 인칭 표시

인칭	I ~ III	II ~ III	II ~ I	IIIp ~ IIIo
순행형	*ni*-wapamah 나 그를 봤다	*ki*-wapamah 너 그를 봤다	*ki*-wapamih 너 나를 봤다	*o*-wapamah 그p 그o를 봤다
역행형	*ni*-wapamikoh 그 나를 봤다	*ki*-wapamikoh 그 너를 봤다	*ki*-wapamitih 나 너를 봤다	*o*-wapamikoh 그o 그p를 봤다

여기서 보는 바와 같이 크리어의 인칭 표시 형태는 그 자체로는 ni-(1인칭), ki-(2인칭), o-(3인칭)의 세 종류밖에 없다. 인칭의 복수성은 접미사 안에서 개별적으로 표시된다. 또 표에서 IIIp는 3인칭의 '친근칭(親近稱, proximate)'이고 IIIo는 3인칭의 '소원칭(疏遠稱, obviative)'인데, 발화 당사자에 대한 이른바 친근도(親近度)에 따라 구분되는 것이다. 크리어(및 다른 알곤킨 제어)에서 이들 네 가지 인칭은, 다음과 같은 엄격한 계층성의 지배를 받고 있다(⇒의 좌측이 상위자).

2인칭 ⇒ 1인칭 ⇒ 3인칭 친근칭 ⇒ 3인칭 소원칭

동사의 인칭 표시는 항상 이러한 계층을 따르는데, 직접 표시되는 인칭은 계층의 상위자뿐이다. 그리고 상위자가 주어(=동작주)인 경우는 순행형

(direct form), 상위자가 목적어(=피동작주)인 경우에는 역행형(inverse form)이 쓰이게 된다. 유라시아에서는 티베트-버마제어를 중심으로 한 서방군에서 보이는 인칭 표시의 시스템도 이러한 계층성의 지배를 받는 일체형이다.[82]

또 주어-목적어라는 문법 관계의 취급 방식에 착안하면 다항형의 인칭 표시에서는, 대격형(자동사의 주어와 타동사의 동작주를 동일하게 취급하여, 타동사의 피동작주(=목적어)와 구분한다)과 능격형(자동사의 주어와 타동사의 피동작주를 동일하게 취급하여, 타동사의 동작주와 구분한다)과 동격형(動格型, 타동사와 자동사를 불문하고 능동주와 피동주를 구분한다)[83]의 세 가지 유형으로 분류할 수 있다. 이 중 세계 언어에서 압도적으로 그 수가 많은 것은 대격형인데, 아메리카 대륙에서는 동격형도 종종 눈에 띈다(북미에서는 수제어·이로쿼이제어·호카계 포모제어(Pomoan languages), 남미에서는 투피-과라니제어·카리브어(Carib language)·매크로-제제어(Macro-Jê languages) 등이 동격형이다). 인칭 표시에서 수미일관하게 능격형을 나타내는 언어는 중미의 마야제어에서 일부 볼 수 있는데, 그 외 지역에서는 극히 드물다. 본고에서는 이러한 구분에 대하여 깊이 있게 논의하지는 않겠다.

---

82) 통상적으로 다항형 인칭 표시의 언어에는 단항형(혹은 무표시형)의 언어에 종종 보이는 능동태와 피동태의 구분(이른바 태(voice))과 같은 현상이 존재하지 않는다. 역행태의 시스템은 이와 같은 피동태와 약간 통하는 면이 있기는 하지만, 능동태나 피동태와 같은 자유로운 선택은 허용되지 않는다. 또한 인칭의 계층으로 알곤킨제어에서는 2인칭이 1인칭의 상위의 자리를 차지하는데, 이것은 비교적 드문 일이다. 보통은 1인칭이 2인칭보다 상위이거나 동등한 경우가 많다.

83) 이 유형에서는 이른바 자동사 안에 동태동사와 정태동사가 구분된다. 동태동사에서는 타동사의 동작주와 동일한 인칭표시가 나타나고, 정태동사에서는 타동사의 피동작주와 동일한 인칭 표시가 나타난다.

4.7.2. 인칭 표시 유형의 지리적 분포

그러면 지금까지 개략적으로 살펴본 인칭 표시의 유형이 세계 언어 안에서 어떠한 방식으로 출현하는지 살펴보자. [부록 - 표 1~2] <동사의 인칭 표시> 및 [지도 5 동사의 인칭 표시 유형의 분포]를 참조하기 바란다.

먼저 단항형 인칭 표시에 대하여 살펴보면, 이 유형은 복식유음형 및 체언형 형용사와 동일하게 아프리카 북부에서 유라시아 내륙 지역의 언어들에 집중적으로 나타나는데, 이들 분포와 완벽하게 겹치지는 않는다. 즉, 유라시아에서 단항형 인칭 표시를 가진 언어군은 셈어족, 인도-유럽어족, 드라비다어족, 우랄어족, 알타이제어라는 내륙 지역의 주요 어족들 뿐인데, 이들 내부에서 단항형 인칭 표시의 출현 방식은 매우 균질적이다.[84]

유라시아 내륙 지역에서 이들 대규모 어족들이 가장 광범위하게 단항형의 분포를 보이는 데 비해 바스크어나 케트어, 브루샤스키어, 그리고 캅카스의 여러 언어들과 같은 계통적으로 고립된 언어들은 거의 대부분 다항형 인칭 표시를 가지고 있다. 또 수메르어로 대표되는 고대 오리엔트의 몇

---

84) 우랄어족의 일부에서 보이는 이른바 '대상 활용'은 다항형 인칭 표시의 한 형태로 간주할 수도 있다. 그러나 우랄어족에서 이 현상은 많은 경우 목적어의 인칭보다도 오히려 목적어의 정-부정 혹은 수 표시에 관련하고 있어(오비-우그리아제어와 사모예드제어에서는 3인칭 목적어가 정일 때 그 수를 표시, 헝가리어에서는 정-부정만을 나타낸다), 완전한 인칭 표시로 보이는 것은 모르도바어 등 극히 일부의 언어에 지나지 않는다. 또 유카기르어도 단항형이다.
그리고 북부 아프리카에서는 나일-사하라제어의 동쪽 그룹, 특히 나일어파의 일부, 예를 들면 아뉴악어(Anuak language, Reh 1996), 랑고어(Lango language, Noonan 1992), 난디어(Naandi language, Creider & Creider 1989) 등에서 다항형(분리형)으로 보이는 언어가 나타난다. 또 아프로-아시아어족 중 베자어(Beja language) · 아웅기어(Awngi language) · 빌렌어(Bilen language) 등 쿠시제어의 일부와 현대의 베르베르어(Berber language)에 다항형이 나타나고, 한편 차드제어는 무표시형이다.

몇 고립 언어들도 이와 동일하게 다항형이었던 것 같다.[85]

다음으로 태평양 연안부로 눈을 돌리면, 여기에는 전형적인 단항형 인칭 표시가 거의 나타나지 않는다. 이 지역에서 가장 우세한 것은 인칭 무표시형인데, 중국에서 시작하여 동남아시아를 포함한 그 중심부에 큰 분포권을 만들고 있다. 즉, 중국어, 먀오-야오제어, 따이까다이어제어, 몬-크메르제어, 티베트-버마제어 중 주로 버마-로로어파를 중심으로 한 동부군, 그리고 말레이시아 반도부터 인도네시아 서부에 퍼져 있는 오스트로네시아제어가 인칭 무표시형이다. 그리고 환동해·일본해제어 중에서 일본어와 한국어가 이들 인칭 무표시형 언어권의 일원으로 추가된다.

그에 비하여 다항형 인칭 표시는 무표시권의 주변에 상당히 산발적인 형태로 분포한다. 즉, 연안부 북쪽으로 축치-캄차카제어와 이누이트-알류트제어, 환동해·일본해 지역에는 아이누어와 길랴크어,[86] 남쪽으로는 히말라야에서 중국 남서부에 걸친 티베트-버마제어 중의 이른바 '대명사화 언어',[87] 동부 인도의 문다제어, 그리고 인도네시아 동부와 미크로네시아

---

85) 캅카스제어 중에서 북동군에 속하는 많은 언어는 동사와 그 논항(즉 자동사의 주어와 타동사의 목적어) 사이에 능격형(격 표시)의 성-수의 일치가 나타나는데, 이러한 일치 현상에 인칭은 직접 관여하고 있지 않다. 따라서 여기서는 인칭 표시라고 보지 않고, 인칭 무표시 타입으로 다룬다. 또 아굴어(Aghul language)나 레즈기어(Lezgian language)와 같이 성-수의 일치를 잃어버린 언어에서는 완전한 인칭 무표시형도 나타나고 있다(Schmidt 1994:188). 단 북동군의 언어 중에서도 아마 주변의 투르크계 언어의 영향으로 단항형의 인칭 표시를 획득했다고 보이는 언어도 있다. 예를 들어, 다게스탄 최남부의 타바사라어(Tabasaran language)나 아제르바이잔 북부에서 사용되는 우디어(Udi language) 등(Schulze 1997:45).

86) 현재의 길랴크어에서는 타동사의 목적어가 되는 인칭(1인칭 ni-, 2인칭 ci, 3인칭 i-)이 동사에 앞에 붙어 나타나는데, 주어 인칭은 동사 활용 안에 포함되어 있지 않는데, 따라서 완전한 의미에서 다항형이라고는 말할 수 없다. 단, 주어와의 일치로 보이는 현상은 동사의 몇몇 활용형의 어미에 나타나는데, 아마 주어 인칭 표시의 흔적이라고 봐도 될 것이다.

87) 티베트-버마제어에서 보이는 '대명사화 현상'은 예전에는 히말라야 지역의 일부 언어에서 2차적인 발달로 보여 왔는데, 최근에는 오히려 티베트-버마조어로 거슬러 올라가는

에 분포하는 일부 오스트로네시아제어가 다항형이다.

　또, 유라시아의 다항형 인칭 표시는 분리형이 가장 많고, 일체형은 지금 가지고 있는 데이터만으로 볼 때 축치-캄차카제어와 티베트-버마제어에서 보일 뿐이다. 모두 역행태 내지 그와 비슷한 시스템을 갖추고 있다.

　아이누어의 인칭 표시는 이미 본 바와 같이 매우 투명한 접사법에 기초하고 있는데, 인도네시아 동부에서 미크로네시아에 걸쳐 분포하는 오스트로네시아제어의 인칭 표시도 매우 투명한 접미법에 기초한다. 즉, 동사어간을 사이에 두고 주어 인칭은 접두사, 목적어 인칭은 접미사로 나타나는 완전한 분리형이다.[88]

　한편 문다제어의 인칭 표시는, 문다리어에서는 주어-목적어 모두 접미사로 나타내는데, 주어를 표시하는 형태는 동사 끝에서 떨어져 나와 동사 앞으로 이동하는 일도 가능하여 접사라기보다 접어(clitic)적인 성격이 강하

오래된 활용 체계의 잔존이라는 설이 유력하다(티베트-버마제어의 동사 인칭 표시에 대해서는 Nagano(1984), Driem(1993), Nishi(1995) 등을 참조). 이들 언어의 이른바 대명사화 현상은 상당히 다종다양한데, 히말라야 지역의 예를 들면 참링어나 하유어(Hayu language) 등은 분명히 역행태를 가진 계층형이다(Ebert 1997, Michalilovsky 1988:81ff.). 한편 중국 쓰촨성 북서부에서 사용되는 쟐롱어(Rgyalrong language)의 인칭 표시는 계층형이기는 한데, 역형태의 시스템은 확립되어 있지 않은 듯하다(Nagano 1984:181ff.). 이와 같은 경우 표시된 인칭의 주어-목적어의 문법 관계는 반드시 명확한 것은 아니다.

88) 캐롤라인제도(Caroline islands) 북서부의 월레아이어(Woleaian language)의 예를 들어 보면 i-sa-weri-g <나 - 완료 - 보다 - 너를>, go-sa-weri-yei <너 - 완료 - 보다 -나를>, re-sa-weri-gish <그들 - 완료 - 보다 - 우리를> 등(Sohn 1975:107).
　또한 인도네시아 서부를 차지하고 있는 중심부의 오스트로네시아제어는 완전한 무표시형이 되어 있는데, 필리핀에서 대만에 걸쳐서 분포하고 있는 언어에는 동사의 논항(내지 관여자)의 어떤 것인가를 주역 내지 주제로서 내세우는 '초점화'라고 불리는 독특한 시스템이 동사 활용 안에 포함되어 있다. 이것은 아마 잃어버린 오래된 인칭 활용의 이른바 보상으로서 발달한 것이 아닐까. 어찌 됐든, 오스트로네시아제어에서 오래된 (내지 이 어족 본래의) 동사 활용이 어떠한 것이었는지, 앞으로의 연구의 진전을 기다리지 않을 수 없다. 또 인도네시아 서부에서도 수마트라섬 최북단의 아체어(Acehnese language)에는 분리형의 인칭 표시가 보이고(Durie 1985), 또 Himmelmann(1996:131)에 의하면 대만 최남단에 위치하는 파이완어도 인칭 표시(계층형)를 가지고 있다.

다고 할 수 있다(Osada, 1992:64). 또 코르쿠어(Korku language)에서는 동사의 인칭 표시가 반드시 의무적인 것이 아니어서 무표시형에 상당히 가까운 것처럼 보인다(Nagaraja, 1999:67ff.).

이와 같이 유라시아에서 다항형 인칭 표시는, 내륙 지역에서는 지리적으로나 계통적으로 고립된 언어에만 집중적으로 나타나고, 태평양 연안부에서는 주변부에 산재해 있는 언어들에만 나타나는 것으로 봐 그 분포에는 아무런 상관성도 없다.

반면에 아메리카에서는 남북 두 대륙에 걸쳐 다항형 인칭 표시가 매우 광범위한 분포권을 형성하고 있다.[89] 이 대륙에는 다항형 이외에 인칭 무표시형도 나타나는데, 그 분포는 비교적 한정되어 있고 어느 정도 큰 규모의 언어들 중 전체적으로 무표시형인 사례는 거의 없다. 북미에서 무표시형이 비교적 많이 나타나는 것은 주로 캘리포니아에 분포하는 페누티계 및 호카계 여러 언어들인데, 여기에는 '다종합어'와는 약간 거리가 있는 '고립어'적인 성격의 언어들도 적지 않다. 그 밖에 미국 남서부에 분포하는 유토-아즈텍 언어들도 무표시형인데, 이들과 계통적으로 연결되어 있는 중미의 나우아틀어나 테페완어(Tepehuan language)는 다항형의 인칭 표시를 가진다.

중미에서는 중심부에 있는 메소아메리카 최대 어족인 오토망게제어에서는 무표시형이 가장 많이 나타나는데, 오토미어(Otomi language)와 치난텍

---

89) 예전에 아메리카 철학회 회장인 듀 폰소(Peter Stephen Du Ponceau)가 선주민들의 아메리카제어의 최대 특징으로서 다종합성(polysynthetique)을 들고, 또 훔볼트가 '다종합어'를 '고립어', '교착어', '굴절어'와 나란히 인류 언어의 제4의 타입으로 간주한 것도 이와 같은 다항형 인칭 표시와 연결된 '동사 복합체'의 복잡한 구조에 강한 인상을 받았기 때문인 것이다. 듀 폰소에 따르면, 이러한 언어 유형은 '그린랜드에서 칠레에 이르기까지 하나의 예외도 없이 모든 언어를 다 뒤덮고 있다'라고 여겨졌다(Du Ponceau, 1838:86f.). 북미의 태평양 연안부나 남미 아마존 지역의 인칭 무표시 내지 '고립'형 제언어의 존재는 당시에는 전혀 알려져 있지 않았기 때문이다.

어(Chinatecan language) 등은 다항형 인칭 표시를 보존하고 있다(이 어족의 인칭 표시에 대한 상세한 내용에 대해서는 아직 불투명한 점이 많이 남아 있다).

중미의 무표시형은 여기서부터 치브차제어(여기서는 무표시형과 다항형이 공존)를 매개로 하여 남미의 중앙부와 아마존 저지대로 이어진다.

아마존 지역의 무표시형은 특히 북동부의 투카노계 언어를 중심으로 그 주변의 여러 언어들이 분포하고 있는데, 거기서 더욱 남쪽으로 내려가면, 브라질 남서부에서 페루와 볼리비아의 국경 지대에까지 퍼져 있는 파노-타카나제어(Pano-Tacanan languages)가 무표시형의 커다란 분포권을 이룬다. 안데스 산맥 남부에서 파타고니아와 티에라 델 푸에고섬(Isla Grande de Tierra del Fuego)[90]의 상황은 자세하게는 모르지만, 이 지역의 가장 유력한 언어인 마푸둥군어(Mapudungun language, 별칭 아라우카노어(Araucan language))는 역행태를 가진 일체형의 인칭 표시를 가지는 반면(Zuniga, 2000), 이 대륙의 최남단에 분포하는 카웨스카르어(Kaweskar language, 별칭은 알라칼루프어(Alacalufan language))와 야마나어(Yamana language)는 무표시형인 것 같다.

남미의 다항형 인칭 표시에 관하여 우리가 주목해야 할 것은, 중미 남부에서 아마존 지역에 이르는 중앙부를 차지하는 언어군에는 분리형이 나타나지만, 반면에 이 대륙의 서쪽을 차지하는 안데스 고지의 언어군(케추아·하키-아이마라·아라우카노어 등) 및 동쪽의 베네수엘라 남동부에서 브라질의 동부와 남부로 이어지는 대서양 연안부를 차지하는 언어군(즉, 카리브·매크로-제·투피-과라니 등)에는 일체형이 나타난다는 점이다(대부분은 역행태의 시스템을 갖추고 있다).

다항형 인칭 표시는 아메리카 대륙뿐 아니라 사하라 이남의 아프리카나

---

90) [옮긴이] 남아메리카 끝 부분에 있는 섬으로, 마젤란 해협으로 대륙과 떨어져 있다. 섬의 서쪽은 칠레이고, 동쪽은 아르헨티나의 영토이다.

오세아니아에서도 매우 우세한 분포를 보인다.

사하라 이남의 아프리카에서 가장 넓은 분포를 보이는 반투제어의 인칭 표시는 아이누어와 거의 동일하게 투명한 접사법에 의한 분리형인데, 일반적으로 주어 접사가 제1의 위치, 그 다음이 시제 접사, 그리고 마지막으로 목적어 접사가 제3의 위치에 나타난다.[91]

그러나 니제르-콩고어족의 서부 그룹, 특히 만데제어(Mande languages), 구르제어(Gur languages), 월로프어(Wolof language), 요루바어(Yoruba language), 이그보어(Igbo language), 주쿤어(Jukun language) 등 광범위하게 분포하는 대언어를 중심으로 대서양부터 기니 만(Gulf of Guinea)[92]에 이르는 서아프리카의 연안부에는 마치 태평양 연안부를 연상시키는 무표시형의 커다란 분포권이 출현한다. 또 북쪽으로는 하우사어(Hausa language)를 포함하는 차드제어에까지 그 분포가 이어진다. 여기에는 중국어와 같은 고립어적인 조어법을 가진 언어도 결코 드물지 않다.

오스트레일리아 선주민 언어들 역시 상당히 투명한 접사법에 의한 분리형의 인칭 표시를 가지고 있는데, 언어에 따라서는 접사라기보다 오히려 접어(clitic)적인 모습을 보이는 경우도 있다. 인칭 접사는 크게 접두사형과 접미사형으로 나눌 수 있는데, 오스트레일리아의 언어에는 두 유형 모두 나타난다. 즉, 접두사형은 소언어 내지 소언어군이 밀집해 있는 북서부에 집중하여 나타나는 반면, 북서부를 뺀 오스트레일리아 거의 전 지역에 분포하는 파마늉간제어(Pama-Nyungan languages)는 접미사형에 속한다.

---

91) 예를 들어 스와힐리어(Swahili language)에서 ni-na-ku-shukuru(나 - 현재 - 너에게 - 감사하다), a-ta-ni-shukuru(그 - 미래 - 나에게 - 감사하다), 응코레-키가어(Nkore-Kiga language)에서 n-ka-ki-mu-ha(나 - 과거 - 그것을(유접사) - 그에게 - 주다) 등(Taylor 1985:171).

92) [옮긴이] 아프리카 남서쪽 대서양의 일부. 경도와 위도가 모두 0도여서 지구의 중심이라고 일컬어진다.

단, 오스트레일리아 전역이 다항형의 인칭 표시로 뒤덮여 있는 것은 아니다. 내륙을 북동에서 남서로 가로지르는 중앙부에는 무표시형 언어가 커다란 하나의 분포권을 형성하고 있다. Blake(1987:100)에 따르면, 오스트레일리아 선주민어의 약 3/4, 즉 파마늉간제어를 제외한 모든 언어와 파마늉간제어 중 반 이상의 언어가 접사 또는 접어에 의한 인칭 표시의 형태를 가지고 있다고 한다.

뉴기니아의 파푸아계 언어들도 전반적으로 분리-다항형의 인칭 표시가 우세하다. 예를 들어, 파푸아뉴기니의 마당 주(Madang 州)[93]에서 사용하고 있는 아멜르어(Amele language)에서는 get-it-i-na (자르다 - 나를 - 그 - 현재), get-ih-i-na(자르다 - 너를 - 그 - 현재, Roberts, 1987:279), 또 뉴기니아 서부 고지의 다니어(Dani language)에서는 wat-h-i(때리다 - 그를 - 나), wat-h-ip(때리다 - 그를 - 너희들) 등(Foley, 1986:68)과 같은 예를 찾을 수 있다. 뉴기니아의 고지에서는 이러한 접미사가 우세하지만, 세픽강 하류 지역의 이마스어(Yimas language)에서는 접두사가 나타난다. 예를 들어 pu-ka-tay(그들을 - 나 - 봤다), mpu-nga-tay(나를 - 그들 - 봤다) 등과 같다(Foley, 1991:200). 그러나 이렇듯 다항형 인칭 표시와 함께 무표시형이나 때로는 단항형처럼 보이는 듯한 사례들도 상당수 찾을 수 있기 때문에 이들의 지리적 분포에 대해서는 아직 단정적으로 이야기할 수는 없다.[94]

이상으로 세계 언어에서 인칭 표시 유형의 지역·어족적 분포를 대략적으로 살펴봤다.

---

93) [옮긴이] 뉴기니아섬 북부 해안에 위치하는 주(州)로, 주도(州都)는 마당(Madang)이다. 높은 고지대와 많은 활화산이 분포하고 있으며, 이 지역에서만 사용하는 언어가 175개나 있을 정도로 언어적 다양성이 높은 곳이다.
94) 파푸아제어의 동사 인칭 표시의 개략적인 내용에 대해서는 Foley(1986:128ff.)를 참조.

이를 통해 분명해진 것은, 아이누어에서 보이는 것과 같은 다항형 인칭 표시가 결코 일부 언어에 한정하여 나타나는 특수한 현상이 아니라 세계 언어에 널리 분포하고 있고, 또한 인류 언어에 오래 전부터 있어 왔던 극히 일반적인 특징이라는 것이다. 반면에 아프리카 북부에서 유라시아이 내륙 지역에서 보이는 단항형 인칭 표시는, 이 지역에 대규모 어족이 발달하면서 생겨나게 된 새로운 유형, 또 그러한 의미에서 특수한 유형이라는 것이다. 그러나 유라시아에서는 이러한 새로운 유형이 출현함으로써 오래된 다항형 인칭 표시가 주변부로 밀려나게 돼 전형적인 잔존 분포의 양상을 띠게 된 것이다.

한편 일본어에서 보이는 인칭 무표시형은 태평양 연안 언어권의 중심부 뿐 아니라 다른 지역에서도 다항형 인칭 표시권 안의 또 다른 형태로 나타난다. 이들 무표시형 분포권이 어떻게 해서 형성되었는가 하는 것은 일괄적으로 대답할 수 있는 문제는 아니다. 그러나 많은 지역의 무표시형이 상당히 연속적인 분포, 그런 의미에서 중심 분포의 양상을 나타내고 있다는 점에서 볼 때, 오래된 특징의 잔존이라기보다 오히려 본래 가지고 있던 인칭 표시를 잃어버리게 돼 생겨난 새로운 특징이라고 봐도 될 것 같다. 특히 이러한 유형의 발생에는 언어접촉으로 야기되는 조어법의 단순화(혹은 오히려 쇠퇴나 붕괴)가 큰 요인으로 작동했을 가능성이 높다.

태평양 연안부에서 인칭 무표시형 언어권의 중심 가운데 하나는 중국 대륙이다. 여기서 인칭 표시의 소실을 가장 명료하게 확인할 수 있는 언어는, 퉁구스어 중 만주어와 여진어, 그리고 몽골어 중 몽고(문)어이다. 이들은 모두 중국어와 접촉함으로써 본래 자신들이 가지고 있던 '알타이적인' 특징인 단항형 인칭 표시를 잃어버렸다. 그 밖에 몽골계 언어 중에 중국 간쑤성(甘肅省)의 몽귀어(Monguor language)·파오안어(保安語, Pao-an language)·둥샹어(Dongxiang language), 또 투르크계인 살라르어(Salar language)와 유구르어(Yugur language)도 인칭 표시를 잃어버렸는데, 이들 모두 중국어 세력권에 흡수돼 버린 언어이다. 그러나 이러한 알타이계 언어들이 중국어와 접촉하여 출현하게 된 무표시형 언어는, 동아시아 전체의 언어사에서 보면 극히 최근에 일어난 일에 지나지 않는다.

일본 열도에서 동남아시아의 여러 섬들에 이르는 지역은 세계에서 가장 큰 무표시형 언어의 분포권을 이루는데, 혹시 이것이 이 지역의 언어적 개신(改新)에서 유래한다고 하더라도 그것은 알타이계 언어의 진출보다는 훨씬 더 먼 과거로 거슬러 올라가지 않으면 안 될 것이다. 그것은 중국 대륙에서 인도네시아 반도에 이르는 광범위한 단음절형 성조 언어의 출현이라고 하는, 동아시아에서 이루어진 커다란 흐름 속의 한 국면이었을 것이다. 또 태평양 연안부를 포함한 세계 전체의 인칭 표시의 분포를 보면, 이 지역이 잃어버린 것은 만주어나 몽골어와 같은 단항형 인칭 표시가 아니라 아이누어나 문다어, 일부의 티베트-버마제어, 오스트로네시아제어 등에서 보이는 것과 같은 다항형 인칭 표시였다고 하는 것이 가장 자연스러운 해석일 것이다.

이렇게 보면, 일본어와 아이누어 사이에서 볼 수 있는 인칭 표시의 차이는 환동해·일본해 지역에서 일어난 언어적 개신의 특징이냐 잔존의 특징이냐에 귀속되는 것일 뿐, 결코 두 언어의 계통 관계에 살피는 데 결정적인 장벽이 되는 것은 아니다.

4.8. 명사의 격 표시

동사의 인칭 표시와 밀접한 관련이 있는 문법 현상으로 명사의 격 표시가 있다. 다음으로 이 문제에 대하여 살펴보도록 하자.

4.8.1. 격 표시의 세 가지 유형 : 대격형~능격형~중립형

명사의 격 표시에서 가장 중요한 것은 이른바 타동사의 주어와 목적어 표시와 관련한 것이다. 예를 들면 일본어의 "太郎が手紙を書く(타로가 편지를 쓴다)"와 같은 문장에서는 'が(이/가)'와 '을(를)'라는 격 조사가 그러한 기능을 맡는다. 앞절에서 살펴본 바와 같이 주어나 목적어라는 문법 관계는 동사에 인칭 표시를 하여 나타낼 수도 있기 때문에 둘 사이에 밀접한 관계가 있기는 하지만, 여기서 격표시는, 엄밀하게 명사 쪽에서의 접사나 접치사(接置詞)[95] 등에 의한 명시적인 표현 형태로 한정하기로 한다. 그렇게 하면 여러 언어의 격 표시는 크게 대격형・능격형・중립형의 세 가지 유형으로 나눌 수 있다.[96]

대격형은 일본어와 같이 자동사의 주어와 타동사의 동작주를 같은 격(=주격)으로 표시하고, 타동사의 목적어를 특별한 격(=대격)으로 표시하는 유형이다. [표 4.8]의 일본어와 라틴어의 예를 참조하기 바란다(라틴어의 두 문장은 일본어에 거의 대응하는 것이다).

[표 4.8] 대격형의 격 표시

	주격	대격	동사
일본어	母が <어머니가>	−	來る　(자동사) <온다>
	母が <어머니가>	娘を <딸을>	愛する　(타동사) <사랑한다>
라틴어	mater	−	venit　(자동사)
	mater	filia-m	amat　(타동사)

---

95) [옮긴이] 명사구의 앞이나 뒤에 놓여 동사와의 관계나 해당 명사의 시간적・공간적 위치 관계, 인과관계 등을 나타내는 어휘. 명사구의 앞에 오는 것을 전치사, 뒤에 오는 것을 후치사라고 한다. 한국어의 조사를 생각하면 된다.

96) 앞절에서 동사의 인칭표시(다항형)의 세 번째 유형으로서 분류했던 동격형(動格型)은, 이론적으로는 명사의 격 표시 유형으로서 가능하기는 하지만, 명사 쪽에 수미일관하여 동격형의 격 표시(즉, 능동격과 소동격의 구분)를 나타내는 예는 거의 알려지지 않았다.

반면에 능격형은 자동사의 주어와 타동사의 목적어를 동일한 격(=절대격)으로 나타내고, 타동사의 동작주를 다른 격(=능격)으로 표시하는 유형이다. [표 4.9]의 바스크어와 알래스카 중앙의 유픽어의 예를 참조하기 바란다(문장은 각각 "딸이 온다" "어머니가 딸을 사랑한다"). 바스크어에서 -k, 유픽어에서 -m가 각각 능격의 표식이다.

[표 4.9] 능격형의 격 표시

	능격	절대격	동사
바스크어	– ama-*k*	alaba alaba	dator (자동사) maite-du (타동사)
유 픽 어	– aana-*m*	panik panik	itertuq (자동사) kenkaa (타동사)

한편 중립형은 명사 쪽에서 타동사의 주어와 목적어를 형태적으로 구분하지 않는 형태이다. 이러한 격을 임시로 무표격이라고 부르기로 하자. [표 4.10]의 아이누어와 크리어의 예를 참조하기 바란다.

[표 4.10] 중립형의 격 표시(A)

	무표격	무표격	동사
아이누어	hapo(어머니)	matnepo(딸)	nuka(봤다)
크 리 어	ni-tanis(나의 딸(Ⅲp)) ni-tanis(나의 딸)	o-tanis(그의 딸(Ⅲo)) o-tanis(그의 딸)	o-wapamah(봤다)(순행형) o-wapamikoh(봤다)(역행형)

여기서 보는 바와 같이, 아이누어에서는 타동사의 주어와 목적어가 모두 3인칭<단수>의 경우에 양쪽을 형태적(즉 명시적)으로 구분할 수 없다. 위의 문장은 "어머니가 딸을 봤다"로도 "어머니를 딸이 봤다"로도 해석할 수 있다. 반면에 이미 서술한 바와 같이, 크리어는 3인칭에 근친칭과 소원칭

의 구분이 있어 위의 예에서 ni-tanis "나의 딸"과 o-tanis "그의 딸"에서는 통상적으로 전자가 근친칭이 되어 후자(=소원칭)보다 인칭 계층의 상위를 차지한다. 따라서 전자가 주어(=동작주)이고 후자가 목적어(=피동작주)인 경우는 순행형, 그 반대의 경우는 역행형이 되기 때문에 결과적으로 아이누어와 같은 모호함은 생기지 않는다.

그러나 중립형의 많은 언어는 크리어와 같은 역행태 시스템과는 다른 수단, 즉 어순이라는 간단한 방법으로 주어와 목적어에 도움을 주고 있다. 예를 들어 영어가 가까운 예이다. [표 4.11]을 참조하기 바란다.

여기서는 특별히 위의 두 중립형 격 표시를 구분해야 할 경우에 전자는 중립형A, 후자를 중립형B라고 부르기로 하겠다.

[표 4.11] 중립형의 격 표시(B)

	주어	동사	목적어	
영어	The dog	chases	the cat.	개가 고양이를 쫓는다.
	The cat	chases	the dog.	고양이가 개를 쫓는다.

4.8.2. 격 표시 유형의 지리적 분포

그러면 이와 같은 명사의 격 표시를 환태평양 지역에서 살펴보면, 아이누어와 길랴크어는 중립형이고 일본어와 한국어는 대격형이라는 차이를를 알 수 있다. 게다가 일본어와 한국어의 격 표시는 주격과 대격의 양쪽에 각각 특별한 격 표시(일본어에서는 'が[ga]'와 'キ[o]', 한국어에서는 '이/가', '을/를')를 가지고 있다는 점에서 대격형 안에서도 매우 특이한 유형인 것이다.

이러한 일본어와 한국어의 격 표시 문제는 나중에 다시 살펴보기로 하고, 먼저 세계의 언어에서 격 표시 유형이 어떠한 출현 분포를 보이는지 살펴보자. 상세한 분포 내용에 대해서는 [부록 – 표 1~2] <명사의 격 표시>, 또 관련 특징으로 <어순의 유형>란을 참조하기 바란다. 한편, 분포도를 간편하게 하기 위하여 [지도 6]에서는 [능격형의 분포]만을 제시하였다.

명사의 격 표시 유형은 앞서 본 동사의 인칭 표시 유형과 유사한 분포를 보이지만 완전히 겹치는 것은 아니다.

비교적 단순한 분포를 보이는 아프리카부터 살펴보면, 사하라 이남의 대부분을 차지하는 니제르-콩고어족은 거의 전면적으로 중립형에 속한다. 또 남아프리카의 만데제어 등 일부 언어군을 제외하면 반투어족은 전형적인 SVO어순의 중립형B가 나타난다. 한편, 대륙 남단의 코이산어족은 중앙군의 일부 언어에서 주어와 목적어를 구분하는 형태적 수단이 약간 보이기는 하지만, 엄격한 체계로서 확립되어 있는 것은 아니다(Voßen, 1997:174, 349). 북부 및 남부군은 거의 반투어에 가까운 중립형인 것으로 보인다.

아프리카 북부의 아프로-아시아제어와 나일-사하라제어는 기본적으로 대격형인 것으로 보이지만, 송가이어(Songhai language)와 같은 사하라 이남에 분포하는 나일-사하라제어나 차드제어, 그리고 아프로-아시아어계의 베르베르어(Berber language)는 중립형에 속한다. 이것은 아마 본래 자신들이 가지고 있던 격 표시를 잃어버린 결과로 보인다. 또한 지금까지 살펴본 바로는 아프리카에서 확실한 능격형으로 보이는 격 표시의 예는 알려져 있지 않다.

아프리카 북부의 대격형 격 표시는 지금까지 본 다른 여러 특징과 동일하게 유라시아의 내륙 지역으로 이어져 광대한 대격형 분포권을 형성한다. 여기에는 셈어족(=아프로-아시아B), 인도-유럽어족, 우랄어족, 드라비다어족, 그리고 투르크·몽골·퉁구스를 포함하는 알타이어족이 속하는데,

이들 유라시아의 주요 어족은 모두 한결같이 대격형이다.97)

　반면에 유라시아 내륙 지역에서 계통적으로 고립된 언어들은 한결같이 능격형(그렇지 않으면 중립형A)에 속한다. 즉, 수메르어를 비롯한 옛 오리엔트 언어들과 에트루리아어, 바스크어, 부르샤스키어, 대부분의 캅카스제어가 바로 그렇다. 유라시아 내륙 지역에 산재해 있는 이러한 능격형 격 표시는, 그 분포를 더욱 더 북쪽으로 하여 축치-캄차카제어와 이누이트-알류트제어로 이어지고, 남쪽으로는 티베트-버마제어의 서쪽 어군에까지 이어진다.

　이렇게 아프리카 북부에서 유라시아 내륙 지역에 이르는 언어권에서 가장 주목해야 할 것은, 격 표시 유형과 인칭 표시 유형의 분포 양상이 거의 완전히 겹친다는 점이다. 즉, 한편으로는 단항형 인칭 표시와 대격형 격표시가, 다른 한편으로는 다항형 인칭 표시와 능격형 격 표시가 연결되어 있다는 것이다. 그리고 전자는 대규모 어족과 연결되어 연속적이고 광대한 분포를 이루는 반면, 후자의 대부분은 고립적인 소언어군과 연결되어 지리적으로 분절된 분포를 보인다.

　한편, 유라시아의 태평양 연안부는 중국에서 동남아시아에 이르는 중심부에 커다란 중립형 분포권을 가진다. 이 유형은 사하라 이남의 아프리카와 동일하게 SVO어순과 연결된 중립형B인데, 그 분포는 거의 인칭 표시

---

97) 셈어 중에서는 아카트어 · 우가리어 · 고전 아랍어 등이 셈어 본래의 대격형 격 표시를 보존하고 있지만, 헤브라이어와 현대 구어 아랍어는 그것을 상실했다. 또 인구어에서도 근대 유럽제언어 중에서 로망스제어, 발칸 반도의 슬라브제어, 영어를 포함하는 일부의 게르만제어가 격 표시를 잃어버려, SVO어순과 연결된 중립형B로 이행하고 있다. 또 아시아에서는 중기 이란어와 중기 인도-아리아어 시기에 오래된 격 조직이 붕괴하였는데, 그 대신에 이란 동부와 인도 서부의 여러 언어에서 능격적인 격 표시가 출현했다. 그러나 이들 언어에서도 그와 함께 새로운 후치사에 의한 대격 표식이 발달하였고, 또 로망스제어 중에서도 스페인어나 루마니아어(Romanian language)에 동일한 대격 표시가 출현하고 있다.

중 무표시형과 겹친다. 그리고 이러한 중립형의 커다란 분포권 주변에 북
으로는 아이누어와 길랴크어, 남으로는 문다제어와 티베트-버마의 주요
동쪽 어군이 SOV어순과 연결된 중립형을 보이고, 대만에서 필리핀에 걸
쳐 분포하는 오스트로네시아제어는 VSO 또는 VOS어순과 연결된 중립형
의 격 표시를 가진다.

태평양 연안부에서 대격형의 격 표시는 극히 이례적인 현상인데, 환동
해·일본해 지역의 일본어와 한국어 외에는 일부 폴리네시아 언어들 사이
에서만 보일 뿐이다. 폴리네시아제어에서 전치사(i- 및 e-)로 격 표시를 하
는 것은 이 지역에서 일어난 새로운 변화 중 하나인데, 동일한 형식이 폴
리네시아 동부의 여러 언어에서는 대격형을 만들고 서부 언어들에서는 능
격형의 시스템을 만들었다(Hohepa, 1979).

다음으로 아메리카 대륙에서 격 표시의 분포를 살펴보면, 아프리카나
유라시아보다 매우 복잡하다. 먼저 북미는, 극북의 이누이트-알류트제어
를 빼고는 명사 쪽에 수미일관하게 능격형을 나타내는 언어는 거의 보이
지 않는다. 북미에서 가장 우세한 유형은, 아이누어나 크리어에서와 같은
다항형 인칭 표시와 연결된 중립형A이다.

여기에 속한 주요 어족 내지 언어군은 아사바스카(또는 나-데네)제어, 와
카시어·살리시어 등의 북서해안제어, 알곤킨제어, 이로쿼이제어, 카도제
어(Caddoan languages), 수제어 등이다. 반면에 미국 오레곤 주에서 캘리포니
아주에 분포하는 페누티제어, 캘리포니아 남부에서 애리조나주에 펼쳐 있
는 호카제어, 그 동쪽에 위치하는 유토-아즈텍제어, 그리고 미국 동남부를
차지하는 해안가 언어들에서는 대격형의 격 표시를 가진 언어가 다수 보
인다.98) 또 이들 언어 중 많은 수는 이미 살펴본 바와 같이 인칭 무표시형

---

98) 이들 언어 중에서 페누티제어는 무표의 주격에 대해서 대격에 특별한 표식을 부여한다
는 의미에서 통상적인 대격형인데, 호카계의 유마제어나 해안의 마스코기제어에는 주격

에 속하기도 한다.

중미에서는 마야제어에 능격형 인칭 표시가 보이지만, 명사의 격 표시는 마야제어를 포함하여 대부분의 언어가 중립형에 속한다.

남미에서는 중립형·대격형·능격형의 세 가지 유형이 공존하거나 병립한다. 먼저 대격형의 격 표시는, 중미 남부에서 남미 북동부에 걸쳐 분포하는 치부차제어에서 시작하여, 한편으로는 아마존 북서부의 투카노제어 및 그 주변의 소언어군으로 이어지고, 다른 한편으로는 안데스 산지의 케추아어와 하키-아이마라제어(Jaqi-Aymaran languages)으로 이어진다. 반면에 브라질 동북부를 차지하는 카리브제어와 동남부의 마크로-제어, 브라질남서부에서 볼리비아에 분포하는 파노-타카나제어 및 아마존의 일부 고립 언어에서는 능격형의 격 표시가 나타난다. 그 밖의 지역은 대체적으로 중립형인데, 남미 최대의 어족인 아라와크제어와 투피-과라니제어, 그리고 안데스 남부의 소언어군 등도 중립형에 속한다.

이와 같이 아메리카는 남북 두 대륙을 통해 다항형 인칭 표시와 연결된 중립형이 가장 우세한 분포를 보이는데 이들은 모두 A형이고, SVO어순과 연결된 중립형B는 스페인어나 영어의 영향을 받아 생긴 것으로 보이는 일부 예외적 현상에 지나지 않는다.

마지막으로, 오세아니아의 파푸아뉴기니와 오스트레일리아는 세계 언어 중에서 능격형 격 표시가 가장 집중적으로 나타나는 지역이다. 단, 오스트레일리아에서는 동일한 언어 안에 대격형과 능격형이 공존하는 현상이 종종 보인다. 이것은 명사구의 유정성(내지 친근도) 계층과 관련이 있을 텐데, 간단히 말하자면 인칭대명사나 사람명사 등 계층 상위에서는 대격형이, 그리고 무정명사 등 계층 하위에서는 능격형이 나타나기 쉽게 되어 있

에에 특별한 표식을 부여한다고 하는 특이한 격 표시가 보인다.

다.99) 그러나 명사의 격 표시에만 한정한다면 능격형이 압도적으로 우세하다. 그러나 오스트레일리아 북서부를 차지하는 접두사형의 여러 언어들(=비파마늉간제어)에서는 아이누어와 같은 다항형 인칭 표시와 연결된 중립형의 격 표시도 아주 많이 볼 수 있다.

이상으로 격 표시의 분포에 대하여 개관해 봤다. 이 중에서 가장 주목해야 할 것은 이미 살펴본 바와 같이 유라시아의 내륙 지역에 나타나는 대격형의 격 표시인데, 이것은 한편으로 단항형의 인칭 표시와 끊을래야 끊을 수 없는 관계로 연결되어 있다. 동사의 인칭 표시로 문법상의 주어를 나타내고, 명사의 격 표시로 목적어를 명시하는 이러한 유형은 분명히 유라시아의 중심부에 나타난 새로운 언어 유형으로, 여기에서 훗날 유럽 언어들의 현저한 특징이 된 주어우월성(subject prominency)이라는 현상(松本, 1991)이 생겨났던 것이다.

한편 환동해·일본해 지역에서 일본어와 한국어에서만 보이는 특이한 대격형의 격 표시는, 앞에서 말한 일부 폴리네시아제어의 경우와 같이 비교적 새로운 시기에 발달한 것이다. 그것의 통시적 프로세스는 적어도 일본어에서는 문헌 자료를 통해 어느 정도 확인할 수 있다. 즉, 주격의 'ガ[ga]'는 원래 'ノ[no]'와 동일한 관형격조사로서 본래 체언적인 동사의 관형형에 연접하는 기능을 가지고 있었다. 그리고 대격의 'ヲ[o]'는 본래 격조사라기보다 오히려 강조나 초점화 등 담화적 기능을 맡고 있었다.100)

용법에 있어서도 두 언어 사이에 현저한 유사성을 보이는 이러한 격 표시는, 환동해·일본해 지역에서 인칭 무표시형의 출현과 관련한 독자적인

---

99) 세계 모든 언어의 인칭 표시 타입 중에서 능격형이 가장 드문 것도 아마 이것과 관계가 있을 것이다.

100) 일본어와 한국어의 주격과 대격의 격 표시는 현대어에서도 여전히 어느 정도 수의적인 것으로, 반드시 의무적으로 나타나야 하는 것은 아니다.

발달이라고 보는 것도 물론 가능하기는 한데(북미 페누티제어나 아마존의 투가노제어에서 보이는 대격형 격 표시도 아마 동일한 사례일 것이다), 그러나 이것은 또한 언어접촉—즉 환동해·일본해 지역에까지 파급된 '알타이화 현상'의 한 국면이라는 가능성도 생각할 수 있다.

마지막으로 덧붙이자면, 본고에서 중립형B라고 부른 격 표시, 즉 오로지 SVO라는 어순만으로 타동사의 주어와 목적어를 구분하는 타입은 현재 세계 언어 안에서 두 개의 큰 분포권을 가지고 있고, 또 거기에만 한정되어 있다. 앞서 살펴본 바와 같이, 하나는 아프리카 대륙에서 지중해를 넘어 남유럽에 이르는 지역이고, 다른 하나는 중국 대륙에서 인도차이나 반도 및 동남아시아의 여러 섬들을 포함하는 지역이다. 둘 다 하나로 연결된 광역의 분포권을 이루고 있다. 그러나 이 분포권의 형성은 세계의 언어사상 그렇게 오래된 시기로 거슬러 올라가는 것은 아니다. 만약 인류의 언어사를 지금으로부터 5,000년 전으로 거슬러 올라가면, 이러한 유형의 격 표시는 아마 지구상에 전혀 존재하지 않았을 가능성이 높다.

그러한 주요 근거는 이들 지역의 SVO형 어순이 모두 비교적 새로운 시기에 발달한 것으로 보이기 때문이다. 유럽의 인구어들에서 이러한 어순의 출현은 고작 1,000년 내지 1,500년 안쪽에 생겨난 일로, 아프리카 북부의 SVO형 어순 역시 아마 이 지역에 아랍어가 진출한 것과 관련이 있을 것이다. 또 사하라 이남의 SVO형 어순은 지금까지 약 2,000년 전에 시작된 것으로 보이제어의 확산으로 인해 야기되었을 가능성이 굉장히 높다.

한편 태평양의 연안부에서 이와 같은 유형을 보이는 중국어나 카렌어는 계통적으로 시노-티베트어족에 속하는데, 본래 이 어족이 가지고 있는 어순은 현재 티베트-버마제어에서 보이는 것과 같은 SOV형이다. 서부 인도네시아에서 SVO형을 보이는 오스트로네시아제어도 본래의 어순은, 이 어족의 주변부에 보이는 동사초두형(VSO/VOS)이었을 것이다. 실제로 아프리카나 동남아시아뿐 아니라 세계의 주요 어족에서 어족내 대조 연구가 다소나마 진행돼 있는 언어들 중 조어 단계에까지 거슬러 올라갔을 때 확실히 SVO형이었을 것으로 추정되는 어족은 거의 알려지지 않았다.101) 그렇기 때문에 오로지 이와 같은 유형의 언어에 대한 통사론만을 기반으로 하여 보편문법을 구축하려는 것은, 마치 서양 중세의 문법가들이 라틴문법의 틀만을 가지고 인류 언어의 보편성을 가진다고 믿었던 것과 같은 오류를 범할 우려가 있는 것이다.

4.9. 1인칭 복수의 포함-배제 구분

여기에서 다루고자 하는 것은, 종래 언어학에서 1인칭 복수의 '제외형 exclusive'과 '포함형 inclusive'의 구분이라고 했던 현상이다. 통상적인 해석에 따르면, 제외형은 듣는 사람을 제외한 채 말하는 사람과 (말하는 사람과 관계하는) 제3자로 복수를 구성하는 것이고, 반면에 포함형은 그 안에 듣는 사람을 포함시켜 복수를 구성하는 것이다.

예를 들어 현재의 일본어에서도 '私ども(우리들)'나 '手前ども(저희들)'라고 하면 일반적으로 듣는 사람을 포함하지 않는다. 한편 일본인들끼리 '我々日本人は(우리 일본인은)'이라고 할 때 사용한 '我々(우리)'는 듣는 사람도 포함하고 있다. 그러나 일본어(적어도 현재 표준적인 일본어)에서는, 이러한 구분이 인칭대명사의 범주로서 확립되어 있는 것은 아니다. 즉, '私たち(우리들)'라는 표현은, 듣는 사람을 포함하는 경우도 있지만 포함하지 않는 경우도 있다. 반면에, 예를 들어 말레이어에는 인칭대명사의 체계 안에 그러한 구

---

101) 이 문제에 대해서 자세한 내용은 Matsumoto(1992), 山本(1998, 2003), 세계 여러 언어의 어순 유형의 분포에 대해서는 [부록 - 표 1~2] <어순 유형>란을 참조하기 바란다.

분이 명확하게 조직되어 있다. [표 4.12]를 참조하기 바란다. 말레이어와 가까운 관계에 있는 인도네시아어 역시 거의 동일한 체계를 가진다.

[표 4.12] 말레이어의 인칭대명사

	단수	복수
1인칭	aku	kami (제외형) kita (포함형)
2인칭	ĕngkau	kamu
3인칭	ia	mĕreka

한편 중국어에서는, 현대의 여러 방언들과 과거의 문헌들에서 인칭대명사 체계 내에 명시적인 형태로 이러한 구분이 있는지 분명하지는 않지만, 현대 베이징방언에서는 1인칭 복수형으로 wǒ-men(我們)과 함께 zán-men(自們)이 쓰이고 있다. 전자가 제외형이고, 후자가 포함형이다.102)

4.9.1. 포함-제외의 구분, 그리고 지리적 분포

1인칭 복수의 이른바 포함-제외라는 현상의 본질과 세계 언어에서 보이는 여러 가지 변종에 대한 논의는 나중에 하기로 하고, 여기서는 우선 이 현상이 세계 여러 언어들에서 어떻게 나타나는지 대략적으로 둘러보기로 하자.

지역적-어족적 분포에 대해서는 [부록 - 표 1~2] <포함-제외>란을 참조하기 바란다(+는 이 구분이 존재함을 가리키고, -는 이 구분을 결여함을 나타내는데, 많은 어족과 여러 지역에서 이 특징은 후퇴하고 있는 경향을 보이고 있기 때문에,

---

102) J. 노먼에 따르면, zán-men의 zá는 zì(自)와 jia(家)의 융합형에서 유래하여, 원래 '자기 자신'의 의미로, 이미 송대부터 용법이 보인다고 한다(Norman 1988:121). 그러나 이 단어의 포함형으로서의 용법은 아마 몽골-퉁구스계 언어의 영향이라고 볼 수 있을지도 모르겠다.

일부 언어에서 비교적 최근에 이 구분이 없어졌을 경우에는 그것을 무시하고 그냥 +로 표시한다).

먼저 환동해·일본해의 여러 언어들에서는 아이누어와 길랴크어에 이러한 구분이 보이지만, 일본어와 한국어에는 보이지 않는다. 이 경우에도 앞서 살펴본 동사의 인칭 표시와 동일한 차이가 나타난다. 단, 현재 류큐 방언의 대부분은 이 구분을 가지고 있다. 예를 들어, 남류큐의 이시가키섬 (石垣島)103)방언에는 1인칭 단수 banu/baa에 대하여 제외형 복수 ban-daa와 포함형 baga-daa가 따로 존재하고(宮良, 1995:139), 같은 남류큐의 요나구니 (与那國)104)방언에는 단수형 anu에 대하여 제외형 복수 banu, 포함형 복수 waQta:(『言語學大辭典』, 4:875), 또 오키나와 본섬의 요나미네(与那嶺)방언에서는 제외형 waQta:에 대하여 포함형 wa:ca:, 또 북부의 나키진(今歸仁)방언에서는 제외형 ?agami:에 대하여 포함형 watt'a:이라고 하는 구분이 존재한다(『言語學大辭典』, 4:836, 820)

다음으로 태평양 연안부의 남방권으로 눈을 돌리면, 중국어에서는 위에서 얘기한 베이징방언을 빼면 이러한 구분이 보이지 않지만, 그 밖의 어족이나 언어군에서는 많은 언어들이 이 구분을 가지고 있다.

예를 들어 먀오-야오, 따이까다이, 오스트로네시아, 오스트로-아시아, 티베트-버마제어가 이 구분을 가지고 있다. 특히 오스트로네시아의 언어들은, 세계 언어 안에서도 포함-제외의 구분이 가장 균일하고 집중적으로 나타나는 언어권이다. 티베트-버마어권도 다른 특징들에서와 같은 동방군과 서방군의 지역적 차이가 없이, 히말라야 지역에서부터 인도의 아삼 지방, 그리고 버마와 중국의 서남부에 이르기까지 모든 언어에 이 구분이 나

---

103) [옮긴이] 일본 오키나와현 이시가키시(石垣市)에 속한 섬으로 면적은 222.6 km²이다. 오키나와현에서는 세 번째로 큰 섬이다.
104) [옮긴이] 오키나와현에 속하는 섬으로, 일본 국토에서 가장 서쪽에 있다.

타난다. 오스트로-아시아제어의 경우 역시 최남단의 문다제어에서 가장 동쪽의 베트남어까지 중간중간에 끊기는 곳이 있기는 하지만, 이 구분이 존재함을 분명히 확인할 수 있다.

그런데 포함-제외의 구분에 대한 이러한 언어권 분포와 관련하여 가장 주목할 만한 것은, 각 어족 안에서 화자 수가 많고 문화적으로나 사회적으로 그리고 역사적으로 조금이나마 세력이 강한 언어들은 이 구분을 가지고 있지 않다는 사실이다. 그리고 이들 대부분은 문자 언어의 전통을 가지고 있다는 점이다. 그 중에서 가장 큰 규모의 언어는 물론 중국어인데, 그 밖에도 티베트-버마제어 중 티베트어(고전어도 포함) · 버마어 · 카친어 · 아삼 지방의 마니푸르어(Manipur language) 등이 바로 그러한 언어들이다. 오스트로-아시아제어 중에서도 이 어족을 대표하는 몬어(Mon language)나 크메르어(Khmer language)에는 이 구분이 없다. 대부분의 따이까다이어제어도 이 구분을 가지고 있지만, 이 어족을 대표하는 타이어에는 없다. 이와 동일하게 오스트로네시아제어 중 포함-제외의 구분이 없는 언어는 소수에 불과한데, 동남아시아 도서부의 문화적 중심을 차지하고 있었던 자바섬의 자바어(Javanese language) · 순다어(Sundanese language) · 마두라어(Madurese language), 자바섬에 인접한 발리섬의 발리어(Balinese language), 그리고 인도차이나 반도에서 예전에 번성하였던 참 왕국의 참어(Cham language) 등이 그러한 언어다. 이러한 점에서 환동해 · 일본해 지역의 일본어와 한국어도 이들 언어보다 더 하면 더 했지만 못하지는 않을 것이다.

이들 언어가 왜 포함-제외의 구분을 결여하고 있는가 하는 문제는 나중에 다루기로 하고, 다음으로 유라시아 내륙 지역으로 눈을 돌려 보자. 유라시아 내륙에서는 이 현상이 나타나는 방식이 지금까지 고찰했던 다른 특징들의 경우와 완전하게는 일치하지 않는다. 단, 이 분포에서 가장 주목해야 할 것은, 유라시아 대륙의 거의 서쪽을 차지하는 언어권에서 이 구분을 철저하게 결여하고 있다는 것이다.

다시 말해, 주요 어족으로서는 셈어족, 인도유럽어족, 우랄어족, 그리고 알타이어족 중 퉁구스제어가 여기에 속한다. 더욱이 이들은 현재의 언어 뿐 아니라 과거의 기록에 남아 있는 언어에서나 조어의 단계에서도 인칭 대명사에 이러한 구분이 존재한 흔적이 보이지 않는다. 이들은 분명 어족 통째로 이 구분을 결여하고 있는 것이다.[105]

여기에는 이들 대규모 어족말고도 계통적으로 고립된 언어들이 동일한 특징을 공유한다. 즉, 수메르어(그리고 아마 다른 고대 오리엔트제어), 바스크어, 케트어, 부르샤스키어 등이 바로 그것들인데, 지리적으로 이들 언어는 중 동에서 유럽까지 거의 전지역에 퍼져 있다. 특히 중요한 점은, 유럽은 모 든 지역의 언어가 이 특징을 완전히 결여하고 있을 뿐 아니라, 근세 이후 유럽인이 미국이나 오세아니아 세계에 진출하기 전까지 유럽인이 습득한 모든 언어에서도 이와 같은 종류의 현상을 결여하고 있었다는, 즉 포함- 제외의 구분은 언어적 유럽에서는 전혀 미지의 현상이라는 것이다.

유라시아의 내륙 지역에서 포함-제외의 구분을 결여하지 않는 어족은 인도 대륙의 드라비다어, 알타이제어 중 몽골어와 퉁구스어이다. 그리고 여기에 캅카스의 여러 언어들이 추가된다. 단, 캅카스제어에서는 북동군에 이 구분이 가장 집중적으로 나타나는데, 현재 상황에서 보는 한 북서제어 와 남(=카르트벨리)제어에서는 각각 압하스어(Abkhaz language)와 스반어(Svan language)만이 이 특징을 가지고 있을 뿐이다.[106] 또 이 특징과 관련하여 알

---

105) 인구어권 전체 중에서 여기에 대한 예외는 인도 서남부의 구자라티어(Gujarati language)·마라티어(Marathi language)·라자스타니어(Rajasthani language)의 말와니 (Marwari)방언뿐이다. 모두 다 드라비다어의 강한 영향에 노출되어 온 언어이다 (Masica 1991:251). 덧붙이자면, 이들 언어에서 포함형으로서 이용된 ap-는 산스크리트 어의 atman(자기 자신)에서 유래하는 재귀적인 대명사로, 이 발달은 베이징어의 포함 형 zanman과 상통한다. 이 ap-는 또한 다른 많은 인도-아리아제어에서 2인칭의 경칭 으로서 역할을 하기도 한다.

타이제어에서 서쪽의 투르크어와 동쪽의 몽골어·퉁구스어 사이에 명확한 경계선이 있다는 사실도 주목해야 할 것이다.

유라시아 서부에 분포하는 포함-제외의 결여권은 시베리아를 건너 더욱이 동쪽으로 그 세를 이어가 북미 대륙의 북부에까지 퍼져 있다. 즉, 우랄어족의 동쪽군인 사모예드제어·게트어로 대표되는 예니세이제어에서 유카기르어, 축치-캄차카제어, 이누이트-알류트제어로까지 이어져 최종적으로는 알래스카-캐나다에 펼쳐진 아사바스카어족에 도달한다.

이어서 유라시아 이외의 지역으로 눈을 돌리면, 먼저 아프리카에서 포함-제외의 구분은 전반적으로 후퇴하는 경향을 보이고 있지만 유라시아에서와 같이 어족 모두가 이를 결여하는 현상은 보이지 않는다.

유라시아의 셈어족과 연결된 아프리카의 아프로-아시아어권을 보면, 주변부를 차지하는 디지어(Dizin language)·벤치어(Bench language)·가모어(Gamo-Gofa-Dawro language) 등의 오모제어(Omotic languages), 마르기어(Margi language)·쿨레레어(Kulere language) 등의 차드제어, 그리고 소말리아어(Somali language)에서 이러한 구분이 나타날 뿐, 고대 이집트어나 에티오피아의 셈제어, 베르베르어, 에티오피아의 쿠시제어에는 이러한 현상이 나타나지 않는다.

한편 나일-사하라제어에서는 송가이어를 포함하여 사하라 이남의 여러 언어들이 이 특징을 가지고 있지 않은데, 중앙 수단어군에서 나일어군에 이르는 중심부의 여러 언어들에는 이 특징이 나타난다(수단 중앙의 누바(Nuba) 구릉지의 니망어(Nyimang language)·샤트어(Shatt language)·리구리어(Liguri language), 나일강 상류 지역의 세코어(Sheko language)·봉고어(Bongo language)·디지어(Dizin language), 그리고 에티오피아의 쿠나마어(Kunama language)·구무즈어

---

106) 스반어에서 이러한 구분은 인칭 접사로서 나타날 뿐으로, 독립 대명사에서는 구분하지 않는다. 또한 해리스에 따르면 카르트벨리조어에는 포함-제외의 구분이 존재했다고 한다(Harris (ed.) 1991:43).

(Gumuz language), 크와마어(Kwama language) 등(Bender 1996:17)).

사하라 이남에서 가장 큰 분포권을 가진 니제르-콩고어족은 서아프리카를 중심으로 분포하는 비(非)반투계와 동부-남부에 펼쳐진 반투계 언어들 사이에 확실한 차이가 보인다. 즉, 포함-제외의 구분이 나타나는 것은 대부분 계통적으로 복잡한 구성을 보이는 비(非)반투계 언어권에 한정된다. 현재의 자료만으로 살펴볼 때 반투제어 중 이러한 특징을 보이는 것은, 지리적으로 최서단에 위치하는 카메룬에서 사용되고 있는 극히 일부의 언어들뿐이다. 따라서 아프리카 대륙에서 포함-제외를 결여하는 최대 분포권은 사하라 이남의 동남부를 차지하는 반투어권이 될 것이다.

마지막으로 코이산어족은 중앙군이나 북-남부군 모두 이 구분을 가진 언어가 상당히 많은 편이다.

다음으로 아메리카 대륙에서는, 앞서 살펴본 이누이트어에서 나-데네제어로 이어지는 포함-제외의 결여권을 제외하면 남북 양 대륙에 걸쳐 이 구분을 가진 언어들이 거의 빠짐없이 분포하고 있다. 어족이나 지역에 따라서 분포에 다소 친소(親疏)의 차이가 있기는 하지만, 하나의 어족 내지 언어군에서 전면적으로 이 구분을 결여하고 있는 사례는 없다. 그러한 의미에서 아메리카 대륙은 오세아니아의 오스트로네시아어권과 함께 포함-제외를 구분하는 가장 큰 규모의 분포권을 형성하고 있다고 할 수 있겠다.

마지막으로 오스트레일리아 선주민의 언어들과 뉴기니아를 중심으로 하는 파푸아권으로 눈을 돌리면, 오스트레일리아제어에 이러한 구분이 거의 빠짐없이 나타난다. 단, 주목해야 할 만한 것은, 이 대륙의 중앙부를 차지하고 있는 상당히 많은 수의 파마늉간제어는 이 특징을 결여하고 있다는 점이다. 한편, 파푸아제어의 경우는 뉴기니섬의 태평양 연안 지역부터 주변의 도서 지역에 이르기까지 여러 언어들에서 이러한 구분이 상당히 광범위하게 나타난다. 특히 동부 뉴기니아의 세픽강 유역에 이 구분을 가진 언어들이 많이 나타난다. 예를 들어 와리스어(Waris language)나 자니모어, 그리고 모로베 주(Morobe 州)107)의 카테어(Käte language)·웨리어(Weri language)·수에나어(Suena language), 마당 주의 코본어(kobon language) 등이 있다. 더욱이 그 인칭대명사의 체계는 이 지역의 오스트로네시아제어에 보이는 것과 같이 복수 외에 쌍수를 가진 복잡한 유형들이 많이 있다. 반면에 뉴기니아섬 내륙부, 특히 고지대에는 이러한 구분을 가지는 언어가 비교적 드물고, 또 그 체계도 단순하다. 이 점을 감안하면, 연안부의 파푸아제어에서 보이는 포함-제외의 구분은 주변 오스트로네시아제어의 영향으로 생겼을 가능성도 있다.

이상 세계 언어에서 보이는 이른바 포함-제외의 구분의 대략적인 분포 양상을 살펴봤다. 이 특징이 유라시아 서부와 그 북방 연장권을 제외하고 세계 언어의 거의 전지역에 걸쳐 나타난다는 사실은, 이것이 인류의 언어가 오래 전부터 가지고 있던 중요 특징이라는 점을 시사한다.

이 현상에 대한 더 자세한 지리적 분포는 [지도 7 포괄인칭을 전면적으로 결여하는 언어권]을 참조하기 바란다.

4.9.2. 1인칭 복수 포함형의 재해석 : 포괄인칭

다음으로 남은 것은, 이 언어 현상의 실제 성격이 무엇이고 또 일부 언어권에서는 왜 이 현상이 소멸하였는가 하는 문제이다.

이미 서술한 바와 같이, 이 현상은 근대 이후 유럽인들이 아메리카 대륙이나 오세아니아 세계에 진출하기 전까지 유럽 세계에는 전혀 알려지지 않았다. 전통적인 서구 문법에서 알려진 인칭대명사의 체계는 다음의 라

---

107) [옮긴이] 파푸아뉴기니 북해안에 위치한 주(州)로, 주도(州都)는 라에(lae)이다. 9개 군을 관할하며 171개 언어가 사용된다.

틴어에서 보이는 체계와 같은 것이다([표 4.13]).

[표 4.13] 라틴어의 인칭대명사

	단수	복수
1인칭	ego / me	nos
2인칭	tu / te	vos
3인칭	ille / illa / illud	illi / illae / illa

이것은 두말할 필요도 없이 세 개의 인칭 범주와 단수-복수의 수 범주가 불가분의 관계로 엮여 있는 체계이다(이 수의 범주에 쌍수가 추가되는지는 부차적인 문제이므로 여기서 그것을 고려할 필요는 없다). 사람들은 이 틀이 단순히 유럽의 언어들뿐 아니라 인류 언어 전체에도 보편적일 것이라고 믿어 의심치 않았다. 유럽인이 오세아니아나 아메리카 대륙에서 처음으로 접한 동일한 인칭대명사 중에 1인칭과 2인칭이 동시에 관여하는 '진귀한' 현상 역시 당연히 이러한 '보편적인' 틀 안에서 해석하여 1인칭 복수의 범주 안에 제외형과 포함형의 두 가지 하위 부류를 설정함으로써 해결해 버렸다. 앞서 예로 든 말레이어의 인칭대명사 체계([표 4.12])는 분명히 그러한 해석의 산물이었던 것이다.

그러나 1인칭 복수의 하위 부류로 자리매김시켰던 이른바 포함형은, 실제 이 범주를 가지고 있는 여러 언어들에서는 '듣는이를 포함하는 1인칭 복수'라는 단순한 정의로는 파악할 수 없는 여러 가지 속성들을 가지고 있다.[108]

예를 들어 아이누어의 1인칭 복수 제외형(ci- / -as)에 대한 포함형으로

---

[108] 이미 핫토리 시로(服部四郎, 1908~1995)는 만주어의 이러한 현상에 관한 상세한 조사를 실시하여 만주 구어의 포함형이 가지는 다양한 용법을 조명하여 전통적인 해석의 재검토를 촉구하고 있다(服部·山本, 1955).

간주되어 온 인칭 접사(a- / -an)는, 특히 이 인칭형이 가진 다양한 성격
을 잘 드러내 준다. 즉, 이 인칭형은 '듣는이를 포함하는 1인칭 복수'라는
용법 이외에 적어도 다음과 같은 세 가지 용법을 동시에 가지고 있다.

(1) 1인칭의 간접 표현(주로 옛 노래에서 쓰이는 용법, 현대 구어에서는
    '인용의 1인칭'이라고도 불린다)
(2) 2인칭의 경칭(敬稱)
(3) 불특정 인칭(말하는이, 듣는이를 특정하지 않는 일종의 '범인칭')

따라서 최근의 아이누어 연구자들 사이에서는 이를 기존과 같이 1인칭
복수의 하위 부류로 다루는 대신에 '부정인칭' 혹은 '제4인칭'이라는 별개
의 인칭 범주로 설정하는 견해가 주목을 받고 있다.

한편 길랴크어의 '포함형'은 아이누어와는 또 다른 특이한 면을 가지고
있다. 즉, 길랴크어의 인칭대명사가 포함하고 있는 수 범주는, 각 인칭에
단수형과 복수형이 있는 것과 같이 포함형에도 '단수(내지 비복수)형'과 '복
수형'을 갖추고 있다. 지금 여기에서 아무르방언의 1, 2인칭과 포함형을 살
펴보면 [표 4.14]와 같다.

[표 4.14] 길랴크어(아무르방언)의 인칭대명사

	비복수	복수
1인칭	ñi	ñyng
2인칭	ci	cyng
포함형	megi	mer

지금까지 길랴크어에 대한 가장 상세한 문법을 기술한 구소련의 언어학
자 판필로프(Panfilov)는, 서구 전통 문법의 틀에서 완전히 벗어난 이와 같

은 현상에 대처하기 위하여 1인칭 대명사에만 다른 명사나 대명사와는 전혀 상관 없는 '쌍수'라는 카테고리를 따로 설정하여 문제의 '단수 내지 비복수형'(위 표의 megi)을 집어넣었다(Panfilov, 1962:231).

어디까지나 이론적으로 따지는 해석인데, 말하는이와 듣는이를 포함하고 있기 때문에 그것이 '단수'일수는 없다고 하는, 이것 또한 서구 문법의 틀에서 유인된 당연한 귀결이기도 하다.

길랴크어에 보이는 것과 거의 같은 현상이, 오스트로네시아권에 속하는 필리핀의 여러 언어들에서 빈번하게 나타난다. 예를 들어, 일로카노어 (Ilokano language)의 인칭대명사는 형태가 단순한 소유격인데, 문제의 포함형을 임시로 1+2인칭이라고 해서 표시하면 [표 4.15]와 같다.109)

[표 4.15] 일로카노어의 인칭대명사(소유격)

	비복수	복수
1인칭	ku	mi
2인칭	mu	yu
1+2인칭	ta	tayu
3인칭	na	da

필리핀 언어들에서 보이는 1인칭 포함형의 이러한 특성에 착안하여, 그린버그는 이것을 일로카노형이라고 이름을 붙이고 포함-제외의 구분을 가진 인칭대명사 체계 안에 특별한 유형으로 다루었다(Greenberg, 1988).

길랴크어나 필리핀 언어들에서 보이는 '일로카노형'의 인칭대명사는 세계의 여러 지역에 산재해 있지만, 특히 이 유형이 집중적으로 나타나는 곳은 오스트레일리아 북서부의 비파마늉간계의 언어들이다.

최근 오스트레일리아 선주민어의 연구자들은, 이러한 인칭 체계 안의

---

109) 『言語學大辭典』 1:697. 단, 원저에서 표시된 도식은 판필로프류의 해석에 따르고 있다.

수 범주에 대하여 종래의 단수와 복수 대신에 '최소수(最少數, minimal)'와 '증대수(增大數, augmented)'라는 새로운 명칭을 도입했다(Dixon, 1980:351f.). 게다가 오스트레일리아에서는 이러한 인칭 체계에 '쌍수'나 '3수'의 범주가 추가되기도 한다(예를 들어 망가라이어(Manggarainese language, Merlan 1982:102), 렘바룽가어(Rembarunga language, Dixon 1980:351 등).

'일로카노형'에 쌍수가 추가된 인칭 체계는 뉴기니아의 대표적인 피진-크레올인 토크-피진어(의 일종)에서 전형적인 예를 볼 수 있다. 토크-피진어는 이 체계의 구성 원리를 매우 투명하게 보여 준다. 여기서 이러한 체계의 수 범주를 '기본형'·'증폭형'·'쌍수형'이라고 하여 각 인칭의 의미 속성을 명시해 보면 다음의 [표 4.16]과 같다. 표 안의 1+2인칭은 이후 포괄인칭이라고 부른다.

[표 4.16] 토크-피진어의 인칭대명사

	말하는이	듣는이	기본형	증폭형	쌍수형
1인칭	+	−	mi	mi-pela	mi-tu-pela
2인칭	−	+	yu	yu-pela	yu-tu-pela
1+2(포괄)인칭	+	+	yumi	yumi-pela	yumi-tu-pela
3인칭	−	−	em	ol	em-tu-pela

이러한 토크-피진어의 인칭체계는 아마 멜라네시아 혹은 동부 폴리네시아의 오스트로네시아제어의 인칭대명사를 기반으로 만들어진 것으로 생각되는데, 여기에는 4종류의 인칭과 쌍수를 포함한 3종류의 수 범주가 적절히 조합되어 멋진 균형을 갖춘 체계가 만들어졌다.110) 그러나 이 균형

---

110) 표 안의 mi, yu, em은 각각 영어의 me, you, him에서 유래하고, pela, ol, tu는 각각 영어의 fellow, all, two에서 유래한다. 또한 이 체계에 더욱이 '3수'의 범주 (mi-tri-pela, yu-tri-pela, em-tri-pela)가 추가되는 시스템도 있다(Wurm & Muhlhausler (eds.) 1985:343). 또한 토크-피진어의 체계와 매우 가까운 인칭 체계

잡힌 인칭 시스템은 앞서 살펴본 라틴어로 대표되는 서구 언어의 모델에
는 끼워넣을 수 없다.

그러나 위의 표에서 나타난 것과 같이 1인칭의 의미 속성을 <+말하는
이, −듣는이>라고 정의한다면, 이 인칭의 복수 또한 엄밀하게는 <−듣는
이>이라는 의미를 가지지 않으면 안 된다. 그렇다고 하면 서구 모델의 틀
에 끼워넣었던 '듣는이를 포함하는 1인칭 복수'라는 것은, 애당초 모순된
개념 위에 성립했던 것임을 알 수 있다. 그러므로 포함−제외의 구분이라
는 언어 현상을 바르게 이해하기 위해서는 전통적인 서구 문법의 인칭 시
스템을 버리지 않으면 안 되는 것이다.

토크−피진어의 포괄인칭인 yumi(<yu+mi)는 그 본질을 매우 명확하게
가르쳐 준다. 그것은 분명히 말하는이와 듣는이를 하나로 한 발화 당사자
의 포괄인칭으로, 둘 사이에 차별을 두지 않는다는 의미이다. 즉 융통성
있는 범인칭이라는 성격을 갖추고 있다. 앞서 다룬 아이누어의 포함형 혹
은 '제4인칭'의 여러 용법도 이러한 포괄인칭의 성격으로부터 매우 자연스
럽게 유도된 것으로, 이 인칭이 '부정 혹은 일반 인칭'으로서 종종 이용되
는 것은 일찍이 북미 언어의 연구자들도 알고 있었다.

예를 들어 미국 언어학의 초기 단계에서 이 인칭형은 inclusive라는 용
어 대신에 종종 '부정복수 indefinite plural' 혹은 '일반복수 general plural'
등으로 불러 왔다(Haas, 1969:4). 또 동남아시아의 여러 언어들에서는, 이것
이 2인칭의 경의(敬意) 혹은 완곡의 표현으로도 흔히 사용되기도 한다.

참고로 퉁구스어나 몽골어의 포괄인칭도 만주어의 muse(문어형), 솔론어
(Solon language)의 miti, 우데게어(Udege language)의 minti, 혹은 몽골문어의 bida,
동부 유구르어의 budas 등의 형태를 보면, 아무래도 1인칭 대명사 *m/b-

로는 동부 폴리네시아의 피진어에서 그 예를 들 수 있다.

와 2인칭 대명사 *t/s-의 합성으로 생긴 듯하다.

포괄인칭이 본래 수 범주와는 관계없이 1인칭이나 2인칭과 별개의 인칭 범주로 그들과 동등한 관계를 이루는 것은, 위의 일로카노어나 토크-피진 어의 인칭 체계뿐 아니라 인칭대명사에 단수와 복수의 구분이 없는 언어 (혹은 적어도 의무적인 범주로는 확립되어 있지 않은 언어)들의 경우에 한층 더 확실한 모습으로 나타난다.

그 전형적인 예는 앞에서 다항형 인칭 표시의 논의에서 다루었던 아이 마라어의 인칭 체계이다([표 4.17]). 이 언어는 명사뿐 아니라 인칭대명사 에도 수 범주를 가지고 있지 않은데, 그것이 필요하게 되면 복수성을 나타 내기 위하여 naka라는 접사(내지 접어)를 붙이기도 한다. 그러나 동사의 인 칭 접사에서는, 이미 살펴본 바와 같이([표 4.8]) 수를 구분하지 않는다.

[표 4.17] 아이마라어의 인칭대명사

	기본형	수의적 증폭형
1인칭	naya	naya-naka
2인칭	huma	huma-naka
1+2(포괄)인칭	hiwasa	hiwasa-naka
3인칭	hupa	hupa-naka

이러한 유형의 인칭 체계는 하키-아이마라제어뿐 아니라 카리브제어, 매크로-제제어, 일부의 치브차제어, 일부의 아라와크제어 등에서도 보이는 데, 포함-제외의 구분을 가진 남미의 언어들에서 가장 우세한 유형이라고 해도 좋을 것이다. 또 중미에서는 미스키토어(Miskito language), 울와어(Ulwa language), 일부의 오토망게제어 등 변경에 살아남은 소수의 언어에서 이러 한 모습이 나타나는데, 북미에서는 수제어의 다코타어(Dakota language)와 와카시제어의 크와키우틀어(Kwakiutl language) 등이 이러한 유형에 속한다.

단, 북미에서 이러한 체계는, 유럽인이 강요한 서구형 체계 때문에 없어지든가, 혹은 조사자들에게 무시된 채 사라져 버린 사례가 적지 않다.

아메리카 대륙 이외에서 이러한 유형이 비교적 많이 나타나는 것은 역시 태평양 연안부이다. 즉, 티베트-버마제어에서는 중국 윈난성의 리수어(Lisu language)·라후어(Lahu language), 몬-크메르제어에서는 베트남 남부의 츠라우어(Chrau language), 태국제어에서는 샨어(Shan language)·라오어가 이 유형에 속할 것이다.111) 이들 모두 명사뿐 아니라 인칭대명사에도 의무적인 수 범주를 가지고 있다.

참고로 [표 4.18]에서 태평양 연안부의 이러한 4항형 인칭 체계로서 라후어의 예를 살펴보자(Matisoff, 1973/1982:65). 포괄인칭의 형태에 주목하기 바란다.

[표 4.18] 라후어의 인칭대명사

	기본형	수의적 증폭형
1인칭	ŋa	ŋa-hï
2인칭	nɔ	nɔ-hï
1+2(포괄)인칭	ŋanɔ	ŋanɔ-hï
3인칭	yɔ	yɔ-hï

유라시아 대륙의 태평양 연안부와 아메리카 대륙을 잇는 이와 같은 인칭 체계는 아마 인류 언어가 가지고 있던 인칭 체계의 원형(prototype)이라고 할 수 있을 텐데, 지금까지 살펴본 모든 인칭 체계는 여기서 간단히 도출할 수 있다.

즉, 8항형의 일로카노형은 수의적인 복수 표시가 그대로 문법 범주로서

---

111) 표준 태국어에서 1인칭 복수로 간주되어 온 rau는 샨어와 라오어의 포괄인칭 hau에 대응한다.

의무화된 것이고, 또 포함-제외를 구분하는 대다수의 언어에서 보이는 말
레이어와 같은 7항형의 체계는 포괄인칭만이 복수화에서 제외되어 체계
내에 고립된 것이다. 이것은 종래의 해석처럼 1인칭 복수의 아류로 해석하
기 쉬운 체계라고 할 수 있는데, 어찌 됐든 이 절의 초반에 예로 든 말레
이어의 인칭 체계는 다음과 같이 재해석하여 고쳐쓰지 않으면 안 될 것이
다([표 4.19]).

[표 4.19] 재해석된 말레이어의 인칭 체계

	단수	복수
1인칭	aku	kami
2인칭	ĕngkau	kamu
1+2(포괄)인칭	kita	
3인칭	ia	mĕreka

마지막으로 유라시아 서부 언어를 특징짓는 라틴어와 같은 6항형 체계
는, 수 범주 안에 고립된 포괄인칭이 1인칭 복수에 병합됨으로써 수 체계
의 균일성이 확립된 체계인 것이다. 자칭(나)과 대칭(너)의 변별과 수의 원
리가 철저해짐으로써 오래 전에 인류 언어가 가지고 있던 포괄인칭이 보
이지 않게 된 것이다. 원래 개별적이었던 2가지 인칭이 1인칭 복수라는 하
나의 범주 안에 융합되고 말았기 때문이다.

그런데 위에서 예를 든 아아미라어와 같이 기본적으로 4항형인 체계가
인류 언어의 인칭 체계의 원형이라고 보는 견해는, 일본어 인칭대명사의
선사(先史)를 해명하는 데에도 귀중한 단서를 부여해 준다.

█상대(上代) 일본어 'ア[a]'와 'ワ[wa]'

상대 일본어에는 본래 인칭대명사로서 1인칭 'ア[a]'와 'ワ[wa]', 2인칭
'ナ[na]'가 있었는데, 이 중 1인칭의 'ア'와 'ワ'의 관계에 대하여 이 둘이 단
순한 이형태 관계인지 아니면 본래 기능을 달리하는 별개의 형식이었는지,
지금까지 충분한 설명이 없었다. 그러나 이미 지적해 바와 같이 상대(上
代)의 문헌을 보면, 소유형인 'アガ[a-ga]'와 'ワガ[wa-ga]'는 그 뒤에 붙는
피소유명사 사이에 상당히 명확한 차이가 있다. 즉,

> 主(ヌシ)・君(キミ)・皇神(スメカミ)・愛者(ハシモノ)・兒(コ)・身(ミ)・胸
> (ムネ)・面(オモ)・戀(コヒ)・馬(ウマ)・爲(タメ) 등에는 항상 アガ가 붙고, 背
> 子(セコ)・大君(オホキミ)・妹(イモ)・母(ハハ)・名(ナ)・命(イノチ)・世(ヨ)・
> 家(イエ)・屋戸(ヤド)・門(カド)・里(サト)・船(フネ)・故(ユエ) 등에는 ワガ가
> 붙는 것과 같은 사용상의 구분이 보인다. 또 동사 '戀フ'의 주격으로 이용되
> 는 것도 거의 ア・アレ로 한정된다. 이러한 사실로부터 ア・アレ는 ワ・ワレ
> 와 비교할 때 단수적・독립적인 뜻을 가진다는 설도 있다. (『時代別日本語
> 大事典：上代編1(시대별 일본어 대사전：상대편1)』)

여기서 ア[a]・アレ[are]에 대하여 '단수적・독립적'이라고 한 점에 주목
할 필요가 있다. 이를 좀 더 정확하게 바꿔 말하면, ア・アレ는 '사적・개
인적, 따라서 단수적', 그에 비해 ワ[wa]・ワレ[ware]는 '공적・사회적, 따
라서 복수적'이라는 특징을 가진다고 할 수 있다. 확실히 신체 명칭이나
사랑 등은 사적・개인적인 소유물인 반면, ('그대(君)'에 비해) '대군(大君)'이
나 ('馬(말)'에 비해) '船(배)', 그리고 세상, 가문, 숙소 등은 분명 공적이거나
적어도 여러 사람의 소유물이다(참고로 고전 류큐어의 1인칭 대명사 'ア・アン',
'ワ・ワン'에서도 이와 거의 유사한 구분을 볼 수 있다(『言語學大辭典』, 4:886, 中本
1981:120)).

한편 상대어(上代語)는, 지금까지 살펴본 4항형 인칭 체계의 아메리카 대륙이나 태평양 연안부의 여러 언어들처럼 인칭대명사에 단수와 복수의 구분은 없었다. 그렇다고 하면, 단수인 ア에 대한 복수적인 ワ는 본래는 1+2인칭 즉 포괄인칭이었다고 보는 것이 가장 자연스러운 해석일 것이다. 앞서 살펴본 바와 같이, 이 인칭은 범인칭적인 성격을 동시에 가지고 있고, 경우에 따라서는 1인칭 혹은 2인칭으로도 사용할 수 있다. 고전 문헌 뿐 아니라 현대 일본어의 많은 방언에서도 ワレ가 1인칭은 물론 2인칭 대명사로도 사용되고 있다는 사실은, 이것이 원래 포괄인칭이었음을 말해 주는 것이라고 할 수 있다.

포괄인칭을 2인칭의 경칭(敬稱)으로 사용하는 예는, 아이누어에 한정하지 않고 동남아시아의 여러 언어에서도 널리 찾아볼 수 있다. 일본어에서 2인칭으로 사용되는 ワ・ワレ에 경칭으로서의 뉘앙스가 빠져 있는 것은, 2인칭의 직접 표현 자체가 일본어에서는 경어법상의 제약을 받아 대등하거나 손아랫사람에게밖에 사용할 수 없기 때문이다. 한편, 현대 류큐의 여러 방언들에서는 ワ・ワン의 복수형이 포함형과 제외형으로 분화되어 있는데, 그러한 복수들의 근본인 watt：는 원래 포함적인 의미를 맡고 있었던 것 같다. 또한 류큐어의 2인칭은 본래 자칭형의 ウリ(< ォレ)로 치환되었다.

일본어와 동일하게 한국어에서도 예전에 이러한 포괄인칭이 존재했는지는 분명하지 않다. 그러나 중세 한국어를 보면 1인칭의 '나'와 2인칭의 '너'(복수의 '너희')에 대하여, 1인칭 복수인 '우리'는 형태적으로 전혀 다를 뿐 아니라 다른 대명사에 보이는 것과 같은 명시적인 복수 표식이나 단수형과의 규칙적인 대응이 없다. 오래된 포괄인칭이 1인칭 복수로 바뀐다고 하는 현상은, 앞서 살펴본 태국어의 경우(rau)뿐 아니라 포괄인칭을 잃어버린 다른 언어에서도 종종 관찰할 수 있는 것인데, 이러한 점을 감안하면

한국어의 '우리'도 옛날에는 포괄인칭이었을 가능성이 상당히 높다고 할 수 있다.112)

이미 살펴본 바와 같이 고대 한어(중국어)에서도 1인칭에는 단·복수의 구분이 없었고, 따라서 통상적인 의미에서 1인칭 복수의 제외·포함형이라는 구분 역시 존재하지 않았다. 그러나 고대 한어에는 1인칭 대명사에 '我 / 吾'와 '余 / 朕'이라는 두 가지 종류의 대명사가 있었다. 둘 사이의 관계는 일본어의 ア와 ワ의 경우와 같이 아직 충분히 설명되지 않았다.

'余 / 朕'은 고전 문헌에서 오로지 왕이나 군주 등 신분이 높은 사람이 스스로를 지칭할 때 사용했기 때문에 1인칭의 '존(대)칭' 등으로 불러 왔다. 사실 이것은 영어 등 유럽제어의 이른바 "royal we"와 상통하는 것인데, 포괄인칭의 몇몇 용법 중의 하나로도 볼 수 있다. 그렇다고 하면 고대 한어에서도 고대 일본어와 동일하게 1인칭에 단·복수의 구분이 없는 대신에 포괄인칭이라는 범주가 있었다고 해석할 수 있지 않을까.113)

4.9.3. 포함-제외의 구분과 경어법

마지막으로 남은 것은 태평양 연안 언어권의 일부 언어, 그 중에서도 사회적·문화적으로 영향력이 큰 언어가 왜 모두 포함-제외의 구분을 가지고 있지 않은가 하는 문제다.

이미 앞서 서술한 바와 같이 이들 언어는 모두 상당히 이른 시기에 문자를 확립하여 사용했다. 정도의 차이는 있지만, 그보다 더 큰 특색으로서 모두 제각각 매우 복잡한 경어법 체계를 발달시켜 왔다는 공통점도 있다. 경어법(혹은 일반적으로 대우 표현)은 문법이나 어휘의 여러 국면에 반영되어

---

112) 덧붙이자면, 한국어의 uri의 -ri와 일본어의 wa-re의 -re, 더 나아가 u-와 wa-도 어원적으로 서로 이어져 있을 가능성이 충분히 있다.

113) 세계 언어 속에서 인칭대명사에 수의 구분을 결여하는 언어는 결코 적지 않은데, 이들 언어는 거의 대부분 반드시 '포괄인칭'을 가지고 있는 것 같다.

있는데, 특히 발화의 장면에서 말하는이를 축으로 하여 듣는이 내지 제3자 사이의 사회적 계층 관계에 따라 호칭을 차별화하거나 상황에 따라 적절히 선택을 하는 형태로 나타난다. 이와 같은 경어법이 인칭대명사의 체계에 일정한 영향을 미치는 것은 당연한 일이다.

태평양 연안부에서 경어법이 발달한 언어를 보면 모두 호칭의 다양화로 인해 대명사 체계가 매우 복잡해져 있다. 그 근본 이유는, 한편으로는 듣는이 내지 제3자에 대한 존경 표현인 경칭(敬稱)을 써야 하고, 다른 한편으로는 말하는 자신에 대한 겸양 표현인 겸칭(謙稱) 내지 비칭(卑稱)을 써야 하기 때문이다(예를 들어 일본어 '僕[boku]', 베트남어 'tôi', 인도네시아어 'saya' 등의 1인칭 대명사는 모두 다 '노예, 심부름꾼'을 의미하는 말에서 유래한다).

이렇듯 원래 있던 인칭대명사는 이른바 '서열 사회'의 계층성을 반영한 여러 가지 호칭으로 보충되거나 치환됨으로써, 인칭대명사 본래의 직접적인 체계성을 잃어버리게 된다. 일본어의 인칭대명사도 시대에 따라 차례차례 생겨난 여러 경칭·겸칭 때문에 원래 가지고 있던 인칭 체계가 거의 없어지게 되었다. 또 동남아시아에서 가장 복잡한 경어법 체계를 가지고 있다고 하는 자바어의 인칭대명사는, '상체(常体)'·'준경체(準敬体)'·'경체(敬体)'·'최상경체(最上敬体)'와 같이 4종류의 계층화된 화체(話体)에 대응하여 정치한 호칭 체계를 사용하는데, 결과적으로는 포괄인칭을 포함하는 본래의 인칭 체계를 거의 다 잃어버리게 되었다(『言語學大辭典』 2:210).

이와 같이 경어법의 원리가 상하관계에 기반하는 자·타의 구분에 토대를 둔다고 하면, 그것은 바로 인칭 표현에서 자칭(=1인칭)과 대칭(=2인칭) 사이에 명확한 구획을 세우는 것으로 이어진다. 한편, 지금까지 문제가 되어 온 포괄인칭은 말하는이와 듣는이를 차별하지 않고 양자를 문자 그대로 포괄하는 인칭이다. 이러한 인칭이 성립하기 위해서는 항상 말하는이와 듣는이를 동등한 차원에 놓지 않으면 안 된다. 예를 들어, '졸자(拙者)'와

'귀전(貴殿)', '소생'과 '귀하'를 하나의 동일한 괄호 안에 묶을 수는 없는 것이다. 경어법의 기본 정신이 '분리'에 있다고 한다면 포괄인칭의 기반은 '허물없이 터놓음'이다. 이 둘은 근본적으로 서로 섞일 수 없는 것이다.

이렇게 생각하면 태평양 연안부의 언어권에서 문화적·사회적으로 영향력을 가진 일부 언어만이 1인칭 복수에서 포함·제외의 구분을 가지지 않는 특이한 현상 역시 별 무리없이 설명할 수 있다.114) 문자의 사용이나 경어법은, 어느 정도 일정한 수준의 문화적·사회적 성숙도를 필요로 한다. 그렇다고 하면 태평양 연안 언어권의 일부 언어에 나타난 포함·제외의 구분이 없어진 것은, 비교적 새로운 시기에 일어난 언어적 개신(改新)의 한 국면인 것이다. 따라서 이 언어들에서 포괄인칭의 소실은 유라시아 서부의 언어권을 특징 지우는 동일한 현상과 비교해 보면 그 성격이 전혀 다른 것이다. 즉, 이미 말한 바와 같이 서부 언어권에서 포괄인칭이 없어진 것은, 이른바 이론상의 '나'와 '너'의 대별이기도 하고 문법 범주로서 수의 원리가 관철되었기 때문이기도 하는데, 그것은 서열사회의 계층성을 반영했던 동아시아의 경어법과는 전혀 다른 원리로 발생한 것이다.

이상의 고찰로 명확해진 것처럼, 지금까지 아이누어와 일본어 사이의 현저한 언어적 차이라고 여겨 왔던 일련의 현상들은 두 언어의 친연(親緣) 관계에 중대한 장애물이 되는 것이 아니라, 경어법 발달에서 전형적으로 보이는 것과 같이 동계 관계에 있는 언어들 사이에서도 각자 놓인 역사적·사회적 상황의 차이로 인해 간단히 생길 수 있는 성질의 것이었다.

또한 아이누어와 일본어를 가로막고 있는 언어적 차이는, 한편으로는 일본어와 한국어를 잇는 눈에 띄는 공통 특징이 되기도 하는데, 이러한 언

---

114) 류큐방언에서도 오키나와의 슈리방언에 포함·제외의 구분이 보이지 않는다고 하는 현
   상도 동일한 의유로 설명할 수 있다.

어 현상에서 흥미로운 것은 환동해·일본해의 언어들이 본래 가지고 있던 모습이 아이누어 쪽에는 모두 보존되어 있는 반면, 일본어와 한국어 쪽에는 그것을 잃어버리거나 새로운 특징으로 치환되어 차이가 생겼다는 점이다.115) 이것은 지금까지 환동해·일본해제어의 역사 속에서 일본어와 한국어가 밟아 온 길과 아이누어가 밟아 온 길 사이에 커다란 간극이 있었음을 명확히 보여 주는 것이다.

4.10. 형태법상의 수단으로서 중복

마지막으로 환동해·일본해제어의 내부적인 차이라기보다 환동해·일본해제어를 포함한 태평양 연안 언어권 전체의 특징이며 세계적으로도 흥미로운 분포를 나타내는 또 다른 언어 현상으로서 '중복(또는 첩어, reduplication)'이라는 형태법을 살펴보도록 하자.

4.10.1. 여러 언어에서 보이는 중복의 양상들

중복(重複)이라는 것은, 단어의 전체 또는 일부를 되풀이하여 물건이나 동작의 반복, 증폭, 강조 혹은 그 반대인 경감이나 축소 등을 나타내는 조어법 내지 형태법상의 수단이다. 접사나 굴절 등의 통상적인 조어법과 비교하면 상당히 사상적(寫像的, iconic)인 성격을 띤다. 따라서 유아어(예를 들어, papa, mama, とと(아빠), かか(엄마), お手手(손), お目目(눈) 등)나 의성·의태어

---

115) 예를 들어, 일본어에서 잃어버린 동사의 인칭 표시는, 지금까지의 고찰에 근거하면 1인칭 a-, 2인칭 na-, 포괄인칭 -wa, 3인칭 zero라는 형태로 동사 어간 앞에 접하는 접두사로서 재구할 수 있다. 단, 그 다항형 인칭 표시가 아이누어와 같은 분리형인지 아니면 티베트-버마제어와 같은 계층적 일체형이었는지는 급히 단정할 수 없다. 어찌 됐든, 이 인칭 표시와 그것에 근거한 동사의 활용 형태는 인구어나 우랄-알타이제어의 그것과 크게 다르다는 점만은 확실하다.

(moo-moo, ding-dong, ガラガラ(텅텅), ゴロゴロ(데굴데굴), パラパラ(후드득후드득), ポロポロ(너덜너덜) 등)에서 중복은 인류 언어에 거의 보편적으로 나타난다. 그러나 일반적인 명사나 동사에 형태법상의 수단으로서 이러한 중복을 다소나마 광범위하게 사용하는 언어는 비교적 한정되어 있다. 또 중복이 나타나기 쉬운 의성·의태어의 사용 빈도에 관해서도 언어 간에 큰 차이가 있다. 주지하다시피, 일본어는 의성·의태어와 함께 중복이 어휘와 문법의 양면에서 매우 중요한 역할을 하고 있는 언어이다.

일본어에서 중복의 예를 들면, 명사에서는 人々(사람들)·山々(산들)·國々(나라들)·村々(마을들) 등과 같이 지시 대상의 복수성을 나타내는 것도 있고, 그 밖에 日々(나날)·月々(다달),·年々(해마다)·代々(대대)·後々(먼 훗날)·すみずみ(구석구석)·ところどころ(곳곳)·ひとつひとつ(하나하나)·時々刻々(시시각각)·種々さまざま(이모저모)·處々方々(방방곡곡) 등과 같이 반복성·분배성·다양성 등을 나타내기도 한다. 또 형용사의 어간을 중복하여 赤い(빨갛다) ➡ 赤々(새빨갛게), 黒い(검다) ➡ 黒々(새까맣게), 高い(높다) ➡ 高々(높다랗게), 輕い(가볍다) ➡ 輕々(가뿐히) 등과 같이 강조·묘사적 부사를 만들거나, 혹은 重々しい(무게 있다), 輕々しい(경박하다), 痛々しい(애처롭다) 등의 강조된 형용사를 만들기도 한다. 더 나아가서는 명사의 어간으로 華々しい(화려하다)·空々しい(속이 뻔하다)·女々しい(계집애같다) 등과 같은 형용사도 파생시킨다. 한편, 동사의 중복은 かわるがわる(교대로)·かえすがえす(거듭)·見る見る(순식간에)·泣く泣く(울고 싶은 심정으로)·ゆくゆく(걸어가면서)·とびとび(띄엄띄엄)·ちりぢり(뿔뿔이)·きれぎれ(조각조각)·思い思い(각자의 생각대로) 등과 같이 반복이나 계속의 의미를 가진 부사적 용법으로 쓰이기도 하고, 또한 소수이기는 하지만 惚れ惚れする(홀딱 반하다)·晴れ晴れする(후련해지다) 등과 같은 동사적 용법으로 쓰이기도 한다.

한국어도 중복을 많이 사용한다는 점에서 일본어와 비슷한 모습을 보이

는데, 예전에 일본어와 한국어 동계론을 주창했던 가나자와 쇼자부로(金沢
庄三郎)도 이러한 현상을 두 언어 사이의 중요한 공통점 중의 하나라고 하
였다. 특히 명사의 복수성을 나타내는 중복에 대하여,

> 일한 양국어 모두 수를 나타내는 데 특별한 형식이 있지 않고, 다수를 나
> 타내고자 할 때는 같은 말을 반복하는 것이 보통이다.

라고 하며 집집-家々, 사람사람-人々, 나날-日々, 다달-月々 등을 예로 들
었다(金沢, 1910:389).

　중국어에도 중복 현상이 많이 보이는데, 단지 형태법상의 수단에 멈추
지 않고 수사적 수단으로도 여러 가지 용법을 가진다(예를 들어 淸靑楚楚, 明
明白白 등). 또 중국어에서는 명사보다도 오히려 동사나 형용사에서 중복이
더 자주 사용되는데, 이렇게 동사에 중복이 쓰이면 반복이나 강조가 아니
라 동사의 의미를 경감·축소시켜 '좀 ~하다'와 같은 의미가 된다(예를 들어
看看(좀 보다), 想想(좀 생각하다) 등).

　중복이 반복·증폭·강조 등과 반대로 경감·축소 등 이른바 '지소사(指
小詞, diminutive)'[116]적인 기능을 맡는 현상은, 일본어나 한국어에서는 유아
어 외에 별로 보이지 않는다. 그러나 동남아시아의 태국어나 오스트로네
시아제어에서는 종종 이러한 현상이 보이기도 한다. 또 특히 아메리카 북
서해안의 여러 언어들(특히 살리시제어)에서도 이러한 용법이 눈에 띈다.

　예를 들어 릴루엣어(Lillooet language)에는 s-muɬac(여자)와 s-mʼəmʼɬac(소
녀), xzum(크다)와 xzəmzəm(조금 크다), pun(찾다)과 púpən(잠깐 찾다) 등의 대
립이 있다(van Eijk, 1997:60). 이것은 어간의 첫 자음을 겹치게 하는 부분중

---

116) [옮긴이] 주로 명사나 형용사에 붙어 '물체의 작음', '사소한 정도' 등과 같은 나타내는
　　접사. 한국어에서는 '송아지'나 '망아지' 등에 있는 '-아지'라는 접미사를 예로 들 수
　　있다.

복인데, 이러한 중복의 지소사적인 기능은 유아어에서 기원한 것일지도 모르겠다(예를 들어 일본어의 お手手(손), お目目(눈) 등).

중복은 아이누어에서도 조어법상 중요한 역할을 하고 있는데, 특히 동사의 어간을 중복하여 동작의 반복 · 계속 · 강조를 나타내는 용법이 생산적이다. 예를 들어 suye(흔들다) ➡ suye-suye, tuypa(자르다) ➡ tuypa-tuypa, pon(작다) ➡ pon-pon 등이 있다.

또 명사에서는 복수라기보다 오히려 자잘한 것들의 집합물(uype(쓰레기) ➡ uype-uype(자잘한 쓰레기), toy(토지) ➡ toy-toy(흙덩이) 등)을 나타내고, 또 부사적 용법으로는 강조뿐 아니라 오히려 경감의 의미를 나타내기도 한다(ponno-ponno(아주 조금), wennno-wenno(어림잡아) ⬅ wenno(나쁘다) 등, Tamura, 2000:200ff.).

한편 길랴크어의 중복은 일본어나 한국어와 같이 명사의 경우에는 복수성이나 분배성을 나타내고(예를 들어 tav-raf < *taf-taf(집집), mu-mu(배들), wamyf-wamyf(입과 입), kome-xome < *kome-kome(양 겨드랑이), pašys-pašyf(매일 밤), ygryku-ygryku(옛날옛날) 등), 형용사에서는 강조적 용법(예를 들어 kavu : -kavu : (아주 따뜻하다)), 동사에서는 반복이나 계속을 나타낸다(예를 들어 penigau-penigaund(몸을 머뭇머뭇 움직이다), peškař-peškař((강이) 굽이굽이 흐르다), fu : fu : nd(바람이 솔솔 불다) 등) (高橋 1932:25f.).

세계의 여러 언어권 중에서 중복이 가장 광범위하게 퍼져 있고 어휘 · 문법의 양면에서 아주 중요한 역할을 하는 것은 오스트로네시아어권이다. 거기에는 중복의 여러 가지 형식(완전 중복 · 부분 중복 · 유사 중복 등) 및 중복이 담당하는 중요한 기능과 용법이 거의 전부 다 나타난다.

예를 들어, 현대의 인도네시아어에서 명사의 중복은 복수성 · 분배성 · 다양성 혹은 의미적 파생 등 다양한 용법을 가지는데, 그 중에서 복수 표시를 위한 중복은 일본어나 한국어와 달리 매우 생산적인 수단이다. 또 인칭대명사에서도 단수와 복수를 불문하고 중복을 사용하는데, 이 경우에는 복수성과 상관없이 비하나 경멸 등의 뉘앙스를 나타낸다(Sneddon, 1996:15ff.). 또 수식형용사에서는 피수식어의 복수 표시는 물론 일본어의 輕々, 黑々 등과 같은 부사적 용법도 나타내고, 동사에서는 반복·계속·강조 외에 중국어와 비슷한 경감적인 의미를 나타내기도 한다. 또 폴리네시아의 라 파누이어(Rapa Nui language)에서는 명사의 중복으로 그와 관련된 형용사를 만들 수 있고, 형용사의 중복으로는 완전 중복에 의한 강조적 용법과 부분 중복에 의한 경감적·축소적 용법을 만들 수도 있다. 동사의 경우에는 동작 자체의 반복이나 되풀이 외에도 동작의 주체나 동작 대상의 복수성을 나타내는 기능을 나타내기도 한다(Du Feu, 1996:191ff.).

동남아시아의 대륙 지역에서는 태국어 역시 오스트로네시아제어와 동일하게 명사, 동사, 형용사에서 중복을 많이 사용하는데(Ayabe, 1994), 오스트로네시아제어에서 중복은 주로 동사가 중심이고 명사의 중복은 드문 편이다. 예를 들어 문다리어에서 동사는 부분 중복으로 반복·강조·습관적 행위 등을 나타내는 데 비해 완전 중복은 중국어처럼 '좀 ～ 하다'와 같은 경감·축소적인 의미를 나타낸다(Osada, 1992:115).

4.10.2. 중복 형태법의 지리적 분포

그러면 다음으로 이러한 중복 현상이 세계 언어에서 어떠한 분포를 보이는지([부록 - 표 1~2]<중복>란을 참조) 살펴보자. 이 경우에도 유라시아의 여러 언어들은, 지금까지 살펴본 몇몇 언어 현상과 똑같이 내륙 지역과 태평양 연안부가 확연한 차이를 보인다. 단, 구체적인 경계선은 유음 특징이나 형용사의 유형과는 약간의 차이가 있다.

먼저 태평양 연안부의 북쪽으로는 환동해·일본해제어, 즉 길랴크어·아이누어·일본어·한국어가 확실히 하나로 묶이고, 이어서 남쪽으로는 중국어, 먀오-야오제어, 따이까다이제어, 오스트로네시아제어, 오스트로-아시아제어가 중복 현상의 커다란 언어권을 형성하고 있다. 여기서 주목해야 할 것은 티베트-버마제어인데, 계통적으로 서로 연결되어 있는 중국어와 달리 이 언어권에서는 일부 형용사의 강조적 용법을 제외하면 명사·동사의 형태법 안에서 중복이 거의 역할을 하고 있지 않다.

한편, 유라시아 대륙에서 형태법·조어법상의 수단으로서 중복을 거의 사용하지 않는 어족과 언어군을 열거하면, 서쪽에서부터 인도·유럽어족, 셈어족, 우랄어족, 캅카스제어, 투르크·몽골·퉁구스를 포함하는 모든 알타이제어, 그리고 위에서 얘기한 티베트-버마제어가 여기에 추가된다. 중복을 결여하고 있는 이들 언어권은 지금까지 본 다른 특징과 동일하게 아프리카 북부에도 분포하고 있는데, 차드제어를 제외한 아프로-아시아제어, 그리고 대부분의 나일-사하라제어가 동일권 내에 포함된다. 단, 유라시아의 내륙 지역이 완전히 중복을 결여하는 언어로 뒤덮여 있는 것만은 아니다. 계통적으로 고립된 언어로서 수메르어와 브루샤스키어, 그리고 하나로 묶여 있는 어족으로서는 인도 대륙의 드라비다어가 중복 결여 언어권에서 빠져 나간다.

더 나아가서 유라시아의 중복 결여권은 케트어·유카기르어 등 시베리아의 여러 언어들을 거쳐 베링 해협 너머의 이누이트-알류트제어와 아사바스카(또는 나-데네)제어로 이어져, 거기서부터 다시 북미 동부의 이로쿼이제어까지 그 분포를 넓힌다. 특히 이누이트-알류트제어와 아사바스카제어가 중복에 의한 조어법을 거의 완전히 결여하고 있다는 것은 대단히 주목할 만한 점이다.

그러나 환동해·일본해제어와 이누이트-알류트제어 사이에 위치하는 축치-캄차카제어는 명사의 형태법 안에 중복을 가지고 있다. 다만, 그것은 매우 특이한 양상을 보이는데, 이 언어에서 일부 명사 어근의 중복형은 가장 무표적인 절대격, 그것도 대부분의 경우 단수의 절대격만을 나타낸다.

예를 들면, 축치어의 nutenut<단수>~nute-t<복수> [육지], milgymil<단수>~milgy-t<복수> [성냥], tirkytir<단수>~tiky-t<복수> [태양], tumgytum<단수>~tumgy-t<복수> [친구] 등이다.117) 이러한 명사의 어근은 축치어에서 100 내지 150개 정도 있다고 한다(Kämpfe & Volodin, 1995:30).

현재 축치-캄차카제어에서 중복은 완전히 생산성을 잃어버렸기 때문에, 이 현상을 표면적으로 관찰하면 마치 중복이 명사의 단수성을 표시하고 있는 것처럼 보인다. 이것은 세계 여러 언어의 중복 현상 안에서도 매우 이례적인 것으로, 아마 옛날의 중복 현상이 이미 화석화되어 버려 이러한 형태로 잔존한 것일 테다.118) 어찌 됐든 축치-캄차카제어의 중복은 환동해·일본해제어를 포함하여 태평양 연안부의 중복 현상과는 현저히 다른 성격을 가진다.

유라시아의 태평양 연안부를 특징짓는 중복법은, 이누이트-알류트와 나-데네제어를 건너뛰고 그 남쪽에 펼쳐져 있는 아메리카 선주민 언어들로 이어지는데, 특히 태평양을 사이에 두고 대치하는 북미 대륙의 태평양 연안부에 유라시아와 거의 완전하게 호응하는 형태로 집중적인 분포를 보인다.

즉, 북서해안의 와카시어와 살리시제어를 포함하여 해안 및 그 배후지의 페누티제어와 캘리포니아의 페누티계 및 호카계의 여러 언어들이 바로 그것이다. 또 이 분포권은 수사유별형의 분포권보다 더욱 광범위하게 펼

---

117) 이것과는 별개로 nymnym<단수>~nymnym-t<복수> [마을], liglig<단수>~liglig-t <복수> [알]과 같이 단수와 복수 쌍방의 절대격에 중복형이 나타나는 경우도 있다. 또한 축치어에서는 보통명사에서는 복수형이 절대격으로밖에 나타나지 않는다.

118) 이텔멘어(캄차달어)에서 중복은 단수형의 표시 기능 외에 동사와 형용사에서 명사를 파생하는 기능도 담당하고 있다. 예를 들어, cuf-(비가 온다) ➡ cufcuf(비), wetat-(일하다) ➡ wetwet(일) 등(Georg & Volodin 1999:63). 축치-캄차카제어의 중복법은 여기에 하나의 원천이 있을지도 모른다.

쳐져 있는데, 록키산맥의 동쪽 대평원에 분포하는 수제어와 그 남서부의 대분지를 차지하고 있는 카이오와-타노아제어 및 유토-아즈텍제어에까지 이어져 있다. 이러한 아메리카 대륙 서부의 언어권에서 중복은 언어들 사이에 정도의 차이는 있지만 명사뿐 아니라 동사에서도 폭넓게 이용되고, 이들의 기능 역시 유라시아의 태평양 연안부와 거의 비슷한 모습을 보인다.

반면에 이 대륙의 동부를 차지하고 있는 언어권에서 중복을 전혀 사용하지 않는 것은 이로쿼이제어 외에 소수의 언어에만 한정되는데, 그밖의 알곤킨제어나 동남부 해안 언어들은 중복을 사용하기는 하지만 거의 동사에만 제한적으로 사용할 뿐 명사에는 전혀 사용하지 않는다. 북미의 서부와 동부에서 중복법이 크게 차이 난다는 사실은 이미 쉐르저(Joel Sherzer)도 인정한 것인데(Sherzer, 1976:211), 중복이 형태법 안에서 차지하는 역할이 서부에 비해 동부에서 훨씬 한정되어 있다.

북미에서 특히 태평양 연안부를 특징짓는 중복 현상은 유토-아즈텍제어를 매개로 하여 중미로 이어지는데, 와베어, 토토나코어, 타라스코어 등 고립된 소언어를 포함하여 마야제어와 미헤-소케제어(Mixe-Zoque languages) 등이 그 분포권 안에 포함된다. 단, 이 지역에서 가장 많은 언어를 가지고 있는 오토망게어권은 이와 같은 중복 언어권에서 이탈해 있는 것으로 보인다.

중미의 중복 언어권은 치브차제어를 매개로 하여 남미에까지 이어지는데, 남미 최대의 어족인 아라와크제어 등 그 분포 영역은 아마존 지역에까지 이어져 있다. 그러나 남미 언어들에서의 중복 현상의 실상은 아직 불분명한 점이 많이 남아 있다.

단, 지금까지 실시된 조사에만 한정하여 살펴보면, 전체적으로 북미와 비교하여 남미에서 중복이 수행하는 역할은 상당히 제한되는 것으로 보인다. 특히 명사의 형태법으로 중복이 복수성을 표시하는 것 외에 다른 역할을 한다는 사례는 아직 발견되지 않았다. 아라와크제어나 투피제어(Tupi languages) 혹은 아마존의 고립적인 소언어들에서 지금까지 보고되고 있는 중복법은, 필자의 견해로는 대부분 동사의 형태법(반복동사·사역동사·강조동사 등)에 한정되어 있다. 또 대륙의 주변부를 차지하고 있는 안데스제어나 카리브제어에는 중복이 거의 나타나지 않는 것 같다. 어찌 됐든 남미 언어들에서 중복현상이 어떤 모습을 보이는지는 앞으로 더 연구하지 않으면 안 될 것이다.

유라시아와 아메리카 대륙의 사이에서 환태평양적인 분포를 보이는 언어권과 함께 또 다른 중복의 거대 분포권으로는, 사하라 이남의 아프리카와 오세아니아의 오스트레일리아, 뉴기니아를 중심으로 하는 파푸아어권을 들 수 있다. 아프리카는 물론 오세아니아에서도 중복법은 명사뿐 아니라 동사에서 흔히 나타난다. 주요 기능으로는, 명사에서는 복수성이나 분배성을 나타내고, 동사에서는 반복(iterative)과 강조(intensive), 때로는 상호동사(reciprocal verb)[119]를 나타내며, 형용사에서는 강조 등 다른 언어권에서도 흔히 보이는 유형이 나타나는데, 이것은 중복이 본래 가지고 있는 사상적인 성격을 잘 반영하고 있는 것이다.

참고로 앞서 서술한 남인도의 드라비다어권은 사하라 이남의 아프리카와 오스트레일리아-뉴기니아라는 두 개의 중복 언어권 사이에 있어 마치 둘 사이를 잇고 있는 다리와 같은 역할을 하고 있는 것처럼 보인다. 드라비다제어의 중복법 역시 명사와 동사 양쪽에서 사용되는데, 그 용법 역시 사상적인 성격이 강하게 반영되어 있다.

---

119) [옮긴이] 두 명 이상의 사람이 서로에게 하는 행동을 나타내는 동사. 예를 들어 Paul and Jane kissed에서 kiss와 같은 것.

이와 같이 중복에 의한 형태법은 유음 특징이나 형용사의 유형과는 조금 다른 형태를 보이기는 하지만, 유라시아에서 내륙 언어권과 연안 언어권 사이의 차이를 선명하게 드러내고 있고 유라시아의 태평양 연안 언어권과 아메리카 대륙의 태평양 연안이 밀접하게 연결되어 있음을 보여 줌으로써 환태평양 언어권의 존재를 부각시키는 중요한 언어 현상 중 하나가 된다.

중복의 지리적 분포에 관해서는 [지도 8 중복법을 거의 가지고 있지 않은 언어권]을 참조하기 바란다.

4.11. 유라시아 언어들의 계통 분류와 일본어의 위치

이상으로 유형지리론의 관점에서 언어의 '유전자형'이라고 할 만한 여러 가지 특질에 대하여 고찰해 봤다. 그 밖에 유라시아 내륙부와 환태평양 연안부 사이를 갈라놓고 있는 언어 현상으로서 '모음조화'나 '형제자매 명칭의 유형' 등도 있지만, 이들은 이미 별도의 형태로 논의했기 때문에(松本, 1998c · 2000c), 여기서는 반복하지 않겠다.

마지막으로 지금까지 고찰한 것을 토대로 일본어를 일원으로 포함하는 유라시아 언어들의 계통 관계에 대한 전체적인 분류를 한번 정리하고, 그 안에서 일본어가 어떠한 위치를 차지하는지 명확히 해 두자.

논의에 들어가기 전에 [부록 - 표 1~2]에 집약된 자료를 정리하여 유라시아 여러 언어들을 계통적으로 분류하면 대략 [표 4.20]과 같을 것이다. 여기서 여러 언어의 배열은 언어 간의 계통 관계를 분명히 하기 위하여 [부록 - 표 1]과는 약간 다르게 하고 있다. 또한 표의 공통 특징 중에서 *표를 붙인 것은 동일 언어군 안에서 부분적으로 불일치를 보이는 특징이다.

[표 4.20] 유라시아 언어들의 계통 분류

계통 관계		소속어족-언어군	공통 특징
유라시아내륙언어권	중앙군	셈어족(아프로-아시아B) 인도-유럽어족 우랄어족 투르크어족 몽골어족 퉁구스어족 드라비다어족	복식유음 체언형 형용사 수 범주 단항형 인칭 표시 대격형 격표시 명사유별* 중복 결여* 포괄인칭 결여*
	잔존군	캅카스제어 수메르어와 그 밖의 고대 오리엔트제어 바스크어, 케트어, 브루샤스키어	다항형 인칭 표시 능격형 격 표시
	주변 경계군	축치-캄차카어족 이누이트-알류트어족 티베트-버마어족	복식/단식유음 체언형/용언형 형용사
환태평양연안언어권	남방군 (오스트릭대어족)	한어(중국어)	단식유음
		먀오-야오어족 따이까다이어족 오스트로-아시아어족 오스트로네시아어족	용언형 형용사 수 범주의 결여 명사유별 결여 분류사
	북방군 (환동해· 일본해제어)	한국어 일본어 아이누어 길랴크어	중복 형태법 다항형 인칭 표시* 중립형 격 표시* 포괄인칭*

[표 4.20]에서 분명히 나타나는 것과 같이, 유라시아의 여러 언어들은 '유라시아 내륙 언어권'과 '환태평양 연안 언어권'이라는 두 개의 커다란 언어권으로 나눌 수 있다. 이것은 이미 서술한 한 바와 같이(본 장 3절), 유라시아 언어들의 계통적 분류에 있어서 가장 기본적인 구분이 되는데, 이를 요약하자면 아래와 같다.

유라시아 내륙 언어권을 특징짓는 주요한 언어 특질은 (1) 복식유음(/l/과 /r/의 구분) (2) 체언형 형용사 (3) 문법적으로 의무화된 명사의 수 범주

(4) 명사유별(=문법적 성) (5) 중복 형태법의 결여 (6) 포괄인칭의 결여이다.

그에 대하여 태평양 연안 언어권의 눈에 띄는 특징으로는 (1) 단식유음 (2) 용언형 형용사 (3) 명사에서 수 범주의 결여 (4) 수사유별 (5) 중복 형태법 (6) 포괄인칭이다.

이러한 두 언어권은 다시 각각 그 내부에 둘 내지 세 개의 하위 언어권으로 분류할 수 있다.

4.11.1. 유라시아 내륙 언어권과 그 하위 분류

먼저 유라시아 내륙 언어권은 '중앙군'과 '잔존군'이라는 두 개의 언어군으로 세분할 수 있다.

중앙군에 속하는 것은, 아프로-아시아의 분파인 셈어족, 인도-유럽어족, 우랄어족, 투르크·몽골·퉁구스 등을 포함하는 알타이제어, 그리고 드라비다어족이다. 이들을 특징짓는 것은, 위에서 열거한 공통점 외에 (7) 동사 쪽에서 문법상의 주어만을 표시하는 단항형 인칭 표시와 (8) 명사에서 대격형 격 표시이다. 단, 이들 내륙형 언어의 여덟 가지 특징을 온전히 갖추고 있는 것은 셈어족과 인도-유럽어족뿐이고, 우랄어족과 투르크어족은 (4) 명사유별(=문법적 성)을 결여하고, 또 몽골과 퉁구스 두 어족은 (4)의 특징이 빠져 있는 동시에 (6)의 포괄인칭이 존재하는 비(非)내륙적 특징을 가지고 있다. 한편 드라비다어족은 다른 내륙 중앙군과 공통적으로 (4)의 명사유별을 가지면서도 (5)의 중복 형태법 및 (6)의 포괄인칭에 대해서는 비내륙적인 성격을 가지고 있다.

이와 같은 점을 감안하면 내륙 중앙군 중에서도 가장 중핵적인 위치를 차지하는 것은 셈, 인도-유럽, 우랄, 투르크의 네 어족인데, 그에 비해 몽골과 퉁구스의 알타이계 두 어족과 드라비다어족은 이 언어군 안에서 약간 주변적인 위치에 있다고 할 수 있겠다.

이러한 중앙군에 대해 잔존군으로 보이는 것은 캅카스제어와 수메르어, 그 밖의 고대 오리엔트 계통의 고립 언어, 바스크어·케트어·부르샤스키 어 등의 유라시아 내륙의 고립 언어 또는 언어군이다.

이들 언어들은 내륙 중앙군과는 몇 개인가 공통된 특징을 함께 가지고 있지만, 동사의 다항형 인칭 표시와 명사의 능격형 격 표시라는 두 개의 특징 때문에 중앙군과는 명확한 선을 긋는다. 또 지리적 분포를 보면, 중앙군은 서로 이어져 있는 광역의 분포를 이루고 있는 데 비해 잔존군은 그러한 광역 분포 안에서 점점이 흩어져 있는 형태로 분포한다.

이러한 분포적 특성을 보더라도 내륙 언어권 안에서 중앙군은 연대적으로 새로운 층을 반영하고, 잔존군은 좀 더 오래된 층을 반영하고 있다는 점이 명확해진다. 내륙 중앙군을 구성하는 여러 어족들이 이러한 광역 분포를 이루게 된 것은, 아마 지금으로부터 5~6천 년 전부터 이들 지역에 본격적인 농경 생활이 시작되고 금속의 사용이 전파된 후부터라고 봐도 좋을 것이다.

위에서 유라시아 내륙부의 오래된 언어층의 생존물이라고 한 잔존군의 연장선상에서, 아마 이들과 계통적으로 연결되어 있는 언어군으로 [표 20]에서 주변경계군이라고 이름 붙인 언어들이 있다. 즉, 시베리아 북동부 구석에서 북미의 극북(極北) 지역에 이르는 축치-캄차카어족 및 이누이트-알류트어족, 그리고 히말라야 지역에서 동남아시아까지 분포하는 티베트-버마어족이 바로 그것이다.

이들 어족은 모두 다항형 인칭 표시와 능격형 표시라는 두 가지 특징을 내륙 잔존군의 여러 언어들과 공유하는데, 다른 한편으로는 단식유음이나 용언형 형용사를 가졌다는 점에서 태평양 연안 언어권과 공통된 모습을 보이기도 한다. 그런 의미에서 이 언어군은 내륙 언어권과 연안 언어권 사

이에 이른바 경계 영역과도 같은 위치를 차지한다고 해도 될 것이다. 이미
여러 번 다룬 바와 같이, 특히 티베트-버마제어는 그 안에 내륙형에 가까
운 '서방군'과, 연안형적 특징이 우세한 '동방군'이라는 두 가지 하위 부류
가 병존하고 있다.

  참고로 지금까지 유라시아의 여러 어족을 계통적으로 더 상위의 대어족
으로 묶으려고는 시도가 여러 형태로 이루어졌는데, 그 중에서 가장 유명
한 것이 이른바 <노스트라스설(Nostratic theory)>이다. 여기에도 여러 가
지 가설이 있는데, 그 중 가장 핵심적인 주장은 셈어족ㆍ인도-유럽어족ㆍ
우랄어족ㆍ알타이어족을 '노스트라스'(라틴어로 '우리들의 향토')라고 불리는
하나의 대어족에 포함시키는 것이다. 이들 언어군은 이상하게도 본고에서
제안된 '내륙 중앙군'과 상당한 일치를 보인다. 이러한 가설 중에 오래된
것은 덴마크의 언어학자 페데르센(Holger Pedersen, 1867~1953)으로까지 거슬러
올라가는데(Pedersen, 1931:336ff.), 이를 계승한 최근의 주요 연구로는 Illych-
Svitych(1971~1984), Bomhard(1984), Dolgopolosky(1998) 등이 있다.
  또한, 근래 그린버그와 그의 제자인 루렌(Merritt Ruhlen, 1944~)이 제창한
'유라시아 대어족'설에 따르면, 여기에는 (1) 에트루리아어 (2) 인도-유럽어
족 (3) 우랄-유카기르어족 (4) 알타이어족 (5) 한국어ㆍ일본어ㆍ아이누어
(6) 길랴크어 (7) 축치-캄차카어족 (8) 이누이트-알류트어족의 여덟 개 어
족 또는 언어군을 포함된다(Greenberg, 2000:279ff.). 이것은 기존의 노스트라
스설은 물론 본고에서 제시한 틀과도 분명한 차이가 있다.
  지금까지 제기된 이러한 대어족설에 대하여 여기서 깊이 들어갈 여유는
없지만, 어찌 됐든 이와 같은 가설의 바탕이 되는 방법론은 전통적인 비
교방법의 연장선에 있는 것이기 때문에 본고의 접근 방법과는 근본적으로
다르다는 점만 마지막으로 덧붙여 두고 싶다.

4.11.2. 환태평양 연안 언어권과 그 하위 분류

환태평양 연안 언어권은 지리적인 위치에 따라 남방군과 북방군의 두 하위군으로 분류할 수 있다.

4.11.2.1. 연안 언어권 남방군(오스트릭대어족, Austric languages)

먼저 남방군은 중국 대륙에서 동남아시아, 더 나아가서 남태평양의 여러 섬들까지 광대한 분포권을 이루고 있다. 거기에 포함되는 어족은 먀오-야오, 따이까다이, 오스트로-아시아, 오스트로네시아의 네 어족인데, 거기에 티베트-버마어의 한 지파라고 할 수 있는 한어(중국어)가 이 언어군의 일원으로 포함된다는 점을 주의하지 않으면 안 된다.

▌중국어의 성격과 그 위치

티베트-버마(혹은 시노-티베트)어족 안에서 중국어는 본고에서 다룬 언어 특징에 관한 한 완전히 연안 언어권의 유형에 속하는데, 이것은 중국어라는 언어가 형성돼 온 특수한 역사적 요인 때문일 것이다.

미국의 티베트-버마어 학자 매티소프(James Matisoff, 1937~)120)의 가설에 따르면, 시노-티베트어족의 공통 시대는 아마 지금으로부터 6,000년 전이고, 그 원주지는 아마 티베트 고원의 동부, 황하와 양자강의 원류 사이에 끼어 있는 부근일 것이라고 한다(Matissof, 1991:4470). 거기에서 일부의 집단이 황하를 따라 북동진하여 지금으로부터 3,000여 년 전에 황하 중류 지역에 정착한 것이 훗날 중국 민족의 시작이라고 보고 있다. 그러나 황하 유역에는 그 이전부터 티베트-버마계와는 다른 언어를 사용하는 민족이 거주하면서 고도의 농경 문화를 발달시키고 있었다. 중국 전설사에서 알려

---

120) [옮긴이] 미국 캘리포니아 버클리대학교 명예교수. 티베트-버마어족과 남아시아의 여러 언어들을 연구한다.

진 하왕조나 갑골문자를 남긴 은(또는 상) 문화의 담당자들까지도 그러한 선주 민족이 아닐까 하는 설도 나오고 있다(예를 들면 Benedict, 1972:197 등).

티베트-버마계 집단이 '중원'에 진출한 정확한 시기야 어찌 됐든 훗날의 중국어는, 티베트-버마어가 선주민의 언어 위에 덧씌워진 형태로 형성되었다고 보지 않으면 안 된다. 기록에 나타난 중국어가 옛 티베트-버마어로 추정되는 것과 현저히 다른 모습을 보이는 것은, 이러한 선주민 언어와 접촉하여 혼합된 결과라고 생각하는 것이 가장 자연스러울 것이다.

중국어의 '고립어'적인 성격은 19세기의 언어학자들에 따르면 인류 언어의 가장 원시적인 단계로 여겨졌는데, 이것은 완전히 터무니없는 미신에 불과하다고 하지 않을 수 없다. 강력한 언어적 접촉으로 인해 만들어진 혼합 언어의 전형은 피진(Pidgin)[121]과 크레올(Creole)[122]인데, 이들 언어에 공통적으로 보이는 특징은 문법 전반의 단순화, 특히 명사나 동사의 형태법 상실이다. 또, 이러한 형태법의 상실은 통사적 측면에서 SVO어순과 연결된 중립형B의 격 표시(본장 3.2절 참조)를 가진 언어 유형의 출현과 밀접한 관련이 있다.

앞서 말한 바와 같이, 세계에서 피진-크레올이라고 불리는 거의 대부분의 언어는 SVO형의 어순을 가지고 있고, 거기다 그 어순은 지배의 방향성이 일관적이지 않다는 의미에서 종종 부정합하다. 이렇게 보면, 옛 중국어가 형태법을 거의 결여하는 것이나 부정합한 SVO 어순을 가지는 것 등[123] 티베트-버마어의 본래 모습과는 현저히 다른 언어적 양상을 보이는

---

121) [옮긴이] 서로 말이 통하지 않는 외부의 무역상과 현지인들이 만나면서 의사소통을 위해 자연스럽게 만들어 낸 혼성어. 어휘가 매우 단순하고 복잡한 문법 규칙은 없다.

122) [옮긴이] 의사소통이 되지 않는 언어를 쓰는 사람들 사이에서 자연스럽게 형성된 언어인 피진(Pidgin)이 그 사용자 자손들에게 모어화된 것을 말한다. 크레올에서는 피진의 단순함을 넘어서 여러 가지 복잡한 언어 현상이 나타난다.

123) 중국어 어순의 부정합성과 그것의 크레올적인 성격에 대해서 Matsumoto(1992:160f.) 참조.

것은, 그 배후에 크레올화라고 해도 좋을 만한 활발한 언어접촉이 일어났음을 짐작하게 한다.

그러나 한편으로 중국어는, 또한 마치 유럽 세계의 라틴어와 같이 이후 연안 언어권의 역사 속에서 그 영역이 급속히 팽창되어 강력한 영향력을 발휘했다는 사실도 놓치면 안 된다. 특히 남방군의 중심부를 특정짓는 '단음절형 성조 언어'라는 특이한 언어 유형, 또 그것과 연관된 인칭무표시나 중립형B 격 표시의 확산은 중국어의 존재 없이는 생각할 수 없다. 또한 한국어와 일본어가 공유하는 일련의 언어적 개신(改新) 역시, 적어도 그 일부(예를 들어 인칭 표시의 상실이나 경어법의 발달)는 중국어의 영향 때문에 발생한 것이라고 봐도 좋을 것이다.

참고로 이와 같이 중국어를 티베트-버마제어 중 한 언어와 옛 토착민의 연안형 언어들 중 한 언어와의 혼합어라고 보는 입장은, 동시에 먀오-야오어족과 따이까다이제어를 중국어와 동계로 취급하는 '확대 시노-티베트어족'설과는 확실히 선을 긋는 것을 의미한다는 점에 유의해야 할 것이다. 중국뿐 아니라 일본의 여러 학자들에게도 종종 지지를 받고 있는, 이러한 확대설은 동계 관계에 유래하는 공통 특징과 언어접촉으로 생겨난 유사 특징을 잘못 살핀 결과라고 하지 않을 수 없다.124)

124) 최근 일본어 계통론 중에서도 일본어를 피진-크레올적인 일종의 혼합어라고 보는 설이 때때로 약간 가벼운 형태로 제창되는 일이 있다. 그러나 기록에 나타나는 것을 보는 한, 일본어의 구조적 특징 중에 피진-크레올적인 성격을 입증하는 언어 사실을 실제로 지적한 사람은 내 생각에 거의 없다. 이러한 종류의 혼합설은, 논자들이 주장하는 동계만으로는 처리할 수 없는 잉여 부분을 설명하기 위한 일종의 도피처에 지나지 않는다고도 할 수 있다. 실제로, 고대어 이후 현대에까지 남아 있는 'ヵ変', 'サ変'이라고 불리는 불규칙한 동사 활용은 피진-크레올화의 프로세스에서는 아마 가장 먼저 잃어버릴 것 같은 언어 현상이다. 또한 한편으로 일본어의 어순은 가장 오래된 기록에서부터 놀랄 정도로 수미일관한 SOV형으로, 피진화의 영향 등 조금도 보이지 않는다. 언어접촉으로 촉발된 조어법의 단순화는 오히려 한국어나 류큐방언에서 보이는 어느 일률화된 동사 활용에서 볼 수 있다.

▌계통적 단위로서 오스트릭대어족

연안 언어권의 남방군을 구성하는 네 개의 어족 중 일부 또는 그들 전체를 하나의 대어족으로 묶으려는 시도는 지금까지 수없이 많이 있어 왔다. 예를 들면 오스트로네시아제어와 오스트로네시아제어를 포함하는 독일의 민속학자 W. 슈미트(Wilhelm Schmidt, 1868~1954)가 제시한 '오스트릭어족설'(Schmidt, 1926), 먀오-야오, 따이까다이, 오스트로네시아의 세 어족을 동계로 간주하는 P. 베네딕트(Paul K. Benedict, 1912~1997)의 '오스트로-타이어족설'(Benedict, 1975), 네 어족 전체를 통괄하는 그린버그의 '오스트릭어족설'(Ruhlen, 1987:153) 등이 바로 그것이다.

여기서 이들 남방군이 분포하는 동남아시아 및 오세아니아 지역의 선사적 배경에 대하여 덧붙이자면, 현재 이들 언어가 가장 많이 집중해 있는 인도차이나 반도에서 인도네시아에 이르는 지역은 후기 구석기시대의 최종 빙하 최한기를 정점으로 하여 100미터 전후의 해수면이 내려가, 이른바 '순다대륙붕(Sunda Shelf.)'이라고 불리는 유라시아 대륙에서 튀어나온 아대륙을 형성하고 있었다([지도 9 후기 구석기시대의 태평양 연안부의 지형] 참조).

그리고 당시 이 지역에 거주하고 있었던 것은, 현재 필리핀이나 말레이 반도의 일부에 잔존해 있는 네그리토족(Negrito),[125] 혹은 안다만 제도(Andaman Islands)[126]의 주민이나 인도 남부의 베다계(Vedda people)[127] 주민의 선조에 해당하는 집단들이었다. 그들이 사용했던 언어는, 지금까지 본고에서 다룬 태평양 연안형과는 다른 계통의 것이었으리라 여겨진다. 따

---

125) [옮긴이] 동남아시아에서 뉴기니섬에 걸쳐 사는 소수 민족으로, 말레이계 민족이 퍼지기 전에 살았던 선주민으로 여겨진다. 안다만 제도의 12개 민족, 말레이반도와 동수마트라의 세만, 필리핀의 아에타족, 아티족 등 4개 이상의 민족, 뉴질랜드의 타피로 등이 네그리토족에 속한다.

126) [옮긴이] 벵골 만에 위치한 576개의 섬들로 이루어져 있으며, 그 중 26개 섬에 사람이 살고 있다.

127) [옮긴이] 스리랑카의 산간부에서 주로 수렵과 채집으로 생활하는 민족.

라서 연안부 남방군의 여러 언어가 이 지역에 퍼진 것은 신석기시대에 들어와서부터이고, 그 결과 이 지역의 언어 지도가 거의 전면적으로 다시 그려지게 된 것이다. 이들 순다아대륙(Sunda subcontinent)의 선주민들은 중앙아프리카의 피그미족과 같이 스스로의 언어를 잃어버린 채 새로 이주해 온 사람들의 언어를 흡수했던 것이다.

오스트로네시아제어를 사용하는 집단이 자신들의 고향인 대만을 떠나 이 지역에 진출한 것은, 지금으로부터 아마 5,000~4,000년 전 이후의 일로 보이는데, 오스트로-아시아제어의 남하 역시 이와 거의 동시에 일어났을지 모르겠다.

어찌 됐든 남방군 언어들의 고향은, 순다대륙붕이 아니라 아마 중국 남부의 태평양 연안부인 것으로 여겨져 북방의 환동해·일본해제어에 좀 더 근접해 있었을 것으로 보인다. 한편, 원래 순다아대륙의 선주민들이 사용했던 언어는 연안형이라기보다 오스트레일리아 선주민 언어나 뉴기니아의 파푸아계 언어에 가까운 유형이었을 가능성이 높다. 오스트레일리아와 뉴기니아 섬 역시 후기 구석기시대에는 하나로 연결된 채 이른바 '사훌(Sahul)'128)이라고 불리는 대륙을 형성하며 순다대륙붕 바로 근처에까지 다가와 있었다.

4.11.2.2. 연안 언어권 북방군 : 환동해·일본해제어

연안 언어권의 남방군은 분포 영역도 넓고 그 안에 포함되어 있는 언어 수도 굉장히 많기 때문에 확실히 '대어족'이라는 이름을 붙일 만하지만, 북방군의 경우는 적어도 현 상태에서 보는 한 동해·일본해를 둘러싼 극히 좁은 지역에 분포하는 고작 네 개의 고립 언어인 길랴크어, 아이누어, 일

---

128) [옮긴이] 오스트레일리아 본토와 뉴기니 섬, 테즈메니아 섬 및 주변 섬으로 이뤄진 대륙을 말한다. 빙하기에는 이 셋이 모두 하나의 대륙으로 연결되어 있었다.

본어, 한국어로 이루어져 있을 뿐이다. 본고에서는 이 언어군을 환동해·일본해제어라고 부르는데, 물론 이를 오스트릭대어족에 빗대어 환동해·일본해대어족이라고 부를 수도 있고, 또 그렇게 부르는 쪽이 더 적절할지도 모르겠다.

환동해·일본해제어는 태평양 연안 언어권의 한쪽을 대표하는 언어군으로서 (1) 단식유음 (2) 용언형 형용사 (3) 명사에서 수 범주의 결여 (4) 명사유별의 결여 (5) 수사유별 (6) 중복 형태법의 여섯 가지 연안형 특징을 남방의 오스트릭대어족과 공유하고 있다. 그러나 한편으로 동사의 인칭 표시, 명사의 격 표시, 포괄인칭의 세 가지 특징은 남·북 모두 그 안에 커다란 언어적 차이를 가진다.

즉, 남방군에서는 주변부에 다항형 인칭 표시가 산재해 있는 반면(문다제어, 동부 인도네시아부터 미크로네시아의 오스트로네시아제어, 그리고 주변부의 티베트-버마어), 그 중심부에는 인칭무표시 및 SVO 어순과 연결된 중립형B의 격 표시가 연속적으로 넓은 분포를 보인다.

또 이 언어권은 단어의 단음절성 및 그것과 불가분의 관계에 있는 복잡한 성조 현상을 동반한 '단음절형 성조 언어'라는 특이한 언어적 특징을 갖는다. 지금까지 살펴본 바와 같이, 남방군에서 이러한 언어 유형이 출현한 것은 연대적으로 그렇게 오래된 것은 아니다. 대략 과거 2,000~3,000년 전 오랜 기간에 걸쳐 일어난 일종의 언어연합 현상의 산물인데, 거기에 큰 영향을 미친 중국어의 역할에 대해서는 앞서 살펴본 바와 같다.

한편 환동해·일본해제어에서는, 북쪽의 아이누어와 길랴크어에 다항형 인칭 표시, 중립형 격 표시, 포괄인칭이 나타나는 반면, 남쪽의 한국어와 일본어는 둘 다 인칭무표시, 대격형 격 표시, 포괄인칭의 결여(단, 류큐방언은 제외)와 같은 특징이 나타난다. 이에 대해서는 이미 앞서 서술한 바와 같이, 아이누어와 길랴크어에서 보이는 특징이 환동해·일본해제어(및 연안 언어권 전체)가 본래 가지고 있던 것으로, 한국어와 일본어는 그것을 상실한 결과 현재와 같은 언어적 차이가 생기게 된 것이라고 생각하지 않으면 안 될 것이다.

아이누어 · 길랴크어뿐 아니라 연안 언어권 전체에서 한국어와 일본어만을 이어주는 눈에 띄는 공통 특징은 이미 예를 든 것 외에도 다음과 같은 특이한 현상들이 있다.

1. 동사 활용에 포함된 경어법. 예를 들어, 옛 일본어에서 <書ク[kaku]쓰다)>와 <書カ-ス[kaka-su](쓰시다)>, <取ル[Toru](취하다)>와 <取ラ-ス[tora-su](취하시다)>, 한국어에서는 <보-다>와 <보-시-다>, <가-다>와 <가-시-다> 등 잃어버린 인칭표시에 대한 대체보상이라고 할 만한 역할을 하고 있다. 경어법을 발달시킨 연안부 언어 중에서도 동사의 형태법 속에 포함된 이러한 경어법은 일본어와 한국어를 제외하면 다른 언어에서는 전혀 그 예를 찾아볼 수 없다.
2. 유표인 주격 표시, 즉 현대 일본어의 <ガ>(고대 일본어에서는 <イ>)와 한국어의 <이/가>. 이와 같이 주격에 특별한 표식이 나타나는 것은 아메리카의 일부 언어(호카제어 · 해안제어)에서 보이지만 유라시아 언어 안에서는 극히 드물다.
3. 이른바 <ハ(은/는)>와 <ガ(이/가)>의 구분. 즉, 전자는 화제 제시, 후자는 주격을 표시, '코끼리는 코가 길다'식의 '이중주어'라고 불리는 특이한 통사법. 이중주어의 현상 자체는 세계 언어 속에서 결코 드문 것은 아니지만, 명시적인 형식을 사용하여 화제 제시와 주격 표시를 구분하는 것은 매우 특이한 현상이다.

이와 같이 한국어와 일본어만을 연결하는 언어적 특징은, 두 언어가 극히 가까운 관계에 있었다는 점을 증언하기에 충분하다. 그러나 이러한 특징들도 남방군에서 단음절형 성조 언어의 발생과 동일하게 그다지 오래 전의 시기에까지 거슬러 올라가는 것은 아니다. 이 현상들은 모두 경어법이나 대격형 격 표시라는 언어적 개신의 한 국면으로서 발달한 것으로 보이기 때문이다. 따라서 이러한 현상들은 두 언어의 오래된 동계 관계에 뿌리박고 있는 것이 아니라 일본 열도에 농경의 전래와 함께 들어온 여러 혁신적 기술이 야기한 조몬 말기 혹은 야요이시대의 개막 이후에 생긴 것이라고 보는 것이 맞을 것 같다. 하니와라 카즈로(埴原和郎, 1927~2004)[129]에 따르면, 야요이시대부터 8세기까지 약 1천 년 사이에 한반도에서 일본 열도에 넘어 온 사람들의 수는 120만 명 이상이라고 한다(Hanihara, 1987). 당시의 인구 규모를 생각해 보면 놀라울 정도로 많은 수이다. 그렇다고 한다면 이들 도래인(渡來人)들이 언어접촉의 강력한 매개체가 되었으리라는 것은, 당연히 생각할 수 있는 부분이다.

여기에 조금 더 덧붙이자면, 지금까지 일본어와 한국어 사이에 지적되어 온 '공통 어휘'라고 여겨지는 것들에는 수사·신체 명칭·친족 명칭 등의 기초어휘가 아니라 오히려 농경 관계와 그 밖의 문화적인 어휘가 많이 포함되어 있다. 이들도 두 언어의 긴밀한 접촉을 알려주고 있다고 해도 좋을 것이다. 예를 들면,

[표 4.21] 일본어와 한국어 사이의 '공통 어휘'

일본어	pata	nata	taku	sitok	kasa
한국어	pat	nat	tak	stək	kat
일본어	kusi	kusiro	kopori	tera	
한국어	kot	kosïr	kopʌr	cŏr	

이들은 동원어로 거슬러 올라가기보다 오히려 이 시기에 이루어진 언어의 접촉·차용으로 인해 생겼다고 봐야 할 것이다.

---

129) [옮긴이] 일본의 자연인류학자. 도쿄대학 명예교수, 국제일본문화연구센터 명예 교수를 역임했다.

이와 같이 한국어와 일본어가 공유하는 일련의 언어적 개신의 결과, 마치 내륙 언어권에서 신·구의 두 가지 언어층이 출현했던 것처럼 그 규모는 훨씬 작지만 환동해·일본해 지역에서도 아이누어·길랴크어로 대표되는 오래된 언어층과 한국어·일본어로 대표되는 새로운 언어층 사이에 차이가 생겨나게 된 것이다. 이러한 새로운 언어층의 출현은 마치 내륙부에서 대규모 어족이 확산됐던 것처럼 그때까지 긴 세월 동안 환동해·일본해 지역의 특징으로 여겨졌던 소언어의 밀집 상황(아마 백인이 오기 전의 북미 캘리포니아나 북서 해안에 필적하는 상황)이 일거에 해소되었음을 알려준다. 결과적으로 그 후 한반도와 일본 열도의 대부분은 '신석기 혁명'의 파도를 탄 두 개의 신흥 언어로 완전히 뒤덮이게 된 것이다.

이러한 언어적 개신과 확산의 중심은 아마도 한반도였을 것이다. 지리적 조건으로 봤을 때 언어를 포함한 모든 면에서 대륙의 영향을 가장 직접적으로 받았기 때문이다. 그러나 열도 북부에 위치해 있던 아이누어는 이러한 확산의 큰 파도를 간신히 모면하여, 현재 환동해·일본해제어의 옛 모습을 전해 주는 더할나위 없이 귀중한 증인이 된 것이다.

참고로 조몬시대 중기 일본 열도의 인구는 최대 25만 내지 30만 명 정도였을 것이라고 한다. 한편, 백인들이 오기 전 캘리포니아의 인구는 약 30만 정도인데, 약 80개 정도의 언어가 사용되었고(Heizer, 1978:80ff, 91ff.), 또 같은 시기에 북서 해안에서는 약 20만의 주민이 약 45개의 다른 언어를 사용했다(Suttles, 1990:135ff.)고 한다. 두 지역 모두 토기를 사용했던 것으로 보이지만 농경은 모른 채 경제적으로 일본의 조몬시대와 거의 비슷한 단계에 있었을 것으로 추정된다. 이것으로 유추해 볼 때, 조몬시대의 일본 열도에서 사용되었던 언어의 수 역시 상당히 많았을 것으로 보인다. 또 아마 한반도 역시 동일한 다언어 상황에 놓여 있었을 것이다. 농경 전의 환동해·일본해 지역과 북미의 북서 해안은 자연 환경이나 생산 형태의 측면에서 상당히 유사한 모습을 보이기 때문이다(Ames & Maschner, 1999).

어찌 됐든 지금까지 많은 학자들이 주장해 온 일본어와 아이누어 사이의 현저한 언어적 차이는, 언어 계통의 근본적인 차이가 아니라 동계 언어군 내부에 있는 언어층의 차이에 기인한 것일 테다.

4.11.2.3. 인칭대명사에 보이는 광역 분포

마지막으로 덧붙이자면, 본고에서는 다루지 않았지만 유라시아 내륙 지역의 여러 언어를 연결하는 또 하나의 흥미로운 언어 현상으로 1인칭 /m-/, 2인칭 /t-/(또는 /s-/)의 특징을 갖는 인칭대명사의 형태가 있다. 이러한 인칭대명사의 유형은 남캅카스(카르트벨리)제어, 인도-유럽어족, 우랄어족, 알타이제어, 유카기르어, 축치-캄차카제어까지도 포함하여 여러 언어군에서 공유되고 있는데, 매우 드넓은 지역이지만 분명한 모습으로 연속적인 분포를 보이고 있다(알타이제어에서는 1인칭 /m-/은 종종 /b-/으로 교체되어 나타난다).

한편 미국에서는 일찍부터 전문가들 사이에서 널리 알려져 있었던 것과 같이, 1인칭 /n-/과 2인칭 /m-/의 형태를 가지는 인칭대명사가 남북 양 대륙에 걸쳐 광범위한 분포를 보이는데, 이는 그린버그의 '아메린드대어족'설의 유력한 근거가 되기도 했다(Greenberg, 1987:49ff.).

그러나 인칭대명사의 이러한 형태는 그린버그가 주장하는 것처럼 이누이트-알류트와 나-데네의 두 어족을 뺀 아메리카 전역에 구석구석 분포하고 있는 것은 아니다. 이러한 유형의 인칭대명사는 본고에서 확인된 수사 유별의 분포와 겹치는데, 북미에서는 태평양 연안부와 메소아메리카(단, 오토망게어족은 제외), 남미에서는 아마존 서부와 태평양 쪽 안데스 산지의 여러 언어에 한정되어 있다. 지금까지는 이 대명사가 아메리카 대륙 이외의 곳에서는 나타나지 않는 것으로 여겨 왔으나, 사실은 본고의 초점이 되는 유라시아 대륙의 '태평양 연안 언어권'에도 그에 상응하는 대명사의 형태를 찾을 수 있다.

즉, '남방군'에서는 오스트로-아시아제어의 인칭대명사는 거의 전면적으로 1인칭 /n-/, 2인칭 /m-/으로 나타난다. 또 먀오-야오·따이까다이·오스트로네시아의 여러 언어들에서는 1인칭에 /k-/라는 형태가 나타나지만 2인칭에는 거의 일률적으로 /m-/이라는 형태가 나타난다. 1인칭에서 /k/와 /n/의 형태는 미국의 상당히 많은 언어들에서도 공존하는데, 이러한 현상은 '북방군', 즉 환동해·일본해제어의 아이누어에서도 나타난다(주격 ku ~ 목적격 en). 환동해·일본해제어에서도 2인칭의 형태는 언어마다 크게 다르지만, 1인칭은 일본어 이외의 언어에서 전부 /n/가 나타나고(한국어 na, 길랴크어 ñi, 아이누어 en), 또 일본어에서 2인칭으로 나타나는 /na/ 역시 원래는 1인칭에서 건너온 것으로 보인다. 어찌 됐든 환태평양 연안 언어권의 인칭대명사 형태는, 위에서 든 유라시아 내륙부와는 명확한 선을 그은 채 독자적인 하나의 묶음을 이루는 것으로 보인다.

또 Nichols & Peterson(1996)은 1인칭 /n/과 2인칭 /m/이라는 형태의 인칭대명사가 미국 이외에 뉴기니아 북부의 일부 언어에서도 나타난다고 지적하며 이 대명사 형태의 '환태평양'적 분포를 시사하고 있는데, 저자들이 가진 매우 적은 데이터로는 유라시아 연안 언어들에서 대명사 분포의 실태가 완전히 파악할 수는 없었다.

하여튼 세계 여러 언어에서 인칭대명사의 분포는 개별 어족을 넘어 언어의 먼 친족 관계와 밀접한 관련이 있는 것으로 보이며, 본고에서 제안한 '환태평양 언어권'에서도 중요한 의미를 맡는다. 그러나 여러 언어의 인칭대명사 시스템은 사실 1·2인칭뿐 아니라 본고에서 다룬 포괄인칭과도 크게 관련이 있어 이들 전부를 포함한 상세한 검토는 앞으로의 과제로 남겨두겠다.

4.12. 태평양 연안 언어권과 아메리카 선주민의 언어들

마지막으로 태평양 연안 언어권과 아메리카 선주민들의 언어 사이의 관계에 대하여 다시 한번 검토하면서 본고를 마치도록 하겠다.

태평양 연안 언어권을 특징짓는 언어 현상의 대부분이 태평양을 사이에 두고 아메리카 대륙에도 분포하여 문자 그대로 환태평양적인 분포를 보인다는 점은 그동안 여러 차례 언급을 하였다. 그러한 사실을 통해 당연히 아메리카 대륙에 정착한 주민들은 유라시아의 태평양 연안에서 건너 왔다고 하는 추론이 도출된다. 그러나 남북 아메리카 대륙에서 보이는 언어 분포의 놀라운 복잡성과 언어 구성의 다양성을 감안하면 아메리카 선주민이 유라시아에서 이동하여 정착한 것은, 일부의 논자가 주장하는 바와 같이 단기간에 한꺼번에 이루어진 것 같지는 않다.

관점을 북미에 한정하여 살펴봐도, 록키산맥을 경계로 동쪽과 서쪽의 언어 양상은 상당히 큰 차이를 보인다. 동쪽에는 알곤킨 · 이로쿼이 · 카도 · 수 · 해안제어(무스코기제어, Muscogee languages) 등을 포함하고, 서쪽에는 와카시와 살리시의 두 어족, 그리고 여러 소어족을 포함하는 페누티계 및 호카계의 언어들을 포함한다. 더욱이 이들 언어의 북쪽에 분포하는 아사바스카(또는 나-데네)제어는 동쪽 그룹과 서쪽 그룹의 어느 쪽에도 속하지 않은 독자적인 언어권을 형성하고 있는 것으로 보인다.

지금까지의 고찰에서 이끌어낼 수 있는 결과는, 유라시아의 태평양 연안부와 가장 밀접하게 연결되어 있는 것은 북미 동부의 언어들보다 록키산맥 서쪽의 좁은 벨트 지대에 밀집해 있는 북미 서부의 언어들이다. 실제로 북미에서 수사유별을 가진 언어는 서쪽 언어군에 한정되고, 또 명사나 동사 양쪽에서 중복법이 중요한 역할을 하는 것도 서쪽에 속하는 언어들이다. 그리고 특히 수사유별의 분포를 따라가면 이 언어권은 중미의 마야제어와 치브차제어 등을 매개로 남미의 아마존 지역에까지 분포하는 것으로 보인다. 그러나 오로지 그 발자국만을 따라 남미제어와 태평양 연안 언어권의 관계를 정확하게 꿰뚫어 내는 것은 앞으로의 과제로 남기지 않으면 안 될 것이다.

주민들이 아메리카 대륙으로 이동한 지역은 태평양 연안부 전체라기보다 오히려 동해·일본해 지역이었음을 시사하는 유력한 증거가 최근 진화유전학 쪽에서 제기되고 있다.

미국 스탠포드 대학의 유전학자 캐벌리 스포르자(Luigi Luca Cavalli Sforza, 1922~)130)에 따르면, 유전자에 의한 아시아의 다섯 개 주성분(Principal Components) 중 세 번째 성분의 분포 지도가 "지금까지 주목을 받지 않았던" 동해·일본해 지역이 아메리카 대륙을 포함한 주변 지역으로 유전자를 확산시킨 중심이었음을 나타낸다고 한다. 캐벌리 스포르자는 이들의 확산 시기를 확정할 수는 없다고 했지만, 그것이 조몬시대 이전으로 거슬러 올라가 아메리카 대륙의 이주와 연결될 가능성을 시사하고 있다.131)

지금으로부터 약 12,000년 이상 전의 후기 구석기시대에 일본 열도와 그 주변은 100미터 가까운 해수면 저하로 인해 지금과는 전혀 다른 지형이었

---

130) 이탈리아의 집단유전학자. 특히 인간의 유전학적 성질과 인류 집단의 역사에 관한 선구적인 연구로 널리 알려져 있다.

131) The synthetic maps suggest a previously unsuspected center of expansion from the Sea of Japan but cannot indicate dates. This development could be tied to the Jomon period, but one cannot entirely exclude the pre-Jomon period and that it might have been responsible for a migration to Americas. (Cavalli-Sforza et al. 1994:253).
동해·일본해 지역에서 유전자의 확산이 이루어졌다고 하면, 그 시기는 일본 열도가 현재 상태와 같은 바다로 둘러싸인 조몬시대보다도 대륙과 완전히 이어져 있던 최후 빙기라고 생각하는 것이 훨씬 자연스러울 것이다.
또 캐벌리 스포르자의 분류에 의한 제1 주성분은 유라시아의 서쪽에 가장 높고 동쪽에서 줄어들어, 이른바 코카소이드와 몽골로이드의 차이에 거의 대응한다. 제2 주성분은 북쪽에서 가장 높고 남쪽에서 낮아지는 것으로, 몽골로이드의 남북 추이를 반영한다고 여겨진다(Ibid:248f.).

다. 일본 열도의 북쪽은 대륙과 완전히 연결되어 있었고, 동중국해 역시 육지로 되어 있어 열도에 매우 가깝게 다가와 있었으며, 동해·일본해는 지금보다 훨씬 좁은 내해와 같은 모습을 띠고 있었을 것이다([지도 9 후기 구석기시대의 태평양 연안부의 지형] 참조).

당시의 환동해·일본해 지역은 유라시아 내륙의 다른 지역과 비교하여 기후적으로 온화하고 땅과 바다 모두 풍부한 자연 자원으로 축복 받은 곳으로, 인구 밀도 역시 다른 지역보다 훨씬 높았을 것으로 추정된다. 지금으로부터 약 18,000년 전 오키나와의 '미나토가와인(港川人)'132)이나 최근 약 14,000년 전이라고 추정되는 시즈오카의 '하마기타인(浜北人)'133)은 모두 이 시기에 일본 열도에 살았던 귀중한 증인들이다.

일본의 조몬 문화는 후기 구석기시대의 전통을 계승한 것으로 생각되는데, 인류 역사상 가장 먼저 토기를 사용하기 시작한 곳이 다름 아니라 동해·일본해 지역이었다는 점을 생각해 볼 때, 조몬시대보다 앞선 시기의 동해·일본해 지역은 유라시아에서 하나의 문화적 선진 지대, 혹은 적어도 인구 집중지 중 하나였을 가능성이 매우 높다. 동해·일본해 지역에서 아메리카 대륙으로의 이주는 단순한 공상의 산물이 아닌 것이다.

그런데 후기 구석기시대의 북아메리카는, 약 18,000년 전을 정점으로 하는 최종 빙하기의 한냉기에 현재의 캐나다에서 미국 북부에 걸친 일대가 두꺼운 빙상으로 뒤덮여 있어 사람이나 동물의 이동을 완강히 거부하고 있었다. 알래스카에서 내륙을 경유하여 북미의 중앙부로 이동하는 것이

---

132) [옮긴이] 약 1만 7천 년 전에 존재했다고 여겨지는 인종. 예전에는 조몬인의 선조라고 여겨지기도 했으나 최신 연구에 따르면 조몬인의 선조라기보다 오스트레일리아 선주민이나 뉴기니아인에 가깝다고 한다. 1967년 오키나와 미나토가와(港川) 해안에서 발견되었다.

133) [옮긴이] 약 1만 4천 년~1만 8천 년에 존재했다고 여겨지는 인종. 1962년 시즈오카현 하마기타시(浜北市)에서 발견되었다.

가능해진 것은 최종 빙하기의 말기인 약 12,000년 정도 전으로 기후의 온난화와 함께 서쪽의 코디렐라 빙상(Cordilleran ice sheets)과 동쪽의 로렌타이드 빙상(Laurentide ice sheets) 사이에 '무빙회랑(無氷回廊, ice-free Corridor)'134)이 개통된 이후일 것으로 추정한다.

그러므로 동해·일본해 지역에서 아메리카로의 이주는 내륙이 아니라 태평양 해안을 따라 이루어졌다고 생각하는 쪽이 훨씬 자연스러울지도 모른다. 당시의 동해·일본해 지역의 주민은 내륙의 대형 동물 수렵민이라기보다 오히려 바다의 축복에 의지한 해양 어로민의 성격이 강했을 것이기 때문이다. 또 아메리카 이주 시기는 아마 최종 빙하기 말기보다 앞섰을 것이다. 덧붙여, 고야마 슈조(小山修三, 1939~)135)의 추정에 따르면 조몬시대 이전의 일본 열도에서 인구 밀도의 정점은 약 2만 년 전에 있었다고 한다 (Koyama, 1993).

어째 됐든 북미에서 서부와 중·동부 사이의 언어적 차이는, 이 대륙의 중앙부로 주민들이 이주할 때 해안선을 따라 이동한 것이 아니라 다른 코스, 즉 위에서 말한 내륙의 무빙회랑을 이용하여 이주해 온 다른 집단에 인해 생긴 것이라고 생각하는 것이 좀 더 자연스러울 것이다. 이 집단은 아마 동해·일본해 지역과 같은 연안형 주민이 아니라 대형 야생동물을 쫓는 내륙형 수렵민이었음이 틀림없다. 따라서 그 언어는 태평양 연안형이라기보다 오히려 유라시아 내륙 지역의 오래된 언어층과 연결되는 성격을 가지고 있을 가능성도 충분히 생각해 볼 수 있다.

---

134) [옮긴이] 최종 빙하기가 끝나는 1만 3천 년 전부터 1만 1천 년 전 무렵 북아메리카의 코디렐라 빙상과 동쪽의 로렌타이드 빙상이 축소해 가는 과정에서 둘 사이에 얼음으로 뒤덮이지 않은 영역이 출현하여 인류나 동물들의 이동이 가능했다고 여겨지고 있다. 이러한 회랑은 북아메리카의 1만 5천 년 이전의 유적이 몇 개인가 발견되면서 그 이전에도 몇 번인가 존재했다고 여겨지고 있다.

135) [옮긴이] 일본의 문화인류학자이자 고고학자. 국립민속학 박물관 명예 교수.

지금까지 많은 사람들은 '일본어의 뿌리'를 물으면 하나같이 유라시아 내륙으로 눈을 돌렸다. 일본어 계통론이 출구가 없는 막다른 골목에 막혀 오늘날에 이르고 있는 것도 그 때문에 생긴 당연한 결과라고 하지 않을 수 없다. 일본어의 역사는 지금까지 생각해 왔던 것보다도 훨씬 더 먼 과거를 일본 열도 안에 스스로 가지고 있었음을 염두에 두지 않으면 안 된다. 그것은 '신인(新人)'136)이라고 불리는 현대형 인류가 일본 열도와 그 주변 지역에 도래한 후기 구석기시대까지 거슬러 올라가는 것으로, 그 후 더욱이 1만 년에 이르는 조몬시대를 통하여 이 지역에서 발달하게 된 '환 태평양제어' — 과거에는 아마 소언어가 밀집해 있던 혼연일체의 언어권 — 가 분명히 일본어의 모태였을 것이다. 물론 아이누어의 기원도 동일한 토양에 뿌리를 두고 있을 것이다.

동해·일본해 지역은 지금까지 많은 사람이 믿어 온 바와 같이 대륙의 여러 사람들이나 언어들이 흘러 들어온 단순한 집결지인 것이 아니다. 적어도 후기 구석기시대의 어느 시기에는 아메리카 대륙으로 이주할 때 거치는 하나의 거점이었을 가능성도 있지만, 아마 그 후 조몬시대 정도에는 당시 유라시아에서 가장 선진적인 토기 문화를 낳은 지역이기도 하다. 남 태평양 지역에서 라피타식(Lapita式) 토기137)가 출현한 것보다 수천 년 이상 앞서 있다.

여하튼 일본어의 먼 동계어를 열도 외부에서 찾는다고 한다면, 아마 서 방 유라시아보다는 오히려 동남아시아, 나아가서는 태평양 건너편의 훨씬 먼 곳, 아메리카 선주민 언어에 눈을 돌리지 않으면 안 될 것이다. 일본어

---

136) [옮긴이] 현생인류의 속칭. 반면에 네안데르탈인을 구인(舊人)이라고 부른다.

137) [옮긴이] 남서 태평양 멜라네시아 비스마르크제도(Bismarck islands)의 뉴브리튼섬(New Britain isaland)부터 서폴리네시아에 걸쳐 기원전 1600년부터 기원후 1세기까지 사용됐던 오세아니아에서 가장 오래된 토기. 뉴칼레도니아의 섬 라피타(Lapita) 유적에서 출토되어서 이러한 이름이 붙여졌다.

의 모태가 되었을 '환동해·일본해 언어권'은 태평양을 둘러싸고 있는 그 보다 훨씬 더 광대한 '환태평양 언어권'의 일부였을 것이기 때문이다. 어 찌 됐든 일본어의 뿌리를 밝혀내는 작업은, 인류가 유라시아에서 아메리 카 대륙으로 이주해 간 시기와 경로를 해명하는 데 중요한 열쇠가 될 것 이다.

•
•
•

  인류의 아메리카 대륙 이주와 관련하여 종래의 고고학자들 사이의 최대
관심은 '클로비스 Clovis'138)라고 불리는 첨두석기(尖頭石器)와 그것을 사
용했던 집단의 지위를 어떻게 봐야 할까 하는 것이었다. 클로비스 석기는
1930년대 미국 뉴멕시코주 클로비스에서 매머드나 들소 등 대형 야생동물
의 도살장과 함께 처음으로 발견되어, 그 후 북미 각지에서 동일한 유형의
석기가 계속 발견되었다. 이 석기의 주요 출토 지역은 록키산맥 동쪽 기슭
에 펼쳐져 있는 '대평원'과 그 주변인데, 현재로는 알래스카를 제외한 미국
이 거의 전역, 그리고 캐나다나 멕시코의 일부 지역에서도 발견되고 있다.
클로비스석기의 연대는 방사성탄소14측정법에 따르면 대체적으로 11,500~
10,500년 전으로 나오는데, 많은 연구들에서 이것을 아메리카 대륙에 이
주해 온 '최초의 아메리카인'(별칭 '팔레오인디언, Paleo-Indians')139)과 연결시
켜 왔다. 그것은 20세기 후반까지 대부분의 고고학자들 사이에서 '클로비
스 이전'의 확실한 유적이나 유물은 남북 대륙 어디에도 존재하지 않는다
고 하는 견해가 지배적이었기 때문이다. 이와 같은 가정에서 이끌어 낸 인
류의 아메리카 대륙 이주 시나리오는 아마 다음과 같을 것이다.
  최종 빙하기 때 인류는 완전히 육지로 이어진 베링해협의 육지를 건너
시베리아에서 알래스카로 이주해 왔으나, 캐나다에서 미국 북부까지 이
대륙을 전면적으로 뒤덮고 있던 두터운 빙상(동쪽의 로렌타이드 빙상과 서쪽
의 코디렐라 빙상)에 막혀 어쩔 수 없이 그 땅에서 머물렀다. 그러나 빙하기

---

138) [옮긴이] 1920~1930년대 화살촉 같이 뾰족한 모양의 독특한 석기들이 무더기로 발견됐
    던 미국 뉴멕시코주의 지명을 따 붙여진 이름. 아메리카 대륙에서 가장 오래된 구석기
    문화를 가리킨다.
139) [옮긴이] 구석기시대 북미대륙에 정주한 원시적인 고대인들로, 현재 아메리카 선주민들
    의 선조가 된다.

가 종말을 맞은 12,000년 전에 록키산맥 동쪽 기슭의 맥켄지강(Mackenzie River) 유역을 따라서 개통된 무빙회랑을 통해 드디어 북미의 중심부, 즉 록키산맥의 동쪽 기슭에 펼쳐진 대평원에 모습을 나타내기 시작한다.

그들은 끝이 날카로운 클로비스석기를 무기로 당시 이 대륙에 무리 지어 살고 있던 매머드 등의 대형 야생동물을 사냥하면서 일거에 남하하여 남미 남단의 푸에고섬에까지 도달한다. 이 대륙에서 대형 야생동물의 멸종은 마치 이 '클로비스인'의 등장과 시기적으로 일치하는데, 그렇다고 한다면 그 멸종은 이 대륙에 최초로 이주한 사람들 때문이라고 볼 수 있을 것이다. 요컨대, '클로비스인=최초의 아메리카인'은 용감무쌍한 '매머드 사냥꾼'이었던 것이다. 그들은 차례차례로 대형 야생동물을 사냥해 가면서 아마 천 년도 안 되는 단기간에 북미에서 남미 남단까지 한꺼번에 뻗어 나갔던 것이다.

이것이 인류의 아메리카 이주에 대한 통칭 '전격 모델'이라는 것인데 (Martin, 1967; Martin & Klein, 1984), 이 학설은 전문가들뿐 아니라 일반인들 사이에서도 폭넓게 받아들여 왔다. 참고로 언어학에서 그린버그의 '아메린드대어족' 일원설 역시 기본적으로는 이 학설과 연결된다(Greenberg et al., 1986; Greenberg, 1987).

그러나 오랫동안 아메리카 고고학계를 지배해 온 이 학설은, 현재는 별로 지지를 받지 못하고 있다. 확실히 클로비스 이전의 것으로 보이는 유적이 남미 지역에서 발견되었기 때문이다. 그 중에서 가장 확실하고도 중요한 것은, 이미 1970년대부터 발굴 조사가 이루어져 온 칠레 남부(수도 산티아고에서 남쪽으로 약 800km, 태평양 연안에서 약 60km)의 몬테 베르데(Monte Verde)[140] 유적이다. 방사성탄소14에 의한 연대 측정에서 아무리 늦어도 지

---

140) [옮긴이] 칠레 남부의 침엽수림 지대인 몬테-베르데는 방사성탄소연대 측정 결과 약 1만 3천 년~2천 년 전에 사람들이 살았던 흔적이 발견되었다. 현재 남아메리카에서 가장

금으로부터 12,500년 전이라는 판정을 받아 클로비스석기의 연대보다 적어도 1,000년 이상 더 오래된다(Dillehay, 2000). 또 북미에서도 펜실베니아주 남서부의 미도우크로프트암굴(Meadowcroft Rockshelter) 유적이 발견되었는데 이 역시 거의 확실히 클로비스 이전의 유적으로 무시할 수 없는 것이다(Adovasio & Page, 2002). 모두 다 '대형 야생동물 사냥꾼 집단' 모델과는 거리가 먼, 극히 평범한 수렵 채집민의 유적이다.

인류의 아메리카 대륙 이주 문제는 지금까지 발견된 고고학적 증거뿐 아니라 최신 진화유전학의 연구 성과를 토대로 이주 시기나 경로, 여러 집단의 계보 등을 포함한 근본적인 재검토를 요구 받고 있다고 할 수 있겠다.

참고로 1996년 워싱턴 주에 있는 케네윅(Kennewick)의 콜롬비아강 주변에서 발견된 '케네윅인(Kennewick Man)'이라고 이름 붙여진 화석 인골은 지금으로부터 약 9,300년 전의 것으로 추정되는데, 미국에서는 지금까지 알려진 가장 오래된 거의 완전한 인류 화석으로서 커다란 반향을 불러일으켰다(Chatters, 2001). 미국의 고고학자, 인류학자들 쪽에서 그 학문적인 공헌에 커다란 기대를 품었던 것도 당연하다. 그러나 이 인골의 소유권을 둘러싸고 학계와 아메리카 선주민들 사이에 복잡한 소송 문제가 발생하여, DNA와 그 밖의 중요한 학술 조사가 진행되고 있지 않은 상태다.

인류의 아메리카 대륙 이주에 관해서는 고고학뿐 아니라 최근 눈부신 발전을 보이고 있는 진화 유전학 쪽의 유전자(특히 미토콘드리아 DNA와 Y염색체) 계보 해독이 중요한 열쇠를 쥐고 있다.

이 영역에서는 스탠포드대학의 캐벌리 스포르자를 중심으로 한 '인류 게놈 다양성 프로젝트 Human Genome Diversity Project'가 학계의 커다란

오래된 구석기시대 인류의 흔적으로 여겨지고 있다.

기대를 받아 1990년에 발족했다. 그러나 15년 계획인 이 거대 프로젝트는 아마 윤리적인 면과 사회적인 측면에서 충분한 준비와 배려를 하지 않은 탓에 아메리카 선주민들의 여러 집단과 그 밖의 여러 단체의 맹렬한 반발을 사, 결국 도중에 좌절된 것 같다.141)

최근 고고학과 인류학 등 아메리카의 과거와 대면하는 여러 학문들과 아메리카 선주민들 사이에 상호 불신으로 인해 생긴 균열과 마찰, 극단적인 대립은 정말 심각하다. 콜럼버스 이후 백인들이 감당해야 하는 커다란 짐이 지금에 와서 이러한 형태로 학술 연구의 앞길에 커다란 그늘을 드리우고 있다는 점은 우려하지 않을 수 없다.

마지막으로, 본고에서 제시한 일련의 고고학적 연대는 종래의 방사성탄소14에 의한 측정 연대로, 필자가 자기 멋대로 교정(calibaration)한 것이 아니다. 최근의 연대 측정법의 진보에 따라 최종 빙하기 말기에서 완신생기 초기에 걸친 방사성탄소측정 연대는, 현재 제안되고 있는 '역년(曆年) 교정 곡선'에 의해 종래의 탄소14 연대보다도 2,000년 정도 앞당겨야 할 필요가 있다. 이 때문에 학자들에 따라서는 종래의 탄소 14측정 연대의 BP(=현재전)를 BC(=기원전)으로 치환하여 절대 연대의 표시로 하는 경우도 있는데, 혼란을 부르기 쉽다고 생각한다. 참고로 탄소14법의 '현재'는 기원 1950년이다.

즉, 일부의 학자들은 케네윅인의 두개골이 일본의 조몬인이나 아이누인과 유사하다고 지적하기도 한다. 이 점에서도 일본의 후기 구석기시대에 속하는 하마기타인과 미나토가와인의 (DNA 분석도 포함한) 인골 비교 연구가 하루라도 빨리 이뤄지기를 바란다.

---

141) 도중에 좌절된 이 '인류 게놈 다양성 프로젝트'를 대신하여 새롭게 민간 단체(National Geographic과 IBM)의 지원 아래 "Genographic Project"라는 프로젝트가 2005년에 인터넷상에서 발족하여, 미토콘드리아 DNA와 Y염색체를 중심으로 세계적인 규모의 유전자 데이터 수집과 그 분석이 진행되고 있다(Wells, 2006).

4.13. 부속 자료 — 부록 : [표 1~2] 및 [지도 0~9]

[부록 표 1] 유형적 특징의 지역어족적 분포 : 아프리카·유라시아·오세아니아

지역	어족·어족군·고립언어	유음의 유형	형용사의 유형	수 범주	명사 유별	수사 유별	동사의 인칭표시	명사의 격 표시	모음 조화	중복	어순의 유형	언어권	계통 관계
아	교이산 / 중앙	설측·단사	용언형	+	+	-	다항형(분리)·무	중립A	+	+	SOV	남파	전존군
비	교이산 / 남·북	설측·단사	용언형	+	+	-	무표시	중립B	±	+	SVO	북파	중앙군
리	나체로·몽고 / 서	단사·복사	용언형	±	±	-	무·다항형(분리)	중립B	±	+	SOV/SVO		
카	나체로·몽고 / 동·남	단사·복사	용언형	±	±	-	다항형(분리)	중립B	-	+	SVO		
	나일사하라	복사	체언형·용언형	±	+	-	단항형(다항형)	대격형·중립형	±	-	SVO/SOV/VSO		
	아프로·아시아 A	복사	체언형·용언형	+	+	-	단항형	대격형	±	-	VSO/SOV		
유	수메르어	복사	체언형?	+	+	-	다항형?	능격형	-	+	SOV		친 존 군
라	바스크어	복사	체언형	+	+	-	다항형(분리)	능격형	-	-	SOV		
시	케트어(예니세이)	단사?	체언형?	+	+	-	다항형(분리)	중립A	-	-	SOV		
아	부르샤스키어	복사	체언형	+	+	-	다항형(분리)	능격형	+	+	SOV		
	북캅카스어	복사	용언형	+	+	-	다항형(분리)	중립A	±	-	SOV		중 하 군
	북서캅카스어	복사	체언형	+	+	-	단항형	능격형	±	+	SOV/SVO		
	남캅카스	복사	체언형	+	+	-	단항형	능격형	-	-	VSO/svo		
	아프로·아시아 B(셈)	복사	체언형	+	+	-	단항형	대격형	-	+	SOV		
	드라비다	복사	체언형[용언형]	+	+	-	단항형(다항형)	대격형	-	-	SOV/SVO/VSO		
	인도·유럽	복사	체언형	+	+	-	단항형	대격형	-	-	SOV		할 머
	우랄·유캅[유카기르]	복사	체언형	+	+	-	단항형	대격형	+	-	SOV		
	투르크	복사	체언형	+	+	-	단항형(무표시)	대격형	+	+	SOV		
	몽골	복사	체언형	+	+	-	단항형(무표시)	대격형	+	-	SOV		

지역 어족·어족군·고립언어	음운의 유형	형용사의 유형	수 범주	명사 일치	수사 일치	동사의 인칭표시	명사의 격 표시	포함관계	중복	어순의 유형	언어권	계통관계
퉁구스	단식·복식	체언형	±	−	−	단항형(무표시)	대격형	+	−	SOV		
티베트·버마 / 서	복식	체언형	+	−	±	무·다(일체)	능격형·중립형	±	−	SOV		
티베트·버마 / 동	단식	용언형	−	−	±	무표시	중립A	±	−	SOV		
한어(漢語)	단식	용언형	−	−	+	무표시	중립B	±	+	SVO		
오다이·카다이	단식	용언형	−	−	+	무표시	중립B	+	+	SVO		
야오·야오	단식	용언형	−	−	+	무·다(분리)	중립B	+	+	SVO		
오스트로아시아	단식·복식	용언형	−	−	+	무·다(분리)	중립B	+	+	SVO/SOV		
오스트로네시아	단식·복식	용언형	−	−	±	무·다(분리)	중립·능격형	+	+	SVO/VSO/SOV		
한국어	단식	용언형	−	−	+	무표시	대격형	−	+	SOV		
일본어	단식	용언형	−	−	+	무표시	대격형	±	+	SOV		
아이누어	단식	용언형	−	−	+	다항형(분리)	중립A	+	+	SOV		
길랴크어	단식	용언형	−	−	+	다항형?	중립B	+	+	SOV		
축치·캄차카	단식·복식	용언형	−	−	−	다항형(일체)	능격형	−	+	SOV		
이누잇·알류트	단식	용언형	+	−	−	다항형(분리)	능격형	−	−	SOV		
파푸아제어	단식·절역	용언형·체언형	±	±	−	다항형(분리)	능격형·중립형	±	±	SOV		
오스트레일리아제어	복식	체언형	±	±	−	다(분리)·무	능격형	+	+	SOV/SVO		

(언어권: 중심권 / 주변권 〔북방·남방〕)

[부록 표 2] 유형적 특징의 지역·어족적 분포 : 아메리카 대륙

지역	어족·어족군·고립언어	유음의 유형	형용사의 유형	수 범주	명사 유별	수사 유별	동사의 인칭표시	명사의 격 표시	포함 제외	종복	어순의 유형	언어권
북	이누잇·알류트	단순	용언형	+	-	-	다항형(분리)	능격형	-	-	SOV	
아	아사바스카	단순	용언형	+	-	-	다항형(분리)	중립A	-	-	SOV	
메	하이다·틀링깃	단순	용언형	-	-	+	다항형(분리)	중립A	-	+	SOV	주변군
리	와카시	단순	용언형	-	-	+	다항형(분리)	중립A	±	+	VSO	
카	살리시	단순	용언형	-	-	±	다항형(분리)	중립A	±	+	VSO	서부군
	페누티에아	단순·복식	용언형	-	±	±	다항형(분리)	대격형	±	+	SOV/VSO	
	호카레어	단순·결여	용언형	+	+	±	무·다(분리)	대격형·중립형	+	+	SOV	
	알곤킨	단순·결여	용언형	+	+	-	다항형(일체)	중립A	+	±	SOV/SVO	동·남부군
	이로코이	단순	용언형	+	±	-	다항형(분리)	중립A	+	+	SOV/SVO	
	수·카도	단순	용언형	-	-	-	다항형(분리)	중립A	±	±	SOV	
	무스코기	단순	용언형	+	+	-	다항형(분리)	대격형·중립형	±	±	SOV	
	카이오와·타노아	단순	용언형	+	+	-	다(일체)·무	대격형	±?	+?	SOV	
	유토·아즈텍 / 욱	단순·결여	용언형	+	-	-	무표시	대격형	+	+	SOV	
중	유토·아즈텍 / 남	단순·복식	용언형	+	-	±	다항형(분리)	중립A	±	+	SVO/VSO	중앙부군
아	와베	단순	용언형	-	-	±	무표시	중립A	+	+	SVO	
아	토토낙	단순	용언형	-	-	+	다항형(분리)	중립A	+	+	SVO	
메	타라스코	다항형	용언형	-	-	+	복수?	중립A	?	+	SOV/SVO	
리	마야	단순·복식	용언형?	-	-	-	다항형(분리)	중립A	±	+	VOS/VSO	
카	미헤·소케	단순·복식	용언형	-	-	-	다항형(일체)	능격형·중립형	+	+	VSO	

어족·어족군·고립언어	유음의 유형	형용사의 유형	수 범주	명사 유별	수사 유별	동사의 인칭표시	명사의 각 표시	포함관계	중복	어순의 유형	언어권
요토망게	단식·복식	용언형	−	−	−	다항형(일체)·무	중립A	+	−	VSO	중앙아메리카
미스마르파	복식	용언형	−	−	−	다항형(분리)·무	대격형	+	?	VSO	
치브차	단식·복식	용언형	−	−	−	다(분리)·무	대격형·중립형	+	?	SOV	남아메리카 안데스
야노맘	단식	용언형	−	−	−	다(분리)·무	능격형	+	?	SOV	
아라와크	단식·복식	용언형·체언형	±	±	±	무표시	중립A	±	±	SOV	
투카노	결여·단식	용언형	+	+	+	무표시	대격형	+	−?	SOV	
보라·위토토	단식	용언형	+	+	+	다(분리)·무	중립A	+	+	SOV	
사파로·야와	단식	용언형	−	−	+	다항형(분리)	대격형	+	−	SOV	
남부와라	단식	용언형?	−	−	+	무표시	중립A	+	?	SOV	
파노·타카나	단식	용언형	−	−	−	다항형(일체)	능격형·중립형	−	−	SOV/ovs	
카리브	단식·복식	용언형	−	−	−	다(분리)·무	능격형	+	−	SOV	
매크로·제	단식	용언형	+	−	−	다항형(일체)	능격형	+	−?	SOV	
투피·과라니	단식	체언형	−	−	−	다항형(일체)	중립A	+	+	SOV	
케주아	복식	체언형	−	−	−	다항형(일체)	대격형	+	−	SOV	
하기·아이마라	복식	체언형?	−	−	−	다항형(일체)	대격형?	+	+?	SOV	
남안데스·체아	단식·복식	용언형	−	−	−	다(분리)·무	중립A	−	?	SOV	

| 지역 | 어음의 유형 | 형용사의 유형 | 수 범주 | 명사 유별 | 수사 유별 | 동사의 인칭표시 | 명사의 각 표시 | 포함관계 | 중복 | 어순의 유형 | 언어권 |

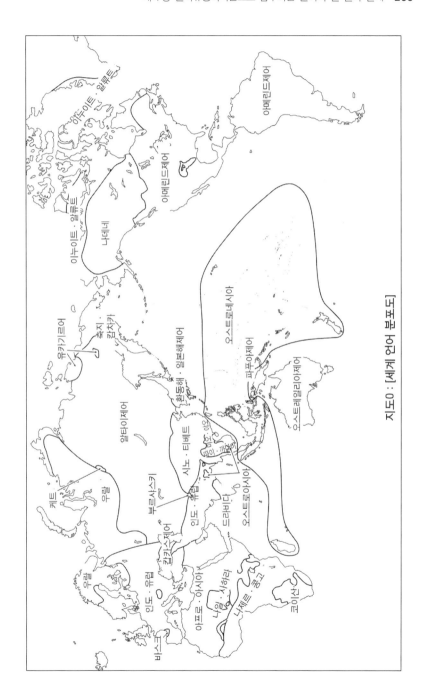

지도 0 : [세계 언어 분포도]

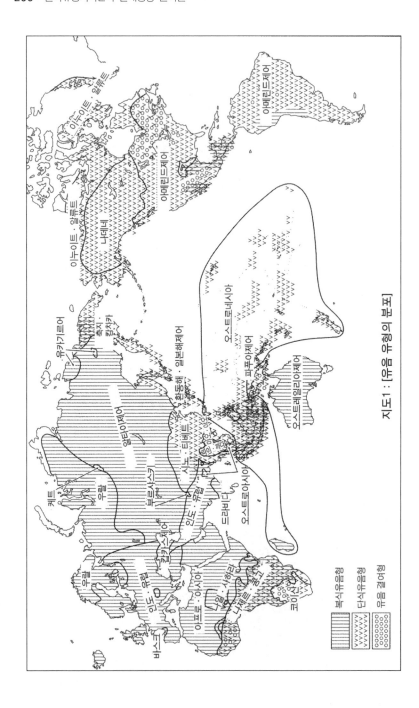

지도1 : [유음 유형의 분포]

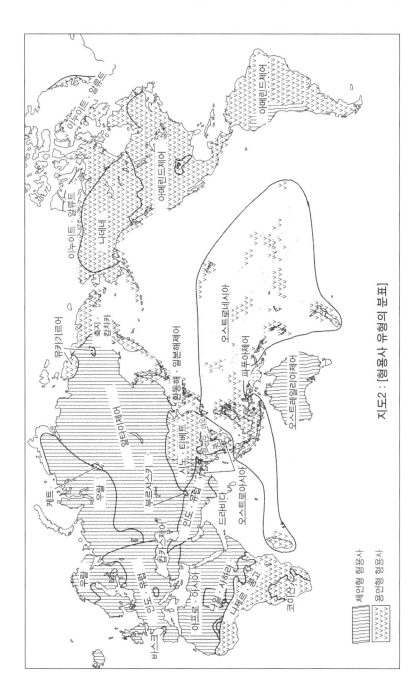

지도 2 : [형용사 유형의 분포]

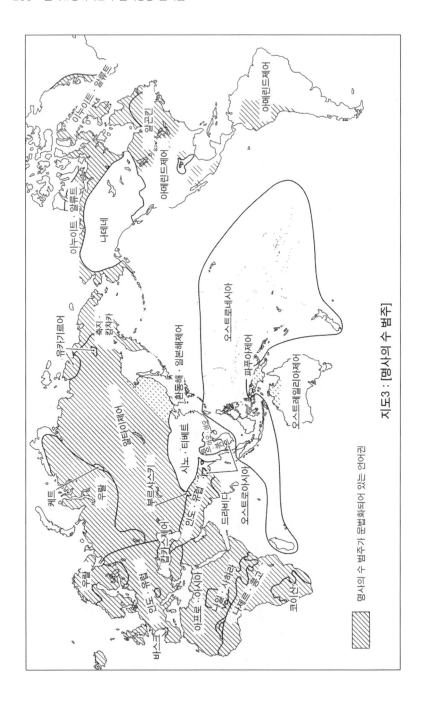

지도3 : [명사의 수 범주]

명사의 수 범주가 문법화되어 있는 언어권

지도 4 : [명사의 분류 유형의 분포]

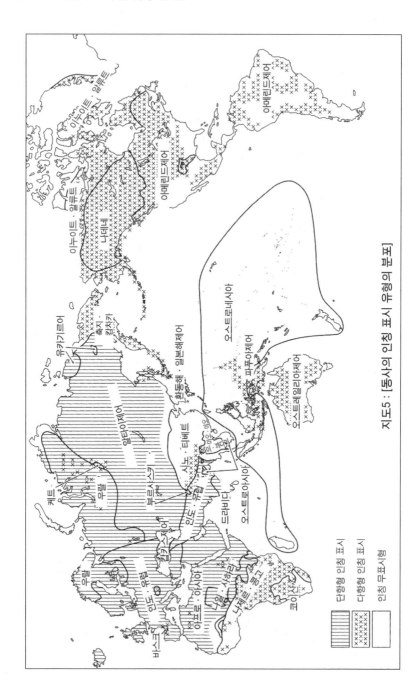

지도5 : [동사의 인칭 표시 유형의 분포]

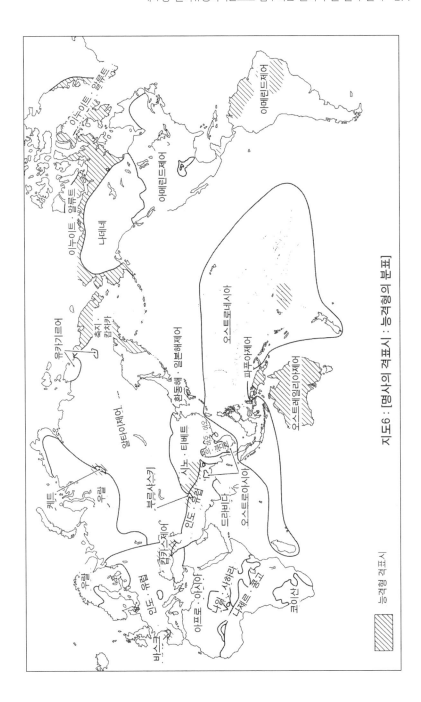

[지도 6 : 명사의 격표시 : 능격형의 분포]

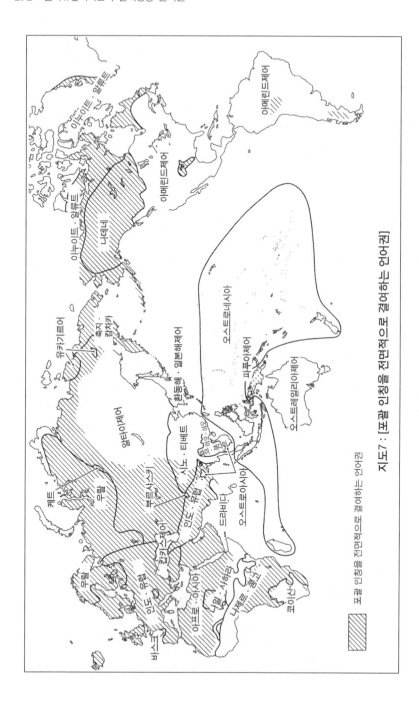

지도 7 : [포괄 인칭을 전면적으로 결여하는 언어권]

포괄 인칭을 전면적으로 결여하는 언어권

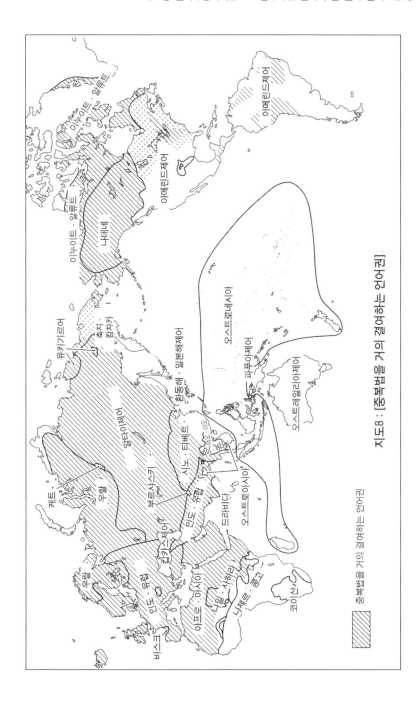

지도8 : [중복범음 거의 결여하는 언어권]

중복범음 거의 결여하는 언어권

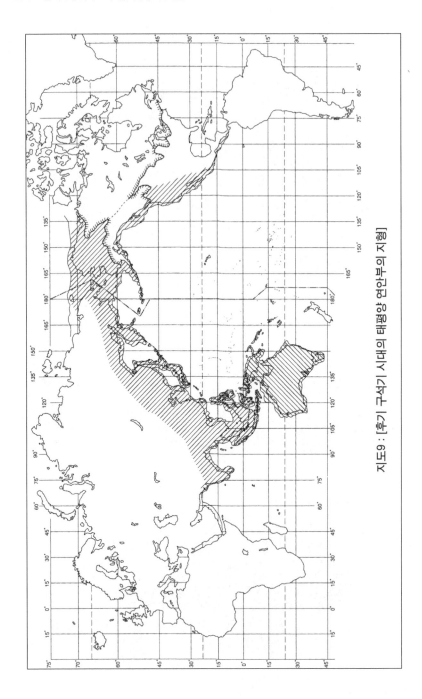

지도9 : [후기 구석기 시대의 태평양 연안부의 지형]

제5장

일본어 계통론에 관한 새로운 생각

환동해 · 일본해제어와 아메리카 대륙

5.1. 머리말

일본어의 계통을 둘러싸고 오랫동안 여러 가지 논의가 이루어지고 많은 학설이 제기되어 왔지만 아직까지도 최종적인 결론을 내지 못하고 있다. 지금까지 이 문제에 대한 연구는, 대체로 '비교방법'이라고 알려진 전통적인 역사 · 비교언어학의 방법에만 의지해 왔다. 그러나 이 방법만이 언어의 계통을 탐색하기 위한 유일한 방법인 것은 아니다. 비교방법으로 해명할 수 있는 언어사의 연대폭은 기껏해야 5, 6천 년 정도이다.

일본 열도와 그 주변에는 일본어 외에도 한국어, 아이누어, 길랴크어 등이 사용되고 있다. 전통적인 비교언어학의 입장에서는, 이 언어들 역시 그 계통 관계가 명확하게 밝혀지지 않은 채 남겨져 있다. 일본어를 포함한 이들 언어의 역사는, 비교방법으로는 도저히 손에 닿지 않는 멀고 먼 과거에까지 거슬러 올라가 살피지 않으면 안 되기 때문일 것이다.

5.2. 일본어의 계통과 유형지리론

이러한 입장에서 필자는 일본어와 그 주변의 여러 언어들 사이의 '먼 친족 관계'를 탐색하기 위하여 최근 10년 동안 고전적인 비교방법과는 전혀 다른 접근 방법을 시도해 왔다. 간단히 말하자면 그것은 '언어유형지리론'이라고 하는데, 종래의 언어지리학에서 사용하던 방법을 전세계 언어들의 수준으로까지 확대한 것이다. 여기서 다루는 언어 현상은 넓은 의미의 유형적 특징이다. 특히 그 중에서도 역사적 변화에 대한 저항력이 강하고 각 언어 또는 어족의 기본 골격을 형성하는, 이른바 언어의 '유전자형'이라고 할 수 있는 특징들이다.

그러한 목적을 위하여 지금까지 언어들의 여러 현상을 차근차근 조사해 왔는데, 그 중 일본어의 계통 문제와 특히 관련이 깊어 보이는 것은 다음과 같다.[1]

1. 유음(流音)의 유형

이것은 일본어의 ラ행 자음에 해당하는 언어음의 특징인데, 예를 들어 유럽의 모든 언어는 'r음'과 'l음(측면음)'이라는 적어도 두 가지 유음의 음소를 구분한다. 반면에 일본어, 아이누어, 한국어, 중국어 등은 한 가지 유음의 음소밖에 가지고 있지 않다. 이러한 흥미로운 음운 현상에 착안하면, 세계 언어는 필자의 명명에 따라 '복식유음형'과 '단식유음형', 그리고 소수의 '유음결여형'이라는 세 가지 유형으로 나눌 수 있다.

---

1) 여기서 취급하는 유형적 특징은 이미 松本 2003(=이 책의 4장)에서 논한 것의 개요이다. 상세한 것은 이 책 4.3절을 참조하기 바란다.

2. 형용사의 유형

통상적으로 형용사라는 부류가 품사로서 어떠한 위치를 차지하는가 하는 것은, 언어에 따라 크게 다르다. 예를 들어, 인구어나 알타이계 언어에서 형용사는 의심할 나위 없이 '명사'의 하위 부류로 다루어지지만, 일본어나 아이누어, 한국어 등에서 형용사는 분명 동사(내지 용언)의 일부로 여겨진다. 세계의 언어를 둘러보면 형용사는 이와 같이 '체언형 형용사'와 '용언형 형용사'라는 두 가지 유형으로 나눌 수 있다.

3. 명사의 수 범주

일본어에서는 복수를 나타내기 위하여 '男たち(남자들)', '人々(사람사람)', '餓鬼ども(아귀들)' 등과 같이 여러 가지 수단을 사용하지만,[2] 인구어와 같이 복수 표시를 문법적으로 의무화하고 있지는 않다. 이 점에서 아이누어, 한국어, 중국어 등은 일본어와 거의 동일한 모습을 보인다. 수 범주가 문법적으로 의무화되어 있는지 하는 것은 언어를 유형적 혹은 계통적으로 자리 매김하는 데 중요한 의미를 가진다.

4. 분류의 유형

인구어나 캅카스제어 혹은 셈어나 드라비다어는, 명사에 '남성'·'여성'·'중성'이라고 하는 이른바 성(gender)의 구분을 가지고 있지만, 일본어에는 이러한 현상이 보이지 않는다. 그 대신 일본어에는 물건을 셀 때 인간이면 'ひとり(한 사람)'·'ふたり(두 사람)', 개나 고양이이면 '一匹(한 마

---

2) [옮긴이] 일본어에서 복수를 나타내는 방법으로는 접사법과 중복법이 있다. 즉, 'たち[tachi]'나 'ども[domo]'와 같이 복수를 나타내는 접미사를 붙여 '男たち[otoko-tachi](남자들)'과 '餓鬼ども(gaki-domo(아귀들))'와 같은 어휘를 만들거나, '人々[hitobito](사람사람)'와 같이 동일한 어휘를 중복하여 복수를 나타내기도 한다.

리)'·'二匹(두 마리)', 책이면 '一冊(한 권)'·'二冊(두 권)'와 같이 지시 대상의
의미적 범주에 따라 수를 세는 방법을 다르게 한다. 이렇게 명사의 의미
적 범주를 명사의 종류(gender)로 직접 변별하는 언어를 '명사유별형', 수
사나 지시물에 따라 간접적으로 변별하는 언어를 '수사유별형'으로 부르기
로 하면, 일본어와 한국어, 아이누어, 길랴크어, 그리고 중국어 등은 분명
수사유별형에 속할 것이다.

5. 조어법의 수단으로서 중복

일본어에서는, 명사('山々', '國々', '月々')나 형용사('高々', '輕々', '黑々'), 동
사('泣く泣く', 'ゆくゆく', 'ちりぢり', 'とびどび') 등을 되풀이함으로써 복수성·
반복성·강조 등을 나타내는 조어법이 매우 발달해 있다. 이와 같이 단어
전부 내지 그 일부를 되풀이하는 형태법상의 수단을 '중복'(또는 첩어)이라
고 부른다. 중복은 유아어나 의성·의태어에서는 인류 언어에 거의 보편
적으로 나타나지만, 이것을 형태법상의 중요한 수단으로 사용하는 언어는
비교적 한정되어 있다.

그 밖에 일본어뿐 아니라 세계 언어들을 계통적으로 자리 매김하는 데
중요한 의미를 가지는 것으로는, 아래의 6~8과 같은 유형적 특징이 있다

6. 동사의 인칭 표시

예를 들면 아이누어에서 '내가 너에게 준다'와 같은 문장은 ku-i-kore
라고 하는데, 주어 인칭 ku-(나)와 목적어 인칭 i-(너)가 동사의 활용 형
식 안에 포함되어 있다. 또 라틴어나 터키어에서는 amaba-m / sevdi-m
(내가 사랑했다), amaba-s / sevdi-n(그대가 사랑했다)와 같이 주어 인칭만
이 동사 쪽에 표시된다(-m/-m, -s/-n). 이렇게 아이누어와 같이, 주어 이

외의 목적어 인칭 등에도 인칭 표시의 존재 양식을 표시하는 유형을 '다항형 인칭 표시', 라틴어나 터키어와 같이 주어 인칭만을 표시하는 유형을 '단항형 인칭 표시', 그리고 일본어나 한국어와 같이 동사의 쪽에 인칭 표시를 전혀 하지 않는 유형을 '인칭 무표시형'이라고 하여 이들 세 가지 유형을 구분한다.

7. 명사의 격 표시

동사의 인칭 표시와 밀접한 관련이 있는 것이 명사의 격 표시이다. 주어·목적어의 문법 관계를 명사의 측면에서 어떻게 표시할까 하는 점에서 '대격형'·'능격형'·'중립형'의 세 가지 유형으로 나눌 수 있다. 명사의 측면에서 이를 엄밀한 형태적 구분에 한정하여 살펴보면, 일본어와 한국어는 대격형, 반면에 축치어나 이누이트어는 능격형, 다른 한편 아이누어나 길랴크어, 그리고 중국어는 명사의 측면에서 주어와 목적어를 구분하는 명시적인 격 표시가 없기 때문에 중립형이 된다.

8. 1인칭 복수의 포함·제외의 구분 또는 포괄인칭

이것은 기존의 언어학적 용어로는 1인칭 복수의 '포함형'과 '제외형'의 구분이라고 했던 현상이다. 통상적으로 포함형은 듣는 이를 포함하는 1인칭 복수이고, 제외형은 듣는 이를 포함하지 않는 1인칭 복수로 여겨져 왔다. 이와 같은 인칭대명사의 구분은 유럽이나 오리엔트 세계에서는 유사 이래 전혀 알려지지 않았던 현상이다. 현대의 표준적인 일본어나 한국어에도 이러한 구분은 보이지 않지만 류큐(琉球)의 여러 방언들이나 아이누어, 길랴크어에는 매우 뚜렷하게 존재한다. 기존에 포함형이라고 불러 온것은, 정확하게는 1인칭 복수의 하위 범주가 아니라 말하는 이와 듣는 이를 포괄한 문자 그대로의 포괄인칭(1+2인칭)이라고 해야 한다. 그 용법은

단순히 듣는이를 포함하는 1인칭 복수라는 정의로는 해결되지 않는다. 지금까지 상대일본어에는 1인칭의 대명사에 'ア(レ)'와 'ワ(レ)'라는 두 개의 형식이 존재한다고 여겨 왔는데, 그 차이가 무엇을 의미하는지는 만족스러운 설명이 이루어지지 않았다. 필자가 해석하기에는 'ア(レ)'가 본래의 1인칭이고 'ワ(レ)'는 포괄인칭이었던 것 같다. 한국어에서 1인칭 복수를 나타내는 '우리'도 원래 (아마 ワレ와 동원의) 포괄인칭이었을 것이다.

5.3. 유라시아 내륙 언어권과 태평양 연안 언어권

세계의 여러 언어들 속에서 지금까지 살펴본 유형적 특징이 보이는 지리적 분포에 관하여 특별히 흥미로운 것은 유음과 형용사의 유형이다.

현재의 유라시아 언어들에만 한정하여 살펴보면, 한편에는 복식유음형과 체언형 형용사가, 그리고 다른 한편에는 단식유음형과 용언형 형용사가 거의 중첩된 모습으로 분포하는 것을 알 수 있다. 이를 지도상에서 살펴보면, 대략 북으로는 축치-캄차카반도에서 러시아의 연해주를 거쳐 한반도 북단, 그리고 거기에서 중국 대륙을 횡단하여 남쪽의 인도 아삼 지방까지 이어지는 선을 경계로 그 서쪽은 거의 단식유음형과 형용사체언형이, 그 동쪽은 단식유음형과 용언형 형용사의 언어가 분포한다.

서쪽 그룹에 포함되는 언어군에는 셈어족, 인도유럽어족, 우랄어족, 알타이어족, 남인도의 드라비다어족, 그리고 티베트-버마어족의 서부군이 있다. 반면에 동쪽 그룹에 속하는 것으로는 북쪽의 축치-캄차카어족, 길랴크어, 아이누어, 일본어, 한국어, 한어계 여러 방언들, 티베트-버마어족의 동부군, 먀오-야오어족, 따이까다이어족, 오스트로네시아족, 오스트로-아시아어족이 있다. 이러한 형태로 파악되는 유라시아의 두 영역은, 어족 단위를 넘어서는 커다란 언어권으로서 각각 '유라시아 내륙 언어권'과 '태평양 연안 언어권'이라는 이름을 붙일 수 있다.

그 밖의 유형적 특징이 어떻게 분포하는가를 살펴보면, 이들 두 언어권의 윤곽과 내부 구성을 한층 더 명확한 형태로 파악할 수 있다. 여기서는 상세한 설명을 생략하고 그 결과만을 정리하여 유라시아 여러 언어의 전체적인 모습을 계통적으로 분류해 보겠다. 대략 [표 5.1]과 같은 형태로 정리할 수 있다(제4장 11절의 표 재게).

[표 5.1] 유라시아 여러 언어의 계통 분류(재게)

계통 관계		소속어족–언어군	공유 특징
유라시아내륙언어권	중앙군	셈어족(아프로-아시아B) 인도-유럽어족 우랄어족 투르크어족 몽골어족 퉁구스어족 드라비다어족	복식유음 체언형 형용사 수 범주 단항형 인칭 표시 대격형 격표시 명사유별* 중복 결여* 포괄인칭 결여*
	잔존군	캅카스제어 수메르어와 그 밖의 고대 오리엔트제어 바스크어, 케트어, 브루샤스키어	다항형 인칭 표시 능격형 격 표시
	주변 경계군	축치-캄차카어족 이누이트-알류트어족 티베트-버마어족	복식/단식유음 체언형/용언형 형용사
환태평양연안언어권	남방군 (오스트릭대어족)	한어(중국어) 먀오-야오어족 따이까다이어족 오스트로-아시아어족 오스트로네시아어족	단식유음 용언형 형용사 수 범주의 결여 명사유별 결여 분류사
	북방군 (환동해·일본해제어)	한국어 일본어 아이누어 길랴크어	중복 형태법 다항형 인칭 표시* 중립형 격 표시* 포괄인칭*

기존의 비교방법으로는 파악할 수 없었던 여러 언어의 먼 친족 관계가 여기서 어느 정도 구체적인 모습을 드러내는데, 이러한 전체 구도 속에서 지금까지 베일에 싸여 있던 일본어의 계통 관계가 처음으로 명확한 형태로 떠오르게 된다.[3]

이 표의 맨 오른쪽(공유 특징)에 보이는 것과 같이 유라시아 내륙 언어권을 특징짓는 것으로는, 이미 살펴본 복식유음형과 체언형 형용사 외에 문법적으로 의무화된 명사의 수 범주, 명사유별, 중복 형태법의 결여, 포괄인칭의 결여 등이 있다. 반면, 태평양 연안 언어권은 단식유음형, 용언형 형용사, 명사에서 수 범주의 결여, 수사유별, 중복 형태법, 포괄인칭이라는 특징을 가진다. 이들 두 언어권은 그 밖의 여러 세세한 특징을 기준으로 각각 내부에 2~3개의 하위 언어군으로 더 나눌 수도 있다.

여기서 특히 흥미로운 것은 유라시아 내륙 언어권인데, 여기에는 '중앙군'과 '잔존군'이라고 이름 붙일 수 있는 두 개의 언어군이 존재한다. 즉, 중앙군의 특징은, 동사의 단항형 인칭 표시와 명사의 대격형 격 표시다. 셈어족, 인도-유럽어족, 우랄어족, 투르크·몽골·퉁구스의 알타이계 여러 언어들, 그리고 드라비다어족이 이 특징들을 공유한다. 반면에 잔존군으로 보이는 것은, 캅카스제어, 수메르어와 그 밖의 고대 오리엔트의 계통적 고립 언어, 그리고 바스크어·케트어·부르샤스키어 등과 같은 유라시아 내륙 지역의 고립 언어들이다. 이들 언어군은 내륙 중앙군과 몇몇 특징을 공유하기는 하지만, 동사의 다항형 인칭 표시와 명사의 능격형 격 표시 때문에 중앙군과는 명확한 선을 긋고 있다. 전자는 내륙 언어권에서 상대적으로 새로운 언어층이고, 후자는 주변으로 떠밀린 오래된 언어층의 잔존이라고 보면 될 것이다.

---

3) 또한 표의 맨 오른쪽에서 *표를 붙인 것은 동일 언어군 안에서 부분적인 불일치를 보이는 특징인데, 이것에 대한 자세한 설명은 4.4절을 참조하기 바란다.

이러한 유라시아 내륙부의 잔존군의 연장선 위에 아마 이들과 계통적으로 이어져 있는 언어군으로서, '주변경계군'이라고 불리는 언어들이 있다. 즉, 시베리아 동북부 끝에서 북미 극지에 분포하고 있는 축치-캄차카어족과 이누이트-알류트어족, 그리고 히말라야 지역에서 동남아시아에 걸쳐 분포하는 티베트-버마어족이다. 이들 어족은 모두 다항형 인칭 표시와 능격형 격 표시의 두 가지 특징을 내륙 잔존군과 공유하는 한편, 단식유음형과 용언형 형용사의 특징을 태평양 연안 언어권과 공유한다. 그러한 의미에서 내륙 언어권과 연안 언어권의, 이른바 경계 영역이라고도 할 수 있겠다.

다음으로, 태평양 연안 언어권은 지리적인 위치에 따라 '남방군'과 '북방군'의 두 하위군으로 나눌 수 있다. 남방군에 포함되는 것은 먀오-야오, 따이까다이, 오스트로-아시아, 오스트로네시아의 네 어족인데, 여기서 주목해야 할 것은 티베트-버마어족의 한 지파라고도 할 수 있는 한어(중국어)가 이 언어군에 포함된다는 점이다.

연안 언어권의 남방군은 분포 영역과 포함된 언어의 수에 있어서 '대어족'이라고 불리기에 적절한 데 비해, 북방군은 동해·일본해를 둘러싼 좁은 지역에 분포하는 한국어, 일본어, 아이누어, 길랴크어라는 네 가지 고립 언어들의 단순한 집합체에 지나지 않는다. 만약 이 언어군에 '오스트릭대어족'에 대립하는 의미로 '환동해·일본해제어'라는 이름을 붙인다면, 일본어는 틀림없이 환동해·일본해제어의 일원으로서 한 자리를 차지할 것이다.

환동해·일본해제어는 태평양 연안 언어권의 한쪽을 대표하는 언어군으로서, 남쪽의 오스트릭대어족과는 단식유음형, 용언형 형용사, 명사에서 수 범주의 결여, 수사유별, 중복 형태법이라는 다섯 가지 특징을 공유한다. 그러나 그 내부를 자세하게 살펴보면, 북쪽의 아이누어와 길랴크어에는 다항형 인칭 표시, 중립형 격 표시, 포괄인칭이 나타나는 데 비해, 남쪽의 한국어와 일본어는 적어도 현재 상태로는 인칭 무표시, 대격형 격 표시, 포괄인칭의 결여가 나타나 서로 다른 모습을 보인다. 이에 대하여 길랴크 어와 아이누어, 특히 아이누어에서 보이는 여러 가지 특징들은 환동해·일본해제어의 오래된 언어상을 보존하고 있는 것으로 여겨진다. 한국어와 일본어는 그것을 상실했기 때문에 현재와 같은 언어적 차이가 생겨난 것이다. 즉, 여기서도 소규모이지만 한국어·일본어라는 새로운 언어층과 아이누어·길랴크어라는 옛날 언어층이 서로 차이를 보인다.

마지막으로 본래 계통을 달리 하는 중국어가 마치 태평양 연안 언어권의 일원으로 파고든 것처럼 보이는 것은 왜일까?

이에 대한 필자의 사견을 요약하자면, 중국어는 본래 티베트-버마계의 한 분파가 황하 중류 지역에 진출했는데, 거기서 사용하던 토착의 태평양 연안형 언어와 접촉한 결과 일종의 혼합어(이른바 '크레올' 내지 '링구아프랑카')로 형성된 것이다. 이러한 중국어의 출현과 그 후의 세력 확장으로 인해 태평양 연안권은 현상태와 같은 남북의 두 언어군으로 크게 나뉘게 된 것이다.

5.4. 태평양 연안형 언어와 아메리카 대륙

이와 같이 유라시아의 여러 언어를 내륙 지역과 연안 지역으로 나누는 것은, 사실 이 대륙 안에만 머무르는 것이 아니다. 즉, 유라시아 내륙부의 언어적 특징은 거의 사하라 이북의 아프리카 대륙까지 그 분포를 넓히고 있고, 반면에 태평양 연안부의 언어적 특징은 베링해협을 건너 멀리 아메리카 대륙에까지 퍼져 있다. 예를 들어, 단식유음이나 용언형 형용사는 북미에서 남미까지 아메리카 대륙의 거의 전역에 분포하고 있다. 또 연안 언어권의 가장 중요한 유형적 특징이라고 할 수 있는 수사유별은 북미의 북서해안에서 캘리포니아, 거기에서 중미를 거쳐 남미의 안데스 동쪽 기슭 저지대에까지 거의 빠짐없이 분포하고 있다.

태평양 연안 언어권과 아메리카 대륙이 접점을 보이는 또 다른 흥미로운 언어 현상은 인칭대명사이다. 인칭대명사 역시 가장 근원적인 부분은 언어 변화에 매우 강한 저항을 보여 종종 어족 단위를 넘어 매우 광범위한 분포를 보이기도 한다.

유라시아에는 그와 같이 광범위한 분포를 보이는 흥미로운 인칭대명사가 적어도 두 개 있는데, 임시로 하나는 '유로-알타이형'이라고 하고 다른 하나는 '태평양 연안형'이라고 이름 붙이겠다.

유로-알타이형의 인칭대명사는 기간(基幹) 자음이 1인칭 m-(또는 b-) 2인칭 t-(또는 s-)인 특징이 있다. 그 분포는 거의 유라시아 내륙 언어권의 중앙군과 겹치는데, 거기에 약간의 차이는 있다. 즉, 이 인칭대명사를 공유하는 것은 인도-유럽어족, 우랄어족(및 페르시아의 북동쪽 끝에 고립해 있는 유카기르어), 알타이계 세 어족, 그 밖의 주변·잔존군 중 축치-캄차카어족과 캅카스 남부의 카르트벨리제어가 거기에 추가된다. 반면에 셈어족과 드라비다어족은 이 유형에서 빠진다.

한편 태평양 연안형의 인칭대명사는, 1인칭 기간 자음으로 대략 주어형 k-, 목적어형 n-, 포괄인칭은 t- 또는 w-가 나타난다. 이 유형의 인칭대명사는 유라시아 남쪽에서는 먀오-야오, 따이까다이, 오스트로-아시아, 오스트로네시아의 네 어족(중국어만 여기서 빠진다)에 나타나고, 북쪽에서는 환동해·일본해의 네 언어에 한정되어 나타나는데, 그 분포 양상은 앞선 표에서 제시한 '태평양 연안 언어권'과 정확히 일치한다. 1인칭은 많은 언어에서 k-형이나 n-형 중 하나로 통합되는데, 또 환동해·일본해제어에서는 높임법의 영향으로 인해 특히 2인칭의 호칭을 둘러싼 대명사 시스템에 많은 변화가 일어났다.

참고로 일본의 상대(上代) 문헌에서 복원할 수 있는 일본어의 가장 오래된 인칭대명사로는 1인칭에 a/ə~na, 2인칭에 ma, 포괄인칭에 wa가 있다. a/ə[4]는 오래된 ka/kə의 어두 자음 k-의 상실 때문에 생겨난 것이고, na는 후에 1인칭에서 2인칭으로 전용되었다(이 중에서 현대어에 남은 것은 1인칭의 o(-re)와 포괄인칭의 wa(-re)뿐이다).

1인칭이 2인칭으로 전용되는 것은 한국어에서도 동일하게 일어났다. 결과적으로 현재 한국어에서는 1인칭에 na, 그리고 2인칭에 nə가 쓰이고 있는데, 일본어와 동일하게 본래의 2인칭형을 잃어버린 것이다. 한편 아이누어와 길랴크어에서는 오래된 포괄인칭 *ti(=ci)를 중심으로 인칭 체계의 일부가 변했는데, 아이누어의 1인칭 주어형 ku와 목적어형 en의 공존은 연안형 인칭대명사의 본래 모습을 지금도 그대로 보존하고 있는 것이다.

아메리카 선주민들의 많은 언어들에서 1인칭 대명사에 n-, 2인칭에 m-라는 형태가 나타나는 현상은, 전문가들 사이에서 일찍부터 알려져 있어 종종 논의의 대상이 되어 왔다. 그러나 이 현상의 진정한 모습과 그 언어사적 의미를 정확하게 이해하고 있었던 학자는 거의 없었다. 그들은 1인칭에서 n-형과 k-형의 공존은 물론, 포괄인칭이라는 범주도 전혀 염두에 두지 않았기 때문이다.

아메리카 대륙에서 태평양 연안형 인칭대명사의 정확한 분포 상황을 개략적으로 살펴보면, 먼저 북미에서는 북서해안과 캘리포니아에 펼쳐져 있는 '페누티' 및 '호카'라고 불리는 두 개의 대어족에 속하는 거의 모든 언어

---

4) ə는 상대어에서는 o(정확하게는 '乙類' 즉 o₂)로 나타나는데, 이 1인칭 대명사의 독립형은 o-re(나)가 된다. 상대어 o의 전신 *ə의 문제에 대해서 자세한 것은 松本(1995a: 146ff.)를 참조하기 바란다.

들, 그리고 미국 남서부에서 멕시코로 이어지는 유토-아즈텍어족도 여기
에 속한다. 또 중미에서는 미헤-소케어족과 마야어족, 그리고 거기에서 치
브차어족을 매개로 남미까지 이어져 북쪽의 아라와크, 투카노, 히바로
(Jivaroan), 파노-타카나, 하키-아이마라, 마타코-과이쿠루(Mataco- Guaicuru),
마푸둥군(Mapudungun), 촌(Chon) 등 남북 8,000km에 이르는 안데스 산맥의
북단에서 남단에 걸쳐 분포하는 여러 어족들이 여기에 속한다.5)

그 분포는 북아메리카 북서 해안에서 남아메리카 최남단의 푸에고섬까
지 지리적으로 거의 연속해서 이어져 있는데, 북미에서는 서쪽의 태평양
연안부에만 집중적으로 분포할 뿐 록키산맥 동쪽으로는 나타나지 않고 남
미에서 역시 태평양 연안을 종주하는 안데스 산맥을 따라 그 동쪽 기슭
저지대에는 분포하지만 아마존 중앙부에서 대서양 해안 지역에는 이러한
유형의 인칭대명사가 나타나지 않는다는 점이 주목할 만하다. 이를 정리
하자면, 아메리카 대륙은 언어적으로는 북미와 남미가 아니라 이 대륙을
남북으로 가로지르는 록키와 안데스의 두 산맥을 경계로 하여 서부의 태
평양 쪽과 동부의 대서양 쪽으로 크게 양분할 수 있다는 것이다.

그렇다면 태평양 연안형 인칭대명사는 언제 어떻게 하여 아메리카 대륙
으로 넘어왔을까?

아메리카 대륙의 고고학 유적 중에서 현재 가장 오래되었다고 여겨지는
것은 남미의 칠레 남부(마푸둥군어(Mapudungun language) 사용 지역)에서 발굴
된 몬테-베르데 유적이다. 이것은 아무리 늦어도 (방사성탄소14 연대로)
지금으로부터 12,500년 전의 유적이라고 한다.

아마 환동해·일본해 지역을 출발지로 한 태평양 연안형 언어의 사용자

---

5) 여기서 개략적으로 서술한 유라시아 및 아메리카대륙에서 인칭대명사의 분포에 대해서
　자세한 것은 다음 장을 참조하기 바란다.

들이 북태평양의 해안을 따라(아마 당시는 아직 육지로 연결되었을 쿠릴열도, 알레우산열도와 경유하여) 북미의 서해안에 도착하고, 거기서부터 이 대륙의 태평양 연안을 이동하면서 남미 남단에까지 이르렀을 것이라고 추정된다. 지금으로부터 12,000년 전 북미 캐나다에서 미국 북부의 내륙부는 아직 두터운 빙상으로 덮여 있어 사람이나 동물의 이동을 완강히 저지하고 있었다.

그러면 아메리카 대륙의 태평양 쪽과 대서양 쪽에서 보이는 현저한 언어적 차이는 어떻게 해서 생겨난 것일까?

그것은 의심할 것도 없이 아메리카 대륙으로 이주한 경로의 차이와 거기서 야기된 언어적 차이 때문일 것이다. 아마 최종 빙하기가 끝나고 캐나다령 록키산맥의 동쪽으로 개통된 '무빙회랑'을 경유하여 알래스카 내륙부에서 미국의 동부 평원으로 들어간 다른 집단들이 있었다. 그들은 클로비스형 석기의 소지자였는데, 훗날 알곤킨·이로쿼이·수 등의 선조가 된다. 그들은 거기서 멕시코 해안을 지나 더욱이 카리브해 연안을 따라 대서양 해안으로 진출한다. 남미 동부의 기아나(Guiana) 고지6)에서 아마존 열대 우림을 포함한 브라질의 거의 전지역에 분포하는 카리브·투피·매크로-제 등의 여러 종족들 역시 아마 이들과 계통적으로 연결되어 있을 것이다.

이상이 최근 10년 필자가 주창해 온 일본어 발상(發祥)의 직접적인 기원으로서 '환동해·일본해제어'와, 거기에서 외연을 넓힌 '환태평양양 언어권'설에 대한 요약이다.

---

6) [옮긴이] 남아메리카 대륙 북동부의 대서양 연안 지역. 북동쪽으로는 대서양과 맞닿아 있고, 남쪽으로는 적도 또는 아마존강, 그리고 그 지류인 네그로강에 맞닿아 있다.

제6장

환태평양 언어권의 윤곽
인칭대명사를 통한 검증

6.1. 머리말

지금까지 일본어를 중심으로 여러 언어들 사이의 친족 관계를 탐구하기 위한 새로운 접근 방법으로 '지리유형론'을 이용해 보았다. 거기서 도출된 결론을 '유라시아 언어들의 계통 분류'의 형태로 정리하였는데(이 책의 [표 4.20]=[표 5.1]), 여기서 다시 한번 요약하자면 다음과 같다.

유라시아의 여러 언어들은, 크게 '유라시아 내륙 언어권'과 '태평양 연안 언어권'이라는 두 개의 커다란 언어권으로 나눌 수 있다. 유라시아 내륙 언어권은 그 내부에 '중앙군'과 '잔존군' 내지 '주변 경계군'으로 하위 분류할 수 있고, 현재의 지리적 위치로 볼 때 태평양 연안 언어권은 남방군(오스트릭대어족)과 북방군(환동해·일본해제어)으로 나눌 수 있다. 이때 일본어는 한국어, 아이누어, 길랴크어와 함께 북방군인 '환동해·일본해제어'의 일원이 된다. 또한 태평양 연안 언어권의 특징으로 여겨지는 일련의 언어적 특징들은 유라시아를 넘어 아메리카 대륙에까지 퍼져 있는데, 이 역시 거의 태평양 연안부에 집중적으로 분포하고 있어 문자 그대로 '환태평양'이라고 불릴 만한 언어권을 형성하고 있다.

이 장에서 의도하는 것은, 유형지리론적 방법으로 알게 된 '환태평양 언어권'의 윤곽을 인칭대명사라는 매우 구체적인 형태의 언어 현상을 통하여 한층 더 명확한 형태로 파악해 보고자 하는 것이다.

통상적으로 언어의 유형화에 도움이 되는 문법 범주나 언어 형식은 약간 추상적인 성격을 띠는 데 비해, 인칭대명사는 일반적인 어휘나 형태소와 같이 구체적인 음형(音形)을 수반한 요소이기 때문에 개별 언어마다 명확한 형태로 파악할 수 있다. 또 각 언어의 인칭대명사의 실현형은 일반적인 언어 형식과 동일하게 음의 변화와 그 밖의 역사적인 변천에 노출되어 있다. 또 각 언어 내지 언어군에서 인칭대명사의 출현 방식은, 역사・비교언어학의 일반적인 수단인 비교방법이나 내적 재구의 사정권 안에 있어 충분한 자료만 확보할 수 있다면 어족 혹은 어족을 넘어선 인칭대명사의 조형(祖形, 내지 조체계(祖體系))을 재구하는 일도 결코 불가능하지 않다.

지금까지(특히 제4장) 고찰한 바에 따르면 여러 언어의 유형적 특징이나 일반적인 언어 유형은, 언어접촉으로 생긴 '전염・확산' 때문에 종종 지리적 분포, 즉 언어 간의 경계가 뚜렷하지 않은 경우가 적지 않다. 때로 이것은 언어들 사이의 계통 관계를 해명하는 데 쉽지 않은 장애물이 된다.

반면에 인칭대명사는 그 언어적 형식의 구체성으로 인해 개별 언어에서 보이는 성격이나 언어들 사이의 경계선이 상당히 명확한 형태로 파악된다. 또 여기서 특히 강조하고 싶은 것은 언어 체계 내에서 인칭대명사가 가지는 강고한 안정성인데, 바꿔 말하자면, 인칭대명사는 언어 체계의 가장 핵심적인 부분으로서 아이가 말을 배울 때 가장 빨리 습득하는 것이기 때문에 다른 언어 현상과 달리 언어 간의 차용이 거의 일어나지 않는다. 그런 의미에서 인칭대명사는 마치 생물에서 유전자와 같이 가장 확실하게 각 언어의 '신분·혈통을 증명하는' 역할을 한다고 할 수 있겠다.

6.2. 연구에 이용한 인칭대명사의 틀

여러 언어의 인칭대명사를 구체적으로 검토하기 전에, 여기서 이용하고 있는 인칭대명사의 틀에 대하여 간단히 설명해 두자.

이미 알다시피 종래의 서양 전통문법에 따르면 인칭대명사의 틀은 1인칭·2인칭·3인칭이라는 세 개의 인칭 범주와 단수·복수라는 수 범주의 조합으로 이루어진다. 라틴어나 영어의 인칭대명사가 전형적인 예라 할 수 있다.

[표 6.1] 전통적인 인칭대명사의 틀(예 : 라틴어/영어)

	단수	복수
1인칭	ego / I	nos / we
2인칭	tu / thou	vos / you
3인칭	ille / he	illi / they

그러나 이 틀은 세계 여러 언어들의 인칭대명사를 다루는 데 있어서는 결코 적절하지 않다.

그 첫 번째 이유는, 통상적으로 '3인칭' 대명사로 취급되는 것은 엄밀한 의미에서 인칭대명사가 아니라 오히려 지시대명사의 범주에 집어넣어야 하기 때문이다. 근대 서양의 여러 언어들 중 많은 수는 3인칭 대명사를 가지고 있는 것처럼 보이지만 역사적으로 이것은 대부분 지시대명사에서 파생된 것으로, 옛 인구어에는 3인칭으로서 특화된 대명사가 존재하지 않았다. 세계 언어 전체를 둘러봐도 인칭대명사로서 3인칭이 없는 언어는 결코 적지 않다. 예를 들어, 일본어를 비롯한 동아시아 대부분의 언어에서도 원래 3인칭의 인칭대명사라는 것은 존재하지 않았다.

두 번째로 들 수 있는 문제점은, 인칭대명사에는 반드시 수 범주(적어도 단수~복수의 구분)가 존재한다고 하는 암묵적 전제이다.[1] 세계에는 인칭대명사에 의무적인 범주로서 단수와 복수를 구분하지 않는 언어가 적지 않게 존재한다. 가까운 예로, 상대(上代)의 일본어나 고대 한어에는 보통명사와 동일하게 인칭대명사에도 의무적인 복수형이 존재하지 않았다. 요컨대, 명사의 수 범주가 그렇듯이 인칭대명사에서도 수의 구분은 필수적인 범주라고 할 수 없다.

세 번째 이유는 이미 4장 3.3절에서 상세히 서술한 것과 같이, 기존에 1인칭 복수형의 제외형(exlcusive)과 포함형(inclusive)의 구분이라고 다루어 온 이른바 1인칭 복수의 포함형이, 엄밀히 말하자면 1인칭 복수의 하위 범주가 아니라 그 자체로 1, 2인칭과는 독립된 별개의 인칭 범주라는 것이다.

이와 같은 이유들 때문에 세계 여러 언어들의 인칭대명사를 고찰하기 위하여 여기서는 기존의 '3인칭'을 제외하는 대신 '포괄인칭'(별칭 <1+2인칭>)을 추가한 세 종류의 인칭 범주로 구성한 틀을 이용한다. 또 이 틀에서는 단수·복수라는 수의 구분 역시 인칭대명사에 필수적인 범주라고 보지 않는다. 세계 언어에는, 포괄인칭은 있지만 인칭대명사의 단수와 복수를 구분하지 않는 언어 또한 결코 적지 않기 때문이다.

이러한 틀을 이용하여 세계 여러 언어들의 인칭대명사를 살펴봐야 기존의 전통적인 틀에서 간과했거나 가려져 있던 본래의 모습이 분명해지고, 그동안 보지 못했던 언어들 사이의 접점이나 경계선이 명확한 형태로 드러날 것이다. 세계의 모든 언어에 보편적으로 적용할 수 있고, 추가로 각

---

1) 예를 들어 그린버그는 인칭대명사의 범주에 관해서 다음과 같은 "보편 법칙"을 세우고 있다. : All languages have pronominal categories involving at least three persons and two numbers. (Greenberg 1963:96)

인칭대명사의 유형적 특징을 정확히 파악한다는 의미에서 분명 이 틀은,
인류 언어가 가지고 있는 '인칭대명사의 원형(prototype)'이 될 것이다.

　참고로, 이 인칭 시스템을 지지하는 기본적인 의미 속성과 전형적인 구
현의 예를 들면 다음과 같다.

[표 6.2] 인류언어에서 인칭대명사의 원형

	말하는 이	듣는이	토크-피진어의 예	
1인칭	+	−	mi<단수>	mi-pela<복수>
2인칭	−	+	yu	yu-pela
포괄(1+2)인칭	+	+	yumi	yumi-pela

　이 표를 보면 알 수 있듯이 엄밀한 의미에서 1인칭 복수는 원래 듣는이
를 포함하지 않는 '제외 복수'이지 않으면 안 된다(위 표에서 토크-피진어의
mi-pela 참조). 따라서 독립 범주로서 포괄인칭이 없는 인칭대명사의 시스
템에서 1인칭 복수는 반드시 '포함 복수(=포괄인칭)를 포함한다. 또 다른
한편, 인칭대명사에 수 범주를 가지고 있지 않는 언어의 경우에는 인칭
시스템에 반드시 독립 범주로서 포괄인칭을 가지고 있다고 할 수 있다.

6.3. 태평양 연안형에 인접하는 내륙권의 인칭대명사

　유라시아에서 태평양 연안 언어권을 다루기 전에 먼저 이 언어권과 인
접해 있는 내륙 언어권의 특징 중 하나인, 주요 인칭대명사의 시스템과
그 분포에 대하여 간단하게 살펴보기로 하자. 이를 통해 지금까지 유형지
리론적 접근법으로는 선명하게 파악할 수 없었던 이들 언어권 사이의 경
계가 상당히 명확히 드러나게 될 것이다.

　아래서 다루고 있는 것은, 남아시아와 오세아니아 지역을 뺀 유라시아

의 내륙부에서 태평양 연안형과 경계를 마주하고 있는 두 종류의 인칭대명사이다.2)

6.3.1. 유로-알타이형의 인칭대명사와 그 분포

여기서 '유로-알타이형'이라고 불리는 인칭대명사는, 1인칭에 *m-(또는 b-), 2인칭에 *t-(또는 s-)라는 기간자음(基幹子音)을 가지는 특징이 있다.3) 또 이 인칭 시스템 안에서 포괄인칭은, 일부의 예외적인 경우를 빼고는 1인칭 복수 안에 완전히 흡수되어 있어 자립적인 인칭 범주로서는 존재하지 않는다. 이것이 유로-알타이형 인칭대명사의 가장 중요한 특징 중 하나라고 할 수 있다.

이러한 유형의 인칭대명사를 공유하는 것은, 인도-유럽(인구)어족, 우랄어족(및 유카기르어), 투르크·몽골·퉁구스의 알타이어족 등 '내륙중앙군'을 구성하고 있는 주요 어족들인데, 그 밖에 제4장의 [표 4.20]에서 '주변·잔존군'으로 정리해 놓은 그룹 중 캅카스 남부의 칼트베리어족과 시베리아 동북부 끝에 분포하는 축치-캄차카어족도 여기에 추가된다. 한편 내륙 중앙군 중 셈어족과 드라비다어족은 이 그룹에서 빠진다.

각 어족의 인칭대명사에 대하여 간단한 데이터와 함께 그 특징을 개관해 보자.

---

2) 현재 필자의 수중에는 정밀함은 제 각각이지만, 세계 언어의 인칭대명사에 대한 언어 자료가 2,500여 개 정도 수집되어 있어 유라시아, 아메리카, 오세아니아, 아프리카의 지역별로 이들 데이터의 분석과 정리를 진행하고 있는 단계이다. 본고에서 다루고 있는 것은 그 중에 극히 일부로, 여기서 대상이 된 유라시아와 아메리카의 여러 어족들의 주요 언어에만 한정한다. 또 번잡함을 피하기 위하여 개별 데이터에 대하여 출전이나 원천을 일일이 밝히는 일은 하지 않았다. 이들 데이터의 상세한 검토는 다음 기회에 하기로 한다.
3) m-과 -b 및 t-와 s-는 각각 동일한 기간자음의 음변화에 기인하는 다른 구현 형태에 지나지 않는다.

6.3.1.1. 인도-유럽제어

인도-유럽(인구)제어는 유라시아 최대 규모의 어족으로, 인칭대명사의 데이터도 상당량 수집되어 있다. 여기서는 주요 어파(語派)를 대표하는 언어에 대해서만 살펴보도록 한다([표 6.3]). 여기서 예로 들고 있는 것은 독립 인칭대명사의 대격(목적어)형 및 동사의 인칭어미(능동태)의 형태이다.

[표 6.3] 주요한 인구제어의 인칭대명사(독립대명사 대격형/인칭접사)

	1인칭단수	2인칭단수	1인칭복수	2인칭복수
산스크리트어	mā / -m[i]	trā / -s[i]	vayam/-ma[s]	yusmān / -tha
고대 이란어	mā / -m[i]	thwā / -h[i]	ahma / -men	yūsmā / -th
고대 그리스어	[e]me / -m[i]	se / -s	hēmās / -men	hūmās / -te
라틴어	mē / -m	tē / -s	nōs / -mus	vōs / -tis
고트어	mik / -m	thuk / -s	uns / -um	izwis / -uth
고(古)아일랜드어	mē / -m	tū / -t	ni / -mmi	si-ssi / -ib
고(古)교회슬라브어	mene / -mĭ	tebe / -si	nasŭ / -mŭ	vasŭ / -te
리투아니아어	mane / -mi	tave / -si	mus / -me	yus / -te
알바니아어	më / -y	të / -n	ne / -m	yu / -t
아르메니아어	indz / -m	kez / -s	mez / -mk	yez / -k
동(東)토카라어	ñäś / -m	ci / -t	wes / -mäs	yes / -c
히타이트어	[amm]uk /-mi	tuk / -si	anzas / -weni	sumas / -teni
인구조어	*me / -m[i]	*t[w]e /*-s[i]	*mes/*wei /*-mes	*yus / *-te[s]

여기서 보는 바와 같이, 1인칭과 2인칭에서 기간자음이 빠짐없이 m-과 t-로 나타난다. 단, 2인칭 인칭접사는 복수형의 t-에 대하여 단수형에서는 s-가 나타난다.

또한 이 표에는 나타나지 않지만 인구어의 인칭대명사에서 특히 주목해야 할 것은, 1인칭 독립대명사에서 주격(주어) 형태만 다른 사격(斜格)[4]과 동일하지 않은 특별한 기간(基幹)을 가진다는 점이다. 예를 들면 영어・프

---

4) [옮긴이] 인도유럽어에서 주격과 호격 이외의 격을 통틀어 이르는 말.

랑스어·스페인어 등에서 목적어 me/me/me에 대하여 주어는 I/je/yo가 된
다.5) 이러한 1인칭 주어형은 옛 인구제어인 라틴어나 그리스어에서는 ego,
고트어에서는 ik, 산스크리트어에서는 aham와 같은 형태로 나타나 조체
계(祖體系)로서 $*egH_2$와 같은 형태를 재구할 수 있다.

6.3.1.2. 우랄제어 및 유카기르어

우랄제어의 경우 1인칭 대명사에 인구어와 같이 특별한 주어형과 사격
형의 대립이 없기 때문에 주어형을 독립대명사의 대표형으로 예로 들고,
또 인칭접사로는 명사의 소유인칭접사를 예로 들겠다. 아래의 [표 6.4] 및
[표 6.5]를 참조하기 바란다(세로선으로 가로막힌 윗부분이 핀-우그리아제어, 아랫
부분이 사모예드제어이다). [표 6.4]의 마지막에 들고 있는 유카기르어는 시베
리아 동부 코리마강 유역에 잔존하는 계통적으로 고립된 언어인데, 유형
론을 포함하여 여러 가지 측면에서 우랄어와 가까운 관계에 있다.

[표 6.4] 우랄제어 및 유카기르어의 독립 인칭대명사

	1인칭단수	2인칭단수	1인칭복수	2인칭복수
랍프(사미)어	mon	don	mī	dī
핀란드어	minä	sinä	me	te
엘자-모르도바어	mon	ton	miñ	tyñ
마리(체레미스)어	məj	təj	me	te
우드무르트어	mon	ton	mi	ti
오스티야크어	mā[n]	naŋ	muŋ	niŋ
헝가리어	en	te	mi	ti
툰드라-네네츠어	møny	pidør	mønyaq	pidraq
가나산어	mənə	tənə	mïŋ	tüŋ
셀쿠프어	man	tan	mee	tee
유카기르어	met	tet	mit	tit

5) 세 언어 모두 1인칭 목적어의 철자는 동일하지만 발음이 다르다. 단, 이 me는 [표 6.3]에서
보는 바와 같이 그대로 인구조어로 거슬러 올라가는 대단히 오래된 형태이다. 거기에 비
해서 주어형은 음변화에 의해서 언어 간에서 크게 형태가 바뀐 것을 알 수 있다.

우랄제어에서 1, 2인칭의 기간자음 m-, t-는 인구제어보다도 더욱 명료한 형태로 나타난다. 또 단수형과 복수형의 대응 역시 매우 규칙적인데, 여기에는 특히 기간모음(基幹母音)의 대립(대략적으로 단수의 광모음(廣母音, open vowel)6)에 대한 복수의 협모음(狹母音, closed vowel)7))이 단수와 복수를 구분하는 데 일정한 도움을 주고 있다. 특히 유카기르어의 인칭대명사에서는 이러한 모음의 대립이 정연하게 나타난다.8) 또 유카기르어에는 명사의 소유인칭접사가 없기 때문에 [표 6.5]에서 생략했다.

[표 6.5] 우랄제어의 소유인칭접사

	1인칭단수	2인칭단수	1인칭복수	2인칭복수
랍프(사미)어	-n	-t	-met	-det
핀란드어	-ni	-si	-mme	-nne
엘자-모르도바어	-m	-t	-nok	-nk
마리(체레미스)어	-(e)m	-(e)t	-na	-da
우드무르트어	-m	-d	-my	-dy
오스티야크어	-am	-an	-uw	-lən
헝가리어	-n	-d	-nk	-tok
툰드라-네네츠어	-m	-r	-n	-t
가나산어	-mə	-rə(tə)	-mu'	-ru'(-tu')
셀쿠프어	-mïi	-tï	-mït	-tït

---

6) [옮긴이] 혀와 윗턱이 가장 멀리 떨어진 상태로 조음되는 모음. 혀의 위치를 기준으로 하여 저모음(低母音)이라고 부르기 하고, 벌리는 입의 크기에 따라 개모음(開母音)이라고 부르기도 한다.

7) [옮긴이] 자음의 마찰음이 생기지 않는 경계에서 혀가 윗턱에 가장 근접하여 조음되는 모음. 혀의 위치를 기준으로 하여 고모음(高母音)이라고 부르기 하고, 벌리는 입의 크기에 따라 폐모음(閉母音)이라고 부르기도 한다.

8) 우랄제어의 독립 인칭대명사에는, 인구어에 보이는 것과 같은 사격 어간(m-)에 대한 주격 어간(*k/g-?)와 같은 대립이 없다. 그러나 우골어파에 속하는 헝가리어의 동사의 인칭접사를 보면 '정활용'에서의 -m에 대하여 '부정활용'에서의 -k라는 형태로 1인칭이 나타난다. 이 -k의 통시적인 배경은 반드시 분명한 것은 아니지만, 혹은 인구어와 동일 기원의 1인칭 대명사에서의 보충 현상을 반영하는 것일지도 모른다.

6.3.1.3. 투르크제어

투르크제어(Turkic languages)의 경우도, 독립 인칭대명사(주어형)과 명사에 접하는 소유인칭접사를 병치하여 나타낸다([표 6.6]).

[표 6.6] 투르크제어의 인칭대명사 : 독립대명사 / 소유접사

	1인칭단수	2인칭단수	1인칭복수	2인칭복수
고대 투르크어	men~ben/-m	sen/-ŋ~-g	biz / -mIz	siz/-ŋIz~-gIz
터키어	ben / -m	sen / -n	biz / -mIz	siz / -nIz
아르젠바이잔어	men / -m	sen / -n	biz / -mIz	siz / -nIz
위구르어	män / -m	sän / -ŋ	biz / -mIz	siz / -ŋ-lAr
바슈기르어	min / -m	sin / -ŋ	běz / -bĚz	sěz / -gĚz
하카스어	men / -m	sen / -ŋ	pIs / -bIs	sIrer / -ŋĚr
야쿠트어	min(migi)/-m	en / -ŋ	bihigi / -bIt	ehigi / -gIt

이 표에서 보는 바와 같이, 투르크제어의 인칭대명사도 매우 규칙적인 대응을 보이고 있다. 여기서는 2인칭 독립대명사의 기간자음이 일률적으로 s-로 나타나고, 1인칭 기간자음은 단수형에서는 부분적으로, 복수형에서는 거의 전면적으로 독립형에 b-, 접사형에 m-이라는 형태로 기능적인 분화를 하고 있는 점이 주목할 만하다. 그리고 2인칭 접사에 나타나는 비음 -n은 *-t > -d > -n이라고 하는 과정을 거쳐 생긴 것일지도 모르겠다.

투르크제어의 1, 2인칭의 복수형은 인구어의 인칭접사와 같이 -iz(<*-is)라는 복수 접사로 표시된다.

6.3.1.4. 몽골제어의 인칭대명사

몽골제어(Mogolian languages)에는 명사에 수미일관한 인칭접사를 결여하고 있기 때문에 독립대명사의 주격형과 사격형에서 기간자음이 다른 경우에는 둘을 병치하여 제시한다. 아래의 표를 참조하기 바란다.

[표 6.7] 몽골제어의 인칭대명사 : 주격 / 사격 어간

	1인칭단수	2인칭단수	포괄인칭	1인칭복수	2인칭복수
몽고 고어	bi[n]/ min-	tši[n]	bida[n]	ba[n]/man-	ta[n]
오이라트어	bi / min-	tši	bida[n]	ma[n]	ta[n]
칼미크어	bi / min-	tši	bidən/man-	madən/man-	tadən
부랴트어	bi / min-	ši[n]	bide[n]~	man-	tānar
다구르어	bī / min-	ši[n]	bedən	bā/māan-	tā[n]
바오안어	bu / min-	tši	bədə	mangə	ta

이 표에서 보는 바와 같이, 몽골어에서는 1인칭 단수의 기간자음이 주격에서 b-, 사격에서 m-이라는 형태로 기능의 분화를 보인다. 또 2인칭의 기간은, 많은 언어에서 단수 어간이 tsi-라는 형태로 나타나는데 음성적으로 t-와 s-의 중간 단계를 나타내는 것이며, 이것은 분명히 후속 모음 -i의 영향에 의한 것이다.[9)]

몽골제어의 경우도 단수형과 복수형의 대응이 매우 규칙적인데, 여기에는 우랄제어의 경우와는 반대로 단수에서는 협모음, 복수에서는 광모음이 나타나는 형태의 대립이 수의 구분에 일정한 역할을 하고 있다.

6.3.1.5. 통구스제어의 인칭대명사

통구스제어(Tungusic languages)의 인칭대명사 시스템도, 기본적으로 몽골제어와 동일하다. 단, 여기서는 2인칭의 기간자음이 단수와 복수 모두 수미일관하게 s-로 나타난다. [표 6.8]을 참조하기 바란다.

---

9) 다시 말해, 전설고모음 -i의 앞에서 폐쇄음 t-의 파찰음화

[표 6.8] 퉁구스제어의 인칭대명사 : 주격 / 사격 어간

	1인칭단수	2인칭단수	포괄인칭	1인칭복수	2인칭복수
만주어	bi / min-	si / sin-	musə	bə / mən-	suwə/suwən-
우디헤어	bi / min-	si / sin-	minti	bu / mun-	su / sun-
나나이어	mī / min-	sī / sin-	buə /	bun-	suə / sun-
네기달어	bi / min-	si / sin-	bit[tə]	bu / mun-	su / sun-
에벵키어	bi / min-	si / sin-	mit	bu / mun-	su / sun-
에벵어	bī / min-	xī / xīn-	mut	bū / mun-	xū / sun-

퉁구스어의 경우 인칭대명사에서 수의 구분은, 단수는 전설모음 (-i), 복
수는 후설모음 (-u)라는 형태의 대립에 근거하고 있다.

▌몽골어와 퉁구스제어의 포괄인칭

몽골어와 퉁구스어의 인칭대명사에서는 1인칭 복수와는 또 다른 독립
적인 포괄인칭이 있다는 점이 주목할 만한데, 이것 때문에 두 언어군은 유
라시아 '내륙중앙군' 안에서도 특별한 위치를 차지한다.

단, 이들 언어의 포괄인칭 형태를 보면 둘 다 1인칭 대명사와 2인칭 대
명사를 합성하여 만든 것임을 알 수 있다. 1, 2인칭 대명사를 합성하여 포
괄인칭을 만드는 현상은, 앞서 토크-피진어의 yu-mi에서 본 것과 같이
세계의 여러 언어들에서 종종 그 예를 찾을 수 있다. 잃어버린 본래의 포
괄인칭을 대신하거나, 혹은 새로 만들어지는 것도 있다. 따라서 이 두 언
어군 역시 포괄인칭은 2차적인 발생물일 가능성이 높다.

6.3.1.6. 축치-캄차카제어와 카르트벨리(남캅카스)제어

축치-캄차카제어(Chukchi-Kamchatka languages)와 카르트벨리제어(Kartvelian
languages)는 지금까지 살펴본 '내륙중앙군'의 언어와 달리 동사에 대단히
복잡한 다항형 인칭 표시 시스템을 가지고 있기 때문에, 여기서는 독립

인칭대명사의 형태만을 살펴보겠다([표 6.9] 및 [표 6.10]). 또 이들 언어는
명사에 능격형의 격 표시를 가지고 있는데, 이러한 유형적 특징 때문에
중앙군과는 별도의 주변-잔존형으로 묶이는 것이다(이 책의 4.12. 참조).

[표 6.9] 축치-캄차카제어의 인칭대명사(독립형)

	1인칭 단수	2인칭 단수	1인칭 복수	2인칭 복수
축치어	gəm	gət	muri	turi
코랴크어	gəm	gəcci	muy	tuy
이텔멘어	kəmma	kəzza	muzaʼn	tuzaʼn

축치-캄차카제어에서 주목해야 할 점은 1, 2인칭의 단수형이다. 이들 독
립형은 모두 다 gə-/kə-라는 증폭 성분에 의하여 확장되고 있다. 그렇기
때문에 기간자음 m-, t-는 그에 대응하는 복수형 쪽에서 좀 더 명확한 형
태로 파악할 수 있다.

마지막으로, 카르트벨리제어에서는 스반어(Svan language)만이 별개의 포
괄인칭을 가지고 있다. 단, 다른 언어의 1인칭 복수를 보면 단수형과는 전혀
다른 기간이 나타나는데, 그 형태를 보면 1인칭의 (제외) 복수라기보다 오
히려 포괄인칭에서 유래하는 형태인 것처럼 보인다. 카르트벨리제어의 포괄
인칭은 몽골·퉁구스제어와 달리 오래된 기원을 가지고 있을지도 모른다.

[표 6.10] 카르트벨리(남칵카스)제어의 인칭대명사(독립형)

	1인칭 단수	2인칭 단수	포괄인칭	1인칭 복수	2인칭 복수
고대그루지아어	me	šen	čwen		tkwen
밍글레리아	ma	si	čki		tkva
라즈어	ma(n)	si(n)	čkin(šku)		tkva(n)
스반어	mi/n-	si	gw(gu)-	nay	sgay

6.3.2. 시노-티베트형(Sino-Tibet Type)의 인칭대명사와 그 분포

다음으로 살펴볼 것은, 임시로 '시노-티베트형'이라고 이름을 붙인 인칭대명사이다. 이 인칭대명사의 기간자음은 1인칭 *k/*ŋ, 2인칭 *n, 그리고 포괄인칭 *ya/*yo와 같은 형태가 될 것이다.

지금 시점에서는, 이 유형의 인칭대명사가 유로-알타이형과 같이 분명한 형태로 어족을 넘어서는 광범위한 분포를 보인다고는 파악되지 않는다. 특히 이누이트-알류트제어의 인칭대명사는, 독립대명사와 인칭접사를 포함하여 그 출현 방식이 매우 복잡하기 때문에 정확한 조체계를 재구하는 것이 무척 어렵다. 또 북미 알래스카어족의 인칭대명사와 어떠한 관계를 가지는가 하는 점도 지금의 시점에서는 추정하기 쉽지 않다.

6.3.2.1. 시노-티베트제어

시노-티베트제어는 어족의 규모도 크고 내부의 언어 구성도 매우 복잡하기 때문에 여기서는 주요 어군의 대표 언어만 뽑아 제시한다([표 6.11]). 표 안에서 각 언어의 이름 뒤에 *표가 붙어 있는 것은, 이른바 '대명사화 언어'를 가리키는 것인데 동사에 인칭 표시를 갖추고 있는 것들이다. ' / ' 뒤에 병기한 것이 바로 그 인칭접사다.

시노-티베트제어는 오래된 언어 자료가 많이 없기 때문에 여러 언어들에 다양하게 나타나는 인칭대명사의 통시적인 배경을 탐색하기가 어렵고 조체계를 재구하는 일도 간단하지 않다. 표에서 시노-티베트조어의 형태라고 표시한 것 역시 잠정적인 모습에 지나지 않는다.[10] 또 이 언어군은 명사(및 대명사)에 능격형의 격 표시를 갖추고 있는데, ŋa/ŋo 등의 형태로

---

10) 시노-티베트제어의 인칭대명사에 관해서는 Bauman(1975)에 상세한 연구가 있는데, 중국령의 여러 언어들에 대한 데이터는 좀 부족하다. 이들 언어에 대해서는 馬(編)(1991), 黃·他(1991)에 자세하게 나와 있다.

나타나는 이러한 대립(예를 들어 고대 한어의 我/吾)은 이누이트어에서와 같이 오래 전에 있었던 절대격/능격의 대립을 나타내는 것일지도 모른다.

또 일반 음운론적인 관점에서 보면, 많은 언어에서 1인칭의 어두에 나타나는 ŋ이라는 자음은 상당히 유표성이 높은 음이다(세계의 많은 언어에서 이 음은 일반적으로 어두에 오지 않는다). 따라서 1인칭을 특징짓는 이러한 기간자음은 *k/g음에서 파생했을 가능성도 배제할 수 없다. 그렇다고 하면, 그러한 비음성은 2인칭 대명사 n-의 영향, 즉 일종의 동화 작용 때문에 생긴 것일지도 모른다.

또 표에서 보는 바와 같이, 이들 언어 중 티베트에서 히말라야 산지에 분포하는 여러 언어들만이, 2인칭 독립대명사가 g/k-로 시작하는 특이한 형태를 가진다. 이 중에서 티베트어의 'khyod'는 아마 높임말이 그 기원일 텐데, 다른 언어의 k/g-형의 기원에 대해서는 전문가들 사이에서도 아직 일치하는 해석이 없다. 그렇기 때문에 여기서는 이 문제에 대하여 더 깊숙히 다루지는 않겠다.

[표 6.11] 시노-티베트제어의 인칭대명사(독립대명사/인칭접사)

		1인칭 단수	2인칭 단수	포괄인칭	1인칭 복수	2인칭 복수
한어	고대한어	我 / 吾	汝/爾/乃	余 / 朕	/	/
	현대북경어	wo	ni/ni	zan-men	wo-men	ni-men
	현대상해어	ŋu	ni/non	ak-la	na	
	현대광동어	ŋo	nei	ŋo-dei		nei-dei
川西走廊	잘롱어*	ŋ/-ŋ	no/-n	yo/-i	ŋəñie/-i	ño/-ñ
	치안어(羌語)*	qa[ŋal/-ø	no/-nə	qathaxua/-əʁ		kuɤthaxua /-sinə
장어 (藏語)	고대티베트어	ŋa	khyod	ŋa-cag		khyod-cag
	아무드어	ŋa	chyo	(choy)	ŋazo	khāzo
히말라야	만차드어*	gye/-ga	kāʔ/-n	ŋyere/-ni		kyere/-ši
	카나우르어*	gɑ/-gʾ	kɑ/-n	kasaŋa/-še	niŋa/-ec	kɑniŋa/-ň

서부	부난어*	gyi/-g	han/-na	eraŋ[ji]/-g	hiŋ/-g	hanji/-gni
네팔	타망어	ŋa	ai	yaŋ	in	aini
	타칼리어	ŋɔ	kyaŋ	ŋyaŋ	ŋi[-ca]	nɔmɔɔ-ca
히말라야 남부	바힝어*	go/-ŋa	ga/-ye	goi/-ya	goku/-ka	gani/-ni
	둔룽어	go	gana	guy	gucuku	gani
	림부어*	aŋga/-aŋ	khɛnɛ́/kʰ-	ani/ā-	anige/-igē	khɛni/-kʼī
아삼	아보르어	ŋo	no		ŋolu	nolu
	보도어	aŋ	naŋ		joŋ	naŋ-cu：r
	녹테어	ŋa	naŋ		ni	ne
	메이테이어	ai[gi]	naŋ[na]		aikhoi	naŋkhoi
버마	마루어	ŋɔ	nɔ	nyɔ-nak	ŋɔ-nak	nɔ-nak
	아창어	ŋa	naŋ	yaŋ-mo	ŋamo	naŋ-mo
	징포어	ŋai	naŋ	yoŋ	anthe	nanthe
윈난	라후어	ŋa	no	ni-xu	ŋa-xu	no-xu
	리수어	ŋua	nu	ʒo	ŋuanu	nuwa
	비수어	ga	na	zaŋ	gu	noŋ
	무야어	ŋə	næ	ya-nə	ŋə-nə	næ-nə
시노-티베트조어		*ŋa/*ŋo	*na/*no	*ya/*yo		

6.3.2.2. 이누이트-알류트제어

이누이트-알류트제어(Innuit-Aleut languages)도 인칭대명사의 시스템이 매우 복잡한데, 독립대명사나 인칭접사와 함께 다종다양한 실현형을 가지고 있기 때문에 본래 이 어족이 가지고 있던 인칭 체계를 복원하는 일은 대단히 어렵다. [표 6.12]에서 예로 들고 있는 것은 명사의 소유 접사와 자동사의 주어 접사이다.

[표 6.12] 이누이트-알류트제어의 인칭접사(소유인칭접사/자동사 주어 접사)

	1인칭 단수	2인칭 단수	1인칭 복수	2인칭 복수
시베라아-유픽	-ka / -ŋa	-n / tən	-vut / -kut	-si / -ci
앨래스카-유픽	-ka / -ŋa	-n / tən	-put / -kut	-ci / -ci
그린랜드-이누이트	-ga / -ŋa	-[i]t / -tit	-[ʁ]put / gut	-[ʁ]si / -si
알레우트어	-[i]ŋ / -q	-[i]n	-mas / -s	-cix / -χtxicix

이 자료들을 가지고 추정해 보면, 아마 1인칭의 기간자음으로는 k-/g-이 도출되고 2인칭의 기간자음으로는 n-이 도출되는데, 1, 2인칭의 단수형과 복수형이 규칙적으로 대응하고 있지 않기 때문에 반드시 백 퍼센트 정확하다고 할 수는 없다.

또 이누이트-알류트제어에 독립 범주로서 포괄인칭은 없다.

6.3.2.3. 아사바스카제어

아사바스카제어(Athabaskan languages)는, 북미 대륙의 북부에서 에스키모제어 분포 지역의 남쪽에 접하고 있는데, 일부 몇몇 지역을 제외하고는 알래스카와 캐나다, 그리고 미국 북부의 상당히 넓은 지역에 분포하는 언어군이다. 인칭대명사의 자료에 대해서는 [표 6.13]을 참조하기 바란다.

[표 6.13] 아사바스카제어의 독립 인칭대명사

	1인칭 단수	2인칭 단수	포괄인칭	1인칭 복수	2인칭 복수
슬레이비어	sǐ	nǐ	naxǐ		naxǐ
사르시어	si	ni	nihi~nā		nihi~nā
치페와이안어	si	ni	nuhi		
라프어	hwɨ	niñ	noh(nehe)		noh
카토어	shǐ	niñ	ne hiñ		nō hiñ
나바호어	shǐ	ni	nihi		
아사바스카조어	*ki(>*xi)	*ni	*niki(>nixi)		

이 언어군에서는 1, 2인칭의 '복수형'이 주목할 만하다. 종래의 해석에 따르면, 아사바스카제어에는 1인칭과 2인칭의 복수형이 아무런 구분 없이 동일한 형태를 취한다고 한다. 그러나 실제의 '복수형'을 살펴보면 na-xi이든가 ni-hi와 같은 형태로 나타나는 것을 알 수 있는데, 이것은 의심할 것 없이 2인칭 대명사와 1인칭 대명사의 합성으로 만든 것이다. 다시 말해 이

인칭형은, 재구된 조체계에서 보는 것과 같이 원래 포괄인칭이었던 것이다(그 구성법은 토크-피진어와 완전히 동일). 이것을 1, 2인칭의 복수형이라고 말하는 것은, 서양 전통 문법의 틀을 그대로 따른 잘못된 해석이다.

표에서 보는 바와 같이, 1인칭의 구현형은 si, shi, xi의 형태로 나타난다. 그러나 그 기간자음은 조어형에 나타나는 것과 같이 *k-로 거슬러 올라갈 가능성이 가장 높다.

이상으로 대략 살펴본 두 종류의 인칭대명사는 지금부터 살펴볼 유라시아 대륙의 '태평양 연안형' 인칭대명사와 서로 인접 관계를 이루며 각각 별개의 언어권을 형성하고 있었다고 보이는데, 각각의 경계선이 매우 분명한 형태로 나타난다.

6.4. 태평양 연안형 인칭대명사와 환태평양적 분포

그러면 다음으로 '태평양 연안형'(약칭 '연안형')이라고 불리는 인칭대명사를 살펴보자.

이 유형의 인칭대명사는 기간자음으로 1인칭에는 *k- 혹은 *n-, 2인칭에는 *m-을 가지는 것이 기본적인 시스템이다. 한편, 포괄인칭에는 ta/ti와 같이 기간자음이 치음 *t-으로 나타나는 것과, ba/wa와 같이 순음 *b/*w-으로 나타나는 두 가지 유형이 보이는데, 이것은 언어에 따라 다르다. 여기서는 *b/*w-으로 나타나는 형태를 'A형 포괄인칭', *t-로 나타나는 형태를 'B형 포괄인칭'이라고 부르기로 한다.

▌1인칭의 두 가지 기간(基幹)

연안형 인칭 시스템의 1인칭에서 *k-형과 *n-형은 본래 동일한 시스템

안의 공존형인데, 많은 언어에서는 이 둘 중 어느 하나로 통합되는 형태적 변화가 일어나고 있다. 동일한 시스템 안에서 두 개의 형태가 공존하는 경우에 *k-형은 동사에 붙어 주어 인칭을 나타내거나 명사에 붙어 소유인칭을 나타낸다. 한편 *n-형은 오로지 목적어 인칭만을 나타내는 것이 원칙이다. 이것이 연안형 인칭대명사가 가지는 가장 중요한 특징 중의 하나이다.

▌태평양 연안형에서 보이는 특징적인 인칭대명사의 변용

연안형 인칭대명사에서 또 다른 중요한 특징은, 이 언어권에서 종종 관찰되는 인칭 시스템의 통시적 변화이다. 이것은 특히 2인칭을 둘러싼 경어법 내지 대우 표현의 영향 때문에 생긴 것으로 보이는데, 대략 두 가지 방식이 있다.

하나는 1인칭 대명사를 2인칭으로 전용하는 것이다. 이것은 다른 언어권에서는 거의 그 예를 찾을 수 없는, 환태평양 언어권만의 고유 현상이라고 할 수 있다(예를 들어, 일본어에서 원래 1인칭을 나타내던 'オノレ', 'テマエ', 'ワレ' 등을 2인칭으로 사용하는 경우가 비근한 예이다). 자신과 대등하거나 아랫사람에 대한 친(밀)칭으로 (때로는 멸칭(蔑稱)적인 뉘앙스를 띠면서) 이들을 사용하기도 한다는 데 아마 그 발생 원인이 있을 것이다.

다른 방식은 포괄인칭을 2인칭으로 전용하는 것이다. 이 경우는 위에서 이야기한 1인칭에서의 전용과는 달리 오히려 경(원)칭적인 뉘앙스를 띠는 것이 일반적이다.

또한 포괄인칭을 1인칭으로 전용하는 경우도 있는데, 이 경우는 앞서 살펴본 고대 한어의 余/朕과 같이([표 6.11]) 통상적으로 1인칭에 대한 존(대)칭적인 뉘앙스를 띤다. 단, 이것은 이 언어권에만 한정되는 특수한 것이 아니라 세계 여러 언어에서 흔히 보이는 것으로, 예를 들어 유럽어에서 "royal we"라고 불리는 용법이 바로 그러한 (임시적인) 전용이다. 그러나 이렇게 단순히 확장된 용법으로서가 아니라 포괄인칭 그 자체를 1인칭으로 전용(내지 치환)하는 현상은, 태평양 연안형 인칭대명사에서는 극히 드문 일이다.

포괄인칭에 관한 또 다른 통시적 변화는, 무슨 이유에선가 포괄인칭을 잃어버려 그것을 보완하기 위하여 새로운 포괄인칭을 만드는 것이다. 이 현상은 앞서 몽골어나 퉁구스어에서 살펴본 것과 같이 세계 언어에서 널리 나타난다. 이때 합성하는 방식은 1인칭＋2인칭의 형태보다 토크-피진어의 yu-mi나 아사바스카제어의 ni-xi에서 보이는 것과 같은, 2인칭＋1인칭이라는 순서의 방식이 좀 더 많이 나타난다.

마지막으로 환태평양 연안형의 k-형의 1인칭 대명사는 종종 기간자음의 k-가 성문폐쇄나 마찰음의 단계를 거쳐 완전히 상실하고 마는 변화가 일어나는데, 그런 의미에서 k-는 상당히 불안정한 자음이다. 따라서 이 언어권에서 1인칭 대명사에 성문폐쇄나 zero자음이 나타나는 경우는, 통시적으로 k-형에서 발생한 것이라고 봐도 대체로 틀리지 않을 것이다.

지금부터 각 언어군에 대한 검토에 들어가는데, 데이터의 세부 사항에 대하여 구체적인 설명할 수 없기 때문에 주요 체크 포인트로서,

1. 1인칭 대명사가 어떠한 형태로 나오는가 (k-형~n형의 선택)
2. 2인칭 대명사에 변화가 있는가 (전용의 유무)
3. 포괄인칭은 A형과 B형 중 어느 쪽을 선택하는가

와 같은 세 가지에만 중점을 두고 살펴나가기로 한다.

6.4.1. 태평양 연안 남방군(오스트릭 대어족)

먼저 당면한 대상으로서 '태평양 연안 남방군'을 살펴보면, 세 번째로

언급한 포괄인칭 유형에 따라 크게 A형 포괄인칭이 나타나는 '남방군A'
와, B형 포괄인칭이 나타나는 '남방군 B'로 나눌 수 있다.

6.4.1.1. 태평양 연안형 '남방군A'

'남방군A'는 A형 포괄인칭(*b-)을 가지는 그룹으로, 먀오-야오어족과 오
스트로-아시아어족이 여기에 속한다. 순서대로 살펴보자.

6.4.1.1.1. 먀오-야오제어

먀오-야오제어(Miao-Yao languages)는 중국 남서부의 구이저우성(貴州省)을
중심으로 하여 쓰촨(四川), 후난(湖南), 푸젠(福建), 광저우(廣州), 윈난(雲南), 그
리고 인도차이나 반도 북부에 산재해 있다. 현재 상황에서 보는 한 전형적
인 잔존 분포의 양상을 보인다(王 1986, 毛・他 1982). 중국 대륙에서 이들의
역사적 배경에 대해서는 나중에 다루기로 하고, 먼저 먀오-야오제어의 인
칭대명사에 대한 개요를 살펴보자. [표 6.14]를 보라.

[표 6.14] 먀오-야오제어의 인칭대명사

		1인칭단수	2인칭단수	포괄인칭	1인칭복수	2인칭복수
먀오어	호서먀오어	we	mu	pi		mi(?)
	첸둥먀오어	vi	mi(ŋ)	pi		maŋ
	川黔滇먀오어	ko~wɛ	mi~kau	pe		me
	흐몽-응주아어	ku	kao	pe/ʃw		me
	흐몽-다우어	ku	ko	pe/w		ne
	푸누어	tɕuŋ/kjuŋ	kau	pe/a		me
	쉐어		muŋ	pa		mi
야오어	勉방언	ye	mwei	bwo	ye bwo	mwei bwo
	藻敏방언	tsyɛ	mui	bu		ɲiu
	標敏방언	kəu	məi	ʈa		ɖa
먀오-야오조어		*ku/*kau	*m[ə]i	*bə		

이 표에서 보는 바와 같이 먀오-야오제어의 1인칭은 모두 k-형으로 통일되어 있을 뿐 n-형은 전혀 나타나지 않는다(일부의 언어에서 보이는 어두자음 w/v, tɕ 등은 분명 *k[u]-에서 파생한 것이다).

다음으로 2인칭 대명사의 형태를 보면, 대부분의 언어에서 본래의 m-형이 나타나지만 극히 일부의 언어에서는 연안형 특유의 인칭대명사 변용이 일어나고 있다. 즉, 먀오제어 중 쓰촨·구이저우·윈난의 3성에 분포하는 '촨치엔띠엔(川黔滇)'이라는 먀오방언은 2인칭으로 mi와 함께 kau를 쓰고 있고, 더욱이 인도차이나 반도에 분포하는 흐몽-응주어와 흐몽-다우어(계통적으로는 중국의 '촨치엔띠엔(川黔滇)'방언과 연결된다), 또 그 아래 칸에 있는 푸누어(布努語)[11]는 2인칭으로 kau/ko라는 형태를 취한다. 문제는 이 kau인데, 이것은 틀림없이 1인칭에서 전용된 형태일 것이다. 결과적으로 이들 언어에서 원래 1인칭대명사는, 1인칭에서는 ku, 2인칭에서는 kau라는 형태로 두 가지 역할을 분담하게 되었다.

6.4.1.1.2. 오스트로-아시아제어

오스트로-아시아어족(Austro-Asiatic languages)은, 통상적으로 인도차이나 반도에 분포하는 몬-크메르제어와 인도 동부에 산재하는 문다제어의 두 어파(語派)로 나뉜다. 이 중 몬-크메르제어는, 인칭대명사 측면에서 바라보면 다시 윈난성 남부에서 인도차이나 반도 북서부에 걸쳐 분포하는 그룹과, 캄보디아에서 말레이시아 반도에 걸쳐 분포하는 두 그룹으로 나눌 수 있다. 전자를 임시로 '몬-크메르 북서군', 후자를 '몬-크메르 남동군'이라고 한다.

---

11) 호남성 서부에서 광서장족 자치구 북부에 걸쳐서 분포하고, 중국에서는 야오족(瑤族)으로 분류하고 있는 소수 민족의 먀오계 방언(蒙 2001). 야오족의 勉語방언에 대해서는 毛(2004)가 자세하다.

이 구분은 오로지 1인칭 대명사의 형태에 기반한 것이다. 다시 말해,
아래의 [표 6.15]와 [표 6.16]에서 보는 바와 같이, 몬-크메르 북서군은 1
인칭이 k-형으로 나타나는 한편, 남동군의 1인칭은 기간자음이 n-형으로
나타난다.

▌몬-크메르 북서군

먼저 몬-크메르 북서군에 속하는 주요한 언어의 인칭대명사는 [표 6.15]
와 같다. 이 표의 좌측에 표시한 약호는 각각 A가 팔라운어군, B가 쿰어
군, C가 카투어군, E가 베트-무옹어군을 나타낸다.

[표 6.15] 몬-크메르제어 북서군의 인칭대명사

		1인칭단수	2인칭단수	포괄인칭	1인칭복수	2인칭복수
A	와어	ʔʌˀ	maiˀ	ˀeˀ	ȝiˀ	peˀ
	팔라웅어	ʔʌu	māi	ˀe	ze	be
	프라오크어	aɥ	may	e	yi	pe
	리앙어	ʔɔˀ	miˀ	eˀ		peˀ
B	쿰어	ʔoˀ	mī(mē)	ˀiˀ		/
	카비트어	dzō	mī	p(ə)sīŋ	ˀi	piə
C	카투어	ku	mai	hɛ	yi	pe
	파코어	ki :	māi	hɛ :		pe
	브루어	ŋkaˀ	məj	haj		pe
D	몬어	oa / ˀuə	peh/pih	poi/pəa		/
E	추트어	ho	mi	cupa		
	베트남어	tôi/ta/tao	may/aɲ	chuɲ ta	chuɲ tôi	chuɲ may
	무옹어	toi	ˀoɲ/pa/ɲay	tan ha		pǎy
	북서 몬-크메르조어	*ku/*kau	*mai	*bə[n]		

이 표에서 보는 바와 같이, 북서군제어에서 1인칭의 첫자음은 대부분

성문폐쇄(ʔ), /h/ 혹은 zero로 나타나는데, 본래의 형태인 k-를 유지하고 있
는 언어는 그다지 많지 않다. 또 이들 언어군은 포괄인칭으로 ʔe/he, 2인칭
복수에는 pe와 같은 형태가 나타나는데, 이것은 원래의 포괄인칭 *bə에서
분화한 것이다.

또한 이 언어군 중 베트남어와 무옹어(Muong language)의 인칭대명사는,
현대 일본어와 같이 경어법의 영향으로 받아 크게 변하였다. 1인칭에 나
타나는 tôi, toi는, 일본어의 'ヤツガレ(< ヤッコ・アレ)', '僕'와 같이 원래
는 '노예, 하인' 등을 뜻하는 어휘였다.

▌몬-크메르 남동군

다음으로 남동군에 속하는 주요 언어의 인칭대명사 데이터를 제시하면
[표 6.16]과 같다. 북서군과는 확실히 다른 1인칭 대명사를 가지고 있는데,
기간자음으로 빠짐없이 n-을 가지고 있다.

[표 6.16] 몬-크메르제어 남동군의 인칭대명사

		1인칭단수	2인칭단수	포괄인칭	1인칭복수	2인칭복수
	크메르어	khñom/ʔañ	nɛək/ʔaeŋ	jəəŋ		/
바 나 르	바나르어	iñ	e	boʼn	ñôn	yəm
	스티엥어	ʔañ	maj	bən	hej	
	츠라우어	ăñ	mai	voʼn	/	/
	동(東)무농어	ʔañ	me	băn	hi	
	무농-로롬어	añ	me	ban	hi	boʼ me
아 스 리	사카이어	eñ	hɛ	hi	joʔ	hɛ
	세마이어	eŋ	mẽʔ	ai		be/pāy
	세멜라이어	ʔeñ/yɛ	kɒ/ji	hɛ	yɛ–ʔen	je–ʔen
남동 몬-크메르 조어		*ani	*mai	*bə[n]		

또 이 언어군 중 크메르어는 베트남어나 무옹어와 동일하게 경어법의 영향으로 인해 그 인칭 시스템이 크게 변했다. 이 언어의 1인칭 kññom은 añ에서 바뀐 것인데 이 역시 원래는 '노예, 가신'을 뜻하는 단어였다.

[표 6.15]와 [표 6.16]에서 보는 바와 같이, 몬-크메르제어의 2인칭은 모든 그룹에서 다 거의 일관되게 m-형으로 나타나는데, 일부 언어에서는 peh(몬어)·hɛ(사카이어)·e(바나르어)와 같은 형태로 나타나기도 한다. 이것은 아마 *pe(< *bə)와 같은 형태의 포괄인칭에서 전용되어 생겼을 것이다.

▌문다제어

문다제어(Munda languages)는 인도차이나 반도의 몬-크메르제어와 지리적으로 동떨어져 있을 뿐만 아니라 어순 유형을 포함하여 형태-통사법의 여러 가지 측면에서 크게 다르다. 그래서 두 언어군의 계통적인 접점에 대하여 종종 의문을 나타내는 견해도 있다. 그러나 인칭대명사의 측면에서 볼 때 두 언어군이 밀접한 관계를 가지고 있다는 점은 일목요연하기 때문에 둘 사이의 동계성을 의심할 만한 여지가 전혀 없다. [표 6.17]을 참조하기 바란다.

[표 6.17] 문다제어의 독립 인칭대명사 / 인칭접사

	1인칭 단수	2인칭 단수	포괄인칭	1인칭 복수	2인칭 복수
코르쿠어	iñ(j) / -ñ	ām / -mi	abuñ / -buñ	ale / -le	ape / -pe
산탈리어	iñ / -ñ	am / -me	abo(n)/-bon	ale / -le	ape / -pen
문다리어	añ / -ñ	am / -me	abu / -bon	ale / -le	ape / -pen
호어	aiŋ / -ŋ	am / -m	abu / -bu	ale / -le	ape / -pe
카리아어	iñ(iŋ) / -ñ	am / -m	abu / -bu	ele / -le	ampe / -pe
문다조어	*ani / *-ni	*am[i]/*-mi	*abu / *-bu		

문다제어는, 지금까지 본 먀오-야오제어나 몬-크메르제어와 달리 명사

와 동사에 풍부한 형태법을 갖추고 있다. 그렇기 때문에 이 표에서는 독립대명사 외에 동사의 인칭접사도 병기하였다. 둘 사이에 그다지 큰 차이는 없다.

이 표에서 보는 바와 같이, 문다제어에는 대우법의 영향으로 인한 인칭 시스템의 변용이 전혀 보이지 않는다. 또 1인칭의 기간자음은 수미일관하게 n-으로 나타나고, a-(또는 i-)의 증폭 성분을 가진 독립대명사형은 몬-크메르 남동군과 거의 완벽하게 일치한다.

지금까지 검토한 먀오-야오제어와 몬-크메르제어 및 문다제어의 인칭 대명사를 요약하면, 이 세 언어군은 A형 포괄인칭을 공유한다는 점에서 하나로 묶일 수 있다. 그러나 한편으로 1인칭 대명사의 형태에 착안하여 살펴보면, 기간자음 k-를 가진 그룹과 n-을 가진 그룹으로 나눌 수 있다. 즉, 먀오-야오제어와 몬-크메르 북서군이 k-형을 공유하는 그룹으로 묶이고, 다른 한편으로는 몬-크메르 남동군과 문다제어가 n-형의 공유하는 그룹으로 묶일 것이다.

먀오-야오제어와 몬-크메르어 북서군은 중국의 윈난 고원을 매개로 하여 지리적으로 거의 완벽하게 연속적인 분포를 보이는 반면, 현 상황만으로 볼 때 몬-크메르 남동군과 문다제어는 (따이까다이제어와 티베트-버마제어가 분포하는) 버마와 아삼 지역이 중간에 끼어 있어 그 분포역이 단절되어 있다. 이들 언어의 분포가 어떻게 형성되었는가 하는 문제는 나중에 다시 한번 다루기로 하고, 다음으로 연안형 남방군에서 나머지 다른 하나의 언어군을 검토하기로 하자.

6.4.1.2. 태평양 연안 '남방군B'

'남방군B'은 기간자음에 *t-를 가진 B형 포괄인칭의 특징을 공유한다.

따이까다이어족과 오스트로네시아어족이 여기에 속한다.

참고로 이 두 어족은, 예전에 미국의 언어학자 P. 베네딕트가 둘 사이의 근친성에 착안하여 '오스트로-타이'라는 명칭으로 한데 묶은 언어군인데(Benedict, 1972·1975), 여기서도 동일한 명칭을 사용하기로 한다. 또 이와 동일한 방식으로 앞서 검토한 먀오-야오어족과 오스트로-아시아어족 역시 '오스트로-먀오'라는 명칭으로 한데 묶을 수 있다.

6.4.1.2.1. 따이까다이제어

따이까다이어족(Tai-Kadai languages)는 중국 남부에서 인도차이나 반도의 베트남 북부·라오스·태국 전역에 걸쳐 분포하는데, 일부는 버마 북부에서 인도의 아삼 지방에까지 퍼져 있다. 그 중 대표적인 언어 몇 개의 인칭대명사를 살펴보면 [표 6.18]과 같다.

[표 6.18] 따이까다이제어의 인칭대명사

		1인칭단수	2인칭단수	포괄인칭	1인칭복수	2인칭복수
까다이어	라쿼어	khəu	mi	dau		təu
	리어	həu/hou	mei	ga[u]	fa[u]	tau/mei-ta
	락키어	tsi	ma	tau	ta	līu[mao]
북중부타이	좡어	kou	miŋ	ɤau(rau)	tou	sou
	부이어	ku	miŋ	lau	tū	ɫū
	남부좡어	kau	mai	lau		niti
	눈어	kau	mihŋ	hau	phu	ɫū
	타이-토어	kəu	mə/mɨ	hau		?
남서부타이	아홈어	kau	mai	rau		ahuw
	캄티어	kau	mai	lau	tū	shū
	타이-루어	kau	mai	hau	tu	su
	산어	kau	mai	hau	tu	sū
	표준태국어	phom/chan	khun/thān	rau	(tū)	(sū)
따이까다이조어		*ku/*kou	*mai	*tau		

이 표에서 보는 바와 같이, 따이까다이제어의 1인칭은 k-형으로 통일
되어 있고 2인칭 역시 일관하여 m-형을 유지하고 있어, 다른 인칭형에서
전용된 모습은 보이지 않는다. 단, 이 언어군 중 표준 태국어는 동남아시
아를 대표하는 다른 몇몇 '문명어(文明語)'와 같이 경어법의 영향을 받아 인
칭 시스템의 변용이 일어났다.12)

따이까다이제어의 포괄인칭에서 유의해야 할 점은, 포괄인칭의 기간자
음 *t-가 각 언어에서 특징적인 음의 변화를 받고 있다는 것이다. 이러한
일련의 음의 변화들은, 대략 'tau > dau > rau/lau > ɤau/hau'와 같은 과정
을 거쳐 일어나고 있는 것으로 보인다.

6.4.1.2.2. 오스트로네시아제어

오스트로네시아제어(Austro-nesian languages)는, 분포 지역이 매우 넓고 소
속 언어수도 세계 최대급이다. 인칭대명사 역시 자세히 살펴보려면 상당
한 양이 되기 때문에, 여기서는 대표 언어 몇몇만을 다루기로 한다.

오스트로네시아제어의 내부 구성은 매우 복잡다양하지만 인칭대명사의
측면에서 보면 크게 두 개의 그룹으로 나눌 수 있다. 대만·필리핀·인도
네시아·미크로네시아(Micronesia)13)를 포함하는 '서부 오스트로네시아어파'
와 폴리네시아(및 일부의 미크로네시아)를 포함하는 '폴리네시아(또는 서부 오
세아니아)어파'가 하나로 묶이고, 다른 한편으로 멜라네시아(Melanesia)14)를

---

12) 이 언어군에서는 그 밖의 라오스의 공통어인 라오어나 태국 북부에서 라오스에 걸쳐서
　 분포하는 사에크어(Saek language) 등도 경어법의 영향으로 인칭대명사의 체계가 크게
　 변용하고 있다.
13) [옮긴이] 적도 이북 오세아니아의 태평양 서북부에 있는 섬나라.
14) [옮긴이] 그리스어로 '검은(멜라)', '섬(네시아)'이라는 뜻으로, 서남 태평양에 퍼져 있는
　 폴리네시아·미크로네시아와 함께 오세아니아를 구성한다. 뉴기니 섬, 비스마르크, 솔로
　 몬, 뉴헤브리디스, 뉴칼레도니아, 피지 등의 섬을 포함한다. 원주민은 태평양의 네그리토
　 계로, 네그리토·파푸아·멜라네시아인 등으로 나뉜다.

중심으로 하는 '동부 오세아니아어파'가 따로 하나로 묶인다

또 오스트로네시아제어의 경우, 인칭대명사에는 독립대명사뿐 아니라 인칭접사도 있다. 이 어족이 본래 가지고 있던 인칭대명사 시스템은, 독립대명사에서보다 오히려 인칭접사의 측면에서 한층 더 명확하게 파악할 수 있다.

▐ 오스트로네시아제어의 인칭접사

먼저 아래의 [표 6.19]와 [표 6.20]을 참조하기 바란다. 여기에 표시된 인칭접사는, 서부 오스트로네시아어파+폴리네시아어파의 경우는 명사의 뒤 (또는 앞)에 접하는 소유인칭접사를 나타내고, 동부 오세아니아어파의 경우는 동사에 접할 때는 주어 인칭, 명사에 접할 때는 소유인칭을 나타낸다.

또 [표 6.19]의 좌측의 약호는 A : 대만, B : 필리핀, C : 인도네시아, D : 미크로네시아-폴리네시아어군이다.

[표 6.19] 서부 오스트로네시아-폴리네시아어군의 (소유)인칭접사

		1인칭단수	2인칭단수	포괄인칭	1인칭복수	2인칭복수
A	아타얄어	-kuʔ	-suʔ	-taʔ	sami	simu
	루카이어	-(a)ku	-su	-ta	-nai	-numi
	카발란어	-ku	-su	-ta	-niaq	-numi
B	일로카노어	-ku	-mu	-ta	-mi	-yu
	타갈로그어	-ko	-mo	-atin	-amin	-inyo
	세부아노어	-ko	-mo	-ta	-mi	-mo
C	고(古)자바어	-ku	-mu	-ta	-mami	-mu
	멜라유어	-ku	-mu	/	/	/
	토바-바탁어	-hu	-mu	-ta	-nami	-muna
	카일리어	-ku	-mu	-ta	-kami	-miu[djt]
D	포나페어	-i	-mw	-ta	-se	-mi
	모킬어푸	-i	-mw	-sai	-mai	-mwai
	서(西)푸투나어	-ku	-u	-tea	-mea	-ua
	사모아어	-ʔu	-u	-ta(tātou)		
	라파누이어	-ku	-u			
서부오스트로네시아조어		*-ku	*-mu	*-ta		

[표 6.20] 동부 오세아니아어군의 (주어-소유) 인칭접사

		1인칭단수	2인칭단수	포괄인칭	1인칭복수	2인칭복수
동부 오세 아니 아군	로인지어	-gu	-m	-ra	/	/
	아와드-빈어	y-	-m	ta- / -id	ma-	a- / -mim
	모투어	-gu/na-	-mu	ta- / -da	/	/
	코베어	-ʔu	-mu	-ra	-mai	-mi
	수르수룽가어	-k	-m	-t	-m	-m
	토아바이타어	-ku	-mu	/	/	/
	아네촘어	-k	-ṁ	-ja	-ma	-mia
	피지어	-ku	-mu	-da		
동부오세아니아조어		*-ku	*-mu	*-ta		

위의 두 표를 비교해 보면, 인칭접사에 관하여 두 그룹 모두 동일한 시스템을 공유하고 있음을 알 수 있다. 또 언어들 사이의 대응 역시 매우 규칙적이어서 조어 시스템 역시 1인칭 *ku, 2인칭 *mu, 포괄인칭 *ta와 같은 형태로 간단히 재구할 수 있다.

단, 이러한 대응 중 대만의 가오산제어(高山諸語)만이 2인칭에 -su라는 형태를 가진다. 이 su에 관해서는 전문가들 사이에서도 여러 가지 의견이 갈리는데, 필자의 해석으로는 아마 따이까다이제어의 2인칭 복수에 나타나는 sū/shū(남부타이제어·좡어) 등과 관련이 있고, 어원적으로는 포괄인칭의 *ta에서(예를 들어 ta>tu>tsu>su와 같은 프로세스에 의해) 파생되었을 가능성이 있다고 본다. 일부 학자들은 오스트로네시아조어가 본래 가지고 있던 2인칭형으로 mu 대신에 대만제어의 su를 내세우기도 하는데, 그러한 견해는 전혀 지지할 수 없다.15)

---

15) 대만제어의 su를 오스트로네시아조어의 2인칭<단수>로 내세우는 해석은 Dahl(1976)에서 제기되었는데, 최근에도 예를 들어 Ross(1995)에서 보이는 것처럼, 이 해석을 추종하는 학자들이 적지 않다. 이 입장에서는 대만 이외의 모든 오스트로네시아제어에 나타나는 2인칭 mu는 본래는 2인칭 복수형으로 영어의 you나 프랑스어의 vous와 같이 2인칭 복수형이 2인칭 단수에 전용된 것이라고 해석하고 있다. 그러나 이 해석은 완전히 본말전도한 것으로, 오히려 대만제어의 su가 원래 2인칭 복수에서 전용되었을 가능성이 더 높

■오스트로네시아제어의 독립 인칭대명사

앞서 서술한 서부의 오스트로네시아-폴리네시아어군과 동부의 오세아
니아어군 사이에서 가장 명확하게 차이가 나타나는 것은 독립 인칭대명사
의 시스템이다. [표 6.21]과 [표 6.22]를 참조하기 바란다. 각 언어들 사이의
대응은 인칭접사만큼 규칙적이지는 않지만, 각각의 조어를 재구하는 데
그렇게 곤란한 것은 아니다. 먼저 [표 6.21](서부 오스트로네시아-폴리네시아
어군)부터 살펴보자.

[표 6.21] 서부 오스트로네시아-폴리네시아어군의 독립 인칭대명사

		1인칭단수	2인칭단수	포괄인칭	1인칭복수	2인칭복수
	아타알어	kun	isuʔ	itaʔ	sami	simu
	쵸우어	aʔo	sū	aʔto	aʔmi	mū
	카발란어	a-yku	a-ysu	a-yta	a-ymi	a-ymu-
	일로카노어	siak	sika	sita	kami	kayu
	타갈로그어	ako	ikau	tayo	kamin	kayo
	세부아노어	ako	ikau	kita	kami	kamo
	고(古)자바어	aku	ko	kita	kami	kamu
	멜라유어	aku	(ĕŋ)kau	kita	kami	kamu
	토바-바탁어	au	hò	hita	hami	hamu
	카일리어	aku	iko	kita	kami	komiu
	티모르어	au/kau	ho/ko	hit/kit	hai/kai	hi/ki
	마샬어	ŋa	kwe	kōj	kōm	koṃ
	통가어	au(kau)	koe(ke)	kitau	kimau	kimou
	서(西)푸투나어	vau	koe	kitea	kimea	koua
	사모아어	aʔu	ʔoe	ʔita	mātou	ʔoutou
	라파누이어	au	koe	tātou	mātou	
서부오스트로네시아조어		*inau/*nau	*kau	*ita		

을 것이다. 덧붙여, 중국 윈난성 남부에서 사용되는 타이어의 시솽반나(西双版納)방언(타
이-누아)에서 su는 2인칭 복수인 동시에 2인칭 단수로서도 이용되고 있다(喩-羅 1980:7,
48). 어찌됐든 대만제어 su는 이 언어군과 따이까다이어 사이의 특별한 근친성을 시사하
고 있는 것 같다.

이 언어군의 1인칭 형태는 접사에 나타나는 기간 *ku에 a-라는 강조-증폭 성분이 붙은 형태로, 이것은 특별히 문제될 것이 없다. 문제는 2인칭 <단수>인데, 대만제어를 제외한 모든 언어의 기간자음에 1인칭과 동일한 k-를 가진 [i]kau(또는 그것의 파생형)라는 형태가 나타난다. 이 [i]kau의 정체는 무엇일까? 이것은 이미 먀오-야오제어의 일부에서 관찰했던 것과 동일한 현상으로, 요컨대 1인칭 대명사 *ku가 2인칭으로 전용된 형태에서 유래하는 것이다. 그리고 여기서도 먀오-야오제어와 같이, 결과적으로 1인칭 *[a]ku, 2인칭 *[i]kau라는 형태적 분화가 발생한다. ku~ kau는 따이까다이제어나 몬-크메르북서제어에서 보는 바와 같이, 원래 1인칭 대명사의 변이형에 지나지 않은 것이다.

다음으로 동부 오세아니아어군의 독립 인칭대명사이다([표 6.22]). 여기서 가장 주목해야 할 것은, 1인칭의 형태이다. 즉, 여기에는 inau 또는 nau(및 그것의 음 변화에 의한 파생형)라는 형태가 나타나는데, 재구된 조어형에서 보이는 *inau/*nau의 두 형태에서 *inau는 본래 강조적인 독립 형식으로 사용되고, *nau는 목적어형으로 사용되었을 것으로 보인다. 이 언어군에서 동사의 인칭 표시는 통상적으로 주어 인칭에만 한정되기 때문에, 목적어의 표시에는 독립형의 nau가 사용될 것이다.16)

이와 같이 동부 오세아니아어군에서 1인칭<단수> 대명사는 기간자음에 따라 k-형과 n-형의 두 가지로 확실히 나뉜다. 그리고 [a]ku는 주어 인칭 및 명사에 접한 소유인칭을 나타내고, 한편 nau/na는 목적어를 나타내는 식으로 각각 자기의 역할을 따로따로 맡고 있다.17)

---

16) 단, 일부의 언어, 예를 들어 모투어에서는([표 6.20] 참조) 목적어에도 인칭접사가 있는데, 그 접사는 na-로 나타난다.

17) 동부오세아니아어군의 인칭대명사와 그 통시적 배경에 관해서 자세한 것은 Pawley(1972)를 참조.

[표 6.22] 동부 오세아니아어군의 독립 인칭대명사

	1인칭단수	2인칭단수	포괄인칭	1인칭복수	2인칭복수
아와드-빈어	nam	wun	yid	mam	an
메케오어	lau	oi	iʔa	lai	oi
비나어	nau	moni	ita	nai	umui
모투어	iau/lau	oi	ita	ai	umui
코베어	iau	weau/-mu	taita	yai	amiu
토아바이타어	nau	ʔoe	koro	kamilia	kamuluʹa
파마어	inau	kaik	īre	komai	kami
레워어	inu	ko	ita	omami	amiu
넨고네어	inu	bo	eɲe	eɲiǰ	buɲiǰ
피지어	yau/au	iʔo/o	ʔeta	ʔeimami	ʔemunū
동부오세아니아조어	*inau/*nau	*kau	*ita		

이미 서술한 바와 같이 1인칭에서 k-형과 n-형의 구분은 연안형 인칭 대명사의 본래 모습을 반영하는 것인데, 다른 언어군에서도 한 언어 안에 두 가지 형태가 공존할 경우 반드시 이러한 구분이 나타난다. 따라서 앞서 몬-크메르제어에서 본 바와 같은 k-형을 가진 몬-크메르 북서군과 n-형을 가진 몬-크메르 남동군의 차이는, 원래 공존하고 있던 1인칭의 두 가지 형태가 지리적-방언적으로 다른 형태를 가지고 선택·통합된 결과로 발생한 것이다.

이상이 태평양 연안형 인칭대명사권의 '남방군'을 구성하고 있는 여러 어족들의 개요이다. 이 남방군은 이미 서술한 바와 같이, 포괄인칭의 형태가 순음계의 b/p-인 A군(즉, '오스트로-먀오군')과 치음계의 t-인 B군(즉, '오스트로-타이군')으로 나뉜다.

다른 한편으로 1인칭의 형태에 착안해 보면, k-형인 그룹(즉, 먀오-야오·몬-크메르 북서군·따이까다이·서부 오스트로네시아-폴리네시아군)과 n-형인 그룹(즉, 몬-크메르 남동군·문다어군·동부 오세아니아어군)으로 나눌 수도 있다. n-을 가진 그룹은 모두 자기 어족 안에서 지리적으로 약간 주변적인 위치에 있다는 점이 주목할 만하다.

6.4.2. 태평양 연안형 북방군 : 환동해·일본해제어

지금까지 유형지리론적인 고찰을 통해 제기한 태평양 연안 언어권의 북방군, 즉, '환동해·일본해제어'는 일본어·한국어·아이누어·길랴크어라는 계통적으로 고립된(되었다고 여겨지는) 네 가지 언어로 구성되어 있다. 이들 언어의 인칭대명사는, 언뜻 보기에는 언어 간의 차이가 크고 그 안에 규칙적인 대응을 찾아내기가 쉽지 않아 보인다. 이것은, 이 언어권이 대우법의 영향을 받아 인칭대명사의 시스템에 큰 변화를 일으켰기 때문이다. 그 변화는 이미 남방군의 일부 언어에서 관찰된 것과 같이, 특히 2인칭 대명사를 둘러싸고 일어났다. 그러나 지금까지 앞서 살펴본 환태평양 연안형 인칭대명사의 틀 안에서 보면 이들 언어의 인칭대명사 역시 뚜렷한 접점을 보이고 있다.

[표 6.23] 환동해·일본해제어의 인칭대명사

	1인칭단수	2인칭단수	포괄인칭	1인칭복수	2인칭복수
상대 일본어	a[re]/(o[re])/na-	[i]ma[si]/na[re]/o[re]	wa[re]	/	/
고전 오키나와어	a-N/wa-N	o-re	wa-N	/	/
중세 한국어	na	nə	u-ri		nə-hiy
아이누어 A	ku-/en-	e-	a-/-an/i-	ci-/-as/un-	eci-
아이누어 B	ku-/en-	e-	a-/-an/i-		eci-
길랴크어 A	ñi	ci	megI	ñɯŋ	cɯŋ
길랴크어 B	ñi	ci	memak	ñɯŋ	cɯŋ
길랴크어 C	ñi	ci	meŋ	ñin	cin

먼저 이들 언어의 인칭대명사 자료를 살펴보자([표 6.23]). 단, 여기서 일본어의 경우는 이미 살펴 본 태국어·베트남어·크메르어 등과 동일하게 현대어 자료는 거의 도움이 되지 않기 때문에 상대(上代) 일본어와 고전 오키나와어를 자료로 삼는다. 표 안에서 아이누어 A, B는 각각 홋카이도방언과 사할린방언을 나타내고, 길랴크어 A, B, C는 각각 아무르방언, 북부 사할린방언, 동부 사할린방언을 나타낸다.

6.4.2.1. 일본어의 인칭대명사

이 표에서 보는 바와 같이, 상대 일본어의 인칭대명사의 모습은 상당히 복잡하다. 1인칭에서는 a/are(ア·アレ)가 가장 일반적인 형태이지만, 이와 함께 그것의 모음 교체형인 ore가 있고, 또 na에도 1인칭 대명사적 용법이 보인다(-re가 붙은 형태는 독립대명사형). 단, 상대어의 na는 1인칭보다도 오히려 2인칭으로 쓰는 것이 좀 더 일반적인데, 1인칭 용법은 소수의 고정된 표현에만 남아 있을 뿐이다.[18]

한편, ore(俺)라는 형태는 1인칭 대명사로 현대어에도 뿌리 깊게 살아남았지만, 상대어의 문헌에서는 약간 속어적인 뉘앙스로 가진 채 오로지 2인칭 대명사로만 사용되었다. 이렇게 볼 때 상대어에서는 na[re]와 ore가 1인칭과 2인칭 대명사의 양쪽 용법을 겸하고 있었던 것으로 보인다.

반면에 오키나와어를 보면 ore는 완전히 2인칭 대명사이다. 현대 류큐 지방의 여러 방언들에서도 2인칭 대명사는 여러 음형으로 구현되기는 하지만, 그것들은 모두 ore의 규칙적인 음 변화로 인해 생겨난 *uri라는 형태에 기원을 둔다.

---

18) 상대어에서 na의 1인칭으로서의 용법은 na-oto, na-se, na-nimo, na-ne와 같은 자신의 형제에 대한 친밀한 호칭 표현에 한정된다. 그 밖에는 opo-na-mu-ti(大己貴)와 같이 '己'의 훈으로서 na를 제시한 예가 보인다.

ore는 a[re]와 함께 옛 일본어의 1인칭 대명사인 것으로 보이지만, 현대어의 본토 방언에서는 1인칭, 류큐방언에서는 2인칭이라는 형태로 지역적 분화를 이루고 있다.

일본어에서 na[re]와 a/o[re]에서 보이는 이러한 용법상의 동요는, 1인칭 대명사가 2인칭으로 전용되는 태평양 연안형 대명사 특유의 현상이다. 그렇다고 한다면 a-/o-와 같은 기간자음 zero의 형태는, 이미 많은 언어에서 예를 찾을 수 있었던 것과 같이 연안형 본래의 1인칭 대명사의 특징인 어두 자음 k-의 소실로 인해 야기된 것이라고 간단히 추정할 수 있다. 그에 따른 당연한 귀결로, 상대어(上代語)에서 더욱 더 과거로 거슬러 올라가면 선사 일본어에는 1인칭 대명사로서 k-형과 n-형 두 가지가 공존했을 가능성이 크다.

그런데 상대어의 2인칭 대명사에는 na[re]/o[re]와는 별도로 ma-si, i-ma-si라는 형태도 있다. 『고지키(古事記)』 등에서는 오히려 이것들이 정식 2인칭 대명사로 나타나는데, 여기에 나타난 ma의 정체는 무엇일까.

지금까지 대부분의 일본어 학자들의 해석에 따르면, 이 형태는 이른바 존경의 조동사 'masu', 'imasu'의 파생형으로서 생겨난 것이라고 한다. 그러나 인칭대명사의 기간(基幹)이 동사나 조동사에서 만들어졌다고 하는 사례는, 현재 세계 여러 언어들의 인칭대명사를 다 살펴봐도 전혀 찾을 수 없다. 아마 이러한 해석은 과녁을 어긋난 것 같다. 일본어의 인칭대명사가 연안형에 속한다고 하는 입장을 취하는 한, 이 ma-는 연안형 2인칭 대명사의 특징인 기간자음 m-으로 직접 이어지는 형태라고 보는 것이 가장 자연스러운 해석일 것이다.

상대 일본어에서 또 문제가 되는 것은 포괄인칭의 위치를 차지하고 있는 wa[re]인데, 이것의 해석에 대해서는 이미 제4장(3.3절)에서 자세하게 논한 있으니 그것을 참조하기 바란다.

6.4.2.2. 한국어의 인칭대명사

다음은 한국어의 인칭대명사이다. 앞의 [표 6.3]에서 본 것과 같이, 중세 한국어에서는 1인칭 대명사로 na('나')가 나타난다. 이것은 일본어의 na와 동일하게 연안형 대명사의 정규 1인칭형이라고 봐도 틀림이 없을 것이다. 한편, 2인칭의 형태를 보면, 여기에는 1인칭과 동일한 기간자음을 가진 nə('너')가 나타나고 있다. 이 nə는 일본어의 a[re]~o[re]와 동일하게 1인칭 na의 모음 교체형이다(양성 모음 /a/에 대한 음성 모음 /ə/이라는 관계). 따라서 한국어의 경우도 2인칭 대명사는 1인칭에서 전용되어 생겨난 것이라고 추정할 수 있다.

그런데 한국어에는 1인칭으로 n-형만이 있을 뿐 일본어의 a/o, 즉, k-형에 해당하는 형태는 보이지 않는다. 그러나 이와 관련하여 중국의 사서인 『위지동이전-진한전』에 다음과 같은 매우 흥미로운 기술이 보인다.

東方人名我爲阿(동방의 사람들은 我/ŋa/를 이름 붙여서 阿/a/라고 한다.)

즉, 한어(漢語)의 1인칭 대명사 <我 ŋa>에 대해서 '동방인'은 /a/라고 말하고 있다는 것이다. 『위지동이전』의 진한은 나중에 신라가 된다. 여기서 '동방의 사람'을 진한인이라고 해석한다면, 옛 한국어에는 1인칭에 a라는 형태가 있었다고 추정할 수 있다. 또 문맥상 '동방의 사람'을 막연히 한반도 남부의 주민으로 해석하는 것도 가능한데, 그렇다면 일본 열도에서 '야마타이코쿠(邪馬台國)'[19]가 번성했던 기원 2, 3세기경의 한반도에서도, 상대 일본어와 동일하게 1인칭에 /a/를 가진(아마 복수의) 언어가 존재했을 것이라고 추정하는 것이 충분히 가능하다.

---

19) [옮긴이] 삼국지 위지와 삼국사기에 등장하는 일본의 고대 부족국가이다. 현재 일본의 긴키(近畿) 혹은 규슈(九州) 일대라고 하나 확실하지는 않다.

한국어의 인칭대명사에서 또 하나 주목해야 할 것으로, 지금까지 1인칭 복수라고 여겨 온 u-ri('우리')이다. 형태적으로 1인칭의 na와 전혀 연결이 되지 않는 이 형태는, 연안형 대명사의 틀 안에서 생각해 본다면 본래 1인칭 복수라기보다 오히려 포괄인칭이었을 가능성이 매우 높다. 그렇다고 한다면 그 어간에 나타나는 u-는 일본어의 wa와 어원적으로 이어지는 형태, 즉 기간자음으로서 순음 b/w를 가진 A형 포괄인칭으로 거슬러 올라간다고 볼 수 있겠다.

이렇게 본다면, 일본어와 한국어는 인칭대명사에 관하여 거의 동일한 시스템을 공유하고 있었다는 결론이 도출된다.

6.4.2.3. 아이누어의 인칭대명사

아이누어의 인칭대명사에서 가장 주목해야 할 것은, 1인칭 대명사이다. 여기에는 기간자음에 k-를 가진 ku와 n-를 가진 en이라는 두 가지 형태가 공존한다. 그 용법을 보면, ku형은 동사에 접하여 주어 인칭을 나타내고 명사에 접해서는 소유인칭을 나타내는 반면, en형은 오로지 목적어 인칭만을 나타낸다. k-형과 n-형의 이러한 역할 분담은 앞서 살펴 본 동부 오세아니아어파와 완전히 일치하는데, 아이누어의 인칭대명사가 태평양 연안형에 속한다고 하는 확실한 증거라고 해도 좋을 것이다.

또 아이누어의 경우에도 2인칭 대명사에 변용이 일어났는데, 여기에는 모음 e만이 적나라한 형태로 남아 있다. 이 e의 정체는 무엇일까.

아이누어의 인칭대명사가 태평양 연안형이라는 전제가 확실하다면, 이 형태 역시 필연적으로 1인칭 대명사 /en/의 2인칭 전용으로 인해 생겨났을 것으로 추정된다. 그렇다고 하면 이 e는 1인칭 대명사 en의 어말음이 상실한 형태에서 유래한다고 해석할 수 있는데, 이것은 1인칭 대명사가 2인칭으로 전용되어 두 가지 형태가 병존할 경우에는 반드시 형태상의 분화가 생기기 때문이다(예를 들어, 오스트로네시아제어나 먀오-야오제어의 ku와 kau, 한국어의 na와 nə와 같이).

다음으로 살펴볼 문제는 아이누어의 포괄인칭이다. 앞의 [표 6.23]에서 예를 든 a-/an-/i-이라는 형태는 현재 아이누어 문법에서는 '부정인칭대명사'라고 불리기도 하는데, 그 안에는 분명 포괄인칭의 용법이 포함되어 있다. 그러나 필자의 해석에 따르면, 이 대명사는 부정인칭이 본래의 기능으로, 이것이 나중에 잃어버리게 된 포괄인칭을 대신하여 그 용법을 겸하게 된 것으로 여겨진다.[20] 그리고 잃어버린 포괄인칭은, 현재 아이누어에서 1인칭 및 2인칭 복수형의 표식이 된 ci에 요구되는 것이 아닐까? 이 ci의 원래 음형은 *ti일 것이다. 포괄인칭이 1, 2인칭의 복수형으로 확장 내지 전용되는 것은, 따이까다이제어나 아사바스카제어 등에서도 봤던 것처럼 세계의 여러 언어들에서 결코 드문 현상이 아니다. 이러한 추정이 성립한다고 한다면, 아이누어의 포괄인칭은 기간자음에 t-를 가진 B형 포괄인칭이라는 결론이 도출된다.

또 표에서 아이누어의 인칭대명사라고 나타내고 있는 형태는 통상적으로 동사나 명사 등에 붙어 이용되는 인칭 형식이다. 이와는 별도로 아이누어에는 독립대명사로서, an/okay라는 존재 동사에 의하여 증폭된 ku-ani, e-ani, ci-okay라는 형태가 있다. 어원적으로 '我ナツモノ(나와 같은 것)', '汝ナルモノ(너와 같은 것)'과 같은 의미이다.

6.4.2.4. 길랴크어의 인칭대명사

길랴크어(Gilyak language)에서 연안형 대명사의 본래 모습을 그대로 유지

---

20) 이 대명사의 세 가지 형태는 a-가 타동사에 접하는 주어 인칭 접두사, i-가 동일하게 목적어 접두사, -an은 자동사에 접하는 접미사이다. 이들 형태에서 관찰하면 이 부정-포괄인칭은 지시대명사 내지 그것으로 분류되는 형식에서 발달했을 가능성도 충분하다.

하고 있는 인칭대명사는, 어찌됐든 1인칭의 ñi뿐이다. 그 밖의 대명사에는 상당한 변용이 있었던 것으로 보이는데, 그에 대한 통시적 해석은 상당히 어렵다.

먼저 2인칭<단수>의 대명사를 살펴보면, 여기에 ci라는 형태가 나타난다. ci의 발음은 아이누어와 동일한 [tsi]로, 본래 음형은 /ti/였다고 봐도 될 것이다. 그렇다고 한다면, 이것은 원래 아이누어와 동일하게 포괄인칭이었을 것이다. 포괄인칭이 2인칭으로 전용되는 예는, 이미 몬-크메르제어의 몬어나 세댕어(Sedang language) 등에서도 찾아볼 수 있었는데, 그 밖의 다른 언어권에서도 결코 드문 현상은 아니다. 이미 서술한 바와 같이, 1인칭의 전용이 '친(밀)칭'적 뉘앙스를 수반하는 데 비해 포괄인칭의 전용은 경(원)칭적인 뉘앙스를 가진다.

다음으로, 현재 길랴크어에서 포괄인칭이 어떠한 형태를 가지고 있는가 살펴보자. 아무르방언에서는 megI, 북부 사할린방언에서는 memak, 동부 사할린방언에서는 meŋ과 같은 형태로 나타나는데, 방언들 사이의 대응이 상당히 불안정하다.21) 형태적으로 볼 때 분명히 복합어 구성인 것으로 보인다. 이러한 복합 형식은 2인칭(*mi/*me)과 1인칭(*ki/*ke)의 합성으로 새로 포괄인칭형을 만든 것이 아닌가 싶다. 그 형성 방법은 이미 살펴본 토크-피진어 yu-mi와 똑같은 방식인데, 새로운 포괄인칭의 형성 방법으로는 세계 언어에서 가장 많이 찾아볼 수 있는 것이다. 길랴크의 포괄인칭에 대한 이러한 해석을 받아들인다면, 길랴크어에도 옛날에는 1인칭 대명사에 *ni와 함께 *ki와 같은 형태가 있었고, 2인칭에는 *mi/*me라는 형태가 있었다고 추정할 수 있다.

---

21) 여기에서 다루고 있는 길랴크어의 포괄인칭은 기본형(내지 '단수'형)으로, 이 밖에 이른바 '증복수(增複數)'형으로서, mIr/mIrn과 같은 형태가 있는데, 여기서는 특히 고려할 필요가 없을 것이다. 이 증복수라는 것은 토크-피진어의 yumi에 대한 yumi-pela와 같은 형태에 해당한다.

6.4.2.5. 선사(先史) 환동해·일본해제어의 인칭대명사 체계의 재구

이상 개략적으로 살펴본 언어들의 통시적인 해석에 기반하여 먼 선사시대의 환동해·일본해제어의 인칭대명사 체계를 재구해 보면, 아마 [표 6.24]와 같이 될 것이다.

[표 6.24] 선사 환동해·일본해제어의 인칭대명사

	1인칭 단수	2인칭 단수	포괄인칭
선사 일본어	*[k]a/*[k]ə/*na	*ma	*wa
선사 한국어	*[k]a?/*na/*nə	*ma?	*wa
선사 아이누어	*ku-/*en	*ma?	*ti(=ci)
선사 길랴크어	*ki/*ni	*mi	*ti>*mi-ki

이 표에서 나타난 것과 같이, 옛날에는 환동해·일본해제어의 1인칭 대명사로 아이누어뿐 아니라 모든 언어에서 연안형 대명사의 k-형과 n-형이 공존하고 있었을 것이다. 한편, 포괄인칭의 형태에 착안하면 이 언어권 역시 남방군과 같이 A형의 포괄인칭(*w-)을 공유하는 일본어·한국어와, B형의 포괄인칭(*ti)을 공유하는 아이누어·길랴크어라는 두 개의 그룹으로 나눌 수 있다. 이때 남방 A군(오스트로-먀오군)과 일본어·한국어가 서로 연결되고, 남방 B군(오스트로-타이군)과 아이누어·길랴크어가 서로 연결될 수 있을 것이다. 이러한 관계가 전체적인 태평양 연안 언어권의 형성사 안에서 과연 어떠한 의미를 가지는 것인가 하는 문제는, 앞으로 검토해야 할 과제로 남기도록 하겠다.

마지막으로 환동해·일본해제어 각각의 인칭대명사 체계에서 일어났을 것으로 추정되는 통시적인 변화들을 요약해 보면, 다음과 같은 형태로 정리할 수 있다. 단순한 음운 차원의 현상을 제외하면, 이들 변화는 모두 다

2인칭의 호칭을 둘러싸고 일어났다. 2인칭(=상대)을 어떻게 부르고 어떻게 대우할지, 여기에 대우법의 원점이 있다.

(1) 일본어에서 일어났을 것으로 추정되는 인칭대명사의 변화
  1. 1인칭 대명사의 어두 자음 k-의 소실 : *ka > *kə > a/ə($=o_2$)
  2. 1인칭 대명사 na[re], o[re]의 2인칭으로의 전용
  3. 본래 2인칭 대명사 *ma(=[i]ma-si)의 소실
(2) 한국어에서 일어났을 것으로 추정되는 인칭대명사의 변화
  1. 1인칭 대명사의 모음 교체에 의한 어형 분화 : na~nə(일본어의 *[k]a~*[k]ə와 동일한 현상)
  2. 1인칭 대명사(의 분화형) nə의 2인칭으로의 전용
  3. 본래 2인칭 대명사(*ma?)의 소실
(3) 아이누어에서 일어났을 것으로 추정되는 인칭대명사의 변화
  1. 본래 포괄인칭 *ti(=ci)의 1, 2인칭 복수형으로의 전용
  2. 1인칭 대명사 en의 2인칭으로의 전용과 어말 자음 -n의 소실 (en>e)
  3. 부정대명사(a[n]/i)의 포괄인칭으로의 용법 확장
(4) 길랴크어에서 일어났을 것으로 추정되는 인칭대명사의 변화
  1. 본래의 포괄인칭 *ti(=ci)의 2인칭으로의 전용
  2. 2인칭 대명사 *mi와 1인칭 대명사 *ki의 합성에 의한 새로운 포괄인칭 *mi-ki의 창출
  3. 본래 2인칭 대명사 *mi의 소실

6.4.3. 아메리카 대륙 : 북미

아메리카 대륙에서 태평양 연안형 인칭대명사의 분포는, 이미 제5장에서도 살펴본 바와 같이 북미의 북서 해안에서 캘리포니아, 그리고 중미 멕시코를 거쳐 남미 대륙의 안데스 산맥을 따라 최남단 푸에고섬으로 이어진다.

그러나 아메리카 대륙의 이러한 언어 분포는, 콜롬버스 이후 인류 역사 상 그 유례를 찾을 수 없는 대량 학살을 수반한 침략과 정복으로 인해 괴 멸적인 손상을 받았기 때문에, 지금에 와서 아메리카 선주민들이 가지고 있던 본래 언어의 분포를 완전한 형태로 복원하는 일은 지난한 작업이 될 것이다(예를 들어 페누티 및 호카계 언어가 주로 분포했던 현재의 캘리포니아 지역 은, 19세기 중반 '골드러쉬' 이후 겨우 한 세대나 두 세대 사이에 20만 이상의 인구가 1만 5천까지 격감했다).

여기서 아메리카 대륙에서 인칭대명사의 분포권을 대략적으로 개관해 보면, 먼저 북미에서는 태평양 연안의 록키 산맥 서쪽에 한정하여 분포할 뿐 동쪽 기슭에 펼쳐져 있는 '대평원'에는 미치지 않는다. 남미의 경우, 록 키 산맥의 연장선상에서 태평양 연안을 종주하는 안데스 산맥을 따라 동쪽 기슭에까지 이어지는데, 현재 브라질의 영토에 속하는 아마존 중앙부에서 대서양 연안에 이르는 지역에는 이 유형의 인칭대명사가 거의 나타나지 않 는다. 이런 관점에서 선주민 언어들을 살펴보면, 아메리카 대륙은 남과 북 이 아니라 서쪽의 태평양 지역과 동쪽의 대서양 지역으로 크게 양분할 수 있다. 그리고 태평양 지역의 언어권이 유라시아의 태평양 연안부와 연결되 어 문자 그대로 '환태평양'이라는, 거대한 언어권을 형성하게 된다.

아래에서 아메리카 대륙의 북쪽부터 차례대로 연안형 인칭대명사의 분 포를 살펴보기로 하자. 아래 표 안에서 이름 뒤에 *표가 붙어 있는 것은 이미 소멸한 언어를 가리킨다.

6.4.3.1. 북미의 페누티제어

'페누티(Penutian)'라고 불리는 언어군은, 캐나다 브라티시 컬럼비아주 와 미국 캘리포니아주에 이르는 태평양 연안 지역에서 대지(臺地, Plateau)를 배경으로 분포했던 언어들로, 계통적으로 반드시 하나의 어족으로 묶을 수 있는 것은 아니다. 전통적인 분류에서는 전부 20여 개의 고립적인 언어 또는 소언어군으로 구분하기도 하는데, 대강 지역별로는 북쪽의 북서 해안·오레곤·대지·캘리포니아라는 세 개 내지 네 개의 그룹으로 분류하는 것이 편리하다. 이 언어군에 속하는 주요 언어들의 인칭대명사를 살펴보면 [표 6.25]와 같다.

또 이들 언어의 인칭대명사 체계에서는 단·복수의 수 범주가 반드시 성립하는 것이 아니어서 종래 서양 문법의 틀에서 1, 2인칭 복수형이라고 기술해 왔던 것에 대한 자료도 그다지 확실하지 않다. 따라서 여기서는 1, 2인칭 단수형과 포괄인칭으로 보이는 형태만을 살펴보겠다. 그리고 표 좌측란의 A는 북서 해안, B는 대지, C는 캘리포니아 그룹을 나타낸다. 각 그룹 안에서 옆선으로 구분하는 것은, 계통적으로 별개인 것으로 여겨지는 언어 또는 언어군이다.

[표 6.25] 페누티제어의 인칭대명사

		1인칭 단수	2인칭 단수	포괄인칭
A	침시안어	nə	mə	dəp
	치누크어	n-/-čə-/-gə-	m-	tx-
	타켈마어*	kī	ma	kōm
B	사합틴어	in	im	nama
	야키마어	ink	imk	namak
	네즈퍼스어	in/-[e]k	im/-m	nun/-enm
	클레머스어*	nõ/ni	ʔi/mi	nāt
C	윈투어	ni/nis	mi/mis	pi/put
	마이두어	ni/nik	mi/min	nise[m]
	요쿠츠어	naʔ	maʔ	makʔ
	무툰어*	ka/kan/kat	me/men/met	mak[e]
	오론어*	ka[n]	mi/min	mak
	산호세어*	kana	mene	makin
	미웍크어	kan	mi[n]	ʔotici

이 표에 있는 자료를 통해 알 수 있는 것은, 언어군마다 인칭대명사의 출현 방식이 모두 다 제각각이어서 하나의 어족으로 묶을 수 있을 만한 긴밀함이 전혀 없다는 점이다. 단, 모두 연안형 인칭대명사에 속한다는 것만은 의심할 여지가 없다.

먼저 1인칭부터 살펴보면 대부분의 언어는 n-형으로 통합되어 있는데, B군의 타켈마어, C군 안의 캘리포니아 남부에서 '코스타노안(Costanoan)'이라고 불리는 작은 어족(무툰어 외) 및 미워크어 등은 k-형의 1인칭을 가지고 있다. 그러나 A군의 치누크어에서는 동사의 인칭 접두사로서 n-형이 나타나는 반면 명사에 접하는 소유 접사로는 -čə-/-gə-와 같은 형태가 나타나는데, 이것은 아마 k-형의 1인칭에서 유래할 것이다. 또 B군에 속하는 네즈퍼스어에서도 독립대명사의 in과 함께 -e[k]라는 접사가 나타나는데, 이것은 오로지 주어 인칭의 표시로만 사용된다.

다음으로 포괄인칭으로 눈을 돌리면, 여기에도 언어들 사이에 안정적인 대응은 보이지 않는다. 그러나 이들 언어에 많이 나타나는 nama(사합틴소어족), mak[e](요쿠츠어·코스타노안소어족)와 같은 형태는 분명히 2인칭 대명사 m-과 1인칭 대명사 n- 또는 k-형을 합성하여 만든 것이다. 특히 코스타노안제어의 mak/make 등은, 앞선 길랴크어의 포괄인칭으로 추정되는 형태의 구성 방식과 완전히 동일한 유형이다. 한편 타켈마어의 kōm은, 아마 1인칭 k- + 2인칭 m-이라는 형태의 합성일 것이다. 이 밖의 치누크어나 미워크어의 포괄인칭 역시 그 내력은 분명하지 않지만 t-를 가진 B형 포괄인칭일지도 모른다. 여하튼 본래의 형태가 어떠했는지는, 현재의 데이터만 가지고는 확정할 수 없다.

6.3.2.1. 북미의 호카제어

'호카(Hokan languages)'이라고 불리는 언어군은, 앞서 살펴본 페누티제어와 캘리포니아 중앙부에서 복잡하게 뒤섞이면서 캘리포니아 주에서 멕시코 북부, 그리고 텍사스주 남부에까지 퍼져 있다. 계통적으로나 유형적으로 상당히 다종다양한 언어를 그 안에 포함하고 있다. 기존의 세분류에 따르면 약 20개의 소규모 어족 내지 고립 언어로 구성되어 있다고 하는데, 언어군 내부의 계통적 접점은 페누티제어 이상 희박한 것으로 보인다. 소속 언어의 대다수는 이미 소멸하였고, 지금 잔존해 있는 언어 역시 거의 없어질 위기에 처해 있다. 인칭대명사의 데이터에 대해서는 [표 6.26]을 참조하기 바란다.

이 언어들의 경우 역시 인칭대명사에서 수 범주는 반드시 명확한 것이 아니고 충분히 신뢰할 수 있는 기술이 많은 것도 아니다. 여기서 예로 들고 있는 것도 1, 2인칭 단수와 포괄인칭뿐이다. 단, 이용 가능한 자료 중에서 포괄인칭의 존재를 확인할 수 없는 사례도 적지 않다. 표에서 처음에 들고 있는 형태는 독립대명사이고, 빗금 뒤의 형태는 접사 형식이다. 표 내부에서 언어들 사이의 옆선은 앞의 표와 동일하게 계통적인 구분을 의미한다.

[표 6.26]에서 보는 바와 같이, 대부분의 언어는 1인칭에 n-형을 가지고 있는데, 유키어, 왑포어, 포모어(원래 샌프란스시코 북부 해안을 따라서 분포), 사리나어(샌프란시스코 남부), 세리어(멕시코 북동부 소노라 해안)에서는 1인칭에 k-형이 나타난다.

[표 6.26] 호칸계 언어들의 인칭대명사(독립형/인칭접사)

	1인칭 단수	2인칭 단수	포괄인칭
카룩어	nā / nani-	ʔïm / mi-	/
치마리코어*	nõut / -i	mamut / -m[i]	/
유키어*	ʔaⁿ p / ʔi	mi / mis	mï / mïa
왑포어*	ʔah / ʔi	miʔ / mʔi	ʔis / ʔisi

동(東)포모어	ha / wi	ma / mi	wa / wal / way
남(南)포모어	ha / wi	ma / mi	ya / yal
와쇼어	lē / l-	mī / m-	le-w-hu
엣셀렌어*	eni / ni	neme/nemi-/-puk	let / leč-
살리나어*	kek / e-	mo^ʔ / m-	/
세리어*	ʔe / iʔ-[p]	me / m-	ʔiši / ʔa-
코아윌테코어*	nai / na- / ta-	mai / xa-	/
코메크루도어*	na	nana / emna	/

유마 어족	디에게뇨어	ʔña / ʔ- / ň-	ma / m-	ʔňawup
	모하베어	ʔinye / ʔ- / ň-	many / m-	/
	마리코파어	ňā / ʔ[ə]- / ň-	man / m-	/
	파이파이어	ňňe / ʔ- / ň-	ma / me-	/
	왈라파이어	ňa / ʔ- / ň-	ma / m-	/

▌유마제어(Jumano languages)의 1인칭 대명사

1인칭 대명사에 관하여 가장 주목할 만한 가치가 있는 것은, 멕시코 북동의 태평양 연안부의 꽤 넓은 범위에 분포하며 호칸계 언어 중 드물게 지금까지 활력을 유지하고 있는 '유마(Juma)'라고 불리는 소어족이다. 이들 언어의 1인칭 대명사를 보면, ña/inye 등과 같은 독립대명사 외에도, 동사에 붙는 인칭접사로서 성문폐쇄음 ʔ-으로 시작하는 것과 ñ-으로 시작하는 두 가지 형태가 있다. 여기서 특히 중요한 것은, ʔ-형이 동사에 붙으면 주어 인칭을 나타내고 명사에 붙으면 소유인칭을 나타내는 반면 ñ-형은 목적어 인칭만을 표시한다는 점이다. 여기에 나타난 성문폐쇄음이 *k-로 거슬러 올라간다는 것, 또 1인칭에서 k-형과 n-형이 역할 분담을 한다는 점이 연안형 인칭대명사의 본래 모습을 반영한다는 것은 두말 할 필요도 없을 것이다.

멀리 태평양을 사이에 두고 유라시아 연안부 북쪽의 아이누어와 남쪽의 멜라네시아제어, 그리고 북미 태평양 연안의 유마제어 사이에서 이렇게

형태법과 관련한 세부적인 사항이 일치하는 것은 도저히 우연이라고 생각할 수 없다. 그만큼 이 현상은 언어의 먼 친족 관계를 보여 주는 증거로서 정말 경탄할 만한 것이라 할 수 있겠다.

6.4.3.3. 북미에서 중미에 걸쳐 분포하는 유토-아즈텍제어

유토-아즈텍제어(Uto-Aztecan languages)는 캘리포니아주 동부와 그 후방에 펼쳐 있는 '대분지(Great Basin)'와 캘리포니아 남부를 거쳐 멕시코 중앙부에까지 분포하는데, 그 분포 지역의 넓이나 포함 언어의 수에 있어서 북미 최대 규모라고 할 수 있다. 통상적으로 미국에 분포하는 '북부어파'와 멕시코에 분포하는 '남부어파'로 나눌 수 있다. 북부어파는 대분지에 분포하는 '누미크어족'(표의 북부 A)과 캘리포니아 남부에 분포하는 '타키크어군'(표의 북부 B)으로 나뉘고, 한편 남부어파는 멕시코 북서부의 소노라강(Sonora River)을 중심으로 하는 '소노라어군'(남부 A)과, 멕시코 중앙부 옛 아즈텍제국 영내의 '나우아어군'(남부 B)으로 구성되어 있다. [표 6.27]을 참조하기 바란다.

앞서 살펴본 페누티어나 호칸제어의 경우와 달리 이들 언어는 하나의 어족으로서 긴밀한 관계를 맺고 있는데, 인칭대명사의 자료를 봐도 그러한 모습이 그대로 반영되어 있어 조어형을 복원하는 일도 그다지 어렵지 않다. 표 안에서 빗금의 앞은 독립대명사형, 뒤는 접사 형식이다(그러한 병기가 없는 것은 인칭접사를 결여하는 언어이다). 단, 독립형과 접사 사이에 큰 차이는 없다.

이 표에서 보는 바와 같이, 유토-아즈텍제어의 1인칭은 n-형으로 통합되어 있고 k-형은 전혀 나타나지 않는다. 또 이 어족에서는 포괄인칭이 매우 안정적인 대응을 보이는데, 그 형태(*ta/*ti)는 오스트로-타이제어와 동일한 B형 포괄인칭이다.

[표 6.27] 유토-아즈텍제어의 인칭대명사 : 독립형 / 인칭접사

		1인칭 단수	2인칭 단수	포괄인칭	1인칭 복수	2인칭 복수
북부 A	쇼쇼니어	niɨ	in / inmi	tawɨh	nɨmmi	mɨmmɨn
	코만체어	niʔ	ini	takwi	nini	mɨɨ
	북(北)파이우테어	niɨ	i[mi]	ta	nɨmmi	umɨ
	카와이수어	niʔɨ / ni	ʔimi / mi	tami	nɨmi	mumi/umi
	체메웨비어	nɨɨ	ʔmi	tamɨ	nimi	mɨmɨ
북부 B	세라노어*	niʔ / nɨ	ʔimiʔ / ci̇	ʔačam / čimi		ʔɨɨm/ci̇mɨ
	쿠페뇨어	nəʔ / ən	ʔəʔ / ʔət	čəm / čə		ʔəm/məl
	루이세뇨어	nō / n-	ʔom / up	čām / ča		ʔomom/um
남부 A	파파고어	āñi / ñ-	āpi/m-	āčim/t-		āpim/im-
	테페카노어*	ani/n[i]-	api/p[i]-	ati/t[i]-		apim/pim
	타라우마라어	nehe/ne-	muhe/mu-	tamu/ta-		tumuhe/tu-
	야퀴어	nē	ʔem[po]	itom(/te)		ʔeme
	코라어	[i]ñā/ña-	mwā/pa-	[i]tyan/ta-		mwan/sa-
남부 B	우이촐어	nē/ne-	ʔēkɨi/pe	tāme/te		zēme/ze-
	포추텍어*	n[i]	t[i]	t[i]		/
	피필어	naha/ni-	taha/ti-	tehemet/ti-..-t		an-..-t
	고전나우아틀어*	neʔwā/ni-	teʔwā/ti-	teʔwāntin/ti-		ameʔwāntin /-am
유토-아즈텍조어		*[a]ni	*[i]mi	*ta/*ti		

▌나우아제어(Nahuan languages)에서 2인칭 대명사의 변용

유토-아즈텍제어의 인칭대명사에서는 남부어군의 나우아제어([표 6.27] 의 남부B)가 가장 주목할 만한데, 이들은 예전에 멕시코 고원에서 아즈텍 문명을 쌓아 올린 언어군(의 후예)이다. 이들 언어의 2인칭을 보면 독립대 명사와 동사의 (주어) 인칭접사에 ti/ta와 같은 t-로 시작하는 형태가 나 타나고, 반면에 m-형은 일부 언어에서 명사의 소유 접사라는 한정된 용 법으로밖에 쓰이지 않는다(피필어(Pipil language)에서 -mic, 고전 나우아틀어 에서 mo라는 형태로 나타난다).

2인칭에 해당하는 이 t-형은 의심할 것 없이 포괄인칭에서 전용되어 생

긴 것으로, 앞서 길랴크어에서 추정했던 것과 완전히 똑같은 전용이 여기에도 나타나는 것이다. 또 본래 2인칭 m-형이 명사의 소유인칭에만 남아 있다는 점은 앞서 살펴본 오스트로네시아제어의 경우와 궤를 같이 한다. 오스트로네시아제어에서는 독립대명사형과 주어 접사가 1인칭에서 전용된 형태로 치환되었던 것이고, 나우아제어에서는 포괄인칭에서 전용된 형태로 치환되었던 것이다. 유토-아즈텍제어 중에서 유독 나우아제어에만 발생한 이와 같은 전용은, 아마 메소아메리카 문명권에서 발달한 경어법의 영향 때문일 것이다.

6.4.4. 중미 : 미헤-소케제어와 마야제어

미헤-소케어족과 마야어족은, 북쪽에서 아즈텍의 나우아제어를 사용했던 집단이 도래하기 훨씬 이전에 메소아메리카의 문명을 쌓아 올린 민족들의 언어이다. 이 둘은 계통적으로도 비교적 가까운 관계에 있는 것으로 보인다.

6.3.3.1. 미헤-소케제어

미헤-소케제어(Mixe-Zoque languages)는 태평양에 접해 있는 멕시코 남부의 오악사카 주(Oaxaca 州)에서 카리브해의 멕시코만 연안에 걸쳐 분포하는 언어군이다. 현재는 비교적 소규모의 어족이지만, 이 어족을 사용했던 사람들은 메소아메리카에서 가장 오래된 올멕(Olmec) 문명(BC 1,200~BC 300)[22]을 창시했을 것으로 추정된다.

---

22) [옮긴이] 기원전 12세기에서 기원전 3세기까지를 전후로 하여 멕시코 동쪽의 멕시코 만을 중심으로 발달한 것으로 보이는, 메소아메리카 지역에서 가장 오래된 문명. '올멕'은 이 지역 선주민 언어인 나우아틀어로 '고무가 나는 곳에서 사는 사람들'이라는 뜻이다. 올멕인의 신체적 특징은 돌비석에 새겨진 인물 조각상 등을 보고 유추할 수 있는데, 키가 작고 몸은 약간 통통한 편이었으면 머리는 동그란 형이다. 코가 작고 넓었으며 입술

이 언어들의 인칭대명사에 대해서는, [표 6.28](독립대명사)와 [표 6.29](인칭접사)를 참조하기 바란다. 표 안의 옆선 위가 미헤어군(Mixe languages), 아래가 소케어군(Zoque languages)이다.

[표 6.28] 미헤-소케제어의 독립 인칭대명사

	1인칭 단수	2인칭 단수	포괄인칭	1인칭 복수	2인칭 복수
토톤테펙어	ʔʌc	mic	ʔɨ : m(da)	ʔʌ : c	ˈmi : c
틀라위톨테펙어	ʌc	mec	atʌm	ʌ : c	me : c
사율라-포폴루카어	i : c	mi : c	ihcat		mihčat
올루타-포폴루카어	i : s	mi : s	ica : teʔk		mica : tek
코파인날라어	iŝ	miŝ	tɨ	tiŝ	mistaʔm
소테아판-소케어	ic	mič	taʔičtʸam	ičtʸam	mičtʸam
프란시스코-레온어	ihci	mihci	ihtaʔm		mihtaʔm
미헤-소케조어	*kɨc	*mɨc	*tɨc(?)		

먼저 독립대명사에서 1인칭은 어두자음이 zero 또는 성문폐쇄음으로 나타나지만, 이 경우도 조어형과 동일한 k-를 가진 1인칭형으로 거슬러 올라간다. 또 포괄인칭은 언어들 사이의 대응이 약간 불완전하기는 하지만, *t를 가진 B형 포괄인칭에 속하는 것임에는 틀림없다.

다음으로 미헤-소케제어의 동사가 가지는 인칭 표식은 '일체-다항형'이라는 유형인데, 타동사의 경우 주어 인칭과 목적어 인칭이 하나로 표시되기 때문에 이들을 따로따로 분리해 낼 수는 없다. 그러므로 여기서는, 편의상 자동사에 나타나는 (주어) 인칭과 명사에 접하는 소유인칭을 나타내기로 한다([표 6.29]). 이 표에서 빗금의 앞은 자동사 주어 인칭접사, 뒤는 소유 접사를 나타낸다. 엄밀한 인칭접사는 1, 2인칭의 단수형에만 나타나고 복수형에는 나타나지 않는다.

___

은 두껍고 눈은 옆으로 길게 찢어져 있어 몽골 계통이 아닌가 추정하고 있다.

[표 6.29] 미헤-소케제어의 인칭접사

	1인칭 단수	2인칭 단수
토톤테펙어	'- / n-	m- / m-
틀라위톨테펙어	'- / n-	m- / m-
사율라-포폴루카어	ti- / tin-	mi- / in-
올루타-포폴루카어	ti- / tin-	mi- / min-
코파인날라어	'-..ih / n-	ny-..mih / (mis)n-
소테아판-소케어	an- / an-	in- / in
프란시스코-레온어	'- / [i]n-	ny- / (mi)n-
미헤-소케조어	*ki- / *ni-	*mi-

표를 보면 자동사에 나타나는 1인칭 접사는 많은 언어에서 zero자음('-)
으로 나타나는데, 이것은 아마 옛날의 *k-형으로 거슬러 올라가는 형태일
것이다. 반면, 명사에 붙는 소유 접사는 거의 일정하게 n-형이다. 또 일부
의 언어(표에서는 포폴루카어)에서 1인칭에 ti-/tin-이라는 고립된 형태가
나타나기도 하는데, 이것은 아마 포괄인칭에서 전용된 것일지도 모른다.
단, 이와 같이 1인칭이 포괄인칭에서 전용된 형태로 치환되는 현상은, 태
평양 연안형 인칭대명사로서는 극히 드문 일이다.

6.4.4.2. 마야제어

마야제어(Mayan languages)는 멕시코의 유카탄(Yukatan)[23] 반도에서 과테말
라에 걸쳐 분포하고, 내부에 30여 개의 언어를 포함하고 있다. 이들 언어는
지리적으로 고립된 멕시코만 연안의 와스텍어(Huastec language)를 별개로 하
면 통상적으로 유카탄 반도를 중심으로 하는 '저지대어군'과 과테말라 고
지를 중심으로 하는 '고지대어군'으로 나눌 수 있다. 또 그 내부는 더 작은

---

23) [옮긴이] 멕시코 남동부에 있는 반도이며 중심지는 메리다(Mérida)이다. 서쪽과 북쪽은
멕시코만과 접해 있고 동쪽은 카리브해에 접해 있다. 역사적으로 마야문명의 중심지로
번성했다.

몇 개의 소언어군으로 분류할 수도 있다. 인칭대명사의 데이터는 여기에서
도 독립대명사([표 6.30])와 인칭접사([표 3.61])로 나누어 제시한다.

이들 표에서 보는 바와 같이, 마야제어의 인칭대명사 시스템은 미헤-소
케제어보다 약간 복잡하다. 또한 환동해·일본해제어와 같이 2인칭이 다
른 인칭의 전용형으로 전면적으로 치환되어 있다. 그렇기 때문에 언뜻 보
아서는, 이것이 태평양 연안형의 시스템을 갖추고 있는 형태라고 파악하
기 어려울 수도 있다.

먼저 독립대명사부터 살펴보면, 1인칭의 형태는 언어 사이의 대응이 불
규칙하여 조어형의 재구가 매우 어렵다. 언어에 따라서 n-형으로 거슬러
올라가는 것으로 보이는 경우(예를 들면 와스텍어·촐티어 등), 혹은 k-형에서
파생된 h-형을 가진다고 해석할 수 있는 사례(쉘타르어·하칼텍어·켁치어
등)도 보인다. 한편으로 2인칭은, 앞서 나우아어에서 본 바와 같이 분명히
포괄인칭의 t-에서 파생된 형태이다.

[표 6.30] 마야제어의 독립 인칭대명사

	1인칭 단수	2인칭 단수	포괄인칭		1인칭 복수	2인칭 복수
와스텍어	nana	tataʼ	wawačik			šašačik
유카텍어	ten	tĕč	toʼon			teʼes
라칸툰어	ten	teč	toneʼeš		tenoʼ	teʼes
촐치어	neʼn	net	non			noš
촌탈어	noon	ande	cande-toc-up		noon	ande-la
첼탈어	hoʼon	haʼat	hoʼtik			haʼeš
하칼텍어	hayin	hač	hayoŋ			heš
맘어	naʼyen	xāy	xōʼ		xōʼya	xēy
켁치어	haʼin	haˑat	haʼo			hāeš
퀴체어	in	at	ox			iš

다음으로 마야제어의 인칭접사는 A류(set A)와 B류(set B)의 두 종류로
나눌 수 있다. 그 중에서 A류의 인칭접사는 타동사에 붙어서는 주어(=동작
주) 인칭을 나타내고 명사에 붙어서는 소유 인칭을 나타낸다. 한편 B류는
타동사에 붙어서는 목적어 인칭을 나타내고 자동사에 붙어서는 주어 인칭
을 나타낸다. 즉, 마야제어의 인칭 표시는 전형적인 능격형 타입에 속한다.
[표 6.31]을 참조하기 바란다. 또한 마야제어의 경우도 인칭접사는 고유의
형태로서 1, 2인칭 단수에 한정된다.

[표 6.31] 마야제어의 인칭접사

	A류		B류	
	1인칭	2인칭	1인칭	2인칭
와스텍어	u-	a-	-in	it-
유카텍어	inw-	aw-	-en	-eč
라칸돈어	w-	aw-	-en	-eč
촐티어	in-	aw-	-en	-et
촌탈어	k-	aw-	-on	-et
촐어	k-	aw-	-on	-et
칸호발어	w-	ha-	-hin	-hač
맘어	w-	t..[y]a-	čin-	č-
익실어	w-	aw-	-in	-aš
켁치어	kw-	ākw-	-in	-at
퀴체어	w-	āw-	in-	at0
마야조어	*ku-	*kau	*-in / -en	*it- / -at

▌마야제어에서 2인칭 대명사의 변용

먼저 A류의 인칭접사부터 살펴보면, 언어들 사이의 대응이 상당히 규
칙적이어서 조어형으로 *ku-라는 형태를 간단히 도출할 수 있다. 일부의
언어를 빼고 어두의 k-는 규칙적으로 zero자음으로 변하는 것으로 보이기
때문이다. 동일한 과정을 거쳐 2인칭에 나타나는 aw-라는 형태도 *kau-라

는 조어형으로 환원할 수 있다. 즉, 여기서 일어난 인칭대명사의 변용은, 앞서 오스트로네시아제어의 독립인칭대명사에서 관찰했던 것과 완전히 동일하게 1인칭 대명사가 2인칭으로 전용된 것이다.

다음으로 B류의 인칭접사를 살펴보면 1인칭에는 -en/-in이라는 형태가 나타나는데, 이것은 겉으로 보기에 아이누어와 완전히 똑같은 n-형의 1인칭이다. 한편 B류의 2인칭은 독립대명사의 경우와 같이 의심할 것 없이 포괄인칭 t-에서 전용된 형태이다.

▌마야제어의 인칭 시스템과 환동해·일본해제어

여기서 마야제어의 인칭접사 안에 공존하는 k-형과 n-형의 역할에 대하여 다시 한번 확인해 보자. 마야제어의 인칭 표시는 태평양 연안형의 다른 언어군에서는 대부분 그 예를 찾을 수 없는 능격형이다. k-형은 타동사에 붙어 주어(=동작주) 인칭을 나타내고 명사에 붙어 소유인칭을 나타내고 n-형은 타동사에 붙어 목적어(=피동작주) 인칭을 나타낸다는 점에서, 지금까지 검토해 온 멜라네시아제어나 아이누어, 더 나아가서 유마제어와 전혀 다른 점이 없다. 이것은 분명히 마야제어 인칭대명사가 태평양 연안형에 속한다고 하는 움직일 수 없는 증거가 될 것이다. 또한 마야제어에 보이는 2인칭을 둘러싼 인칭대명사의 변용은 이미 관찰한 환동해·일본해제어와 완전히 동일한 성격의 것인데, 여기에는 경어법(혹은 대우 표현)에 민감한 연안형 인칭대명사의 특징이 집약적으로 반영되어 있다.

6.4.5. 남미의 여러 언어들

6.4.5.1. 치브차제어

치브차제어(Chibchan languages)는 중미 남부의 온두라스에서 파나마에 이르는 좁은 협곡을 지나 남미 콜롬비아에까지 퍼져 있는데, 내부에는 20개 정도의 언어를 포함하고 있다. 예전에 스페인어에서 '엘 도라도(El Dorado)'라고 불린 황금향의 전설로 유명한 치브차 왕국이 번성했던 곳이다. 인칭대명사의 데이터에 대해서는 [표 6.32]를 참조하기 바란다. 표 안의 무이스카어(Muisca language)가 황금에 굶주린 스페인 사람들 때문에 멸망한 치브차 왕국의 언어이다. 이들 언어 중에서 독립 인칭대명사 외에 인칭접사를 갖추고 있는 것은 인칭접사를 따로 아래의 칸에 표시했다.

[표 6.32] 치브차제어의 인칭대명사 : 독립형 / 인칭접사

		1인칭 단수	2인칭 단수	포괄인칭	1인칭 복수	2인칭 복수
중미남부	라마어	nās[nah] /n[i]-	mā /m[i]-	nsut /ns-		mulut /m-/m[u]l-
	파야어	tas /ta-	pa : /pi-	patas /pata-	untas /unta-	pa : -..-wa /pi-..wa
	쿠나어	anti /an[i]-	pet /pe-	anmal[a] /anmal		permal[a] /pemal
	카베카르어	dis	ba	se	sa	bas
콜롬비아	이카어	nʌn /nʌ-/-rua	ma /mi-	manʌnkaʔ	niwi	miwi
	다마나어 카가바어	ra nas	ma ma/ba	nabinyina ?		mabinyina ?
	무이스카어*	hycha /ze-/i-	mue /m-	chie /chi-		mie /mi-
치브차조어		*na	*ma	?		

이 표에서 보는 바와 같이, 치브차제어의 1인칭은 n-형으로 통합되어

나타난다. 단, 유의해야 할 것은 일부 언어에서 비음 n-가 비음성을 잃어
버려 그에 대응하는 폐쇄음 t-/d-로 바뀌었다는 점이다. 이와 동일하게, 비
음에서 그에 대응하는 폐쇄음으로 바뀌는 현상은 2인칭의 m-에서도 나타
난다(예를 들어 파야어・쿠나어・카베카르어). 이러한 비음성의 소실(혹은 비음과
폐쇄음의 음운적 대립의 소실)은 아마도 카리브해 지역부터 남미 북부에 걸쳐
광범위하게 퍼져 있는 지역적 특성인 것 같다.

이 어족의 포괄인칭이 가지는 본래 모습이 어떠했을까 하는 것은 표 안
의 데이터만으로는 판단하기 쉽지 않다. 카베카르어(cabecar language)의 se
나 무이스카어 chie/chi는 B형의 *ti를 나타내는 것 같은데, 반면에 파야어
(Paya language)・쿠나어(Cuna language)・다마나어(Damana language) 등의 포괄
인칭은 분명 2인칭과 1인칭을 합성하여 만든 형태이다. 포괄인칭이 새로
운 합성형으로 치환되었다고 하는 점에서 치브차제어는, 앞서 살펴본 페
누티제어와 공통점을 갖는다.

6.4.5.2. 아라와크제어

아라와크제어(Arawakan languages)는 남미 북부의 카리브해 연안 지대에
서 북부 아마존 저지대, 더 나아가서 페루령 안데스 산맥의 동부 저지대에
까지 광대한 지역에 산재해 있는, 남미 최대 규모의 어족이다. 예전에 콜
럼버스가 신대륙에 도착했을 때, 당시 카리브해역의 바하마스섬(Bahamas
island)이나 앤틸리스 제도(Antilles)[24]에서 사용되었던 것도 타이노어(Tain

---

24) [옮긴이] 카리브해 서인도 제도의 여러 섬 중 루케이언 제도(Lucayan Archipelago)를 제
　　외한 섬들을 말한다. 북쪽의 큰 섬들로 이루어진 대앤틸리스 제도와 동쪽의 작은 섬들로
　　이루어진 소앤틸리스 제도로 나뉜다. 앤틸리스(Antilles)라는 이름은 스페인의 서쪽 대서
　　양 저편에 존재한다고 믿었던 가상의 섬 안티야(Antillia)에서 유래한 것으로 중세의 지
　　도에서는 카나리아 제도(Canary islands)와 인도 사이에 존재한다고 그려졌다. 1492년 콜
　　럼버스가 서인도 제도에 도착한 후 카리브해와 멕시코만에 걸쳐 존재하는 섬들을 앤틸
　　리스 제도라고 부르게 되었다.

langeage)라는 아라와크계의 언어였다. 현재 전세계에 퍼져 있는 '타바코(담배)', '포테이토(감자)', '해먹(그물침대)' 등이 모두 이 언어에서 차용한 어휘이다. 그러나 콜럼버스 일행을 따뜻하게 환영해 주었던 타이노 사람들은 그로부터 30년도 지나지 않아서 전멸하고 마는 비참한 운명에 놓이게 된다. 아메리카 식민 역사상 가장 무시무시한 사건 중에 하나다.

인칭대명사의 데이터에 대해서는 [표 6.33]을 참조하기 바란다. 독립대명사와 인칭접사가 확실하게 구분되는 경우에는 빗금으로 구분하였다. 1, 2인칭 복수는 데이터가 약간 부정확하기 때문에 생략했다. 또, 표의 좌측란의 A는 카리브해역, B는 오리노코강 유역, C는 주로 페루령 안데스 동쪽 기슭 지역에 분포하는 어군을 나타낸다.

[표 6.33] 아라와크제어의 인칭 명사 : 독립형 / 인칭접사

		1인칭 단수	2인칭 단수	포괄인칭
A	타이노어*	da-	bi-	wa-
	와히로어	taya/ta-	pia/pi-	waya/wa-
	로코로어	dai/da-/-de	bii/b-/-bo	wai/wa-/-o
B	마이푸레어*	nuya/nu-/-na	piya/pi-/-pi	waya/wa-/-vi
	와레케나어	nu-/-na	pi-/-pi	wa-/-wi
	타리아나어	nuha/nu-	pi-	wa-
	차미쿠로어	nah/nu-	pis/pi-	wis/wo-
C	파레체어	no/na-	hi/ha	wi/wa-
	이그나시아노어	nuti/n[u]-	piti/pi-/-m[a]-	biti
	와우라어	nu-	pi-	ai-/aw-
	아푸리나어	ni-/no	pi-/-i	a-/-wa
	피로어	hita/n-/-no	picha/p-/-yi	wicha/w-/-wu
	아무에샤어	na/n-/-n	pya/py-/-py	ya/y-/-y
	아라와크조어	*na(>*da)/*nu	*mi > *bi	*wa

이 표에서 보는 바와 같이, 아라와크제어의 경우에도 카리브해역의 여

러 언어만이 1인칭에서 비음 n-가 그에 대응하는 폐쇄음 d/t-로 바뀌었다. 그러나 2인칭에서는 *m > b/p라는 형태의 비음성 소실이 어족 전체에서 일어나고 있다는 점이 눈길을 끈다.

아라와크제어의 인칭대명사에서는 포괄인칭을 가장 주목해야 하는데, 거기에 나타나는 wa(혹은 wi/bi)라는 형태는 분명히 일본어 등과 동일한 A형 포괄인칭의 특징인 것이다.

6.4.5.3. 투카노제어

투카노제어(Tucanoan languages)는 현재 콜롬비아와 브라질의 국경을 흐르고 있는 바우페스강(Vaupés River) 상류 지역과 콜롬비아–페루 국경의 카케타강(Caquetá River) 및 프투마요강 유역에 분포하는 비교적 소규모 어족이다. 통상적으로 동부·중부·서부의 세 어군으로 나눌 수 있다. [표 6.34]를 참조하기 바란다.

[표 6.34] 투카노제어의 인칭대명사

		1인칭 단수	2인칭 단수	포괄인칭	1인칭 복수	2인칭 복수
동부	투카노어	yiʔi	bĩʔĩ	bãrĩ	isã	bĩsã
	투유카어	yɨi	bɨi	bãrɨ	gɨa	bĩa
	바라사노어	yɨ	bɨ	bãdi	yɨa	bĩã
중부	쿠베오어	yɨ	bĩ	bãxã	yɨxã	bĩxã
	레투아마어	yiʔi	bĩʔi	bãrã	yiha	bĩhã
서부	코레구아에어	yi-	mi-	ba-	yiʔa	miʔa
	시오나어	yiʔi	miʔi	ba-	yiʔa	miʔa
투카노조어		*nɨ > *yɨ	*mi/(>bi)	*ba		

투카노제어의 경우도 서부어군을 제외하면 음운상의 제약 때문에 통상적으로 비음이 표면에 나타나지 않는다. 따라서 2인칭 어두자음은 동부

및 중부어군에서는 모두 b-로 나타난다. 한편, 투카노제어의 1인칭은 일률적으로 yi와 같은 형태를 취하고 있다. 정확한 것은 아니지만, 이 형태의 기원으로서 어두자음 y는 아마 *ñi와 같은 구개음화된 n에서 발생한 것일지도 모른다.25)

투카노제어에서도 역시 포괄인칭이 주목할 만한데, 언어들 사이의 형태적 대응이 매우 규칙적이다. 여기에서 조어형으로 *ba를 도출할 수 있다. 앞선 아라와크제어와 표층의 음형은 다르지만 이것은 틀림없이 A형 포괄인칭으로, 어형의 측면에서 유라시아의 오스트로-먀오제어의 포괄인칭에 호응한다.

지금까지 검토한 세 어족은 남미를 대표하는 주요 어족이라고 할 수 있는 것들인데, 다음에 살펴볼 것은 적어도 현재 상황에서 보는 한 극히 소규모의 어족 또는 고립된 소언어군이다. 또 이들 소규모 언어군은 하키-아이마라어와 아라우카노어(별칭 마푸둥군어) 외에는 신뢰할 수 있는 자료가 부족하기 때문에 세부 사항에 대해서는 정확하게 판단하기 어려운 사례들도 적지 않다.

6.4.5.4. 히바로제어

히바로제어(Jivaroan languages)는 현재 에콰도르-페루의 국경 지대와 안데스 산맥의 동쪽 기슭에 산재해 있는 소규모 언어군(현재 알려지는 것은 4개의 언어뿐)인데, 주변이 케추아어로 둘러싸여 있다. 케추아어가 퍼지기 전에 이 지역에서 사용되었던, 안데스 북부의 오래된 언어군 중 하나로 보인다. 히바로어(Jivaro language)를 제외하고는 자세한 정보를 얻을 수 없다. 인칭

---

25) 다른 해석으로는, 예를 들어 *k-형의 1인칭에서 ki/gi > yi > yi와 같은 변화에 의해서 생겼다고 하는 가능성도 생각할 수 있다.

대명사의 데이터는 아래의 표를 참조하기 바란다.

[표 6.35] 히바로제어의 인칭대명사 : 독립형 / 인칭접사

	1인칭 단수	2인칭 단수	포괄인칭	1인칭 복수	2인칭 복수
히바로(슈아르)어	wi/-hai	amĩ/-mĩ	ii		atum
아구아루나어	wii/-hai	ame/-um	?	?	?
왐비사어	wi/-hai	ami/-mi	?	?	?

표를 살펴보면 1인칭은, 아마 기간자음 *k-로 거슬러 올라가는 형태일
것이다. 포괄인칭에 대해서는 충분한 정보를 얻을 수 없다.

6.4.5.5. 파노-타카나제어

파노-타카나제어(Pano-Tacanan languages)는 지리적으로 조금 떨어져 있는
두 개의 어군으로 구성된다. 이 중에 파노어군(Pano languages)은 페루 남부
의 안데스 산맥 동쪽 기슭부터 브라질령 아크리 주(Acre 州)26)에 걸쳐 분포
하는 소어족이다. 예전에는 30개에 가까운 언어가 있었다고 알려졌으나,
현재는 반수 이상이 소멸한 상태이다. 한편 타카나어군(Tacanan languages)
는 거기에서 남쪽으로 더 내려가 페루 국경에서 볼리비아 북서부에 분포
한다. 현재 4~5개 정도의 언어가 남아 있는 것으로 보이는데, 아직 명확하
지 않은 부분이 많이 남아 있다. 인칭대명사에 관한 자료 역시 충분하다고
할 수는 없다. 아래의 표를 참조하기 바란다([표 6.36]). 윗부분이 파노어군,
아랫부분이 타카나어군이다.

---

26) [옮긴이] 아마존강의 지류인 마데이라강(Madeira River)과 푸루스강(Purus River) 등의
상류부를 차지하며, 페루·볼리비아와 접한다. 원래 볼리비아령이었으나 19세기 말에
브라질에 병합되었다. 열대 밀림에 뒤덮여 있어 삼림 자원이 풍부하고, 동남아시아에서
고무가 재배되기 전까지는 중요한 야생고무의 채취지였다.

[표 6.36] 파노-타카나제어의 인칭대명사 : 독립형 / 인칭접사

	1인칭 단수	2인칭 단수	포괄인칭	1인칭 복수	2인칭 복수
카쉬나와어	e-a	mi-a	nun		man
카파나와어	ʔia[n]/ʔi-	min/mi-	?	?	?
카비네냐어	ike/i-/e-	mike/mi-	ekawana		mikwana
아라오나어	ya-ma/i-	mi-dya/mi-	tseda		mi-camo

이 표의 자료를 보고 판단하기에, 파노-타카나제어의 인칭대명사는 위에서 살펴본 투카노제어에 매우 가까운 시스템을 가진 것으로 보인다. 하지만 1인칭의 기간이 k-형인지 n-형인지, 또 포괄인칭의 유형은 어떤 것인지는 아직 확실하지 않다.

6.4.5.6. 하키-아이마라제어

'하키-아이마라(Haki-Aymara)'라고 불리는 언어군은 예전에 잉카제국이 출현하기 전에 안데스 고지 티티카카(Lake Tiyicaca)[27]의 호반 도시인 티아우아나코(Tiahuanaco, 볼리비아 북부)를 거점으로 번성하였던 고대 안데스 문명의 모체가 된 집단의 언어들인데, 그중에서도 아이마라어는 케추아어와 함께 여전히 남미에서 가장 유력한 언어 중에 하나이다. 그러나 그 밖에는 페루의 수도가 있는 리마주 남부에 수백 명의 화자를 가진 하칼어(별칭 하키어)가 있을 뿐이다. [표 6.37]을 참조하기 바란다.

[표 6.37] 하키-아이마라제어의 인칭대명사 : 독립형 / 인칭접사

	1인칭 단수	2인칭 단수	포괄인칭
아이마라어	naya/-ha	huma/-ma	hiwasa/-sa
하칼어	na/-ŋa	huma/-ma	hiwsa/-sa

---

27) [옮긴이] 페루와 볼리비아 사이에 있는 호수이다. 운송로로 이용할 수 있는 호수 중 세계에서 가장 높은 해발 3,812m에 있으며, 수량도 남미 최대이다.

이 표에서 보는 바와 같이 아이마라어와 하칼어의 인칭대명사는 거의
동일한 시스템을 가지고 있다. 아이마라어의 1인칭은, 독립대명사에는 n-
형이 나타나고, 인칭접사에는 k-형으로 거슬러 올라가는 -ha가 나타난
다. 덧붙이자면, 아이마라어에서 동사의 인칭 표시는 전형적인 '일체다항
형'으로 형태상 주어 인칭과 목적어 인칭을 구분할 수 없다(4장 7.1절 및
[표 4.6] 참조). 이 표에서 나타낸 것은 명사에 붙는 소유인칭이다. 이 소유
인칭에 h-(=k-형)이 나타난다는 점에 주의하기 바란다. 한편, 포괄인칭은
접사형으로 -sa라는 형태가 나타나는데, 이것은 아마 A형 포괄인칭 *t-
로 거슬러 올라가는 형태라고 봐도 될 것이다. 또, 하키-아이마라어는 의
무적인 범주로서 복수인칭을 결여하고 있다.

6.4.5.7. 마타코-과이쿠루제어

마타코-과이쿠루제어(Mataco-Guaikuran languages)는 아르헨티나령 그란차
코(Gran Chaco)[28]의 필코마요강(Pilcomayo River)과 베르메호강(Bermejo RIver)
의 상류 지역에 분포하는 소규모의 언어군인데, 아직 충분한 조사나 기술
(記述) 연구가 이루어지지 않고 있다. 인칭대명사에 관해서도 확실한 데이
터가 빈약하다. 아래의 표를 참조하기 바란다. 상단이 마타코어군(Mataco
languages), 하단이 과이쿠루어군(Guaikuran languages)이다.

---

28) [옮긴이] 남아메리카 중부의 아르헨티나와 볼리비아와 파라과이에 걸친 광대한 평원. 서
    쪽으로 안데스 동쪽 기슭과 동쪽으로 파라과이강 사이의 남위 18도~30도의 지역이다. 20
    세기 초 차코 서쪽에서 석유가 발견되어 볼리비아와 파라과이가 차코전쟁(1932~35)을
    벌였고, 1938년 아르헨티나의 조정으로 현재의 국경선이 확정되었다.

[표 6.38] 마타코어-과이쿠루제어의 인칭대명사 : 독립형 / 인칭접사

	1인칭 단수	2인칭 단수	포괄인칭	1인칭 복수	2인칭 복수
녹텐어	ołam/nu-	am/ma-		ołam-el	am-el
초로티어	ya	am		amel	sa(?)
토바어	hayem/ña-	ʔam/ʔan-~ʔaw		qomi/ña-..q	qami/qan..i
필라가어	hayim/ya-	am/ada-		komi/kʼada-	ami/ada

특히 이 표의 인칭접사를 보면 1인칭이 n-형, 2인칭이 m-형을 갖는다는 것은 거의 확실한데, 과이쿠루제어의 1인칭 독립대명사에 나타나는 hayem/hayim 등의 형태가 과연 *k-으로 거슬러 올라가는 것인지는 확실하지 않다. 이와 동일하게 포괄인칭을 포함한 복수 인칭대명사의 정체에 대해서도 아직 확실하게 알 수 있는 것은 아무것도 없다.

6.4.5.8. 아라우카노어

아라우카노(별칭 마푸둥군)어는 안데스 남부에서 스페인 사람들의 침략과 정복에 대항하여 마지막까지 용감하게 싸워 살아남은 아라우카노인들의 언어이다. 현재도 칠레 중·남부와 아르헨티나 중부까지 합쳐 거의 50만에 가까운 사용자를 유지하고 있는, 남미 남부의 유력 언어 중 하나이다. 인칭대명사의 데이터에 대해서는 [표 6.39]를 참조하기 바란다.

[표 6.39] 아라우카노어의 인칭대명사 : 독립형 / 인칭접사

	1인칭 단수	2인칭 단수	포괄인칭	1인칭복수	2인칭복수
아라우카노어	iñhe/ñi	eymi/mi	iñchiñ/iñ	eymü/mün
	/-n	/-ymi	/-iñ	/-ymün

표에 나타난 인칭대명사의 세 가지 형태는 상단이 독립대명사의 주어형과 소유형, 하단이 자동사의 주어접사이다. 여기서 보는 바와 같이, 아라

우카노어의 1인칭은 이미 n-형으로 통일되어 있다. 또 본래 가지고 있던 포괄인칭 역시 어떠한 이유에선가 완전히 잃어버린 것 같기는 한데, 표에 제시한 형태는 분명히 1인칭 단수 n-형에서 파생된 통상적인 복수형(즉, '제외 복수')이라고 볼 수 있다.

6.4.5.9. 촌제어

촌제어(Chon languages)는 남미 대륙 최남단 아르헨티나령 파타고니아에 속하는 대륙부 및 푸에고섬 내륙부에 사는 수렵채집민들의 언어이다. 북쪽에서는 규뉴나-야히치어가 사용되고, 남쪽에서는 셀크남어(Selk'nam, 별칭 오나어)가 사용되고 있다. 이미 없어진 푸에고섬 연안부의 어로민인 야그한족(Yaghan people)의 언어와는 다르다.

[표 6.40] 촌제어의 인칭대명사 : 독립형 / 인칭접사

	1인칭 단수	2인칭 단수	포괄인칭	1인칭복수	2인칭복수
규뉴나-야히치어	koa kuča-/-ya	kima imu-/ma-	kişan naka-/-şin		kiman kima-/-min
셀크남어	yah/ya-	mah/ma-	igwa		maii

인칭대명사의 데이터는 [표 6.40]을 참조하기 바란다. 규뉴나-야히치어에서 제시된 세 개의 형태는 상단이 독립대명사형이고, 하단의 앞은 주어 접사, 뒤는 목적어 접사이다.

이 표에서 보는 바와 같이, 1인칭 독립형과 주어 접사에는 k-형이 나타난다. 한편, 목적어 접사에 보이는 y-는 다른 언어에서도 종종 보이는 것처럼 구개화된 n-에서 파생된 것이라고 해석하면, 이 언어에서도 1인칭의 k-형과 n-형이 역할 분담을 하고 있음을 알 수 있다. 그 역할 분담은 분명히 연안형 인칭대명사의 특징인 것이다.

셀크남어에 관해서는 충분한 정보를 얻을 수 없었는데, 이 언어의 인칭 접사에는 주어 인칭과 목적어 인칭의 구분이 존재하지 않는 것 같다. 1인 칭도 어찌됐든 *(n>y-)-형으로 통일돼 있는 것처럼 보인다.

6.4.6. 인칭대명사에서 본 환태평양 언어권의 구성

이상이 지금까지 필자가 조사한 범위에서, 아메리카 대륙이 태평양 연 안형에 속한다는 것이 거의 확실하다고 판단되는 인칭대명사의 분포에 대 한 개요이다.

여기서 지금까지의 고찰을 매듭짓기 위하여 환태평양 언어권을 구성하 고 있는 것으로 보이는 여러 어족들의 인칭대명사 시스템을 정리하여 계 통적으로 분류해 보면, [표 6.41]과 같은 형태로 나타낼 수 있다.

[표 6.41] 인칭대명사에서 본 환태평양제어의 계통 분류

		대어족	언어-어군명	인칭대명사의 특징		
				1인칭	2인칭	포괄인칭
환태평양언어권	유라시아태평양어군	오스트로-먀오어	문다어군	n-	m-	A형
			몬-크메르남동군	n-	m-	
			몬-크메르북서군	k-	m-[/k-]	
			먀오-야오어군	k-		
		오스트로-타이군	따이까다이어군	k-	m-	B형
			대만가오산어군	k-	s-	
			서부오스트로네시아군	k-	m-/k-	
			동부오세아니아군	n-/k-	m-/k-	
		환동해·일본해군	한국어	n-[/k-]	n-	A형
			일본어	[n-/]k-	m-/n-	
			아이누어	n-/k-	e[n]-	B형
			길랴크어	n-[k-?]	t-	
	아메	북미 연안군	페누치어군	n-[/k-]	m-	B형?
			호칸어군	n-/k-	m-	

리카태평양어군	중앙군	유토-아즈텍어	n-	m-[/t-]	B형
		미헤-소케어군	n-	m-	
		마야어군	n-/k-	k-/t-	
	북부 안데스군	치브차어군	n-	m-	?
		아라와크어군	n-	m-	A형
		투카노어군	n-	m-	
	남부 안데스군	파노-타카나어군	n-	m-	?
		하키-아이마라어군	n-	m-	?
		아라우카노어군과 기타	n-	m-	?

이 표를 보면 아메리카 대륙에서 이러한 유형의 인칭대명사를 가진 언어군은, 대륙의 남북을 관통하여 태평양 연안쪽에 집중하여 분포하고 있음을 알 수 있다. 이와 같은 지리적 분포는 우연의 결과로 생긴 것이 아니다. 거기에는 당연히 이 대륙으로 이주해 온 인류 집단의 이동 경로와 그 후의 정주 역사가 반영되어 있는 것이다.

이 문제에 대해서는 이미 제5장에서 다룬 바와 같이, 인류가 아메리카 대륙으로 이주했을 때 적어도 그 중 일부는 내륙의 이른바 '무빙회랑'이 아니라 태평양을 따라 해안 루트를 개척하여 이동했다고 상정하는 것이 가장 무리 없는 설명일 것이다. 북미 대륙의 태평양 연안 지대는 내륙부가 빙상으로 뒤덮인 최종 빙하기에도 얼음으로 닫혀 있지 않았고, 혹시 닫혀 있었다고 해도 17,000년 전경 얼음은 이미 후퇴하고 있었던 것으로 보인다(Ames & Maschner, 1999:63).

단, 당시 연안부는 지금보다 해수면이 거의 100미터 정도 낮았기 때문에 현재와는 전혀 다른 지형을 띠고 있었을 것이다. 따라서 당시 이 루트를 따라간 여러 집단의 이주 흔적은, 현재는 거의 해수면 아래에 수몰되어 있어 고고학적으로 이러한 생각을 뒷받침한다는 것은 대단히 어려울 것이다.

마지막으로 덧붙이자면, 인류의 아메리카 대륙 이주가 베링해협을 건너 아시아에서 이루어졌다고 하는 점과 관련하여 지금까지 거의 대부분의 학자들이 의견의 일치를 보여 왔다. 그러나 엄밀하게 언어학적인 측면에서 아메리카와 아시아의 접점을 입증할 만한 구체적인 언어 사실이 제시된 바는 지금까지 거의 없었다. 그런 의미에서 본고에서 명확하게 제시한 인칭대명사의 환태평양적 분포는, 언어학적으로 유라시아와 아메리카 대륙을 하나로 연결하는 결정적인 증거가 될 것이다. 이는 앞으로 아메리카 선주민의 언어 연구에 매우 중요한 의미가 될 뿐 아니라 인류의 아메리카 대륙 이주와 그 결과로 발생한 여러 어족의 형성과 그 분포 문제에 관해서도, 지금까지와는 전혀 다른 각도에서 새로운 빛을 던져 주게 될 것이다.

6.4.7. 아메리카 대륙에서 비연안형으로 보이는 주요 어족과 그 인칭대명사 시스템

마지막으로 아메리카 대륙에서 인칭대명사가 연안형에 속하지 않는 것으로 보이는 주요 어족들을 살펴보면, 북미에서는 이미 살펴본 이누이트-알류트어족과 아사바스카어족 외에, 동부 삼림 지대에 퍼져 있는 알곤킨제어와 이로쿼이제어, 록키 산맥 동쪽 기슭의 대평원에 분포하고 있었던 마스코기제어, 메소아메리카에서 최대 규모의 언어 수를 가지고 있는 오트망게제어, 남미에서는 안데스의 케추아제어, 남미 북동부의 기아나 고지에서 카리브해역에 걸쳐 분포하고 있던 카리브제어, 브라질령 아마존 저지대에서 대서양 연안부에 퍼져 있던 투피-과라니제어, 그리고 브라질 고원의 초원 지대를 차지하고 있던 것으로 추정되는 매크로-제제어 등이 있다. 참고로 이들 어족에 대하여 지금 수중에 있는 데이터만으로 추정할 수 있는 인칭대명사의 조체계를 제시하면 아래와 같다.

6.4.6.1. 북미의 주요 비연안형 인칭대명사 시스템

[표 6.42] 살리시제어의 인칭대명사 조체계

1인칭	2인칭	포괄인칭
*n-	*k(o)-	*t-

[표 6.43] 알곤킨제어의 인칭대명사 조체계

1인칭	2인칭	포괄인칭
*ni	*ki	?

[표 6.44] 이로쿼이-카토제어의 인칭대명사 조체계

1인칭	2인칭	포괄인칭
*k-	*s-	*t-

[표 6.45] 수제어의 인칭대명사 조체계

1인칭	2인칭	포괄인칭
*w/m-	*y/d-	?

6.4.6.2 남미의 주요 비연안형 인칭대명사 시스템

[표 6.46] 케추아제어의 인칭대명사 조체계

1인칭	2인칭	포괄인칭
*ni	*ki	*čik

[표 6.47] 카리브제어의 인칭대명사 조체계

	1인칭	2인칭	포괄인칭
인칭접사 Ⅰ류	*w(i)-	*m(i)-	*kic(i)-
인칭접사 Ⅱ류	*u(y)-	*a(y)-	*k(i)-

[표 6.48] 투피-과라니제어의 인칭대명사 조체계

	1인칭	2인칭	포괄인칭
독립대명사	*iče-	*ene-	*yane-
인칭접사 Ⅰ류	*a-	*ere-	*ya-
인칭접사 Ⅱ류	*wi-	*e-	*yere

[표 6.49] 매크로-제제어의 인칭대명사 조체계

1인칭	2인칭	포괄인칭
*ʔĩ	*ʔa	*kwa(>pa/wa)

이상의 인칭대명사 시스템 중에서 살리시제어(북서해안) · 알곤킨제어 · 케추아제어의 인칭대명사는 공통의 조체계로 거슬러 올라갈 가능성이 있지만, 나머지 인칭대명사의 계보적 관계는 아직 확정할 수 없다.

또한 중미의 '오토망게(Oto-Manguean)'라고 불리는 어족은 내부의 언어 구성이 대단히 복잡하기 때문에 현재로는 인칭대명사의 조체계를 재구하는 일을 단념하지 않을 수 없다.

아메리카 대륙의 비연안형로 보이는 인칭대명사의 자세한 지리적 분포나 그들의 계보 관계, 그리고 그 역사적 배경에 관한 문제는, 본고의 직접적인 고찰 대상이 아니기 때문에 다른 기회의 검토 과제로 남겨 두기로 하겠다.

6.5. 환동해·일본해제어와 유로

−알타이제어의 의문대명사 'who/누구'

지금까지 태평양 연안형 언어권을 중심으로 인칭대명사의 유형을 통하여 언어의 먼 친족 관계를 탐구해 왔는데, 이것과 품사적으로 가장 가까운 관계에 있는 것이 바로 의문대명사이다.

의문대명사 역시 인칭대명사와 동일하게 사적(史的) 변화나 차용에 대해 저항력이 매우 강하고, 그런 의미에서 언어의 가장 항상적인 구성소 중 하나라고 할 수 있다. 여기서는 그 중에 특히 'who/누구'라는 의문대명사가, 환동해·일본해제어와 거기에 인접해 있는 유로-알타이제어 사이에서 어떠한 형태로 나타나는지 살펴보기로 한다. 지금까지 검토해 온 인칭대명사와 동일하게 환동해·일본해제어와 유라시아 내륙의 언어들을 가로막는 분명한 경계가 거기에서 분명히 밝혀질 것이다.

6.5.1. 환동해·일본해제어의 의문대명사 'who/누구'

먼저 일본어를 포함한 환동해·일본해 언어권에서 이 의문사가 어떠한 형태를 취하는가 살펴보기로 하자. 아래의 [표 6.50]을 참조하기 바란다.

[표 6.50] 환동해·일본해제어의 의문대명사 'who/누구'

한국어	아이누어	길랴크어	일본어
nu / nu-ku	ne-n	na- / ta- / ra-	da-re

이 표에서 보는 바와 같이, 일본어를 제외한 세 언어에서 'who/누구'를 뜻하는 의문대명사는 모두 첫자음으로 n-를 가진다. 따라서 이 언어들의 의문사 'who/누구'는 기간자음으로서 n-를 가진다고 생각할 수 있다.

여기서 문제는 일본어의 da-re(누구)라는 형태다. 일본어의 의문대명사에는 na-ni(무엇), na-do/na-ze(왜)에서는 n-가 나타나는 반면, da-re(누구), do-re(어느것), do-ko(어디) 등에서는 어두자음으로 d-가 나타난다. 이 d-의 정체는 무엇일까.

이에 대해서는 이미 많은 학자들이 인정한 바와 같이 원래 n-이었던 소리가 그 비음성을 잃어버려 그에 대응하는 폐쇄음 d-로 바뀐 결과라고 볼 수 있다. 이미 살펴본 바와 같이, 많은 알타이제어에서 1인칭의 m-이 비음성을 잃어버리고 b-로 바뀌거나, 또 카리브해역의 치브차계나 아라와크계의 언어에서 1인칭의 n-이 d-로 바뀐 경우 등에서 동일한 예를 찾을 수 있는데, 이러한 음의 변화는 세계의 여러 언어에서 상당히 많이 찾아볼 수 있는 현상이다.

또 일본어의 do-re, do-ko-는 옛날에 i-du-re, i-du-ko라는 형태였는데, 이 또한 그 전 단계에서는 *i-nu-re, *i-nu-ko라는 형태였을 것이라고 추정한다. i-는 지시-강조적인 접두사이고, nu-가 의문사의 기간(基幹)인 것이다. 이와 동일하게 da-re의 전단계 형태도 아마 *i-na-re로, 여기에서 i-ⁿ da-re > i-da-re > da-re와 같은 프로세스를 거쳐[29] 현대어의 da-re라는 형태가 도출되었을 것으로 추정된다(고전 문어에서 이 단어가 'タレ(tare)'로 쓰여 있는데, 이것은 이른바 '철자발음'의 결과일 것이다). 그렇다고 하면 모든 환동해·일본해제어는 이러한 의문대명사에 *n-이라는 기간자음을 공유하게 되고, 그런 의미에서 이들 언어가 서로 긴밀하게 연결되어 있다는 결론에 이르게 된다.

그리고 표에서 예로 든 길랴크어의 의문대명사는 사할린 동부 방언의 형태인데, 여기서도 기간자음이 n~t~r과 같은 이 언어 특유의 교체형이 나

---

29) 이러한 음 변화는 모음 사이의 -n-에 걸쳐 있는 폐쇄가 생긴 현상으로, 예를 들어 라틴어의 camera가 프랑스어 chambre, 그리스어에서 anr-가 andr-(남자)가 되었던 종류의 변화이다.

타난다. 또 아이누어의 ne-n의 -n가 분류사로 이용되는 예를 들면 sine-n
(한 명)~sine-p(하나) 등과 동일한 접미사로 ne-n(누구)~ne-p(무엇)과 같은 대
응을 이루고 있다.

6.5.2. 유로-알타이제어의 의문대명사 'who/누구'

다음으로 '유로-알타이제어'에서 동일한 'who/누구'를 뜻하는 의문대명
사가 어떠한 형태를 취하는가를 살펴보자. 여기서 다루는 것은 유라시아
내륙 지역의 '중앙군'을 구성하고 있는 인도-유럽어족・우랄어족・투르크
어족・몽골어족・퉁구스어족이다.

6.5.2.1. 인도-유럽어족

인도-유럽제어에서 'who/누구'를 뜻하는 의문대명사의 기간자음을 살필
때는 전통적인 분류법인 이른바 '켄툼어군(Centum languages)'과 '사템어군
(Satem languages)'이라는 구분을 고려할 필요가 있다. 이 두 어군 사이에서
의문대명사의 어두자음에 특징적인 차이가 보인다.

아래는 각 어군에 속하는 대표적인 언어가 가지는 문제의 어형을 제시
한다. 표 안의 약호로는 Hitt.:히타이트어, Lat.:라틴어, Grk.:그리스어, Goth.:
고트어, OIr.:고(古)아일랜드어, Skt.:산스크리트어, Awes.:아베스타(고(古)이
란)어, Arm.:고전 아르메니아어, OSlv.:고(古)교회 슬라브어, Lith.:리투아니
아어다.

[표 6.51] 인도-유럽제어의 의문대명사 'who/누구'

켄툼(centum)어군					사템(satem)어군				
Hitt.	Lat.	Grk.	Goth.	OIr.	Skt.	Awes.	Arm.	OSlv.	Lith.
kuis	quis	tis	hwas	kia	kas/kim	kah/čiš	ov/-kʿ	kŭ-to	kas

이 표에서 보는 바와 같이, 켄툼어군에서는 'who/누구'를 뜻하는 의문 대명사가 kʷ-와 같은 순음성을 동반한 k음으로 나타나는 데 반해, 사템어 군에서는 일반적으로 k음이 나타난다. 켐툼어군의 이 음은 인구어학에서 '순-연구개음(labio-velar)'이라고 하는 것인데, 오스크어(Oscan language)나 켈 트어의 일부 방언에서는 p-로 변하고, 또 그리스어는 후설모음의 앞에서 p-로, 전설모음 앞에서 t-로 변한다.

또 영어에서는 이 의문사를 일률적으로 wh-라는 철자로 나타내는데(예 를 들어 who), 이것은 이른바 '게르만어의 음운추이'에 의해서 kʷ > xʷ와 같 이 변화한 어두음에서 유래하는 것이며, 옛날에는 hw-라고 표기했다(표의 고트어의 형태를 참조, 덴마크어에서는 지금도 hvem이라고 표기한다). 이 h-가 소 실한 형태가 독일어나 스웨덴어의 wer/vem이다.

켄툼어군과 사템어군에서의 출현 방식을 볼 때 조어형은, 통상적으로 *kʷi-/*kʷo- 또는 *ki-/*ko-와 같은 형태로 재구할 수 있다. *kʷ와 *k 중에 서 어느 쪽을 본디 형태로 볼까 하는 것은 학자들 사이에서도 의견이 갈 린다. 어찌됐든 이 의문대명사의 기간자음이 k-이거나 아니면 그와 비슷 한 종류의 소리라는 점만은 의심할 여지가 없다.

6.5.2.2. 우랄어족

우랄제어에 대해서는 인구어와 같은 귀찮은 문제가 끼어들지 않는다. 이 어족의 경우는, 옛 언어 자료가 별로 없기 때문에 주요 현대어들을 가 지고 의문대명사의 형태를 살펴볼 수밖에 없다. 아래 [표 6.52]를 참조하 기 바란다.

표 안의 약호는 Lap.:랍프(사미)어, Est.:에스토니아어, Fin.:핀란드어, Mrd.:모르도바어, Udm.:우드무르트어, Hung.:헝가리어, Selk.:셀쿠프 어다.

[표 6.52] 우랄제어의 의문대명사 'who/누구'

Lap.	Est.	Fin.	Mrd.	Udm.	Komi	Khanty	Vogul	Hung.	Selk.
gī	kes	ku-ka	kona-	kin	kod(i)	xoy	xōŋxa	ki	kutï

이 표에서 보는 바와 같이, 현대어에서 얻을 수 있는 자료는 언어들 사이의 대응이 상당히 복잡하고 불규칙하게 보인다. 하지만 기간자음에 관해서는 아무런 문제 없이 *ki-/*ko-라는 형태를 조어형으로 재구해낼 수 있다. 어간의 형태도 앞서 본 인구어와 큰 차이가 없다.

참고로 우랄제어와 관계가 가깝다고 여겨지는 유카기르어의 의문대명사는 kin으로, 여기에서도 동일한 기간자음 k-가 나타난다.

6.5.2.3. 투르크어족

투르크제어(Turkic languages)의 의문대명사는 언어들 사이의 출현 방식이 놀라울 정도로 모두 한결같다. 아래의 표를 참조하기 바란다.

그 조어형은 *kim 내지 *kem으로 간단히 재구할 수 있다. 기간자음에 k-이 나타나는 것은 새삼 말할 필요도 없다.

[표 6.53] 투르크제어의 의문대명사

古투르크	터키	카자브	키르기스	타타르	위구르	하카스	야쿠트
kem/kim	kim	kim	kem	kim	kim	kem	kim

6.5.2.4. 몽골어족

몽골제어(Mogolian languages)의 의문대명사 역시 [표 6.54]에서 보는 바와 같이 놀라울 정도로 규칙적인 대응을 보인다. 조어형으로는 표에서 나타낸 바와 같이 *ken을 재구하는 데 전혀 문제가 없다. k>x와 같은 형태의 음 변화는 이미 여러 언어에서 매우 많이 관찰된 바와 같이 표면적인 현상에 지나지 않는다. 여기서도 기간자음은 틀림없이 k-일 것이다.

[표 6.54] 몽골제어의 의문대명사

몽골문어	현대몽골어	칼미크어	부랴트어	다구르어	몽골조어
ken	xeŋ	ken	xeŋ	xeŋ	*ken

6.5.2.5. 퉁구스어족

퉁구스제어(Tungusic languages)에서 보이는 의문대명사의 대응은 조금 복잡하다. 거기에 나타나는 음형의 통시적 해석이 상당히 어렵다. 그래서 이 어족의 경우는, 기간자음의 정체를 파악하기 위하여 'who/누구' 외에 이와 관련이 깊은 'what/무엇'이라는 의문대명사도 병기하겠다. 아래의 표를 참조하기 바란다.

[표 6.55] 퉁구스제어의 의문대명사

	에벤	에벤키	네기달	우디헤	오로치	나나이	올차	우일타	만주
who	ŋĭ	ŋĭ	nī	nī	ñi	uj	ŋuj	ŋuj	wə
what	æk	ēk	ēxun	j'əu	jā	xaj	xaj	xai	ai

퉁구스제어의 의문사 'who/누구'의 음형에서 주목해야 하는 것은, 나나이어(Nanai language)와 만주어 등의 일부 언어를 제외하고 어두자음에 비음이 나타나고 있다는 점이다. 여기에 나타나는 비음 ŋ/n의 정체는 무엇일까.

참고로 다른 의문사 'what/무엇'의 형태를 살펴보면, 거기에 나타나는 기간자음은 대부분의 언어에서 폐쇄음 /k/ 또는 거기에서 바뀐 것으로 여겨지는 마찰음 /x/로 나타난다. 이렇게 보면 'who/누구'의 어두자음으로 나타나는 연구개 비음 ŋ은, 원래 연구개 폐쇄음 /k~g/에서 바뀐 것이 아닐까 하는 추정이 가능하다. 그렇다면 왜 그러한 변화가 일어났을까.[30]

　여기서 주목해야 할 것은, 네기달어·우디헤어·오로치어의 세 언어만이 n-이라는 환동해·일본해제어의 'who/누구'와 동일한 어두자음을 가지고 있다는 점이다. 이 세 언어는 동해·일본해를 접하고 있는 러시아령 연해주 지역에 분포하여 지리적으로 완전히 환동해·일본해 지역에 속한다. 그리고 여기서 특히 중요한 것은, 퉁구스어 중 이 세 언어만이 환동해·일본해제어와 동일하게 '단식유음형'이라고 이름 붙인 비내륙형(/r/가 없이 /l/만 존재), 즉 태평양 연안형의 특징을 가지고 있다는 사실이다(본서 제4장 3.1절 참조).

　이러한 점에서 이 퉁구스어들은, 아마 이 지역에서 사용되었던 오래된 환동해·일본해 계통의 언어가 새로운 퉁구스어로 치환되었다고 하는, 일종의 언어접촉의 결과로 생겨났다고 하는 해석이 성립할지도 모르겠다.[31] 그렇다고 한다면 이 의문대명사에 나타난 n-도 환동해·일본해제어와의 접촉으로 인해 야기된 것이라고 추정할 수 있다. 그렇다면 이 n-가 퉁구스어 본래의 기간자음 k-를 비음화하는 마중물이 되었다는, 다시 말해 유로-알타이제어 안에서 퉁구스어만이 의문대명사에 비음계 어두자음이 나타난 것은 이 언어권에 존재하는 환동해·일본해제어의 기층(substartum)의 영향 때문이 아닐까 하는 것이 필자의 견해이다.

---

30) 池上二郎에 따르면, 퉁구스어 'who/누구'의 조어형은 *ŋui/ŋui로 재구된다(『언어학대사전』, 2:1080).

31) 이 문제에 관해서 자세한 내용은 松本(1998b)를 참조하기 바란다. 아무르강 하류 지역에서 연해주 일대는 옛날에는 길랴크어나 혹은 길랴크어에 가까운 언어의 분포 지역이었다고 봐도 좋을 것이다. 또 연해주에서 길랴크어적인 기층에 대해서는 Podmaskin(1989), Startsev(1989) 참조.

이상의 검토를 통하여 분명히 밝힌 바와 같이, 'who/누구'를 의미하는 의문대명사에 관하여 환동해·일본해제어를 구성하는 네 개의 언어, 즉 일본어·한국어·아이누어·길랴크어는 n-이라는 동일한 기간자음을 공유함으로써 하나의 언어 집단을 형성하고, 다른 한편으로 유로-알타이형 인칭대명사로 특징 지워지는 유라시아 내륙 중앙군을 구성하는 다섯 가지 어족, 즉 인도유럽어족·우랄어족·투르크어족·몽골어족·퉁구스어족은 k-라는 동일한 기간자음을 공유함으로써 긴밀한 하나의 언어 집단을 형성한다.

언어 체계의 핵심부에 속하는 이러한 형태상의 일치는 단순히 우연의 결과로 생길 만한 성격의 것이 아니다. 이미 인칭대명사 측면에서 충분히 입증한 바와 같이, 언어적 관점에서 볼 때 환동해·일본해 지역과 유라시아 내륙 지역 사이에는 확연한 경계가 존재함이 의심할 여지없이 드러난 것이다.

6.5.3. 그 밖의 인접 언어들의 의문대명사

마지막으로 다른 언어권에 대하여 간단히 살펴보면, 시노-티베트제어의 의문대명사 'who'는 현대한어(베이징어)의 shui(일본의 한자음으로 /sui/)의 음형에서 보는 바와 같이, 기간자음이 s-계의 치찰음으로 나타나 유로-알타이형이나 환동해·일본해형과는 확실히 다른 양상을 보인다.

참고로 시노-티베트제어 중에서 주요 언어의 의문대명사를 살펴보면 아래와 같다. 표 안의 바이마어(白馬語)·치안어(羌語)·자바어는 '치안어군(羌語群)'(또는 '川西走廊語群'), 비수어(Bisu language) 이하는 '로로어군(彝語群)'에 속한다. 여기서 로로제어의 의문대명사는 특징적인 접두사에 의하여 확장된다.

[표 6.56] 시노-티베트제어의 의문대명사

	한어	티베트어	바이마어	치안어	자바어	비수어	하니어	지노어
who	shui	su	su	sa	sə	a-saŋ	a-so	kha-su

단, 시노-티베트제어에서 이 의문대명사는, 어족 전체가 반드시 동일한 기간(基幹)을 공유하는 것이 아니라 다른 단어로 치환된 사례도 적지 않다.

한편, 태평양 연안 남방군에서 먀오-야오제어와 따이까다이제어의 의문대명사의 조어형만은, 환동해·일본해형과 동일한 n-을 가진 기간으로 재구할 수 있다.

참고로 따이까다이제어 주요 언어의 의문대명사 'who/누구'와 'what/무엇'의 데이터를 제시하면 아래와 같다. 표 안의 게라오어부터 마오난어(毛南語)까지가 까다이어군에 속하고, 쫭어(壯語) 이하가 타이어군에 속한다.

[표 6.57] 따이까다이제어의 의문대명사

	게라오	락키아	캄	수이	마오난	쫭	부이	라오	태국
who	na	ne	nəu	ai-nu	nam	lai	dai	phu-dai	kh-rai
what	na	na	nu	nu	ni-nam	lai	lai	dai	nai/dai/rai

표에서 보는 바와 같이 이 의문대명사의 기간자음은 의심할 것도 없이 n-인데, 이 n-이 일부 언어(타이어군)에서는 일본어나 길랴크어에서와 같이 n > d > r/l와 같은 형태로 음의 변화를 일으킨 것이다. 거기에서 발생한 변이 현상은 태국어의 의문사 'what/무엇'에 명료하게 반영되어 있다. 또 따이까다이제어는 기본적으로 의문대명사에 'who/누구'와 'what/무엇'을 구분하지 않으며, 아이누어와 같이 분류사를 첨가하여 구분하는 언어도 많다.

사족을 붙이자면, 드라비다제어의 의문대명사의 기간에 대해서는 제2장에서 언급하고 있으므로 그것을 참조하기 바란다. 그것은 수미일관하게 e-로 나타나는데, 지금까지 다루어 온 어떠한 언어권의 의문대명사와도 확실히 다른 것이다.

지금까지 일본어의 계통을 둘러싸고 여러 가지 설들이 제기되어 왔다. 그 중에서 일본의 아카데미즘을 중심으로 일본어와 우랄-알타이어(내지 알타이)제어를 연결시키는 설이 가장 많은 주목을 받아 왔고, 지금도 그 가설을 고집하는 논자들이 여전히 국내외에 끊이지 않고 있다. 이 문제가 도마 위에 올라온 지 대략 백 년이 지난 현재에도 일본어의 계통 문제는 전혀 출구가 없는 막다른 골목에 다다라 옴짝달싹도 못 하고 있는 상황에 놓여 있다. 그 가장 큰 이유는, 일본어(및 한국어)의 이른바 '(우랄) 알타이 동계설'이 여전히 정전과도 같은 위치를 차지하고 있음에도 불구하고 그것이 정곡을 벗어난 학설이기 때문일 것이다.

지금 일본어의 계통론을 이러한 막다른 골목에서 구출해 내기 위해서는 과감한 발상의 전환이 급선무이다. 그러한 발상의 전환은 어디에서 얻을 수 있을까.

지금까지의 고찰을 통하여 필자가 윤곽을 그린 '환동해·일본해', 그리고 거기에서 외연을 넓힌 '환태평양'이라는 관점이 그러한 발상의 전환에 걸맞은 하나의 돌파구가 되리라 기대하며, 여기서 일단 검증을 끝내기로 한다.

제7장

태평양 연안 언어권의 선사(先史) 탐구

지금까지는 오로지 언어적인 측면에서 태평양 연안형으로 보이는 언어권의 윤곽을 살펴왔으나, 여기서는 조금 관점을 바꿔 특별히 역사-고고학적인 측면에서 유라시아의 태평양 연안 언어권의 성립과 그 이후의 변천이라는 문제에 초점을 두고 살펴보기로 한다.

7.1. 태평양 연안 남방군의 태생

현 상황에서 본 태평양 연안 언어권은 환동해·일본해 지역에 분포하는 북방군(환동해·일본해제어)과, 동남아시아와 남태평양 지역에 분포하는 남방군(오스트릭대어족, 혹은 오스트로-먀오어족과 오스트로-타이어족)의 지리적으로 동떨어진 두 개의 큰 지역으로 나눌 수 있다. 그러나 이와 같은 지리적 분포 양상은, 이들 언어권이 걸어 온 아득히 먼 역사의 길을 되돌아보면 비교적 최근에 일어난 역사적 산물에 지나지 않는다.

현재 '오스트로네시아어족'이라고 불리는 언어들이 동남아시아 도서부에서 멜라네시아와 폴리네시아에 이르는 태평양 지역으로 확산된 것은 지

금으로부터 약 4~5천 년 전에 일어난 사건으로, 최초의 발상지는 중국 대
륙에 접해 있는 대만(臺灣)일 것으로 추정된다. 또 현재 인도차이나 반도의
중심부에 널리 분포하고 있는 타이계의 언어들이 중국의 남부 지역에서
남하해 온 것은 대체로 서기 8세기부터 13세기경의 일이며, 먀오계의 언어
를 사용하는 집단이 현재의 라오스나 베트남 북부에 출현한 것 역시 극히
최근(19세기 이후)의 일이다.

한편, 예전에 메콩강(Mekong River)1) 중하류에서 앙코르 문화를 쌓아 올
린 크메르인이나, 또 버마계 여러 부족들이 진출하기 이전에 이라와디강
(Irrawaddy RIver)2) 유역에서 현재의 태국령 메남강(별칭 차오프라야강, Chao
Phraya River)3) 유역에서 번성했던 몬(Mon) 왕국의 몬족들도 모두 오래 전부
터 이 반도에 살아왔던 선주민들은 아니었다. 오스트로-아시아계 언어들
을 사용하는 이 집단들 역시 아마 오스트로네시아계와 비슷한 시기에 중
국 대륙을 벗어나 벼농사와 함께 조금 뒤쳐진 청동기 문화를 가지고 현재
의 거주지에 이주해 온 이민자들일 뿐이다(Higham, 1996·2002).

이들 집단이 도래하기 이전에 동남아시아 지역의 선주민들에 대해서는 아
직 상세한 내용이 밝혀진 것은 아니지만, 현재 필리핀의 루손섬(Luzon Island)4)
에 사는 아에타족(Aeta people),5) 말레이반도의 세망족(Semang people),6) 또

---

1) [옮긴이] 중국의 티베트에서 발원하여 미얀마와 라오스, 태국, 캄보디아, 그리고 베트남을
   거쳐 남중국해로 흐르는 강.
2) [옮긴이] 미얀마 북부 산지의 카친 지방에서 발원하여 흐르는 길이 2,090km의 미얀마 최
   대의 강.
3) [옮긴이] 타이만으로 흘러드는 태국에서 가장 긴 강.
4) [옮긴이] 필리핀의 북부, 필리핀 제도 중 최대의 섬. 필리핀 국토의 1/3 이상을 차지하고
   전체 인구의 반 정도가 살고 있다.
5) [옮긴이] 필리핀에서 사는 가장 오래된 인종 중에 하나로, 니그리토계 왜소흑인종에 속한
   다. 루손섬 북동부와 중부·팔라완섬·네그로스섬·민도로섬 등에 거주한다. 생산 경제
   를 영위하지 않고 밀림 속에서 채집과 수렵을 하며 뜨내기 생활을 한다. 취락도 소규모여
   서 몇몇 가족이 모야 하는 가족군을 형성할 뿐 씨족이나 부족 같은 조직은 없다. 인접한
   말레이계나 인도네시아계 종족의 언어를 수용하여 자신들만의 고유어는 거의 흔적을 감

안다만제도(Andaman Islands)[7]의 선주민 등으로 대표되는 '니그리토 (Negrito)'[8]라고 불리는 집단이 그들의 직계일 것으로 추정된다. 이들이 원래 가지고 있던 언어는 안다만제도의 일부에서 사용하고 있는 것을 제외하고는 모두 소멸하고 없어져, 현재는 이민자들의 언어인 오스트로네시아계 또는 오스트로-아시아계로 치환된 상태다. 인도차이나 반도에 분포하는 몬-크메르제어(특히 남동군)의 형성에는 이들 선주민 원어의 접촉과 혼합이 큰 역할을 했을 것으로 추정되는데, 그 실태에 대해서는 아직 거의 알려진 것이 없다.

예를 들어 현재 크메르어의 수사는 본래 가지고 있던 10진법이 아니라 5진법 시스템인데, 이것은 선주민 언어의 기층(substratum)에 의하여 생긴 것이다. 이와 동일하게 멜라네시아에서 사용하는 많은 오스트로네시아계 언어들 역시 본래 자신들이 가지고 있던 10진법을 잃어버린 채 5진법 체계의 수사를 사용하는데, 이 역시 토착 파푸아계 언어의 영향인 것으로 보인다(松本, 1999).

참고로 현재 동남아시아 지역은 최종 빙하기에 속하는 약 1만 년 전까지 인도차이나 반도와 그 주변의 인도네시아 도서부 대부분은 육지로 연결되어 '순다아대륙(Sunda subcontinent)'을 형성하고 있었다. 아프리카 대륙을 떠나 이 지역에 이주해 온 현대형 인류 집단은, 언어적 측면에서도 지금까지 검토한 유라시아의 언어들과는 확실히 다른 특징을 가지고 있었을 것이다. 여기에서 이들은 각각 이른바 '순다계'와 '사플계'라는 집단을 형성

추었다.

6) [옮긴이] 말레이시아 반도의 정글에 사는 니그리토계 왜소흑인종.

7) [옮긴이] 벵골만에 위치한 576개의 섬들로 이루어져 있으며, 그 중 26개 섬에 사람이 살고 있다.

8) [옮긴이] 넓게는 아프리카의 피그미족까지 포함하지만 엄밀하게 말하면 벵골만 안다만제도의 주민들과 말레이반도의 세망족, 그리고 루손섬에 사는 아에타족 등을 가리킨다.

했을 것이다.

베트남의 홍하(紅河, Red River)[9] 유역과 현재 태국령이 되어 있는 메콩 강(Mekong River)[10] 유역에 벼동사가 출현한 것은, 대체로 지금으로부터 약 4,500~4,000년 전인 것으로 보인다. 한편, 대만에서 벼농사가 출현한 것은 약 7,000년 전이라고들 하는데, 거기에서 더 남쪽에 있는 필리핀이나 술라웨시(Sulawesi)[11]에서는 약 5,000년(?) 전, 동티모르에서는 4,000년 전, 비스마르크제도(Bismarck Islands)[12]에서는 약 3,900년~3,500년 전에 벼농사가 출현한 것으로 추정하고 있다(Bellwood, 1997; Higham, 2002).

이와 같이 동남아시아의 여러 지역에 벼농사를 가지고 온 것은 모두 중국 대륙에서 남하해 온 집단들인 것으로 보이는데, 원래 살고 있던 중국 본토에서 그들의 위치는 어떠했을까? 그리고 이른바 '한족(漢族)'과는 어떠한 관련을 맺고 있었던 것일까?

7.2. 황하 하류 지역의 원주민 '동이(東夷)'의 정체

유사 이래 중국에서는 중원에 사는 '한족'(옛 명칭은 '華夏族')과, 주변의 한족이 아닌 사람들을 구분하여 '동이(東夷)', '남만(南蠻)', '서융(西戎)', '북적(北狄)' 등이라 하며 차별해 왔다. 이러한 호칭들에 대해서는 이미 『예기(禮記)』에 '東夷, 北狄, 西戎, 南蠻'(曲禮下編), 혹은 "東方曰夷, 南方曰蠻, 西

---

9) [옮긴이] 중국의 윈난성에서 발원하여 베트남을 거쳐 통킹 만(Gulf of Tonkin)의 남중국해로 흐르는 강이다. 베트남의 수도인 하노이(Hanoi)를 거쳐 흐른다.

10) [옮긴이] 세계에서 12번째로 긴 강으로, 중국의 칭하이성에서 발원하여 윈난성과 미얀마, 태국, 라오스, 캄보디아, 베트남을 거쳐 남중국해로 흐른다.

11) [옮긴이] 인도네시아의 섬으로 세계에서 11번째로 큰 섬이다. 서쪽은 보르네오섬, 북쪽은 필리핀, 동쪽은 말루쿠제도, 남쪽은 티모르섬으로 둘러싸여 있다. 네 개의 반도로 이뤄진 독특한 모양이 특징이다.

12) [옮긴이] 파푸아뉴기니 북동부에 있는 제도. 1990년 조사에 따르면 약 37만의 인구가 살고 있는데, 대부분 멜라네시아계 선주민들이다.

方曰戎, 北方曰狄"(王制編)와 같은 표현이 나오고, 또 『이아13)-석지(爾雅-釋地)』에는 "九夷, 八狄, 七戎, 六蠻"이라는 호칭이 쓰여 있기도 하다.14)

이러한 호칭이 가리키는 내용은 시대에 따라 다소 변화가 있기는 하지만, 지금까지 봐 온 언어군과 언어권의 관계에서 개략적으로 살펴보면 '북적'은 유로-알타이(그 중에서 특히 알타이)계 집단, '서융'은 티베트-버마계 집단이라고 할 수 있다.15)

그렇다면 태평양 연안형 언어를 사용하는 집단들(굳이 말하자면 '태평양 연안민')은 어떠한 범주에 들어가는 것일까. 이에 대해서는 역대 중국의 사서에서 '동이'와 '남만' 그리고 또 '백월(白越)'이라고 불려 온 여러 민족들이 거기에 해당한다고 봐도 우선은 틀리지 않을 것이다.

물론 여기에는 이 '한족'이라는 민족의 정체가 무엇인가 하는 문제가 뒤따르기는 하지만 그것에 대해서는 나중에 다시 다루기로 하고, 여기서는 먼저 '동이'의 정체에 대하여 살펴보기로 하자.

중국의 사서에서는, 예부터 '동이'라는 집단을 가리켜 '화하족(華夏族)'의 본거지인 '중원'(황하 중류 지역)에서 볼 때 동쪽 즉 황하 및 회화(淮河) 하류 지역부터 산둥반도 일대에 살았던 '비(非)한족'을 가리켰다. 그러나 공자가

---

13) [옮긴이] 중국에서 가장 오랜 자서(字書)이다. 시경(詩經)이나 서경(書經) 등 중국 고전에 나오는 문자를 추려 유의어와 자의(字義) 등을 해설한 것으로, 유가(儒家)의 이른바 '13경(經)' 가운데 하나이다.

14) 이들 민족의 이름(族名)에 짐승이나 벌레를 나타내는 글자가 들어 있는 것만으로도 차별관이 분명히 드러난다. 예를 들어 『설문해자(說文解字)』에 "南方蠻·閩從蟲. 北方狄從犬. 東方貉從豸. 西方羌從羊"(권4상), 또 "狄, 北狄也, 本犬種, 狄之爲言淫辟"라는 것이 있다. 단, '夷'에는 그와 같은 뉘앙스는 없는 것 같은데, 『說文解字』의 동일한 부분에서 "唯東夷從大, 大人也. 夷俗仁, 仁者壽, 有君子不死之國"이라고 하는 주기가 보이고, 또 '夷'의 문자에 대해서 "夷, 平也, 從大從弓, 東方之人也"라고 기술되어 있다(권10하). 또 夷, 蠻, 戎, 狄 네 종류의 명칭이 기원과 그 지시 내용에 관해서는 白鳥(1970)에 자세한 고증이 있다.

15) 단, '狄'과 '戎'은 전국시대 '흉노'의 출현 이전에는 그 정도로 확실한 구분이 없었던 것 같다. 흉노로 상징되는 유로-알타이계 유목민 집단의 중국 북쪽 주변으로의 진출은, 연대적으로 그렇게 오래 되지 않을지도 모른다.

살았던 춘추시대 말기에 이르면 이미 이 지역은 거의 '한화(漢化)'되었던 것으로 보인다.16)

7.2.1. '치우(蚩尤)'의 전설 : 먀오–야오족과 화하족

중국 본토에서 가장 오래된 주민으로 보이는 이들 '동이'에 관해서는, 중국의 사서 『사기(史記)』의 머리말에 기술된 '치우'의 전설이 매우 시사적이다.

치우는, 화하족의 시조로 여겨지는 황제(皇帝)와 중원의 주도권을 둘러싸고 치열한 경쟁을 벌인 전설상의 인물인데, 『사기』에서는 패악무도한 반란민의 수령으로 그려진다. 그러나 한편으로 그는 먀오–야오족의 시조로서 현재도 이들 민족에게는 두터운 숭배의 대상이기도 하다(伍·龍, 1992:6f.).

참고로 치우(蚩尤)의 어원에 관하여 『광아석고(廣雅釋詁)』에서는 "蚩, 亂也"라고 쓰여 있고, 『방언(方言)』에서는 "蚩, 悖也" 또 "尤, 腹中之蟲"이라고 쓰여 있다. 이것은 후대에 생겨난 이른바 '민간어원'에 따른 것으로, 정확한 어원은 먀오어의 '아버지'를 의미하는 tsi와 '할아버지'를 의미하는 yəu의 합성어 tsi-yəu(=父祖)에서 유래한다고 보는 것이 가장 타당한 해석일 것이다.

『사기』의 머리말에는, 헌원(軒轅)17)의 즉위와 관련된 부분에서 치우에 대하여 다음과 같이 기술하고 있다.

---

16) 『논어』 자한(子罕)편 제9에 공자의 말로서 다음과 같은 문장이 있다. "子欲居九夷. 或曰, 陋如之何. 子曰君子之有. 何陋之有." 이 문장을 볼 때 '九夷'는 이미 공자에게 가까운 세계인 것은 아니었지만, 그래도 전혀 관계가 없이 먼 존재라고도 할 수 없을 것 같다.

17) [옮긴이] 헌원(軒轅)은 황제의 이름인데, 포악한 제후들을 정벌하고 신농씨(神農氏)를 이어 제위에 올랐다.

요즘 치우가 너무나도 흉포하여 좀처럼 토벌할 수 없었다. 그때 염제의 자손이 또 제후들을 침략했기 때문에 제후들은 모두 헌원에게 의지하게 되어 그에게 집결했다. 거기에 헌원은 덕을 베풀고 병사를 정비하고, 오기(五氣)를 다스리고, 오곡을 심고, 만민을 가엽게 여겨 사방을 편안히 만들고, 온갖 맹수들을 훈련시켜 싸우는 법을 가르쳐, 반천의 들에서 염제와 전투를 벌여 세 번 싸워서 결국 승리할 수 있었다. 그때 치우가 또 난을 일으켜 명령을 듣지 않았기 때문에 환제는 제후들의 병사들을 모집하여 치우와 탁록(涿鹿)의 들에서 싸워 결국 치우를 포로로 잡아 죽였다. 이로 인해 제후들은 모두 헌원을 우러러 천자라고 드높였고, 신농씨가 그 뒤를 이었다. 이 사람이 바로 황제(皇帝)다.[18]

또 『산해경(山海經)』[19]의 기술도 이와 대동소이하다.

치우가 병기를 만들어서 황제를 공격하자 황제는 응룡(応龍)으로 하여금 기주(冀州)의 들판에서 그를 공격하게 했다. 응용이 물을 저장하자 치우가 풍백과 우사를 불러 폭풍우가 거침없이 쏟아지게 했다. 거기서 황제가 천녀인 발(魃)을 내려보내니 비가 그치고 마침내 치우를 죽였다. 『산해경-대황북경(山海經-大荒北經)』[20]

이들 기술을 보면, 치우는 황제쪽의 연합군과 '탁록 평야' 또는 '기주 평야'에서 싸웠으나 마지막에는 이들에게 잡혀 죽임을 당한 것으로 되어 있다. 탁록은 현재 허베이성(河北省) 북쪽 변두리의 지명이고 기주는 옛 허베이성-산시성(山西省)을 가리키는 이름인데, 모두 다 역사상 먀오-야오족의

---

18) 『ちくま學芸文庫』小竹文夫・小竹武夫 역
19) [옮긴이] 중국 선진(先秦)시대의 서적으로, 주로 고대신화・지리・동물・식물・광물・무술(巫術)・종교・고사(古史)・의약・민속・민족 등을 기술하고 있다. 기이한 괴수(怪獸)에 대한 이야기나 특이한 신화고사(神話故事)가 다수 기재되어 오랫동안 허황된 책으로 인식되기도 하였으나, 일부 학자들은 신화에 그치지 않고 해외의 산천과 동물들을 포함하는 고대 지리서로 인정하기도 한다.
20) 平凡社 『中國古典文學大系8』高馬山良 역

거주지로 알려진 지역과는 멀리 떨어져 있다. 또 지금까지 산둥성(山東省)과 허베이성 등지에서는 '치우총', '치우분'이라는 분묘터가 몇 개인가 발견된 바가 있는데, 이러한 전설은 모두 치우와 '중원' 사이에 밀접한 관계가 있었음을 시사한다.

참고로 한대(漢代)의 책 『용어하도(龍漁河圖)』에 따르면,

> 치우는 81명의 형제가 있고, 짐승의 몸을 가지고 사람의 말을 사용하며, 동(銅)으로 된 머리와 철로 된 이마를 가지고 있다. 모래와 돌을 먹고, 큰 칼과 창, 대궁 같은 병장기를 만들어 천하를 위협했다.

라고 하는 기술이 있는데, 역사상 처음으로 금속 병기를 발명하여 사용한 인물로 여겨져,21) 군신이자 전쟁의 신으로 숭배 받기도 한다(또 여기서 '형제 81명'라고 하는 것은 81(=9×9)개의 동계 씨족을 가지고 있었다고 이해해도 될 것이다).

또 다른 전설에 따르면 치우는 '구려족(九黎民)'의 지도자였다고 한다.22) 이 '구려'라는 민족의 실체는 아직 정확하게 밝혀지지 않았는데(위의 '형제 81명'도 아마 이것과 관련이 있을 것이다), 이것은 '구우(九隅)', '구이(九夷)'라고도 불렸던, 산둥반도와 그 주변에 살았던 비화하계의 부족들과 밀접한 관계가 있었을 것으로 보인다.23)

---

21) "蚩尤以金作兵器." "蚩尤作五兵, 戈, 矛, 戟, 酋戈, 夷矛"『世本八種』

22) "蚩尤, 九黎民之君子也."『戰國策-泰』第一<注>, 또 '九黎, 黎民九人, 蚩尤之走也'『國語-楚語』<注>

23) 중국의 오래된 편년체 사서인『죽서기년-하기편(竹書紀年-夏紀篇)』에 따르면, 구이(九夷)로서 1. 견이(畎夷) 2. 우이(于夷) 3. 방이(方夷) 4. 황이(黃夷) 5. 백이(白夷) 6. 적이(赤夷) 7. 현이(玄夷) 8. 풍이(風夷) 9. 양이(陽夷)라는 이름을 들고 있는데(이와 완전히 동일한 명칭이『후한서-동이전(後漢書-東夷傳)』에도 보인다), 이들 명칭의 대부분이 추상적으로 실체가 불분명하다.『竹書紀年』의 기술에 따르면, 이들 구이는 이미 하(夏)의 后相·少康 년에 하왕조에 귀순했다고 한다. 그러나 이와는 별도로 중국에서 가장 오래된 지리서인『尙書(=書經)-禹貢』에 따르면, 청주(靑州)(=山東)에 '우이(嵎夷)', '채이(萊夷)', 익주(翼

산둥 지방을 거점으로 한 구려·구이에 이어 화하족과 대립했던 반란 3
민으로 여겨지는 것이 구려의 후예로 보이는 '삼묘(三苗)'이다.[24) 동일한
『사기-오제본기(史記-五帝本紀)』는 이 삼묘에 대해서 다음과 같이 기술하고
있다.

　또 당시 강회(江淮) 지방에 삼묘(三苗)가 있어서 종종 난을 일으켰기 때
문에 순(舜)은 사냥에서 돌아와 요(堯)에게 공공(共工)을 유능(幽陵)으로
옮기고 북적(北狄)의 풍속을 바꾸고, 환두(驩兜)를 숭산(崇山)으로 옮기고
남만(南蠻)의 풍속을 바꾸고, 삼묘를 삼위(三危)로 옮기게 해서 서융(西戎)
의 풍속을 바꾸고, 곤(鯀)을 우산(羽山)으로 쫓아 동이의 풍속을 바꾸도록
청했다. 이 네 무리를 벌하여 천하가 모조리 복종했다.[25)] 『사기-오제본기
제1』(小竹文夫·小竹武夫 역)

　여기서는 삼묘(별칭 '유묘(有苗)' 또는 '묘민(苗民)')는 강회(江淮, 장강·회수 유
역)의 주민이었던 것으로 보이는데, 형주(荊州, 현재의 후베이성)에서 종종 난
을 일으켰기 때문에 이번에는 화하왕조계의 요와 순이 이들을 삼위(三危)
에 이주시켜 서융(의 풍속)을 바꿨다고 한다. 삼위는 현재의 깐쑤성(甘肅省)
북서부 돈황 부근의 지명으로 보인다(楊, 1988:187f.).[26)] 이 삼묘라는 민족이
분명 먀오-야오의 조상일 것이다.[27)]

州)(=山西)'에 '도이(島夷)'(또는 조이(鳥夷)), 서주(徐州)에 '회이(淮夷)'라는 네 가지 이
름을 들고 있고, 『竹書紀年』의 구이보다 이쪽이 좀 더 구체적이고, 동이의 역사적 실태
에 가까울지도 모르겠다.

24) "三苗, 九黎之后"

25) 三苗在江淮, 荊州數爲亂. 於是舜歸而言於帝, 請流共工於幽陵, 以變北狄. 放驩兜於崇山, 以變南
蠻, 遷三苗於三危, 以變西戎, 殛鯀於羽山, 以變東夷. 四罪而天下咸服.

26) 또 『여씨춘추(呂氏春秋)』에는 "堯戰於丹水之浦以服南蠻……舜賣苗民, 更易其俗"이라는 기술
도 보이는데, 여기서 苗民(=三苗)은 '남만'으로 이주하여 그 풍속을 바꾸었다고 여겨진다.

27) "昔者三苗之居, 左彭蠡之波, 右有洞庭之水, 文山在其南, 而衡山在其北"(戰國策·魏一)에 있는
것과 같이 삼묘(三苗)의 거주지는 팽려(彭蠡)(현재의 파양호(鄱陽湖))에서 동정호(洞庭湖)
에 이르는 장강 유역의 일대라고 여겨지는데, 여기가 예로부터 먀오-야오족의 고향이라

지금까지 살펴본 역사서들의 기술을 보면, '황제-요-순-우'의 화하왕
조계에 대항한 집단으로서 '신농씨=염제-치우-구여-삼묘'라는 계보가
떠오른다. 중국 본토에서 '동이'의 본류로 보이는 이들 집단은, 화하족의
세력이 점점 커지면서 차례차례 자신들의 거주지를 강회 이남으로 옮기
게 된다.

은·주시대가 되면 삼묘의 후예로 보이는 집단은, 현재 후베이성 부근
에 사는 '형만(荊蠻)'이라고 불리게 되고, 그 후 진·한시대에는 장강 중류
의 동정호 주변에 주거하는 '무능만(武陵蠻)'·'오계만(五溪蠻)'·'장사만(長沙
蠻)' 등으로 불리게 된다(伍·龍, 1992:75ff.). 이들 명칭에 나타나는 '만(蠻)'은,
현재 묘족의 호칭인 Miao·Mong(Hmong)·Mun·Mien 등과 동일한 M-으
로 시작하는 집단의 족명(族名)을 나타내는 것으로, 이것이 현재 먀오-야오
(苗-搖)라고 불리는 집단의 직접적인 발상원이 된다.[28] 또 중국의 사서에서
이른바 '남만(南蠻)'이라고 불리는 집단의 '만(蠻)' 역시 '묘(苗)'와 동일한 먀
오족의 명칭인 것이다(林, 1939/1993 2:188f.). 이렇게 '동이'는 '남만'으로 이름
을 바꿈으로써 중국의 본토에서는 그 모습을 감추게 된다.

참고로 먀오-야오족과 치우의 깊은 인연을 나타내는 또 다른 흥미로운
사실로서 단풍나무에 얽힌 전설이 있다(伍·龍, 1992:7f.). 단풍나무는 지금도
많은 먀오족 사이에서 신목(성스러운 나무)으로 숭배를 받고 있는데, 전해져
내려오는 이야기에 따르면 이 단풍나무는 황제군에 패한 치우가 버린 차

고 전해져 온 지역이다.
28) 伍·龍(1992:19), 李(2002:16ff.). 덧붙이자면, 먀오-야오의 족명(族名)으서 Myao·Mong·
  Mun·Man(蠻) 등과 아마 어원적으로 이어지는 족명(族名)으로 원래 이들 언어에서 '인
  간'을 의미했던 것 같다. 여기에도 먀오-야오제어와 몬-크메르 북서군과의 밀접한 접점
  을 물을 수 있다. 또, '苗'라는 족명(族名)이 일반화한 것은 당-송 이후. 또 야오(搖)족의
  자칭 '棉', '門'도 '蠻'과 동원의 족명(族名)으로 봐도 될 것이다(『搖族簡史』1983:10ff.). 족명
  (族名)으로서의 '搖'가 중국 사서에 출현하는 것도 당대 이후이다. 단, 그 족명의 유래에
  대해서는 여러 가지 설이 있어서 확정할 수 없다(林 1939/1993 3:189).

꼬와 수갑이 나무로 변한 것으로, 이 나무가 새빨갛게 단풍이 드는 것은 치우의 피가 물들었기 때문이라고 한다. 예를 들어『산해경』에는 다음과 같은 기술이 있다.

> 종산(宗山)이 되는 것이 있고 적사(赤蛇)가 있는데, 이름은 육사(育蛇)라고 한다. 산 위에 사는 나무가 있는데, 이름은 단풍나무(楓木)라고 한다. 단풍나무는 치우가 버린 차꼬와 수갑이 변해 된 것이다.[29] <제15 대황남경>

이와 같이 살펴보면, 현재 중국 대륙의 전형적인 이산민족(디아스포라)으로 여겨지는 먀오-야오족이야말로, 사실은 중국 본토에서 가장 오래된 비한족계 민족, 즉 '동이'(=태평양 연안민)의 직계였던 것이다.

7.2.2. '백복(百濮)': 중국 본토의 오스트로-아시아계 집단

여하튼 인칭대명사의 측면에서 볼 때 먀오-야오제어와 가장 가까운 것은 오스트로-아시아제어, 그 중에서도 특히 '몬-크메르 북서군'이다. 이 중에서 현재 중국 윈난성 남서부의 버마 국경 근처에서 사용되고 있는 와어(佤語), 부랑어(布朗語), 더앙어(德昂語) 등을 사용했던 집단은 지금도 '복인(濮人)' 혹은 '백복(百濮)'의 후예라고 불리고 있다(『佤族簡史』,『德昂族簡史』,『布朗族簡史』, 謝·李 1999:489f, 627).

백복은 아마 예로부터 장강 상류 지역(쓰촨분지)에 살았던 선주민들로, 춘추전국시대에는 초(楚)의 서남부 지역에 거주했던 것 같다. 그 후 먀오-야오족처럼 한족의 압박을 받아 중국 남부의 변경으로 내쫓긴 집단인 것 같다. '복(濮)'이라는 문자도, 앞선 '만(蠻)'과 동일하게 아마도 몬-크메르제

---

29) 有宋山者, 有赤蛇, 名曰育蛇. 有木生山上, 名曰楓木. 楓木, 蚩尤所棄其桎梏, 是爲楓木.

어의 일부 언어를 사용하는 집단의 호칭에서 나왔을 것으로 추정된다.

중국의 사서에 따르면 '복인(濮人)'(별칭 '卜人' 또는 '浦人')은, 은·주시대에 강한(江漢)의 땅과 그 이남에 살면서 은의 탕 왕조에 토산품으로 진주와 옥을 헌상하였고, 또 은대 말기 주나라 무왕이 은의 주왕(紂王)을 정벌할 때 가세했다고 한다.[30] 후한부터 삼국시대에 걸쳐 복인은, 쓰촨 남부에서 윈난·구이저우(雲南·貴州)의 땅으로 퍼져 나가 '문면복(文面濮)'·'적구복(赤口濮)'·'흑극복(黑棘濮)' 등으로 불리며 당나라 때에도 종종 공물을 보냈던 것 같다(『당서-남만전(唐書南蠻傳)』, 『신(新)당서-남만전 하(下)』). 그러나 그 후 사적에는 거의 그 이름이 나타나지 않아 역사의 무대에서 모습을 감춘 것처럼 보인다. 참고로 현재의 윈난성 중앙부에서 베트남 북부로 흐르는 홍하(紅河, 중국령의 명칭은 원강(元江))는, 옛날에 '복수(濮水)'라고 불렸는데 예전에 복인의 거주지였던 것 같다.

또 『사기-열전』에 '서남이(西南夷)'로 등장하는, 전국시대에 윈구이고원(雲貴高原)에서 번영했던 '야랑(夜郎)' 왕조나 '전(滇)' 왕국 등도 오스트로-아시아계 집단에 귀속시킬 수 있을지 모른다.[31]

전 왕국은 지금으로부터 2,500~1,900년 전에 번성하였는데, 이는 일본의 야요이시대에 해당한다. 한나라 왕이 왜(倭)의 '노국왕(奴國王)'에게 부여했던 것과 거의 같은 종류의 금도장('전왕지인(滇王之印)'이라고 쓰여 있다)이 발견되면서 세상에 알려졌다. 한편 기원후 8세기 이후(당·송시대) 이 땅에서 흥성했던 '남조국(南詔國)'이나 '대리국(大理國)'은 그 지배층이 티베트-버마

---

30) 『사기-지명주(史記-地名注)』에 "濮在楚西南", 또 『상서-목서(尙書-牧誓)·주(注)』에 "庸與百濮伐楚, 庸·濮在漢之南"이라는 문구가 있다.

31) 현재 구이저우성 남부에서 윈난성에 걸친 일대가 옛날 백복(百濮)의 거주지였던 것은 다음의 기술에서도 살펴볼 수 있다. : "其(=濮)種類繁多, 廣至千餘里亦得稱濮, 相傳三代唯有濮稱, 后乃分濵, 夜郎, 昆明等名"『雲南通志』, 혹은 "建寧郡(=雲南省滇地區) 南有濮夷, 無君長總統, 名以邑落自衆, 故稱白濮"『左傳釋例』

계로 추정되는데, 아마도 전자는 현재의 로로족의 선조 집단이고 후자는
백족(白族)의 선조 집단이었던 것 같다(『白族簡史』, 22ff.). 또 9세기 중반에 버
마의 이라와지강 중류 지역에 진출하여 '피아오(驃)'라고 불리는 고대 왕국
을 정복하고 '파간(浦甘) 왕국'(버마국의 전신)을 세운 것도, 아마 이들과 동계
인 남조(南詔)계 집단이라고 추정된다.

한편, 중국에서는 야랑왕국의 귀속에 대하여 나중에 서술할 '월(越)'(즉,
따이까다이)계 국가라는 해석이 지배적인데(王, 1999:ff.), 이것은 이 지역에 거
주했던 것으로 보이는 복인을 '요(僚)' 등과 같은 월계 집단이라고 보기 때
문일 것이다(尤, 1982:79ff.). 중국 본토에 존재했던 오스트로-아시아계 집단
의 존재를 거의 염두에 두지 않는 것 같다. 야랑국 안에는 복계와 요계의
집단이 병존 또는 혼재했던 것 같은데, 후자가 나중에 들어온 지배민이었
을 것이다. 또 진·한시대에 윈난의 란찬강(瀾滄江, 메콩강 상류) 서부에 있
는 융창분지(永昌盆地), 앞서 이야기한 복수(濮水) 유역에 흥했던 '쇠뇌(衰
牢)'라는 나라 역시 아마 복인계가 세운 것으로, 현재의 더앙족(德昻族)이나
부랑족(布朗族)의 직접적인 선조 집단이라고 봐도 될 것이다(『德昻族簡史』,
7f.; 『布郎族簡史』, 1ff.).

어찌 됐든 고대의 중국 서남 지역(현재의 쓰촨·구이저우·윈난)에는 오스
트로-아시아계, 따이까다이계, 티베트-버마계 등 여러 언어가 복잡하게 뒤
섞여 있었을 가능성이 높다. 연대적인 관점에서는 아마 오스트로-아시아
계가 가장 오래된 층을 형성하는 것으로 보인다. 이 지역에 뿌리를 내린
티베트-버마계 중 특히 '로로'(한자로는 '彝')라고 불리는 언어군이 '태평양
연안형'의 유형적인 특징을 농후하게 가지고 있는 것은, 한어의 영향뿐 아
니라 오스트로-아시아계 언어의 기층 때문에 생겼을 가능성이 극히 높다.

참고로 『사기-서남이열전(西南夷列傳)』의 머리말 부분에 중국 서남 지역
의 민족 분포에 대하여 다음과 같이 서술하고 있다.

西南夷君長以十數, 夜郎最大. 其西靡莫之屬以十數, 滇最大. 自滇以北君長
以十數, 邛都最大. 此皆椎結, 耕田, 有邑聚. 其外西自同師以東, 北至楪楡, 名
爲嶲 · 昆明, 皆編髮, 隨畜遷徙, 毋常處, 毋君長, 地方可數千里. 自嶲以東北,
君長以十數, 徙 · 筰都最大, 自筰以東北, 君長以十數, 冉 · 駹最大. 其俗或土
著, 或移徙. 在蜀之西, 自冉 · 駹以東北, 君長以十數, 白馬最大, 皆氐類也. 此
皆巴蜀西南外蠻夷也. 『史記-西南夷列傳』

이것으로 볼 때 이 지역의 주민들은 '야랑(夜郞)' · '미막(靡莫)' · '공도(邛
都)' 등으로 대표되는 '벼농사 정주민'과, 서북쪽을 차지하고 있는 '쿤밍(昆
明)' · '사(徙)' · 작도(筰都)' · '바이마(白馬)' 등의 '수렵채집민'으로 나눌 수 있
을 것이다. 후자는 분명 티베트-버마계 집단으로, 현재의 '천서주랑'계(치안
(羌),32) 바이마(白馬) 등)이거나 윈난성과 그 주변에 사는 로로계 민족들의 선
조 집단일 것이다. 예전에 황하 상류 지역에 살았던 '저(氐)'33) · '강(羌)' 집
단이 아마 흉노 등 북방 유목민들에게 밀려 남하했을 것으로 보인다. 한편
처음에 예로 든 '야랑(夜郞)' · '미막(靡莫)' 등의 농경민들은 이러한 일련의
민족 대이동의 물결 속에서 쓰촨분지 부근에서 남쪽으로 이동한 '복인', 즉
오스트로-아시아계 집단이었던 것으로 보이는데, 그 중에는 한족에게 밀
려나 강남(江南)이나 영남(嶺南)에서 윈구이고원으로 이주한, 다음에 서술할
백월(百越)계 집단도 상당히 포함되어 있었을 것으로 생각된다.

---

32) [옮긴이] 중국 소수 민족의 하나로, 주로 쓰촨성(四川省) 일대에 분포한다.
33) [옮긴이] 고대 중국 민족의 하나. 지금의 서북(西北) 일대에 분포했다.

7.3. '백월(百越)'

─중국 본토의 또 하나의 연안민

중국 대륙에 본거지를 가진 태평양 연안 남방군의 또 다른 한 그룹은 '오스트로-타이'어군이다. 이 중에서 따이까다이제어를 사용하는 집단은, 중국의 사서에서 '백월(百越)'이라고 불려 온 민족들에서 생겨났다. 역사의 무대에 이 월(越)계 집단이 처음으로 등장한 것은, 장강 하류 지역에서 번성했던 '오(吳)'·'월(越)' 양국이 서로 패권을 다투던 춘추전국시대이다. 이 두 집단 모두 월계 집단인 것으로 보이는데, 두 나라가 기원전 5~4세기에 연이어 멸망한 후 진·한시대에 이르기까지도 장강 하류 지역에서 베트남 북부에 이르는 중국 연안부의 일대는, 오로지 월계 민족들만의 거주지였다. 예를 들어 『한서─지리지(漢書-地理志)』에는 다음과 같은 기술이 있다 (交址는 베트남 북부, 會稽는 중국의 저장성(浙江省) 북동부의 지명이다).

交址에서 會稽까지 칠팔천리에 백월이 잡거하고 있는데, 각기 다른 종류의 성씨를 가지고 있다(自交址會稽, 七八千里, 百越雜居, 各有種姓).

『사기』와 그 밖의 사서에 따르면 이들 지역에 살았던 월계 집단(또는 왕국)에는 대략 다음과 같은 것들이 있었다.

1. 동구(東甌, 별칭은 '동해왕국(東海王國)') : 현재의 저장성 남부 구강 (甌江) 유역
2. 민월(閩越) : 현재의 푸젠성(福建省). 특히 민강(閩江) 하류 지역(1, 2 모두 『사기-동월전』)
3. 남월(南越) : 현재의 광둥성(廣東省) 동부, 진(秦)이 계림(桂林)·남해(南海)·상(象)의 3군을 설치한 지역(『사기-남월전』)
4. 서구(西甌) : 광둥성 서부에서 광시성(廣西省) 남부
5. 낙월(駱越) : 현재의 베트남 북부(交址)

한대(漢代) 이후 이들 월계 민족의 언어는 그 이름과 함께 소멸되거나 한화(漢化)되었다. 그 대신 등장한 것이, 현재 '오어(吳語)', '민어(閩語)', '월어 (粵語)' 등으로 불리는 한어계 방언들이다. 이들 모두 토착 월계 언어를 기 층으로 형성된 한어의 새로운 형태라고 볼 수 있다.34)

당·송대(唐宋代)까지 살아남은 월계 민족들은 '오호(烏滸)'(또는 어월(於 越))·'리(俚)'·'요(僚)' 등으로 불렸으며, 그들이 사용하던 언어 중 일부는 현재 하이난섬(海南島)의 '리어(黎語)'와 '린가오어(臨高語)'의 선조 언어가 되 었다. 또 북쪽의 윈구이고원에 들어간 일부가, 현재의 구이저우·광시·후 난성의 경계 지역에 분포하는 캄-수이어(侗·水語, Kam-Sui languages)의 선 조가 된 것 같다. 현재의 중국 영내에서 가장 큰 월계 언어는 광시 좡족 자치주와 그 주변에서 사용되고 있는 좡어인데, 이것은 아마 예전의 '서구 (西甌)'의 언어에서 유래했을 것이다. 그 밖에 윈난성 서남부에서 사용되고 있는 다이어(傣語)는, 옛날에 '전월(滇越)'이라고 불렸던 집단의 후예들이 사 용했던 언어로 보인다.35)

현재 '따이까다이'로 불리는 어족은, 그 내부에 70여 개의 언어를 포함 하고 있고 대략 7천만 명의 화자를 가지고 있다. 그러나 그 중에서 중국 의 영토 안에서 쓰이고 있는 언어는 전체의 반수 이하, 화자 수도 2천만 명 정도에 지나지 않는다. 나머지는 모두 동남아시아에 속해 있는데, 베

---

34) 예를 들어, 이들 방언들의 최남에 위치하는 월어(粵語)가 형성된 것은 아마 7세기 이후 당대(唐代)에 들어서부터이다(Ramsey 1987:98f.). 또 현재 후난성에서 장시성에 걸쳐서 분포하는 상어(湘語)나 공어(贛語) 등 장강 중류 지역의 한어 방언은 예전에 이 지역에서 사용되었던 먀오-야오계의 언어를 기층으로 하여 형성되었다고 봐도 될지 모른다. 한편, 현재의 베이징(北京)어로 대표되는 북방 한어의 형성에는 상층어(superstratum)로서 몽골 계나 퉁구스계 언어의 영향이 크게 관여하고 있었다고 생각된다. 어찌 됐든 현대 한어의 여러 방언들의 비교함으로써 거슬러 올라갈 수 있는 언어사는 아마 중고한어(즉, 수·당 시대) 정도의 단계가 그 상한선일 것이다.

35) 고대 중국에서 百越(내지 월계 집단들)의 분포와 그 사적 변천에 대해서는 陣·他(1988), 王 (1999)가 자세하다.

트남 북부·라오스·태국·버마 북부, 더 나아가서 인도의 아삼 지방에까지 퍼져 있다.

언제 어떠한 형태로 월계 언어가 이들 지역으로 퍼져나가게 된 것인지는, 확실히는 알 수 없다. 그러나 현재 중국 영내의 쫭-타이제어와 인도차이나 반도에서 사용되고 있는 타이계 여러 언어들 사이에 보이는 언어상의 차이는 경미한 편이고, 연대적으로도 그렇게 오래전으로 거슬러 올라가지 않는다. 중국 남부에서 인도차이나 반도의 전지역은 13세기 몽고군의 침략으로 언어와 민족의 분포도가 크게 바뀌었다. 현재 메콩강 유역의 중심부를 차지하고 있는 태국 왕국의 출현도 이 시기에 일어난 사건이다.

이렇게 하여 중국 본토에 남은 태평양 연안 언어권의 최후 거점이라고 할 수 있는 백월계 언어 역시, 지금은 '따이까다이'(한어로 侗·傣)라는 이름을 부여 받아 자신들의 본거지를 거의 동남아시아로 이전한 형태가 되었다.

앞서 서술한 바와 같이 인칭대명사에서 볼 때 따이까다이제어와 가장 친근한 오스트로네시아제어는, 이 백월의 거주지에 인접한 대만이 그 발상지로 여겨져 왔다. 대만은 청조(淸朝)에 이르기까지 한어·한족의 세력권 밖에 놓여 있었는데, 옛 중국의 사서에서는 이 땅을 '이주(夷州)', 그리고 그 주민들을 '산이(山夷)'라고 불렀다.36) 이 지역에서 아직도 오스트로네시아계의 언어를 유지하고 있는 '가오산족(高山族)'은, 이 산이의 후예이고 계통적으로는 백월의 일파일 것이다.37) 그러나 중국의 사서에 쓰인 명칭에서도 알 수 있듯이 조금 뒤에 서술할 한반도와 일본 열도의 '동이'와 동일하

---

36) 진의 시황제가 해상에 사자(使者)를 보내어 '봉래신선(蓬萊神仙)'의 약을 찾으라고 했지만 성공하지 못했다고 전해진다.

37) 陣·他 1988:256ff., 王 1999:140f. 참조. 또 이미 인칭대명사의 검토에서 지적한 바와 같이 따이까다이제어의 2인칭 복수와 가오산제어의 2인칭 단수 사이에서 공유된 /su/라는 형태도 대만의 산이와 본토의 백월의 특별한 친근성을 이야기하고 있다.

게 멀리 바다를 사이에 둔 이족(夷族)의 하나로 간주되었다. 실제로 대만을
출발하여 필리핀이나 인도네시아, 거기서 더 나아가 태평양의 여러 섬들
로 확산되는 오스트로네시아계의 화자 집단은, 본토의 백월과는 전혀 다
른 역사를 걷게 되었던 것이다.

7.4. 장강 문명의 담당자로서 태평양 연안민

1970년대 이후 중국의 고고학계에서는 눈부신 발견들이 이어졌는데,
그 결과 중국에서 가장 오래된 것으로 보이는 하 왕조의 성립 이전에 장
강 유역을 중심으로 벼농사를 시작했던 고도의 문명이 발달해 있었음이
밝혀졌다. 동아시아에서 지금으로부터 약 9,000~7,000년 전에 장강 유
역에서 벼농사가 시작되었다는 사실이 밝혀짐에 따라 지금까지 오랫동안
정설로 여겨 왔던 벼농사의 '윈난·아삼 기원'설은 이미 과거의 것이 되었
다(佐藤, 1996·2003; 藤原, 1998; 朱, 2005). 메소포타미아나 이집트와 함께 인류
역사상 가장 오래된 농경 문화의 발상지로서 드디어 장강 문명이 각광을
받게 된 것이다.[38]

그렇다면 장강 문명의 담당자는 과연 누구였던 것일까. 물론 '한족'은
아니다. 이미 서술한 바와 같이, 한어와 한족의 성립은 아무리 오래 잡아
도 지금으로부터 약 4,000년 이전으로는 올라가지 않는다. 그렇다면 그
담당자는 앞서 서술한 '동이' 또는 이후에 '남만'이라고 불렸던 중국 주변
부로 밀려난 선주민들, 즉 우리들의 최대 관심사가 되어 온 태평양 연안
형 언어를 사용한 집단이 아니었을까.

참고로 장강 중류 지역의 선인동(仙人洞) 유적[39]이나 하류 지역의 상산

---

38) 최근 그 실체가 드디어 분명히 되고 있는 장강 문명에 관해서는 Underhill(1997), 徐(1998:33ff.,
    86f.), 梅原 他(2000:11ff.), 王·霍(2002), 中村(2002:221ff.) 등을 참조.

(上山) 유적(저장성 浦江에 위치)은 모두 다 지금으로부터 약 10,000년 전, 또 대만의 대분갱(大坌坑) 유적도 약 7,000년 전의 것으로 알려져 있다.

최근의 고고학적 발굴로 분명하게 밝혀진 장강 유역의 여러 선사 문화와 이들 태평양 연안계 언어의 화자 집단과의 관계를 여기서 잠정적으로 정리해 보면, 다음의 [표 7.1]과 같은 형태로 나타낼 수 있다.

또, 이 표에서 들고 있는 각각의 선사 문화의 소속 연대(기원전)는 대략 용마고성(龍馬古城)40)이 기원전 2,500년이고, 싼싱두이문화(三星堆文化)41)가 기원전 2,800~850년, 펑터우산문화(彭頭山文化)42)가 기원전 7,000년, 다시문화(大溪文化)43)가 기원전 4,500~3,300년, 취장링(屈家嶺)44)/스자허(石家河)45) 문화가 기원전 3,300~2,600년/3,000~2,000년, 허무두문화(河姆渡文化)46)가 기원전

---

39) [옮긴이] 중국 장시성(江西省) 완넨현(萬年縣) 샤오허산(小河山)에서 발견된 신석기시대의 동굴 유적으로 볍씨와 토기 등이 출토되었다. 유적은 상하 2층으로 나뉘는데, 방사성탄소연대측정에 따르면 기원전 6000년과 8000년 무렵의 것으로 추정된다.

40) [옮긴이] 기원전 2500년~기원전 1750년 중국 장강 상류의 쓰촨성 청두 평원에서 번창한 신석기시대의 '바오둔 문화(寶墩文化)'의 표식 유적이다.

41) [옮긴이] 중국 서남지구의 청동기시대 유적으로 쓰촨성 광한시(廣漢市)에 위치하며 1980년에 발굴되었다. 발굴 당시 성도평원 위에 돌출된 3개의 황토 퇴적층으로 인해 이름이 유래되었으며, 중국 장강 유역의 초기 문명을 대표한다.

42) [옮긴이] 후난성(湖南省) 북서부 창더시(常德市)의 리양평원(澧陽平原)에서 발견된 신석기시대 초기의 문화이다. 벼를 재배하고 있었던 것으로 추측된다.

43) [옮긴이] 중국의 중칭시(重慶市) 및 허베이성(湖北省)에서 후난성(湖南成) 싼샤(三峽) 주변 및 양후평원(兩湖平原)에 기원전 5000년 경부터 3000년경에 걸쳐 존재했던 신석기시대 문화.

44) [옮긴이] 기원전 3000년~2600년경에 중국의 장강 중류에서 발전한 신석기시대의 문화로, 그 이전의 다시문화(大溪文化)를 계승·발전시켜 황하 중류의 산시성(山西省) 남부나 허난성(湖南省) 서남부, 장강 하류의 장시성(江西省) 북부로 확대되었다. 표식 유적인 취자링 유적은 후베이성(湖北省) 징먼시(荊門市) 징산현(京山縣)의 취장링(屈家嶺)에서 발견되었다.

45) [옮긴이] 기원전 2500년~2000년경 중국의 허베이성 부근에서 발전한 신석기시대 후기의 문화로, 같은 지역의 취자링 문화를 계승하였다고 여겨진다. 장강 유역에서 최초의 도시 유적을 남겼다.

46) [옮긴이] 기원전 5000년~4500년경 중국에 항저우만(杭州灣) 남안에서 저장성(江西省) 동부 저우산시(舟山市)에서 발달했던 신석기시대의 문화.

5,000~3,300년, 그리고 량주문화(良渚文化)47)가 기원전 3,300~2,200년 정도인 것으로 추정된다. 물론 이 표에서 편의적으로 나타낸 '파(巴)·촉(蜀)'이나 '오(吳)·월(越)' 등의 지명과 국명은 후대에 출현한 것이다.

[표 7.1] 고대 중국의 연안계 민족들과 선사 장강 문명과의 관련

해당 민족	추정되는 토착 언어	해당 지역	관련한 선사 문화
巴·蜀(百濮)	오스트로-아시아계	장강 상류 지역	龍馬古城, 三星堆文化 등
楚(三苗─荊蠻)	먀오-야오계	장강 중류 지역	彭頭山, 大溪, 屈家嶺文化 등
吳·越(百越)	오스트로-타이계	장강 하류 지역	河姆渡, 馬家浜, 良渚文化 등

지금으로부터 약 8,000년 전부터 5,000년 전은 이른바 '기후최온난기(氣候最溫暖期, Hypsithermal age)'48)에 해당하는데 후빙기의 온난화가 가장 많이 진행된 시대이다. 아마 이 시기 벼농사는 장강 유역에서 더욱 더 북쪽으로 황하 중·하류 지역에까지 퍼졌을 가능성이 있다.49) 그렇다고 한다면 앞서 이야기한 치우의 '구려족(九黎之民)'은, 이 시기에 황하 유역에 퍼진 벼농사 민족의 일파였다고 볼 수 있을지도 모른다.

참고로 장강 중·하류 지역에서 번성했던 이들 벼농사 문명은 기원전 2,000년경을 기점으로 거의 일제히 쇠퇴·소멸을 맞게 된다. 그 원인에 대해서는 장강 유역의 급격한 대홍수, 혹은 급격한 기후 변화 등 여러 가지 의견들이 제시되고 있지만, 확실한 것은 아직 알 수 없다. 단, 이 시기를 경계로 하여 중국 대륙의 중심이 장강 유역에서 황하 유역인 이른바

---

47) [옮긴이] 중국의 장강 문명 중 하나로, 저장성(江西省) 항저우(杭州市) 량주에서 발견된 신식기시대의 문화이다. 쑹저문화 등을 계승하고 있어 황하문명의 산둥 룽산문화(龍山文化)와의 관련성도 지적되고 있다.

48) [옮긴이] 후빙기(後氷期)를 온난도에 따라 3기로 나누었을 때, 가장 온난했던 시기.

49) 예를 들어, 후난성(湖南省)의 고호(賈湖) 유적이나 협서(陝西)성의 이가촌(李家村) 유적 등에서 벼농사의 존재를 엿볼 수 있는 왕겨나 플랜트오팔이 발견되었다(An 1999).

'중원'으로 옮겨졌다는 점에서 이 사건은, 동아시아 문명사에서 하나의 중요한 전기였던 것이다.

마지막으로 덧붙이자면, 한어와 한족의 성립이 만약 지금으로부터 약 4,000년 전이라고 한다면 황하 중류 지역의 양사오문화(仰韶文化)[50]나 하류 지역의 룽산문화(龍山文化)[51]를 담당했던 집단 역시 바로 '한족'으로 귀결시킬 수는 없다. 앞선 기술과 같이 치우 전설을 해석한다면 이 집단 역시 '동이'(내지 태평양 연안민), 좀 더 구체적으로는 먀오-야오계 집단의 일파라고 보지 않으면 안 될 것이다.

7.5. '동이'의 연장으로서 환동해·일본해 민족들

위에서 서술한 바와 같이 '화하족(華夏族)'이 본 이민족으로서 '구이(九夷)' 내지 '동이(東夷)'는 중국 본토에서 모습을 감추었다. 그 대신에 등장한 것이 이번에는 중국 본토에서 본 동방, 즉 한반도와 일본 열도에 사는 여러 민족들, 다시 말해 '환동해·일본해제어'을 사용하는 집단이다. 중국의 사서에 따르면 '동이'가 중국 본토 이외의 이민족을 가리키게 된 것은, 진·한시대 이후의 일이다.[52]

즉, '태평양 연안민'은 이 시대 이후 한쪽으로는 장강 이남의 '남만'·'백월', 다른 한쪽으로는 '동이'라고 불리게 된 환동해·일본해의 민족들과 같

---

50) [옮긴이] 기원전 5000~3000년에 황하 중류에서 발달했던 신석기의 농경문화이다. 색깔 있는 도자기가 특색으로 채도문화(茉陶文化)라고도 한다.

51) [옮긴이] 기원전 2500~2000년에 중국 북부의 황하 중류에서 하류에 걸쳐 퍼져 있던 신석기시대 후기의 문화. 검은색 도자기가 발달하여 흑도문화(黑陶文化)라고도 한다.

52) 후한시대에 편찬된 『이아-석지(爾雅-釋地)』에 따르면 구이의 명칭으로서, 1. 현토(玄菟) 2. 낙랑(樂浪) 3. 고려(高麗) 4. 만식(滿飾) 5. 부경(鳧更) 6. 색가(索家) 7. 동도(東屠) 8. 왜인(倭人) 9. 천비(天鄙)를 들고 있다(李巡注). 그 중에서 4는 아마 말갈(鞨鞨), 5는 부여(扶余)의 별칭으로 생각되는데, 이 시기에 이미 '구이'는 중국 본토를 벗어나 한반도와 일본해 지역의 여러 부족을 가리키게 되었던 것을 알 수 있다.

은 형태로 남북의 두 그룹으로 나뉘게 된 것이다.

환동해·일본해 지역에 사는 이들 민족에 대한 가장 오래된 기술은, 일본에서는 '왜인전(倭人傳)'으로 잘 알려진 중국의 사서 『위지동이전(魏志東夷傳)』이다(정확한 서명은 『삼국지』 위서(魏書) 권30 '오환·선비·동이(烏丸·鮮卑·東夷) 전(傳)', 쓰인 시기는 3세기 후반).

이 중에서 '동이'라고 기술되어 있는 여러 민족들을, 특히 언어적인 관점에서 정리하면 다음의 네 가지 그룹으로 정리할 수 있다. 괄호 안은 각 그룹에 대하여 기술한 『위지』의 문구이다.

1. 연해주의 숙신(肅愼)계 : 읍루(挹婁)

(挹婁, 在扶余東北千余里, 賓大海, 南與北沃祖接, 未知其北所極. 其土地多山險, <u>其人形似扶余, 言語不與扶余·句麗同</u>)

2. 만주 남부에서 한반도 북·동부를 차지하는 예맥(濊貊)계

(a) 부여, 고구려

(高句麗在遼東之東千里, 南與朝鮮, 濊貊, 東與沃祖, 北與扶余……東夷旧語 <u>以爲扶余別種, 言語諸事, 多與扶余同</u>)

(b) 옥조(沃祖)

(東沃祖在高句麗蓋馬大山之東, 賓大海而居. 其地形東北狹, 西南長, 可千里, 北與挹婁, 扶余, 南與濊貊接. 戶五千, 無大君王……<u>其言語與高句麗大同, 時時小異</u>)

(c) 예(濊)

(濊南與辰韓, 北與高句麗, 沃祖接, 東窮大海, 今朝鮮之東皆其地也……其耆老旧自謂與句麗同種……<u>言語法俗大抵與句麗同</u>)

3. 한반도 남부의 한(韓)계 : 마한, 진한, 변한(변진)

(韓在帶方之南, 東西以海爲限, 南與倭接, 方可四千里. 有三種, 一曰馬韓, 二曰辰韓, 三曰弁韓……弁辰與辰韓雜居, 亦有城郭. <u>衣服居處與辰韓同. 言語法俗相似</u>)

4. 일본 열도의 '왜인계'와 기타

(倭人, 在帶方之東南大海之中, 依山島爲國抱. 旧百余國, 漢時有朝見
者, 今使譯所通三十國……)

여기에 약간 주석을 더하자면, 먼저 1의 읍루에 대하여 '그 사람들은 부
여와 비슷한데, 언어는 부여와 (고)구려와 동일하다'고 기술하고 있는 점
이 주목할 만하다. 아마 현재의 길랴크어나 혹은 그것과 계통적으로 이어
지는 언어로 추정된다. 지금까지 대체적인 역사가들은 읍루를 수·당대의
사서에 등장하는 '물길(勿吉)'이나 '말갈(靺鞨)'과 함께 퉁구스계라고 간주해
왔는데, 언어적 측면에서 확실한 증거가 있는 것은 아니다. 중국의 사서에
서는, 읍루와 물길/말갈을 모두 은·주시대부터 중국과 접촉을 가진 것으
로 전해지는 동북부의 옛 민족인 숙신(肅愼)의 후예로 다루고 있다. 참고로
읍루를 퉁구스보다도 오히려 길랴크계라고 보는 해석은, 이미 미카미(三上,
1966)에서도 제기된 적이 있다. 이 시기에 퉁구스어는, 아직은 연해주까지
진출해 있지 않았던 것이 아닐까 싶다.[53]

다음으로 2의 고구려에 대하여 '비슷한 부여의 별종이다. 언어 사실들
중 많은 것은 부여와 동일하다', (동)옥조에 대하여 '그 언어는 (고)구려와
대부분 동일하나 때때로 조금 차이가 난다', 또 예(濊)에 대하여 '언어·
법·풍속이 대체로 (고)구려와 동일하다'라고 기술하고 있다. 이러한 기술
을 감안하면, 이들 민족들과 그 언어는 '예맥계' 내지 '고구려계'로 하여 따
로 하나로 묶어도 좋을 듯하다.

종래의 많은 사학자(또 일부의 언어학자)는 고구려를 퉁구스계로 간주해

---

53) 덧붙이자면, 길랴크어를 포함하여 시베리아 각지에 산재하는 비우랄계, 비알타이계의 언
어들을 '고아시아(또는 고시베리아)어'로서 마치 계통적으로 한 어족으로서 취급하는 분
류법이 지금까지 널리 이루어져 왔다. 그러나 이러한 종류의 분류는 단지 편의상의 방책
에 지나지 않아 언어학적으로 전혀 실체가 아닌 개념이다. 즉 이들 언어는 유형론적으로
도 계통론적으로도 서로 거의 접점이 없다는 것을 여기에서 다시 한번 이야기해 두자.

왔는데, 그것을 뒷받침하는 언어학적 증거는 아무것도 없다. 고구려어에 관한 자료는 12세기에 편찬된 한국의 사서 『삼국사기』에 남아 있는 지명과 그 밖의 고유명사 등에 한정되어 있다. 이미 지금까지 많은 학자들이 검증해 온 바와 같이 매우 적은 자료이지만 이를 토대로 판단하는 한, 이 언어는 퉁구스어와는 전혀 다른 계통이다. 그렇다면 이 언어군도 위의 읍루계와 동일하게 이 지역 즉 한반도에서 만주 남부에 걸쳐서 사용되었던 오래된 토착 언어, 다시 말해 환동해·일본해제어의 일원으로 간주하는 것이 가장 자연스러운 해석일 것이다.54)

3의 '한(韓)계'인 마한·진한·변한 중 진한과 변한에 대해서는 '언어·법·풍속이 서로 비슷하다'라고 쓰여 있는데, 마한의 언어에 대한 기술은 보이지 않는다. 단, 이 마한의 후예(의 하나)로 보이는 백제국에서 지배층은 부여·고구려계, 민중은 한계의 언어를 사용했던 것 같다(『위지-백제국전』외).55) 어찌됐든 지금까지 학자들의 견해가 거의 일치하는데, 이 세 그룹이 훗날 한국어로 직접 이어지는 하나의 독립적인 언어군을 형성하고 있었을 것으로 본다.

---

54) 또 고구려어는 퉁구스어와는 다른 계통이라는 견지에서 축치반도 남부에서 캄차카 반도 북부에 걸쳐서 분포하는 '코랴크어'와 연결시키는 새로운 해석이 고노 로쿠로(河野六郎)에 의하여 제기되었다(河野 1993). 확실히 이 두 개의 언어와 민족명은 그 음형이 비슷하다. 그러나 이미 지금까지의 고찰에서 드러나는 것과 같이, 코랴크어도 포함하여 축치-캄차카제어는 본고에서 정의한 태평양 연안형 언어와는 다른 계통이라고 봐야 함으로, 고구려어를 환동해·일본해제어의 일원으로 보는 본고의 입장에서 이러한 해석은 유감스럽게도 따르기 힘들다.

55) 예를 들어, 『주서백제전(周書百濟傳)』에 "王姓夫餘氏, 號於羅瑕, 民呼爲鞬吉支, 夏言竝王也" (왕의 성씨는 부여씨, 호는 어라하(於羅瑕), 인민은 건길지(鞬吉支)라고 부르고, 한어로는 왕이 된다.)라는 구절이 있다. 즉, '왕'을 나타내는 명칭이 왕족과 민중 사이에서 달랐던 것이다. 즉, 건길지는 백제왕의 호칭으로서 『일본서기』에서는 "コニキシ/コキシ"라는 일본어 훈이 달려 있다. 아마 'コニ/コ'는 '大', キシ는 '君'을 의미하는 한계의 어휘이다. 또 백제 <クダラ(구다라)>라는 국명도 <ク(ン) : 구(ㄴ)', '大' + ナラ(나라) '國'>와 같은 형태의 합성어에서 유래할지도 모른다.

마지막으로 4의 일본 열도의 왜인에 대하여 기술한 『위지왜인전』 부분에 관해서는, 이미 일본에서는 이미 '야마타이코쿠'를 둘러싼 논의가 여러 차례 이루어졌기 때문에 여기서는 특별히 추가하여 설명하지는 않겠다. 이 왜인국의 더 남쪽에 사는 주민으로서 '주유국(侏儒國)'・'나국(裸國)'・'흑치국(黑齒國)'56) 등의 이름이 나오지만, 이것은 거의 실체가 없는 억설이라고 봐도 될 것이다. 한편, 일본의 역사책에서 '에미시'・'에비스'・'에조(毛人 또는 蝦夷)'라고 불렸던 아이누인의 선조로 보이는 집단에 대하여 『위지왜인전』은 전혀 다루고 있지 않다.

따라서 여기서 '모인'과 그 언어를 추가하면 적어도 서력 2, 3세기경의 환동해・일본해제어의 분포 상황이 어떠한 것이었는지, 대강의 모습을 그려 볼 수 있다. 그것은 현재의 환동해・일본해제어의 분포와 별다른 큰 차이가 없는데, 단지 위에서 예를 든 네 개의 언어군 중 한반도 북부의 '예맥계' 언어가 완전히 소멸한 것, 그리고 이와 관련하여 만주 남부에서 연해주에 이르는 환동해・일본해의 옛 언어 분포가 퉁구스어의 진출로 인해 크게 바뀌었다는 점이 가장 유의해야 하는 중대한 사건일 것이다.

7.6. 태평양 연안부에서 한어(漢語)와 한족(漢族)의 위치

마지막으로 '한족(漢族)'이란 무엇인가 하는 문제에 대하여 살펴보겠다. '한족'을 한 마디로 요약하자면 일상의 전달 수단으로써 '한어(漢語)'를 사용하는 집단이라고 정의할 수 있을 텐데, 이것은 유전자 차원에서 이어져 있는 통상적인 의미에서 이야기하는 종족이나 민족하고는 그 성격이 다른 것이다.

---

56) [옮긴이] 고대 중국의 전설에서 머나먼 동방에 있다고 여겨지는 검은 이를 가진 사람들이 사는 나라. '주유국(侏儒國)', '나국(裸國)'이라고도 기술되어 있다.

문제는 오히려 이 '한어'라고 불리는 언어이다. 이것은 계통적으로 분명 티베트-버마계에 속하는 언어이다. 이는 인칭대명사의 유형만을 봐도 쉽게 알 수 있다. 그러나 지금까지 반복해 온 이야기와 같이, 사실 이 언어는 티베트-버마계의 다른 언어들과 유형론적으로 크게 다른 모습을 보이고, 오히려 태평양 연안의 여러 언어들과 더 많은 특징을 공유한다. 이와 같은 한어의 이중적인 모습은, 이 언어의 성립과 관련한 매우 특수한 역사적 사정에서 유래한다고 보지 않으면 안 된다.

'한어'에 대하여 여기에서 다시 한번 필자의 사견을 요약하자면, 이 언어는 연안계인 '동이'(보다 구체적으로는 '삼묘(三苗)' 즉, 먀오-야오계)의 언어와 티베트계의 이른바 '서융(西戎)'(고문헌에서 '저(氐)'·'강(羌)' 등으로 불렸던 민족들의 선조 집단)[57]의 언어가 접촉·혼합된 결과로 생긴 일종의 '크레올'(내지 링구아프랑카)이라는 것이다. 한어에 보이는 태평양 연안적인 유형상의 특징에 관해서는 이 책 제4장, 특히 그 성립 과정에 대해서는 4.11.2절에서 이미 다룬 적이 있다.

한어의 크레올적인 성격은, 이 언어에 대하여 항상 지적해 온 '고립어'라는 유형적 특징, 즉 명사나 동사에서 형태법을 거의 없다는 것 외에도 이른바 '비정합적'인 SVO형 어순에 명확하게 반영되어 있다. 비정합적 SVO형 어순이라는 것은, 기본 어순의 (S)VO적 배열에 대하여 형용사·연체속격·관계절 등을 포함한 명사구의 구조가 SOV형의 일본어 등과 동일하게 주요 명사의 앞에 수식 성분을 놓는 'OV적 배열'을 취하는, 즉 '지배'의 방향이 서로 다르다는 것이다. 이와 같은 비정합적 SVO어순은, 전세계의 피진-크레올이라고 불리는 여러 언어들에서 빈번히 나타난다.[58]

---

57) '羌, 西戎牧羊人也'『설문해자(說文解字)』(권4상)

58) Matsumoto(1992), 松本(2006:224) 참조. 덧붙이자면, 먀오-야오제어의 어순은 따이까다이 제어와 동일하게 형용사나 관계절 등 명사의 수식적 성분을 일관해서 명사이 뒤에 두는 '정합적' SVO형이다.

한편 이와 같은 형태·통사적 현상은 본래 티베트-버마제어에서는 전혀 나타나지 않는 것이다. 예를 들어, 티베트-버마제어는 본래의 기본 어순이 SOV형이고(단, 수식형용사는 한어와는 반대로 명사 뒤에 놓인다), 또 명사에는 능격형 격 표시, 동사에는 다항형의 인칭 표시를 갖추고 있다. 이 점에서 티베트-버마제어는 유형론적으로 '다종합적(polysynthetic)'59)이라고 불리는 이누이트어 등과 가깝고, 오히려 '고립형(isolationg)'인 한어와는 큰 차이를 보인다.

남부 티베트계 언어와 태평양 연안계 언어의 접촉으로 인해 이러한 혼합어가 성립하게 된 시기는, 지금으로부터 약 4,000~3,5000년 전쯤으로 그 장소는 황하 중류 지역일 것이다. 이 언어는 진·한시대 이후 놀라울 정도의 기세로 분포권을 넓혀, 현재 보는 바와 같이 중국 전 국토에서 10억이 넘는 화자 수를 가진, 세계에서도 그 유례를 찾을 수 없는 초거대 언어가 되었다. 이는 '이적(夷狄)'이라고 불렸던 주변의 여러 민족들이, 이 언어를 채용함으로써 차례차례 '한족' 안에 포함되어 갔기 때문이다.

예를 들어 예전에 중원을 제패하여 '대청제국'을 세운 퉁구스계 만주족은, 통치 기간 중 스스로 자신들의 모국어를 버리고 한어를 채용했기 때문에 이제 (만주어를 말한다는 의미에서) '만주족'은 거의 소멸해 버렸는데, 예전에 만주족의 성지였던 '만주' 역시 지금은 단순히 중국의 '동북부'라는 하나의 지역으로 바뀌게 되었다.60) 이와 거의 유사한 사례가 중국의 역사에서는 몇 번이나 되풀이되어 왔는데, 한어권의 끊임없는 확대는 단지 정복된 약소 집단의 흡수와 동화에만 머무르지 않았기 때문이다.

이와 같이 지금의 한어 자체가 일종의 '잡종(hybrid)' 언어로서 성립된

---

59) [옮긴이] 포합어(incoparating language)와 비슷하지만 포합어보다 훨씬 내부 구조가 복잡하여 단어 자체가 곧 문장의 역할을 한다.

60) 청조 궁정의 구어로서 만주어는 아마 18세기까지 거의 완전히 소멸했다고 보이는데, 공문서의 문어로서 존속한 것에 지나지 않았다(Ramsey 1987:217).

것이라고 한다면, 그것을 말하는 '한족' 역시 처음부터 잡종적 성격을 띠고 있다고 하지 않을 수 없다.

참고로 한어를 매개로 계통적으로 먀오-야오제어와 따이까다이제어를 티베트-버마제어와 연결시키기도 한다. 한어를 중심으로 한편에는 먀오-야오제어와 따이까다이제어를, 다른 한편에는 티베트-버마제어를 포함시켜 '확대 시노-티베트어족(漢藏語族)'를 상정하는 학설이 제창되기도 했는데, 중국에서는 지금도 이것이 공인된 학설로 통용되고 있으며 일본에서도 일부 전문가들 사이에서 여전히 지지를 받고 있는 것으로 보인다.61)

일본어의 계통론을 혼미하게 만든 장본인이 '우랄-알타이설'이라고 한다면, 이 '확대 시노-티베트설'은 장시간에 걸쳐 동아시아의 여러 언어들 전체의 역사적·계통적 관계를 혼란스럽게 만들어 버려 언어들 사이의 정확한 분류와 자리매김을 방해해 왔다. 학문과 과학의 세계에서 '중화사상'이 낳은 커다란 화근이라고 하지 않을 수 없다. '한어'라는 언어를 환상 속

---

61) 이 학설의 전형적인 예는 『중국대백과전서-민족』(包 1986):164f.(한장어계) 내에 보인다. 또 현재 중국에서 이 분야의 가장 표준적인 개설서인 馬(편) 1991 등의 분류도 이 것과 완전히 동일하다.
　　이 학설은 원래 비교언어학의 초창기, 계통론과 유형론의 차이도 아직 구분하지 않았던 19세기 유럽의 학자들에 의해서 제창된 것인데, 20세기 후반 이후 Benedict(1941, 1972) 등이 명확하게 물리친 이후 구미의 학자들 사이에서는 전혀 채용되지 않게 되었다. 중국에서는 20세기 중엽 이 분야의 권위자인 李方桂 등이 이 학설을 채용한 이후 학계에서 거의 부동의 지위를 확립해 온 것 같다. 단, 최근의 일부 전문가들 사이에서 이 학설을 의문시하는 입장이나 비판적인 견해도 보이게 되었다(예를 들면 O 1990:313ff.).
　　한편 일본에서는 故 하시모토 만타로(橋本萬太郎)가 이 '확대 시노-티베트제어'를 계통적인 묶음을 이루는 '어족'이 아니라 유형론적인 공유 특징이 기반한 '어군'으로서 파악해야 한다는 것을 일찍부터 주장했다(橋本 1978, 1981). 당시로서는 진심으로 탁견이라고 할만 했다. 언어 간의 동원성에 기반한 공유 특징과 언어접촉에서 유래하는 공통 특징을 분간하는 것은 언어의 계통 문제의 해명에 있어서 가장 중요한 기초 작업인데, 지금까지 (적어도 중국과 일본의) 시노-티베트어 학자는 이러한 점에 관해서 전혀 무비판, 무관심이었다고 하지 않을 수 없다. 한어에서 '티베트-버마어적 성분'과 '태평양 연안어적 성분'의 분별은 앞으로 중국어 사적 연구에서 긴급한 과제라고 해도 될 것이다.

의 '한장대어족(漢藏大語族)'의 중심적 존재로 자리매김시킬지 아니면 티베
트-버마계 언어와 태평양 연안계 언어의 '혼합어'로 볼지는, 동아시아보다
도 오히려 유라시아 전체의 언어사를 좌지우지하는 중대한 의미를 가질
것이다.

7.7. 한자의 창시자로서 태평양 연안민

한편으로 또 한어는 '한자'라고 불리는 표의적인 문자 체계와 불가분의
관계로 이어져 있다. 아마 한자를 빼고 한어의 성립은 생각할 수 없다고
해도 좋을지 모른다. 이 한자라는 것은, 도대체 언제 어떻게 해서 만들어
진 것일까.

현재 알려진 한자의 가장 오래된 기록은 주지하다시피 은대(殷代)의 갑
골문(기원전 14~12세기)이다. 갑골문자는 이미 문자 체계로서 충분히 성숙한
단계에 있었다. 따라서 그 단계에 이르기까지 갑골문자가 발전해 온 과정
과 그 배후를 당연히 추측해 볼 수 있다.

갑골문자와 거의 동시기에 속하는 미케네-그리스 시대의 '선문자B'라는
미노아문자의 경우, 역시 그 전단계에 '선문자A'라는 것이 존재했었다. 선
문자B는, 그리스인들이 자신들의 '그리스어'를 기록하기 위하여 선문자A
를 차용·개량한 문자 형태인데, 그 모범이 되었던 선문자A는 에게해 세
계의 선주민이었던 미노아인들이 자신들의 '미노아어'를 기록하기 위하여
창제한 문자 체계였다. 그렇다면 은대의 갑골문자가 기록했던 것은 과연
어떤 언어였을까.

한자와 같은 표의문자의 경우, 문자 자료가 의미하는 내용을 이해했다
고 해서 바로 그 배후에 있는 언어 자체를 특정할 수는 없다. 언어를 특정
하기 위해서는 의미와 소리를 연결시키지 않으면 안 된다. 이 점과 관련해

서는 갑골문자 안에 결정적인 증거가 있다.

그 증거는 인칭대명사, 특히 1인칭 대명사로 사용되었던 '我'이다. 이것
은 전형적인 '가차문자(假借文字)' 즉, 소리만 빌린 문자로 원래 '까칠까칠'
(한 형태를 한 무기)을 나타내는 상형문자이다(趙, 1996:69, 306). 그 소리는 아마
/ŋa/라고 나타낼 수 있을 것이다. 다시 말해, 이 대명사는 틀림없이 티베트
-버마(또는 본고에서 이른바 '시노-티베트')형의 1인칭 대명사 *ŋa를 나타낸 것
으로, 태평양 연안형의 인칭대명사와는 전혀 다른 계통의 것이다.[62]

더욱이 갑골문 자료에는 1인칭 대명사 '我' 외에 2인칭을 나타내는 '女'
나 포괄인칭으로 보이는 '余'과 같은 문자가 나타난다. 이들 문자의 성모는
각각 n-과 y-/ʒ-, 운모는 이른바 '어운(語韻)'으로, 일본어 한자음(吳音)으로
는 /nyo/와 /yo/의 형태로 나타낼 수 있다. 이들 모두 '我'와 동일하게 소리
만을 빌린 가차문자인데(趙, 1996:306f.), 그 음형은 틀림없이 '시노-티베트형'
의 인칭대명사를 나타내고 있는 것이다(본서 6.3.2 참조).[63]

따라서 갑골문자는 이미 기원전 2천 년대 후반의 은나라 사람들 사이에
서 티베트-버마계의 '한어'를 기록하는 문자 체계로 사용되었던 것이 거의
확실하다고 할 수 있다. 또 갑골문에서 보이는 어순 유형 역시 티베트-버
마제어의 어순과는 크게 달라, 이미 후대의 한어와 큰 차이가 없는 비정
합적인 SVO형의 양상을 나타내고 있다(張, 2001·2003).

---

62) 덧붙이자면, 한어의 가차문자 '我'와는 다르게 1인칭 대명사를 표의적으로 나타낸 문자의
   흥미로운 예로서, 기원전 1천 년기의 전반 아나트리아 남부에서 사용되었던 루비아어
   (Luwian language)를 기록한 '히타이트 상형문자'가 있다. 여기서 1인칭을 나타내는 문자
   는 인간의 옆얼굴을 그리고 코에 검지를 대고 있다고 하는 정말로 적절한 형태를 취하
   고 있다(Laroche, 1960).
63) '女', '余'의 갑골문자시대의 정확한 음가는 불분명한데(Karlgren(1972)에 의해 재구된 상
   고음은 *nyo, *dyo), 이 문자로 표기된 인칭대명사 자체는 다른 동계 언어들과 비교해 보
   면 아마 /nio/, /yo/와 같은 형태였다고 추정할 수 있다.

그렇다고 한다면 이 '한자'라는 문자 체계는 티베트계 언어를 모어로 하는 '서융'의 어느 집단이 직접 그것을 만들어 황하 중류 지역으로 가지고 왔을까. 분명히 말하지만, 그 대답은 아니다. 그 증거를 하나만 들어보자.

한자에서 '財, 貨, 寶, 買, 賣, 資, 貢, 購' 등 재화나 상업 활동 등을 나타내는 문자는 모두 다 '貝'라는 글자를 기반으로 한다. 이 문자는 말할 것도 없이 바다에서만 채집할 수 있는 조개의 형태를 취한 것인데, 이것은 이미 갑골문 안에 들어 있다. '貝'를 토대로 하는 이와 같은 문자의 형성과 발상은, 티베트계 언어를 모어로 하는 내륙의 목축민 사이에서는 도저히 생길 수 없는 것이다.

목축민들에게 부와 재보(財宝)는, 뭐니 뭐니 해도 가축이다. 예를 들어 내륙의 목축민이었던 유로-알타이계의 라틴어에서 재화를 의미하는 것은 pecunia라는 단어인데, 이것은 pecus(가축, 특히 양)에서 유래한다. 영어 fee(옛날 영어에서 feoh)나 동일한 어원의 독일어인 Vieh 역시 원래 가축을 의미했다.64)

태평양 지역에 사는 말레이-폴리네시아계 어족의 일부에서는 비교적 최근까지 바다에서 생산되는 조개 껍데기가 부와 재화를 담당했는데, 이는 바다와 인연이 깊은 연안 민족에게서 보이는 현상이다.65) 재물의 상징으로서 조개에 얽힌 신화나 전설은 고대 일본에서도 적지 않게 전해져 내려오고 있다(예를 들어, 『竹取物語』66)에 나오는 '燕の子安貝' 설화 등).

---

64) 영어의 fee는 근세 이후 프랑스어에서 money라는 단어가 차용되었기 때문에 '요금', '사례금'와 같은 의미에 특수화했는데, 고전 영어에서 feoh는 '가축'과 '금전'의 두 가지 의미를 겸하고 있었다.

65) 당대(唐代)의 문헌인 『嶺表錄異』에 따르면, 하이난섬의 선주민 리족(黎族)(따이까다이계)은 "해반채(海畔采)(=자패(紫貝)를 재화로 삼았다"라고 한다(陳, 他 1988:317). 또 『당서-남만전』에 따르면 윈난의 남조국(南詔國)에서도 "조개를 가지고 무역을 하는데, 조개 16개로써 1覓으로 한다"라고 되어 있다.

66) [옮긴이] 일본에 현존하는 가장 오래된 이야기로, 대나무 이야기라는 뜻이다. 대나무장

참고로 이 '자안패(子安貝, cowry)'라는 조개는, 일본에서는 '다카라가이(宝貝)'라고도 불렸는데(아마 이것이 이 조개의 본래 명칭일지도 모른다), 본토의 연안 지역보다 류큐제도가 세계에서도 매우 드문 '다카라가이(宝貝)'의 산지로 유명하다. 민속학자 야나기타 쿠니오의 추정에 따르면, 은·주시대의 중국에 재보(財宝)로서 자안패를 제공했던 것은 류큐뿐, 당대 대륙의 동중국해 연안 지역에서 자안패는 채집되지 않았다고 한다(柳田, 1961/1978:43ff., 218).[67]

그러나 한편으로 한자 안에는 목축민에게 가장 귀중한 가축의 대표격인 '羊'의 형태를 가지고 있는 문자도 다수 포함되어 있다. 예를 들어 '美, 善, 義, 祥, 養' 등이 바로 그것이다. 하지만 이 문자들은 위에서 열거한 '貝'를 토대로 하는 문자와는 그 의미 영역도 전혀 다르고, 아마 만들어진 시기도 전혀 다를 것이다(이 문자 중 일부는 이미 갑골문 안에도 들어 있다).[68]

'조개 패 변'의 문자가 생활인의 일상 세계에 뿌리박고 있는 데에 비해서 '양 양 변'의 문자는 이른바 지배자의 관념적 이데올로기 세계를 반영하고 있다. 앞서 서술한 한어의 '잡종성(雜種性, hybridity)'은, 연안형 언어를 기층으로 하여 그 위에 지배자로서 내륙 목축민의 언어가 겹쳐진 형태로 형성된 것이다. 그리고 이 잡종성은 언어뿐만 아니라 한자라는 문자 체계에도 그대로 반영되어 있는 것이다. 요컨대, 이 문자 체계는 티베트계 목축민이 도래하기 이전에 이미 이 지역에 어떠한 형태로든 존재하고 있

수 할아버지 이야기, 또는 가구야히메 이야기라고 부르기도 한다.

67) 최근 고고학자들 사이에서 은·주시대 전의 '하(夏)왕조'로 예상되기도 하는 하남성 이리두(二里頭) 유적에서도 보물이나 장신구로 보이는 자안패(子安貝)가 상당히 출토되고 있는 것 같다.

68) 갑골문 안에서 이러한 종류의 문자로서는 '羊'과 그 암컷과 수컷을 나타내는 문자나 족명(族名)으로 보이는 '羌' 외에 '美', '義' 등이 나타나고 있다.

었던 것이다.

지금까지 발굴된 장강 유역의 오래된 유물들 중에서 훗날 한자와 직접 연결이 되는 확실한 문자 자료는 아직 발견되지 않았지만, 원시적인 문자 형태로 보이는 유물은 여기저기서 발견되고 있는 듯하다. 어찌 됐든 갑골 문자의 배후에는 에게해 세계의 선문자B와 같이 연안형 언어의 화자 집 단, 즉 '동이'에 기원을 둔 좀 더 오래된 문자 체계가 존재하고 있었을 텐 데, 앞으로 이를 뒷받침하는 자료가 발견되기를 기대한다.

여하튼 한어라고 불리는 언어는 크레올적인 기원과 그 뒤에 이루어진 다종잡다한 화자 집단의 흡수·병합과 함께, 아마 연안 언어권을 배경으 로 생겨났을 한자라는 표의 문자 시스템을 통하여 유지되어 온 것이다.

'한어'는 이 한자라는 문자를 매개로 하여 자신의 인공 언어적인 성격을 시대와 함께 더욱 더 강고히 해 왔다. 한어에서 눈에 띠는 특징 중에 하나 인 '단음절성'과 같은 현상 역시, 아마 그 배후에는 한 단어 한 자 한 음절 을 원칙으로 하는 한자의 표기 시스템이 커다란 요인으로 작용했음이 틀 림없다.

이상으로 대략 살펴본 유라시아 연안 지역의 역사적 배경을 감안하면 태평양 연안계의 여러 언어들은, 한어와 한족이 퍼져 나가기 전에 중국 대륙을 중심으로 이 지역에 하나의 연속된 분포권을 형성하고 있었던 것 으로 추정된다. 그 중심 분포 지역은 대략 북으로는 일본해 지역에서 남 으로는 장강 유역에 이르는 태평양 연안 지대일 것이다.

따라서 이른바 '남방설'을 취하는 일본어 계통론자들이 주장하는 것과 같이, 일본인의 선조가 예를 들어 야요이 개막기에 동남아시아에서 멀리 바다를 건너 일본 열도에 북상해 왔다고 상정할 필요는 전혀 없다. 이미 서술한 바와 같이, 역사 시대의 동남아시아는 실은 '한족'에 의해 남쪽으로

밀려나게 된, 중국의 선사 세계의 '이주지'였기 때문이다.69)

또 지금으로부터 1만여 년 전까지 계속된 최종 빙하기 때 태평양 연안부 지역은 100미터 전후의 해수면 저하로 인해 현재와는 전혀 다른 모습을 하고 있었다. 일본 열도는 북쪽으로 대륙과 완전히 이어져 있었고, 현재 규슈(九州)와 한반도를 갈라놓고 있는 대한해협도 매우 조그만 수로로 가로막혀 있었을 뿐이었다.70) 한편, 현재의 산둥반도와 한반도를 갈라놓고 있는 서해와 동중국해 일대는 광대한 육지였고, 황하의 하구는 규슈의 남서안 바로 앞에, 그리고 장강의 하구는 류큐열도 바로 앞에 다가와 있었을 것이다. 연안형 언어를 사용하는 집단들에게 유라시아의 태평양 연안부는 지금보다 훨씬 더 광대한 활동 무대였던 것이다. 아메리카 대륙까지 포함하는 연안형 인칭대명사의 환태평양적 분포는, 당시의 이러한 지리적 상황 속에서 비로소 실현될 수 있었던 것이다.

마지막으로 덧붙이자면, 본고에서 초점이 되어 온 '환태평양'이라는 관점은 지금까지 유럽인들이 조망해 온 (그런 의미에서 또 국제 표준이 되어 온) 세계 지도에는 전혀 존재하지 않는다. 그들의 세계 지도는 항상 대서양을 사이에 두고 왼쪽에는 아메리카 대륙이 있고 오른쪽에는 유럽이

---

69) 또한 여기에 관련하여 부언하자면, 인류학자의 하니와라 카즈로(埴原和郎)에 의해 제창되었던 일본인의 기원·성립에 관한 '이중구조설'(埴原 1991, 1993 등)에 따라 언어적인 측면에서도 일본어의 이중·혼합적 기원(예를 들어 오스트로네시아계 내지 드라비다계 남방어와 알타이계 북방어의 혼합어)설을 주창하는 논자가 때때로 눈에 띄기도 하는데, 그와 같은 혼합설을 집중하기에 충분한 언어적 증거(예를 들어 본서에서 한어에 관해서 들었던 것과 같은 여러 사실)가 제기되었던 선례는 예전에는 없었다고 할 수 있다(본서 p.242 각주 124 참조)

70) 최종 빙하기의 최한기(最寒期)에 동해의 해수면은 지금보다 120미터 정도 낮았던 것으로 추정된다. 한반도와 일본 열도를 가로막고 있는 대한해협의 가장 깊은 수위는 약 130미터 정도로 보이기 때문에 이 부분만은 완전히 육지로 이어져 있었던 것은 아니었던 것 같다(小泉, 2006).

있어, 그 동쪽에 펼쳐진 유라시아 대륙의 태평양 연안부는 지도의 가장 오른쪽 이른바 '극동(極東)' 지역을 차지할 뿐이다. 유라시아의 태평양 연안과 아메리카 대륙은 지도의 양 극단에 떨어져 있기 때문에, 이와 같은 형태의 세계 지도에서 태평양을 연속적인 하나의 지역으로 파악하는 관점은 생겨날 수 없다.

그런 의미에서 '환태평양'이라는 관점은, 일본인이 평소에 눈으로 보고 있는 세계 지도, 즉 태평양을 사이에 두고 유라시아와 아메리카 대륙이 서로 마주보고 있고 유럽이 '극서(極西)'를 차지하고 있는, 바로 그런 세계 지도를 볼 때 비로소 처음으로 생겨나는 언어적 세계관이다. 지역적으로 이 '환태평양'은, 멀고 먼 옛날 선사시대에 그러했던 것과 같이 아마 앞으로 세계사·인류사의 주무대로 다시 각광 받게 되지 않을까. 여하튼 일본열도를 포함한 유라시아의 태평양 연안부를 극동이라고 해 온 지금까지의 세계지리적 관점은, 단순히 언어적 측면뿐 아니라 널리 인류사적 관점에서도 이미 과거의 유물이라고 보지 않으면 안 된다. 새로운 인류사의 전망을 펼쳐 보이기 위해서라도 한시라도 빨리 이러한 지리관을 벗어 버리지 않으면 안 된다는 것을, 여기에서 다시 한번 덧붙여 두고 싶다.

7.8. 환태평양 언어권을 위한 선사 연표(시안)

마지막으로 본고를 매듭짓기 전에 지금까지 다루어 온 '환태평양 언어권'의 역사적 배경에 관하여, 인류언어사 전체를 고려한 선사 시대의 연대적 틀을 참고 삼아 개략적인 연표의 형태로 아래에 제시하겠다. 이 절의 끝에 있는 [표 7.2] '환태평양 언어권 선사 연표'를 참조하기 바란다.

이 표에 나타난 연대(BP=현재 전)는 어디까지나 대략적인 추정 연대에 지나지 않는다. 단, 종래의 방사성탄소연대 그대로가 아니라 현재 이루어지고 있는 교정법을 가지고 수정한 '교정 연대'이다. 또 일본 야요이시대의 개시 연대에 관해서는 하루나리(春成, 2003), 후지오(藤尾 외, 2005) 등을 따른다. 한편 현생인류의 출현과 탈아프리카, 그리고 확산에 관한 시나리오는 필자의 시안을 따른다.

노파심에서 덧붙이자면, 여기서 제시하고 있는 틀 안에는 지금까지 오랫동안 언급돼 온 인류학상의 '코카소이드'와 '몽골로이드', 혹은 '유럽인'과 '아시아인'이라는 이분법을 사용하고 있지 않다는 점에 유의하기 바란다. 언어상의 '우랄-알타이설'과 동일하게 '몽골로이드'라는 인종 범주 역시 유럽 중심의 차별적 산물이기 때문이다.

또한 아프리카를 벗어난 인류에서 다섯 개 집단으로 나온 것 중 '사훌인'과 '순다인'은 지금까지 인류학적 분류 속에서 거의 그 존재를 인정받지 못했던 것인데, 필자는 세계 언어의 인칭대명사 분석을 통해 '사훌형'과 '순다형'의 인칭대명사의 계통과 분포를 인정하였다. 전자는 현재의 파푸아계 뉴기니아 고지인과 오스트레일리아 선주민과 계통적으로 연결되고, 후자는 동남아시아에서 멜라네시아에 퍼진 니그리토계 집단과 연결되는 것으로 보인다.

또 후기 구석기시대의 유럽에 뛰어난 동굴 벽화를 남겼다고 알려진 '크레마뇽인'은, 유전자 차원에서 현대 유럽인과 연결될 가능성이 있지만 언어적으로는 거의 흔적을 남기지 않은 채 소멸한 것으로 보인다. '태평양 연안인'이 동남아시아 세계에 진출한 것과 거의 같은 시기인, 지금으로부터 4~5천 년 전부터 이 지역은 급속히 확산된 '유로-알타이형'의 인도-유럽계 언어로 거의 다 바뀌었기 때문이다. 마치 동남아시아에서 '순다인'의 언어가 태평양 연안계 언어로 바뀌었던 것과 동일하게 말이다.

참고로 현대형 인류 집단이 유라시아 대륙으로 향한 탈아프리카 경로에는 남과 북의 두 가지 루트가 있었던 것 같다. '남쪽 루트'는 현재의 에티오피아 동부에서 홍해와 아라비아반도의 남쪽을 경유하여 인도와 동남아시아로 향한 경로이고, '북쪽 루트'는 이집트 동북부에서 시나이반도와 서남아시아, 거기서 유럽 혹은 중앙아시아로 진출한 경로이다. 위에서 말한 다섯 집단 중, 사훌인과 순다인이 남쪽 루트를 선택했고, 한편 유라시아 내륙인과 크레마뇽인은 북쪽 루트를 선택했던 것으로 보인다. 그렇다면 본고에서 주장하는 '태평양 연안인'이 과연 어느 쪽 루트를 통해 태평양에 도달했을까? 이 문제는 여기서 급히 단정할 수 있는 것은 아니지만, 앞으로 검토해야 할 중요한 과제 중 하나인 것은 분명하다.

마지막으로 현대형 인류에 의한 '언어의 획득' 혹은 좀 더 일반적으로 '언어의 기원' 문제는 지금도 여전히 미해결인 채 남아 있는 난제가 아닐 수 없다. [표 7.2]의 시나리오는 생물진화학의 이른바 '단속평형(斷續平衡, punctuated equilibria) 모델'71)에 따른 것인데, 인류의 언어 획득을 다윈류의 진화론에서 전제해 온 점진적·단계적 진화로 귀결시키기보다 오히려 돌발적이고 비약적인 사건으로 파악하려는 입장이다. 지금으로부터 약 5~6만 년 전을 경계로 하여 현대형 인류가 전지구 규모로 급속히 확산된 후에 눈부신 활약과 발전을 보였다는 점을 감안하면, 그 원동력을 '언어의 획득'이라는 인류 진화사상의 일대 획기적 사건(이른바 '빅뱅' 내지 '대약진')과 연결시키는 것은 단순한 억설이 아니라 극히 자연스러운 추론이라고 할 수 있다.72)

---

71) [옮긴이] 유성생식을 하는 생물 종의 진화 양상은 대부분의 기간 동안 큰 변화 없이 지속되는 안정기와 비교적 짧은 기간에 급속한 종분화가 이루어지는 분화기로 나뉜다는 진화 이론이다. 종의 진화가 매우 오랜 시간 동안 세대에 걸쳐 점진적으로 이루어진다는 기존의 계통점진이론을 정면으로 반박한다. 스티븐 제이 굴드(Stephen Jay Gould) 등이 주장하였다.

72) 이 문제에 대해서는 Eldredge & Gould 1972, Lewin 1995, Klein & Edgar 2002 등을 참조.

최근 FOXP2라고 불리는 유전자가 발견되었는데, 이것이 인간의 발화 (특히 분절음의 산출)와 밀접한 관련이 있다는 점이 확인되었다(Lai et al. 2001, Enard et al. 2002). 한때 '언어 유전자'의 발견이라고 하여 널리 알려 졌는데, 인간의 언어 능력 그 자체를 관장하는 것까지는 아닌 것 같다. 어 찌 됐든 인류의 언어 획득 문제는, 현재 눈부신 진전을 보이고 있는 진화 유전학의 분야에서 멀지 않은 미래에 어떠한 형태로든 유력한 답을 줄지 도 모르겠다.

여하튼 일본어의 기원과 계통의 문제는, 그 근간에 언어의 발상(發祥)과 그 후 전개된 전지구적 규모의 확산이라는 인류 언어사의 장대한 드라마 가 밀접하게 관련되어 있다는 점을 명심하지 않으면 안 될 것이다.

[표 7.2] 환태평양 언어권 선사 연표

연대(BP)	환태평양 언어권에 관한 주요 사건
150,000 ~100,000	• 아프리카에서 현대형 인류(호모 사피엔스)의 출현
60,000 ~50,000	• 현대형 인류의 언어 획득 : 인류의 '지적 역사'에서의 빅뱅 • 현대형 인류 집단의 본격적인 아프리카 이탈 시작
50,000 ~40,000	• 최초의 아프리카 이탈 집단의 순다아대륙(현재의 동남아시아) 이주 • 사훌대륙(훗날 오스트레일리아와 뉴기니아섬)에 인류 도달
40,000~	• 동아시아 세계에서 태평양 연안인 등장 : 태평양 연안 언어권의 개막 • 동시에 유라시아 내륙인의 중앙아시아 진출, 크로마뇽인의 유럽 진출 • 최종빙하기 말까지 아프리카를 벗어난 인류로써 다음의 주요 5집단이 형성된다. 1) 사훌인 2) 순다인 3) 태평양 연안인(동유라시아인) 4) 유라시아 내륙인 5) 크로마뇽인(서유라시아인)
30,000/20,000	• 일본 열도에 최초 인류(태평양 연안인)의 도래 : 환동해·일본해 언어권의 개막
22,000 ~18,000	• 최종빙하기 최한기 = LGM(Last Glacial Maximum)
17,000~ (온난화 시작)	• 일부 태평양 연안 집단의 아메리카 대륙 이주 : 환태평양 언어권의 개막 (아마 쿠릴열도와 알류산열도를 경유하는 연안 루트로 북미 서해안에 도달)

14,500경 14,000~	• 안데스 남부 : 몬테 베르데 유적(최초의 신대륙 태평양 연안인의 족적) • 일본 : 조몬문화의 개막
8,000~ (후기 빙하기 최난기) 태평양 연안 지대의 여러 문화 흥성과 그 담당 집단	• 장강 유역의 벼농사 문화 1) 하류지역 : 河姆渡, 馬家浜, 良渚(훗날 오스트로-타이 집단) 2) 중류지역 : 澎頭山, 大溪, 屈家嶺, 石家河(훗날 먀오-야오 집단) 3) 상류지역 : 龍馬古城, 三星堆(훗날 오스트로-아시아 집단) 4) 황하 중·하류 지역 : 仰韶, 龍山, 二里頭(먀오-야오계 + 베트남계?) 5) 요하(遼河) 지역 : 紅山(태평양 연안 북방민 = 훗날 예맥계?) 6) 일본 : 조몬문화의 개화(三內丸山 유적 등) 7) 메소아메리카에서 옥수수 재배, 안데스에서 라마 사육 시작
5,000~4,000 (냉량화 시작)	태평양 연안 집단들의 남방 이주 시작(연안 언어권 남방군의 형성) : 1) 윈난고원을 거점으로 오스트로·아시아 집단의 인도차이나 반도, 아삼 지방으로의 제1차 이주(훗날 몬-크메르 남동군과 문다어군) 2) 대만(臺灣)을 거점으로 오스트로네시아 집단의 동남아시아, 남도제도로 제1차 이주
4,000경	• 태평양 연안민과 내륙 목축민의 접촉·혼합에 따른 '한어', '한족'의 성립 • 장강 중·하류 지역에서 계속된 벼농사의 쇠망, 황하중류에서 '하왕조' 대두 • 중원으로 중국 사회의 중심 이동과 본거지에서의 태평양 연안 언어권의 쇠퇴
4,000~3,000	• 아삼-갠지스, 인도차이나 반도, 인도네시아 전지역에 벼농사 도래 • 장강 벼농사 집단의 남방 이주와 태평양 연안 언어권의 남방군·북방군의 분열
3,500~	• 메소아메리카(올멕, 마야) 문화의 흥성 : 미헤, 소케, 마야어군의 성립 • 안데스(칠리파, 차빈) 문화의 흥성 : 남부 안데스어군의 성립
	• 동부 오세아니아 : 비스마르크제도를 중심으로 라피타문화의 흥성 : 여기를 거점으로 오스트로네시아어족의 제2차 확산 : 폴리네시아어군의 성립
3,300/3,000~	• 한반도 남부/북규슈에 수전(水田) 농사 등장, 일본 : 야요이시대 개막

참고문헌

Adovasio, J.M. & Page, J. 2002 *The first Americans: In pursuit of archaeology's great mystery*. New York: The Modern Library.

Aikhenvald, A.Y. 1994 Classifiers in Tariana, *Anthropological Linguistics* 36: 407-465.

Aikhenvald, A.Y. & Green, D. 1998 Palikur and the typology of classifiers, *Anthropological Linguistics* 40: 429-480.

Ames, K. M. & Maschner, H.D.G. 1999 *People of the Northwest coast: the archaeology and prehistory*. London: Thames & Hudson.

An Zhimin 1999 Origin of Chinese rice cultivation and its spread East, *Beijing Cultural Relices*, No.2: 63-70.

Arnauld, A. et Lancelot, C. 1660 *Grammaire generale et raisonnée*. Paris: Pierre le Petit.

Aronson, H.L. (ed.) 1994 *Non-Slavic languages of the USSR*. Columbus: Slavica Publishers.

Asher, R.E. 1982 *Tamil* (Lingua Descriptive Series). Amsterdam: North-Holland.

Aston, W.G. 1877 *A Grammar of the Japanese written language²*. Yokohama: Lane, Crawford & Co.

Austin, P. 1981 *A grammar of Diyari*, South Australia. Cambridge University Press.

Barnes, J. 1990, in Payne(ed.): 273-292.

白族簡史編写組(編) 1988 『白族簡史』雲南人民出版社.

Bauman, J.J. 1975 *Pronouns and pronominal morphology in Tibeto-Burman*(Ph. D. dissertation). University of California, Berkeley.

Bellowood, P. 1997 *Prehistory of the Indo-Malaysian archipelago*. Sidney: Academic Press.

Bellowood, P. et al. 1995 *The Austronesians: Comparative and historical perspectives*. Canberra: Australian National University

Bender, L.M. 1996 *The Nilo-Saharan languages: A comparative essay*. München: Lincom Europa.

Benedict, P.K. 1942 Thai, Kadai, and Indonesian: a new alignment in South-eastern Asia, *American Anthropologist* 44.

Benedict, P.K. 1972 *Sino-Tibetan: A conspectus.* Cambridge University Press.

Benedict, P.K. 1975 *Austro-Tai: Language and culture, with a glossary of roots.* The Hague: Mouton.

Berlin, B. 1998 *Die Burushaski-Sprache von Hunza und Nager, Teil I: Grammatik.* Wiesbaden: Harrassowitz Verlag.

Blake, B.J. 1987 *Austrailian aboriginal grammar.* London: Croom Helm.

Bodman, N.C. 1985 Eividence for l and r medials in Old Chinese and associated problems, in Thurgood et al. (eds.) Papers presented to Paul K. Bendedict for his 71st birthday. Canberra: Australian National University.

Boller, A. 1857 *Nachweis daß das Japanische zum ural-altaischen Stammegehört, Sitzungsberichte der Wiener Akademie der Wissenschaft*, Phil. hist. Kl. 23, 393-481.

Bomhard, A.R. 1984 *Toward Proto-Nostratic: a new approach.* Amsterdam: Benjamins.

Bray, D. 1909 *The Brahui language, Part 1: Introduction and grammar.* (repr. New Delhi, 1986)

Brenner, S. & Hanihara, K. (eds.) 1995 *The origin and past of modern humans as viewed from DNA*(Proceedings of the workshop on the origin and past homo sapiens as viewed from DNA - theoretical approach, Kyoto 14-17 December, 1993, International Institute for Advanced Studies). Singapore: World Scientific.

Burrow, T. & Emeneau, M.B. (eds.) 1984 *A Dravidian etymological dictionary.* Oxford University Press.

Caldwell, R. 1856/1913 *A comparative grammar of the Dravidian or South Indian family of languages* (1st ed. 1856, 2nd ed. 1875, 3rd ed. 1913, London: Kegan Paul, reprint 1974, New Delhi).

Cann, R.L. et al. 1987 Mitochondrial DNA and human evolution, *Nature* 325: 31-36.

Carlson, R. 1994 *A grammar of Supyire.* Berlin: Mouton de Gruyter.

Cavali-Sforza, L.L. 2000 *Genes, people, and languages.* New York: North Paint Press.

Cavali-Sforza, L.L. et al. 1994 *History and geography of human genes.* Princeton,

N.J.

Chafe, W.L. 1996 Sketch of Seneca, and Irowuoian language, in Fodard (ed.):
　　　　551-579.

Chang Kwang-Chih et al. 2005 *The formation of Chinese civilization*. Yale
　　　　University and New World Press.

張玉金 2001『甲骨文語法学』上海: 学林出版社.

張玉金 2003『20世紀甲骨言語学』上海: 学林出版社.

趙誠(編著) 1996『甲骨文簡明詞典』北京: 中華書局.

Chatters, J.C. 2001 *Ancient encounter: Kennewick man and the first
　　　　Americans*. New York: Simon & Schuster.

陳国強·他 1998『百越民族史』北京: 中国社会科学出版社.

Cole, P. 1985 *Imbabura Quechua* (Croom Helm Descriptive Grammars). London
　　　　: Croom Helm.

Comrie, B. (ed.) 1987 *The world's major languages*. London: Croom Helm.

Coon, C.S. 1962 *The origin of races*. New York: Alfred A. Knopf.

Creider, Ch.A. & Creider, J.T. 1989 *A grammar of Nandi*. Hamburg: Helmut
　　　　Buske Verlag.

Dahl, O.Ch. 1976 *Proto-Austonesian*. Lund: Studentlitteratur.

Davies, J. 1981 *Kobon*. Amsterdam: North-Holland Publishing Co.

Dayley, J.P. 1985 *Tzutujil grammar*. University of California Press.

Derbyshire, C.D. & Payne, D.L. 1990 *Noun classification systems of Amazonian
　　　　languages*, in Payne (ed.): 243-271.

Dillehay, T. 2000 *The settlement of Americas: A new prehistory*. New York:
　　　　Perseus Books.

Dixon, R.M.W. 1980 *The languages of Australia.* Cambridge University Press.

Dixon, R.M.W. 1982 *Where have all the adjectives gone?* Berlin-New York:
　　　　Mouton.

Dixon, R.M.W. 1997 *The rise and fall of languages*. Cambridge University
　　　　Press.

Dixon, R.M.W. & Aikhenvald, A.Y. (eds.) 1999 *The Amazonian languages*.
　　　　Cambridge University Press.

Dixon, R.M.W. & Blake, B.J (eds.) 1979 Handbook of Australian languages,
　　　　vol.1. Amsterdam: John Benjamins.

Dolgopolosky, A. 1998 *The Nostratic macrofamily and linguistic paleontology*.
　　　　Cambridge Universty: McDonald Institute for Archaeological Research.

Dougherty, J.W.D. 1983 *West Futuna-Aniwa: an introduction to a Pplynesian outliner language*. Unversity of California Press.

Driem, G. van 1987 *A Grammar of Limbu*. Berlin: Mouton de Gruyter.

Driem, G. van 1993 The Proto-Tibeto-Berman verbal agreement system, *Bulletin of the School of Oriental and African Studies* 56: 292-334.

Du Feu, V. 1996 *Rapanui* (Descriptive Grammars). London: Routledge.

Du Ponceau, P.S. 1838 *Mémoire sur le système grammatical des langues de quelques nations indiennes de l'Amérique de nord*. Paris: La Libraire d'A. Piban de la Forest.

Durie, M. 1985 *Grammar of Acehnese on the basis of a dialect of North Aceh*. Dorbrecht: Foris.

Dutton, T.E. 1996 *Koiari*(Languages of the World/Material: 10). München: Lincom Europa.

Dyen, I. et al. 1992 *An Indo-European classification: a lexicostatistical experiment*. Philadelphia: American Philosophical Society.

Eades, D. 1979 Gumbaynggir, in Dixon & Blake (eds.):245-361

Ebert, K. 1997 Camling (Chamling) (Languages of the World/Material: 103). München: Lincom Europa.

Eldredge, N. & Gould, S.J. 1972 Punctuated equilibria: an alternative to phyletic gradualism, in Schopf, T.J.M. (ed.) *Models in paleobiology:* 82-115.

Enard, W., et al. 2002 Molecular evolution of FOXP2, a gene involved in speech and language. *Nature* 418: 869-872.

遠藤史 1993『ユカギール語文法概説』北大言語学研究報告 第4号.

Evans, N.D. 1995 *A grammar of Kayardild*. Berlin: Mouton de Gruyter.

Foley, W.A. 1986 *The Papuan languages of New Guinea*. Cambridge University Press.

Foley, W.A. 1991 *The Yimas languages of New Guinea*. California: Stanford University Press.

藤尾慎一郎 at al. 2005「弥生時代の開始年代ーAMSー炭素14年代測定による高精度年代体系の構築」『総研大科学研究』1: 73-96.

藤岡勝二 1908「日本語の位置」『国学院雑誌』14 (『論集日本文化の起源 5』(平凡社 1973) 334-349).

富士谷成章 1778/1975「あゆひ抄」『国語学体系』第1巻 東京: 国書刊行会.

藤原宏志 1998『稲作の起源を探る』東京: 岩波書店.

Gair, J.W. & Paolillo, J.C. 1997 Sinhala (Languages of the World/Material: 34). München: Lincom Europa.

Georg, S. & Volodin, A.P. 1999 *Die itelmenische Sprache: Grammatik und Texte*. Wiesbaden: Harrassowitz.

Goddard, I. (ed.) 1996 *Handbook of North American Indians, vol. 17: Languages*. Washington: Smithsonian Institution.

Greenberg, J.H. 1963 Some universals of grammar with particular reference to the order of meaningful elements, in *Universals of Language*: 73-113.

Greenberg, J.H. 1966 *The languages of Africa*. The Hague: Mouton.

Greenberg, J.H. 1987 *Lnaguage in the Americas*. Stanford University Press.

Greenberg, J.H. 1988 The first person inclusive dual as an ambiguous category, *Studies in Language* 12: 1-18

Greenberg, J.H. 2000 *Indo-European and its closest relatives: The Euroasiatic language family*. Stanford University Press.

Greenberg et al. 1986 The settlement of the Americas: A comparison of the linguistic, dental, and genetic evidence, *Current Anthropology* 27: 477-497.

Grierson, G.A. 1906 *Linguistic Survey of India*, vol.4. Delhi: Motilal.

Gui, MIng Chao 2000 Kunming Chinese (Languages of the World/Material: 340). München: Lincom Europa.

Haas, M.R. 1969 'Exclusive' and 'inclusive': a book at early usage, *International Journal of American Linguistics* 35: 1-8.

埴原和郎 1993「日本人集団の形成ー二重構造モデル」埴原（編）1993:258-279

埴原和郎（編）1993『日本人と日本文化の形成』東京: 浅倉書店.

Hanihara, K. 1987 Estimation of the number of early migrants to Japan: A simulative study, *Journal of the Anthropological Society of Nippon*. 95-3.

Hanihara, K. 1991 Dual structure model for the population history of the Japanese, *Japan Review*, 2: 1-33(International Research Center for Japanses Studies).

Hardman, M.J. 2000 *Jaqaru* (Languages of the World/Material: 183). München: Lincom Europa.

Hardman, M.J. et al. 1988 *Aymara: Compendio de estructura fonológica y grammatical*. La Paz: Instituto de Lengua y Cultura Aymara.

Harris, A.C. 1991 *The indigenous languages of the Caucasus. vol.1: The Kartvelian languages.* Delmar, New York: Caravan Books.

春成秀爾 2003 「弥生時代の開始年代」『歴博』 120: 6-10.

橋本萬太郎 1978 『言語類型地理論』 東京: 弘文堂.

橋本萬太郎 1981 「シナ・チベット諸語」 北村 (編) 1981: 151-170.

服部四郎 1948 「日本語と琉球語・朝鮮語・アルタイ語の親族関係」『民俗学研究』 13-2(= 『日本語の系統』 (岩波 1959) 20-32).

服部四郎 1954 「「言語年代学」 即ち 「言語統計学」 の方法について」『言語研究』 26/27 (=『言語学の方法』 1960:515-566).

服部四郎・山本謙吾 1955 「満州語の 1 人称複数代名詞」『言語研究』 28: 19-29.

服部四郎 1958 「アルタイ諸言語の構造」『コトバの科学』 (=『日本語の系統』 255-274).

Heizer, R.F. (ed.) *Handbook of North American Indians, vol.8 : California.* Washinton: Smithsonian Institution.

Higham Ch. 1996 *The Bronze age of Southeast Asia.* Cambaridge University Press.

Higham Ch. 2002 *Early cultures of mainland Southeast Asia.* Cambaridge University Press.

Himmelmann, N.P. 1996 Person marking and grammatical relations in Sulawesi, *Papers in Austonesian Linguistics*, No.3: 115-136.

Hohepa, P. 1969 The accusative-to-egartive drift in Polynesian languages, Journal of the Polynesian Society 78: 295-329.

Holton, G. 1999 Categoriality of property words in a switch-adjective language, *Linguistic Typology* 3: 341-360.

Horai, S. 1995 Origin of Homo Sapiens inferred from the age of the common ancestral human mitochondrial DNA, in Brenner & Hanihara (eds.): 171-188.

黃布凡 他 1991 『蔵緬語一五種』 北京: 燕山出版社

Illych-Svitych, V.M. 1971-1984 *Opyt sravenija nostraticheskix jazykov*, 1-3. Moskva.

Jobling, M.A. & Tayler-Smith, C. 2003 The human Y chromosome: an evolutionary marker comes of age, *Nature Review Genetics* 4: 598-612.

Jobling, M.A. et al. 2004 *Human evolutionary genetics: origins, people & disease.* New York: Garland Publishing.

上代語辞典編修委員会 (編) 1967 『時代別国語大事典: 上代編』 東京: 三省堂.

亀井孝 1973 『日本語系統論のみち』 (亀井孝論文集2) 東京: 吉川弘文堂.

亀井孝·河野六郎·先野栄一 (編著) 1988-1993 『言語学大辞典』 1-5. 東京: 三省堂.

Kämpfe, H.-R. && Volodin, A.P. 1995 *Abriss der tschuktschischen Grammatik auf der Basis der Schriftsprche*. Wiesbaden: Otto Harrassowitz.

金沢庄三郎 1910 『日韓両国語同系論』 東京: 三省堂 (=『論集日本文化の起源 5』 (平凡社 1973) : 388-402 所収).

Karlgren, B. 1972 *Grammata serica recensa*. Stockholm: Museum of Far Eastern Antiwuities.

Keil, H. (ed.) 1857-1880 *Grammatici Latini IV: Donati Ars Grammatica*. Leipzig: Teubner.

金兆梓 1922/1950 『国文法之研究』 上海:中華書局.

金田一京助 1927 「語法上から見たアイヌ」 (=『金田一京助全集』 5, 1993:53-78) 東京: 三省堂.

金田一京助 1931 『アイヌ語学講座』 (=『金田一京助全集』 5, 1993:133-366) 東京: 三省堂.

金田一京助 1938 『国語史 系統論』 刀江書院 (=『金田一京助全集』 1, 311-433)

北村甫 (編) 1981 『世界の言語』 (講座言語 6) 東京:大修館書店.

Kitamura, H. et al. (eds.) 1994 *Current issues in Sino-Tibetan linguistics*. Osaka: The Organizing Committee, The 26th International Conference on Sino-Tibetan Languages and Linguistics.

Klamer, M. 1998 *A grammar of Kambera*. Berlin: Mouton de Gruyter.

Klein, R.G. & Edgar, B. 2002 *The dawn of human culture*. New York: John Wiley & Sons.

小泉格 2006 『日本海と環日本海地域』 東京: 角川書店.

小泉保 1991 『ウラル語のはなし』 東京: 大学書林.

河野六郎 他 1993 『三国志に記された東アジアおよび民族に関する基礎的研究』 (科学研究費補助金 (一般研究 B)B 研究成果報告書) 東京: 東洋文庫.

Köhler, O. 1981 La langue Khoe, in Perrot (ed.): 485-555.

Koppelmann, H. 1933 *Die eurasische Sprachfamilie*. Heidelberg.

Koyama, Sh. 1992 Prehistoric Japanese population: A subsistence-demographic approach, *Japanese as a Member of the Asian and Pacific Populations*. Kyoto: International Center for Japanese Studies.

Lai C.S. et al 2001, A forkhead-domain gene is mutated in a severe speech and language disorder. *Nature* 413: 519-523.

Lang, A. 1971 *Nouns and classificatory verbs in Enga*. (Pacific Linguistics B 39). Canberra: Australian National University.

Laroche, E. 1960 *Les hiéroglyphes hitties, Première partie: L'écriture*. Paris: Éditions de CNRS.

Lewin, R. 1995 *The origin of modern humans*. New York: Scientific American Library.

Li, Ch. N. & Thompson, S.A. 1987 *Chinese*, in Comrie (ed.): 811-833.

李基文[藤本幸夫訳] 1975 『朝鮮語の歴史』東京: 大修館書店.

李線平 2002 『苗族：語言与文化』貴陽：貴州民族出版社.

Licht, D.A. 1999 *Embera* (Languages of the World/Material: 208). München: Lincom Europa.

林惠祥 1939/1993 『中国民族史』(上下 2 冊) 北京：商務印書館.

劉復 1920/1939 『中国文法通論』上海: 中華書局.

馬学良 (主編) 1991 『漢蔵語概論』上下 2 巻. 北京大学出版社.

Malla, K.P. 1985 *The Newari language: A working outline*. Tokyo: Institute for the Study of Languages and Cultures of Asia and Africa.

毛宗武 2004 『瑤族勉語方言研究』北京: 民族出版社.

毛宗武 他 1982 『瑤族語言簡志』北京: 民族出版社.

Martin, P.S. 1967 Pleistocene overkill, in Martin & Wright (eds.) *Pleistocene extinctions: The search for a cause* (Yale University Press): 53-68.

Martin, P.S. & Klein R.G. (eds.) 1984 *Quaternary extinctions: A prehistoric revolution*. The University of Arizona Press.

Masica, D.P. 1991 *The Indo-Aryan languages*. Cambridge University Press.

Maslova, E. 2003 *Tundra Yukaghir* (Languages of the World/Material: 372). München: Lincom Europa.

Mastisoff, J.A. 1973/1982 *The grammar of Lahu*. California University Press.

Mastisoff, J.A. 1991 Sino-Tibetan linguistics. *Annual Review of Anthropology 20*.

松本克己 1987 「語順のタイプとその地理的分布」『文芸言語研究 言語編』(筑波大学) 12: 1-114.

松本克己 1987 「日本語の類型論的位置づけ：特に語順の特徴を中心に」月刊『言語』 16-7: 42-53(松本2006所収).

松本克己 1991 「主語について」『言語研究』100: 1-41(松本2006所収).

松本克己 1993 「「数」の文法化とその認知的基盤」月刊『言語』22-10: 36-43

松本克己 1994a 「日本語系統論の見直しー"マクロの歴史言語学からの提言"」『日本語論』Vol.2-11: 36-51(本書所収<第1章>).

松本克己 1994b 「日本語における動詞活用の起源」『語源探求』 4（東京:明治書院）: 102-126.

松本克己 1995a『古代日本語母音論ー上代特殊仮名遣の再解釈』東京:ひつじ書房.

松本克己 1995b「日本語。タミル語同系説に対する言語学的検証ー大野晋氏へのお答 えにかえて」『国文学　解釈と鑑賞』60巻 5 号: 185-192(本書所収<第 2 章>).

松本克己 1995c「一万年前の原日本語を探る」月刊『現代』(1995-2):226-230.

松本克己 1996「日本語の系統」諏訪春雄・川上奏編『日本人の出現ー胎動期の民族と 文化』（東京:雄山閣）: 135-166.

松本克己 1998a 「形容詞の品詞的タイプとその地理的分布」 月刊 『言語』 27-3: 18-25(松本2006所収).

松本克己 1998b「流音の品詞的タイプとその地理的分布ー日本語のラ行子音の人類言 語史的背景」『一般言語学論叢』1: 1-48(松本2006所収).

松本克己 1998c 「ユーラシアにおける母音調和の 2 つのタイプ」『言語研究』 114: 1-35(松本2006所収).

松本克己 1999「世界言語の数詞体系とその普遍的基盤」月刊『言語』28-10: 22-29 （松本2006所収).

松本克己 2000a 「日本語の系統と " ウラル・アルタイ説 " 」『日本エドワード・サピア 協会研究年報』14: 1-25(本書所収<第3章>).

松本克己 2000b「世界諸言語の類型地理と言語の遠い親族関係」遠藤光曉編『言語類 型地理論シンポシウム論文集』: 96-135(「中国における言語地理と人文・ 自然地理」7) 文部省科学研究費研究成果報告書 103.

松本克己 2000c「世界諸言語のキョウダイ名ーその多様性と普遍性」『一般言語学論叢』 3: 1-55(松本2006所収).

松本克己 2001「日本語の系統：回顧と展望」『言語研究』120: 89-96.

松本克己 2003「日本語の系統ー類型地理論的考察」『日本語系統論の現在』（国際日本 文化研究センター）: 41-129(本書所収<第4章>).

松本克己 2005a「新説・日本語系統論」月刊『言語』34-8: 14-23(本書所収<第5章>).

松本克己 2005b「日本語の系統ー類型地理論からのアプローチ」『世界の中の日本語』 （東京：朝倉書店）: 147-173.

松本克己 2006『世界言語への視座ー歴史言語学と言語類型論』東京: 三省堂.

松本克己 2007 「人称代名詞から探る言語の遠い親族関係ー環太平洋言語圏の輪郭」 *EX ORIENTE* 2007 大阪外国語大学言語社会学会 Vol.14: 327-367.

Matsumoto, K. 1992 Distributions and variations of word oreder: a typological and areal study, *KANSAI LINGUISTIC SOCIETY* 12: 155-164.

Mayr, E. 1963 *Animal species and evolution*. Harvard University Press.

Mayr, E. 1992 Speciational evolution or punctuated equilibria, in Somit, E. & Peterson, S. (eds.) *Dynamics of evolution*: 21-53.

McGregor, W. 1994 *Warrwa* (Languages of the World/Material: 89). München: Lincom Europa.

Meillet, A. 1925 *La méthode comparative en linguistique historique*. Oslo: Instituttet for Sammenlingnende Kulturforskning.

Merlan, F. 1982 *Mangarayi* (Lingua Descriptive Series). Amsterdam: North-Holland Publishing Company.

Merlan, F. 1994 *A grammar of Wardaman: A language of the Northern Territory of Australia*. Berlin: Mouton de Gruyter.

三上次男 1966『古代東北アジア史研究』東京: 吉川弘文堂.

宮岡伯人 (編)『北の言語：類型と歴史』東京: 三省堂.

宮良信詳 1995『南琉球八重山石垣方言の文法』東京: くろしお出版.

蒙朝吉 2001『瑤族布努語方言研究』北京: 民族出版社.

村山七郎 1961 「国語系統論・比較研究の歴史」 佐伯梅友編 『国語国文学研究史大成』 15 (東京: 三省堂).

村山七郎 1982『日本語タミル語起源説批判』東京: 三一書房.

Nagano, Y. 1984 *A historical study of rGyarong verb system*. Tokyo: Seishido.

Nagaraja, K.S. 1999 *Korku language: grammar, texts, and vocabulary*. Tokyo: Institute for the Study of Language and Cultures of Asia and Africa.

中村慎一 2002『稲の考古学』東京: 同成社.

中本正智 1981『図説琉球語辞典』東京: 力富書房金鶏社.

Nedjalkov, I. 1997 *Evenki*. London: Routledge.

Nei, M. 1995 The origin of human population: genetic, linguistic, and achaeological data, in Brenner & Hanihara (eds.): 71-91.

Nelson, S.M. 1993 *The archaelogy of Korea*. Cambridge University Press.

Ngom, F. 2003 *Wolof*. (Languages of the World/Material: 33). München: Lincom Europa.

倪大白 1990『侗台語概論』北京: 中央民族学院出版社.

Nichols, J. & Peterson, D.A. 1996 The Amerind personal pronouns, *Language* 72: 337-371.

Nishi, Y. 1995 A brief survey of the controversy in verb pronominalization in Tibeto-Burman, in Nishi et al. (eds.) 1-16.

Nishi, Y. et al. (eds.) 1995 *New horizons in Tibeto-Burman morphosyntax* (Senri Ethnological Studies no. 41). Osaka: National Museum of Ethnology.

Noonan, M. 1992 *A grammar of Lango.* Berlin: Mouton de Gruyter.

Norman, J. 1988 *Chinese.* Cambridge University Press.

Osada, T. 1992 *A reference grammar of Mundari.* Tokyo: Institute for the Study of Languages and Cultures of Asia and Africa.

Osborne, C.R. 1974 *The Tiwi language.* Canberra: Australian Institute of Aboriginal Studies.

大野晋 1995a「日本語とタミル語の関係 (145)」『国文学 解釈と鑑賞』60巻 2号.

大野晋 1995b「日本語とタミル語の関係 (148) － 松本克己氏のお返事に対して」『国文学 解釈と鑑賞』60巻 5号: 193-199.

大島稔 1992「類別詞のタイプ: 北アメリカ北西部を中心として」『宮岡 (編)』: 109-163.

Panfilov, V.Z. 1962/1965 *Grammatika Nivxskogo Jazyka, cast' 1 i cast' 2.* Moskva-Lengingrad: Akademii Nauk.

包爾漢 (主編) 1986『中国大百科全書・民族』北京/上海: 中国大百科全書出版社.

Pawley, A.K. 1972 On the internal relationships of Eastern Oceanic languages, in Green & Kelly (eds.) *Studies in Oceanic culture history 3.* Honolulu: 1-142.

Payne, D.L. (ed.) 1990 *Amazonian linguistics: Studies in Lowland American languages. Austin:* University of Texas Press.

Pedersen, H. 1931 *The discovery of language: Linguistic science in the 19th century.* Harvard University Press.

Perrot, J. (ed.) 1981 *Les langues dans le monde ancien et moderne, I - II: Les langues de l'Afrique subsaharienne, Pidgins et créoles.* Paris: Editions de CNRS.

Podmaskin, V.V. 1989 Problema etnogeneza Udegejcy. *in Problemy Istoriko-Kul'turnyx Zbjazej Narodov Dal'nego Vostoka.* Vladivostok.

Poppe, N. 1960 *Vergleichende Grammatik der altaischen Sprachen, Teil I, Vergleichende Lautlehre.* Wiesbaden: Harrassowitz.

Prasithrarhsint, A. 2000 Adjectives as verbs in Thai, *Linguistic Typoplogy* 4: 251-271.

Pritzker, B.M. 2000 *A Native American encyclopedia: History, culture, and peoples.* Oxford University Press.

布郎族簡史編写組 (編)『布郎族簡史』雲南人民出版社.

Pulleyblank, E.G. 1995 *Outline of classical Chinese grammar*. Vancouver: UBC Press.

Rabel, L. 1961 *Khasi, a language of Assam*. Lousiana State University Press.

Ramsey, S.R. 1987 *The language of China*. Princeton University Press.

Ramstedt, G.J. 1952-66 *Einführung in die altaische Sprachwissenschaft*. 3 Bde. Helsinki: Suomalais-Ugrilainen Seura.

Rask, R.K. 1818 *UndersØgelse om det gamle nordiske eller islandeske sprogs oprindelse*. Copenhagen.

Reh, M. 1996 *Anywa language*: Description and internal reconstruction. Köln: Rüdiger Köppe Verlag.

Roberts, J.R. 1987 *Amele*. London: Croom Helm.

Ross, M. 1995 Some current issues in Autoronesian linguistics, in Trion (ed.): 45-104.

Ruhlen, M. 1987 *A guide to the world's language*. Stanford University Press.

Sands, K. 1995 Nominal classification in Australia, *Anthropological Linguistics* 37: 247-346.

佐藤洋一郎 1996 『DNAが語る稲作文明』東京: NHK出版局.

佐藤洋一郎 2003 『イネの文明』東京: PHP研究所.

Schmidt, K.H. 1994 Class inflection and related categories in the Caucasus, in Aronson (ed.): 185-192.

Schmidt, W. 1926 *Die Sprachfamilien und Sprachkreise der Erde*. Heidelberg: Carl Winter Universitätsverlag.

Schulze, W. 1997 *Tsakhur* (Languages of the World/Material: 133). München: Lincom Europa.

Schurr, T.G. et al. 2000 Mitochondrial DNA and the peopleing of the new world - Where did they come from? *American Scientist*, 88.

Schurr, T.G. et al. 2004 Mitochondrial DNA and Y chromosome diversity and the peopleing of the Americas: Evolutionary and demographic evidence. *American Journal of Human Biology*, 16: 420-439.

Seiler, W. 1985 *Imonda, a Papuan language*. Canberra: Australian National University.

Serdjuchenko, G.P. (ed.) 1979 *Jazyki Azii i Afriki, III*. Moskva: Glavnaja Redakcija Vostochnoj Literatury.

Sharma, D.D. 1988 *A descriptive grammar of Kinnauri*. Delhi: Mittal Publications.

Sherzer, J. 1988 *An areal-typological study of American Indian languages north of Mexico*. Amsterdam: North-Holland Publishing Company.

Shopen, T. 1985 *Language typology and syntatic description*, 3 vols. Cambridge University Press.

白鳥庫吉 1970 「支那本土周囲諸民族」『白鳥庫吉全集』 4: 549-739.

朱乃誠 2005 「中国史前稲作農業概論」『農業考古』 2005/1.

Sinor, D. 1988 The problem of the Ural-Altaic relationship, in Sinor (ed.): 706-741.

Sinor, D. (ed.) 1988 *The Uralic languages: Description, history and foreign influences* (Handbuch der Orientalisik 8/1). Leiden: Brill.

Sneddon, J.N. 1996 *Indonesian: A comprehensive grammar*. London: Routledge.

Sohn, Ho-Min 1975 *Woleaian reference grammar*. Honolulu: University of Hawaii.

Sridhar, S.N. 1990 *Kannada* (Descriptive Grmmars). London: Routledge.

Startsev, A.F. 1989 Terminologija Rodstva Udegejcov, *in Problemy Istoriko-Kul'turnyx Zbjazej Narodov Dal'nego Vostoka*. Vladivostok.

Steever, S.B. (ed.) 1998 *The Dravidian languages*. London: Routledge.

Suárez, J.A. 1983 *The Mesoamerican Indian languages*. Cambridge University Press.

Suttles, W. (ed.) 1990 *Handbook of North American Indians, vol.7: Northwest Coast*. Washington: Smithsonian Institution.

鈴木朖 1824/1975 「言語四種論」『国語学大系』第1巻 東京: 国書刊行会.

Swadesh, M. 1955 Towards greater accuracy in lexicostatistic dating. *International Journal of American Linguistics*, 21: 121-137.

Swadesh, M. 1972 *What is glottochronology? The origin and diversification of languages*: 271-285. London: Routledge.

Skykes, B. 2001 *The seven daughters of Eve*. London: Norton & Company.

高橋盛孝 1932 『樺太ギリヤク語』東京: 朝日新聞社.

武内紹人 1990 「チベット語の述部における助動詞の機能とその発達課程」『アジアの諸言語と一般言語学』(崎山・佐藤編): 6-16.

田村宏 1980 「中期朝鮮語の語頭子音群の音韻論的性格」『言語研究』78: 36-54.

田村すず子 1971 「アイヌ語沙流方言の人称代名詞」『言語研究』59: 1-14.

Tamura, S. 2000 *The Ainu language*. Tokyo: Sanseido.

Taylor, Ch. 1985 *Nkore-Kiga*. London: Croom Helm.

Thomsen, M.-L. 1984 *The Sumerian language*. Copenhagen: Akademisk Gorlag.

Thorne, A.G. & Wolpoff, M.H. 1992 The multiregional evolution of humans. *Scientific American*, April 1992: 76-81.

田継周 1996 『先奏民族史』成都: 四川民族出版社.

Tischler, J. 1973 *Glottochronologie und Lexikostatistik*. Innsvruck: Institutfür Sprachwissenschaft der Universität.

Toppling, D.M. 1980 *Chamorro reference grammar*. Honolulu: Hawaii University Press.

Tozzer, A.M. 1921 *A Maya grammar: With bibliography and appraisement of the works noted*. Harvard University: Peabody Museum of American Archaeology and Ethnology.

Trask, R.L. 1997 *The history of Basque*. London: Routledge.

Trion, D.T. (ed.) 1995 *Comparative Autronesian dictionary: An introduction to Austronesian studies*. Berlin-New York: Mouton de Gruyter.

塚本勳 1998 「日本語と朝鮮語の系統 5」『日本語学』17-11: 71-79.

Uhlig, G. (ed.) 1883/1901 *Grammatici Graeci I: Dionysii Thracis Ars Grammatica*. Leipzig: Teubner.

梅原猛 他 2000 『長江文明の曙』東京: 角川書店.

梅原猛・安田喜憲 2004 『長江文明の探求』東京: 新思索社.

Underhill, P.A. et al. 1997 Current issues in Chinese neolithic archaeology, *Journal of World Prehistory* 11: 103-160.

Underhill, P.A. et al. 2000 Y chromosome sequence variation and the history of human populations, *Nature Genetics* 26: 358-361.

Underhill, P.A. et al. 2001 The phylogeography of Y chromosome binary haplotypes and the origins of modern human populations. *Annals of Human Genetics*. 65: 43-62.

Vajda, E.J. 2004 *Ket*. (Languages of the World/Material: 204). München: Lincom Europa.

van Eijk, J. 1997 *THe Lillooet language: Phonology, morphology, syntax*. Vancouver: UBC Press.

Voßen, R. 1997 *Die Khoe-Sprachen: Ein Beitrag zur Erforschung der Sprachgeschichte Afirkas*. Köln: Rüdiger Köppe.

佤族簡史編写組 (編) 1986 『佤族簡史』昆明: 雲南教育出版社.

Wang, Changsui 2003 The earliest writing? sign use in the seventh millennium BC at Jiahu, Henan Province, China. *Antiquity* March 1, 2003.

王補世 (主編) 1986 『苗語簡史』北京: 民族出版社.

王挺之·霍巍 (主編) 2002 『長江上遊文明的探索』成都: 巴蜀書社出版.

王文光 1999 『中国南方民族史』北京: 民族出版社.

Watkins, L.J. 1984 *A grammar of Kiowa*. University of Nebraska Press.

Wells, S. 2002 *The journey of man: a genetic Odyssey*. Princeton University Press.

Wells, S. 2006 *Deep ancestry - inside the Genographic Project*. Washington D.C.: National Geography.

Welmers, W.E. 1973 *African language structures*. University of California Press.

Werner, H. 1997 *Die ketische Sprache*. Wiesbaden: Harrassowitz Verlag.

Wiedemann, F.J. 1838 Ueber die früheren Sitze der tschudischen Völker und ihre Sprachverwandschaft mit den Völkern Mittehochasiens, *Einladung zur öffentlichen Prüfung im hiesigen Gymnasium am 27sten und 28sten Juni 1838 von dem Oberlehrere der griechischen Sprache F.J.Wiedemann*. Reval.

Wilson, A.C. et al. 1985 Mitochondrial DNA and two perspective on evolutionary genetics, *Biological Journal of the Linnean Society* 26:375-400.

Wilson, A.C., Cann, R.L. & Stoneking, M. 1997 Mitochondrial DNA and human evolution. *Nature* 325: 31-36.

Winkler, H. 1884 *Ural-altaische Völker und Sprachen*. Berlin.

Winkler, H. 1910 *Der Ural-altaische Sprachenstamm, das Finnische und das Japanische*. Berlin.

Wolfart, H.A. 1996 Sketch of Cree, an Algonquian language, in Goddard (ed.): 390-439.

伍新福·龍伯靈 1992 『苗族史』四川民族出版社.

Wurm, S.A. & Mühlhäusler, p. (eds.) 1985 *Handbook of Tok Pisin (New Guinea Pidgin)*. Canberra: The Australian National University.

謝蘊秋·李先緒 (編) 1999 『雲南境内的少數民族』北京: 民族出版社.

徐朝龍 1998 『長江文明の発見-中国古代の謎に迫る』東京: 角川書店.

徐朝龍 1999 『長江文明の謎-古代「蜀」王国の遺宝』東京: 双葉社.

山本秀樹 1998 「世界諸言語における語順の地理的分布の変遷」『一般言語学論叢』1: 49-72.

山本秀樹 2003 『世界諸言語の地理的·系統論的分布とその変遷』広島: 溪水社.

柳田國男 1961/1978 『海上の道』(岩波文庫) 東京: 岩波書店.

楊建新 1988 『中国北西少數民族史』寧夏人民出版社.

瑤族簡史編写組（編）1983『瑤族簡史』広西民族出版社.

尤中（編著）1982『南西民族史論集』昆明: 雲南教育出版社.

喩翠容・羅美珍 1980『傣語簡史』北京: 民族出版社.

Zuniga, F. 2000 *Mapudungun* (Languages of the World/Material: 376). München: Lincom Europa.

Zvelebil, K.V. 1990 *Dravidian linguistics: an introduction.* Pondicherry: Institute of Linguistics.

저자 후기

　이 책은 지금까지 필자가 탐구해 온 일본어의 계통에 관한 논고들 중 주요한 것들만을 가려 한 권의 책으로 묶은 것이다.

　백 년이 지나도 아직 해결되지 않은 상태로 남아 있는 이 문제에 대하여 필자가 처음으로 정면으로 맞서게 된 것은, 지금으로부터 10여 년 전 『日本語論』의 「일본어의 기원을 찾는다」라는 제목의 특집호(1994년 11호)에 투고를 하고부터다. 본서의 제1장에 실린 「일본어 계통론 다시 보기」라는 시론이 바로 그것인데, 그 후 필자의 일본어 계통 탐구의 원점이 되었다고 할 수 있다. 부제로 제시한 '거시 역사언어학'이라는 조금 귀에 익숙하지 않은 표현에 담긴 것은, 계통 불명으로 여겨 온 일본어 등과 같은 언어의 기원을 탐색하기 위해서는 지금까지 상투적으로 적용해 왔던 고전적 의미의 역사·비교언어학의 방법과는 다른 접근 방법, 일본어와 그 주변 언어들뿐 아니라 유라시아와 유라시아를 넘어선 세계 여러 언어 전체를 시야에 넣은 좀 더 '거시적'인 접근 방법이 필요하다는 생각했기 때문이다. 이 책의 제목을 『언어지리유형론과 환태평양 언어권(원제 : 世界言語の中の日本語)』라고 한 이유도 바로 거기에 있다.

　이 시론에서 제안한 일본어 계통론에 대한 스케치는 바로 '언어유형지리론'적 접근 방법이라는 형태로 차츰차츰 그 모습을 갖추게 되어, 그 후 전 세계적인 규모에서 유음이나 형용사의 유형, 명사의 분류 특징 등 일본어의 기본적인 성격을 결정한다고 여겨지는 몇몇 유형적 특징에 대한 자료를 수집하고 조사를 진행했다. 그 대부분은 지금까지 언어유형론 혹은 언어계통론에서 거의 주목을 받지 못했던 언어 현상들이다. 바닥의 깊이를 알 수 없는 이러한 연구의 일부는 때때로 개별적인 형태로도 발표되기도 했지만,

궤를 같이 하는 일련의 고찰들을 최종적인 형태로 정리하여 발표한 것이
본서의 4장에 실린 「유형지리론으로 탐구하는 언어의 먼 친족 관계－태평
양 연안 언어권과 환동해·일본해제어」이다. 이것은 원래 「일본어의 계통
－유형지리론적 고찰」이라는 제목으로 국제일본문화연구센터의 일본어 계
통론에 관한 공동 연구(보빈·나가타(長田) 대표, 2001~2002)에 초대 받
아 '초대 연설자'로서 구두 발표를 한 후에 『일본어 계통론의 현재』(日文研
叢書 31, 2003)의 일부로 출판된 것이다. 본서 안에서도 다른 부분과 균형
이 잘 맞지 않는 장대한 장이 되었지만, 동시에 필자의 일본어 계통론에서
가장 중요한 부분이라고도 할 수 있겠다.

　한편, 본서의 제2장에 실린 「일본어·타밀어 동계설 비판」은, 앞서 서술
한 『日本語論』의 특집호에 오노(大野)의 주장과 동시에 게재된 것이 계기가
되어 다음해(1995)의 『국문학 해석과 감상』이라는 학술지에서 약간 논쟁
적으로 응수한 것이다. 단, 이 장의 후반부(「다시 일본어·타밀어 동계설을
검증한다」)는 사정이 있어서 출판하지 못한 채 있었던 것을 이번 기회에
다시 수록하였다. 오노의 학설에 대한 비판 자체는 30년 전의 「상대어 모
음 논쟁」(松本, 1995a 참조)의 경우와 달리 필자의 일본어 계통론 탐구 안
에서 겸사겸사 곁다리로 이루어진 것에 지나지 않는다. 그러나 전문적인
언어학자들 사이에서는 이미 엉터리로 결론이 난 오노설이 일반인들 사이
에서는 아직도 호응을 얻고 있는 것을 보고 감히 10년 전의 원고를 다시
꺼내어 수록한 것이다.

　다음으로 제3장의 「일본어의 계통과 '우랄-알타이'적 특징」도 약간 예비
적인 성격의 것인데, 여기서 제시한 (우랄) 알타이설에 대한 비판은 필자의
일본어 계통론이 가지는 중요한 기둥 중의 하나이다. 일본어를 포함하여
유라시아 언어들의 정확한 계통 관계를 수립하기 위해서는, 알타이제어의
위치를 제대로 세우는 것이 특히 중요하다. '환태평양 연안 언어권'과 대치
하는 '유라시아 내륙 언어권'(의 중앙부, 별칭 '유로-알타이제어')이라는 이

책의 제안이 그대로 받아들여질지는 앞으로 전문가들의 검토를 맡기도록 하자.

제5장에 수록한 「신설 일본어 계통론」은 이 책에서 가장 짧은 글로, 원래 월간『言語』(2005년 8월호)에 기고한 것이다. 앞선『日文研叢書』에 실린 졸고(제4장)의 내용을 일반 독자들을 위해 알기 쉽게 요약해 달라는 편집부의 요구에 따라 쓴 것으로, 제목도 미리 주어진 것이다. 내용적으로 특별히 새로운 논의를 하고 있는 것은 아니지만, 필자가 원래 주장하던 것을 간단히 정리함과 동시에 '유로-알타이형'과 '태평양 연안형'이라는 두 가지 인칭대명사의 분포 양상을 개략적으로 서술하고 있어, 바로 뒤에 이어지는 제6장으로 원활히 넘어갈 수 있게 해 주는 역할도 하고 있다.

본서의 마지막을 차지하고 있는 제6장 「환태평양 언어권의 윤곽―인칭대명사로 검증하기」와 제7장 「태평양 연안 언어권의 선사 탐구」는 2006년 여름(오사카외국어대학)과 가을(일본언어학회 제133회 학술대회)에 이루어진 강연 원고를 이 책에 싣기 위하여 대폭 수정한 것이다. 읽는이의 편의를 위하여 두 개의 장으로 나누었다.

여기서 다루고 있는 인칭대명사는, 지금까지 다루어 온 유형적 특징과는 매우 다른 구체적인 언어 현상이다. 제4장에서 다룬 인칭대명사 1인칭 복수의 '제외형'과 '포함형'의 구분과 관련한 세계 여러 언어들의 데이터를 수집하는 중 언어의 먼 친족 관계를 탐구하는 데 있어서 인칭대명사가 결정적으로 중요한 역할을 담당하는 것 같다는 생각이 분명해졌다. 종래의 언어계통론에서 이 현상을 그다지 중요하게 생각하지 않았던 것은, 아마 서양 전통문법이 가지고 있던 인칭대명사의 전체 틀에 문제가 있었기 때문이다.

이 책의 제1장에서 살펴본 바와 같이, 당초에는 아주 희미한 모습에 지나지 않았던 '환태평양 언어권'의 윤곽이 인칭대명사라는 구체적인 현상을 통해 살펴보면 당초 예상했던 것보다 훨씬 더 선명한 형태로 떠오르게 된다. 이것은 지금까지 도달한 결론을 단순히 보강하는 데 그치지 않는다. 이것을 실마리로 삼으면, 일본어 계통론의 경계를 뛰어넘어 세계 언어 전체의 계통 분류와 인류 언어사의 재건도 반드시 불가능한 기획이 아니라 앞으로 반드시 이루어야 하는 중요한 검토 과제 중 하나가 될 수 있을 것이다.

이 책을 마무리하는 제7장은, 필자가 전공으로 하는 언어학의 영역을 넘어 역사·고고학·인류학 등의 분야에까지 용감히 발을 내딛는 논의가 되었다. 중국 대륙의 역사를 전통적인 정사(正史)의 입장이 아니라 '동이'·'남만'·'서융'·'북적' 등으로 불려온 비한족의 측면에서 다시 살펴보고자 하는 의도가 담겨 있지만, 선무당이 사람 잡는 격으로 경거망동하여 무모한 일을 벌였다는 비판을 받을까 두렵지 않은 것도 아니다. 전문가들의 따끔한 비판과 올바른 가르침을 부탁드린다.

그리고 마지막으로 다시 한번 다루고 있는 한어(漢語)의 위치와 관련한 문제는, 앞서 서술한 알타이제어의 문제와 함께 필자의 일본어 계통설을 측면에서 지지해 주는 또 하나의 중요한 기둥이 된다. 한어를 티베트-버마계(서융)의 언어와 태평양 연안계(동이)의 언어의 접촉으로 생겨난 일종의 혼합어라고 보는 것이, 필자가 몇 해 전부터 쭉 가지고 있던 지론이다. 이것은 '한장대어족(漢藏大語族)'의 환영(幻影)에서 먀오-야오제어와 따이까다이제어를 해방시키는 입장과 불가분의 관계에 있다. 이 점을 모호한 상태로 방치해 두는 한, 유라시아 여러 언어들의 계통 관계는 정확하게 파악할 수 없을 것이다.

이 책에서 제안한 '환동해·일본해제어'와 그 연장선에 있는 '태평양 연안 언어권'이라는 구도에서 이끌어 낼 수 있는 더욱 중요한 논점은, 일본어를 포함한 이들 언어와 아메리카 선주민들의 여러 언어들이 계통적으로 연결되어 있다는 점이다. 필자가 알고 있는 한, 지금까지 국내외를 불문하고 일본어의 기원과 계통을 둘러싼 논의에서 아메리카 선주민 언어를 염두에 둔

시도는 아직 없었다. 그런 의미에서 아메리카 대륙의 태평양 연안부까지를 포함하는 '환태평양 언어권'이라는 구상은, 대부분의 독자들에게 적어도 지금 당장은 다소 기괴하고 돌출적인 공상처럼 들릴지도 모르겠다. 그러나 이 생각은, 결코 필자의 단순한 착상이나 독단에서 만들어 낸 것이 아니라 언어학적으로 충분히 깊이 있는 사고와 검증 절차를 거친 후에 필연적으로 이끌어 낸 결론이다. 그 논증 절차는 이 책을 정독해 보면 누구나 쉽게 그 과정을 따라 밟아볼 수 있을 것이다.

이 책에서 제시한 '신설 일본어 계통론'의 전체상이 앞으로 어떠한 형태로 받아들여질지, 모두 독자들의 판단에 따르겠다. 어찌 됐든 지금까지 출구도 없이 막다른 골목에 빠진 채 침체를 거듭해 왔던 일본어의 기원과 계통론이, 이 책을 통해 새로운 전망과 지평을 열고 본래의 모습으로 다시 태어나는 계기가 된다면 저자로서 이보다 더한 기쁨은 없을 것이다.

마지막으로 이 책이 이와 같은 형태로 출판된 데에는 작년의 『世界言語への視座』에 이어 산세이도(三省堂) 출판국 여러분의 이해와 지지, 특히 야나기 유리(柳白合) 씨의 열정적인 조력이 있었기 때문이다. 또 이 책의 텍스트 조판 작성은, 지난번과 동일하게 도쿄서적인쇄의 고바야시(小林) 씨가 수고해 주셨다. 이 자리를 빌려 진심으로 감사의 인사를 드리고 싶다. 또한 수고스러운 교정 작업을 선뜻 도와 주신 히로사키대학(弘前大學)의 야마모토 히데키(山本秀樹) 선생님과 야마구치대학(山口大學)의 이누이 히데유키(乾秀行) 선생님에게도 이 자리를 빌려 감사의 뜻을 표한다.

2007년 10월
마쓰모토 가쓰미(松本克己)

이 부록은 본문의 내용에 대한 독자들의 이해를 돕기 위하여 옮긴이가 작성한 것이다. 이것을 작성하는 데는 위키피디아 영어판·일본어판·한국어판, 네이버에서 제공하는 두산백과사전, 일본 산세이도(三省堂)의 『言語學大辭典』 등을 참고하였다. 여기에 잘못된 내용이 있다면 전적으로 옮긴이에게 책임이 있음을 밝혀 둔다.

- 가흐리어(Gahri language) → 부난어(Bunan language)
- 게르만제어(Germanic languages) : 인도유럽어족의 하위 분류로, 독일어·영어·네덜란드어 등이 포함된다.
- 고(古)시베리아제어(Paleosiberian languages) : 시베리아와 그 주변 지역의 언어들을 편의상 함께 일컫는 말. 예니세이제어(Yeniseian languages)·유카기르제어(Yukaghir languages)·축치캄차카제어(Chukchi-Kamchatkan languages) 등이 포함된다.
- 고트어(Gothic languages) : 서고트인들의 언어. 동게르만어군에 속한다. 현재는 소멸되어 쓰이지 않는다.
- 골드어(Gold language) → 나나이어(Nanai language)
- 구르제어(Gur languages) : 아프리카의 시에라리온과 서부 사바나 지역에서 사용하는 70여 개의 언어들. 니제르-콩고어족에 속한다.
- 구무즈어(Gumuz language) : 아프리카의 에티오피아와 수단의 경계 지역에서 사용하는 언어.
- 구자라티어(Gujarati language) : 인도의 구자라트 주(Gujarat 州)의 공용어 중 하나. 인도유럽어족의 인도아리아어군에 속한다.
- 굼바인개르어(Gumbainggar language) : 오스트레일리아의 뉴사우스웨일즈(New South Wales) 지역에서 사용하였던 선주민 언어.
- 그루지야어(Gruziya language) → 조지아어(Georgian language)

- 길랴크어(Gilyak language) : 사할린 및 아무르강 하류 지역에서 사용하는 언어. 니브흐어(Nivkh language)라고도 한다. 어순은 SOV형이고, 형태적으로는 교착어에 속한다. 축치어와 함께 고시베리아제어에 포함시키는 경우가 많으나 아직 그 계통은 명확하지 않다.

- 나나이어(Nanai language) : 아무르강 유역에서 사용하는 언어. 알타이어족의 만주·퉁구스어군에 속한다. 골드어(Gold language)라고도 한다.

- 나-데네어족(Na-Dene languages) : 북미 대륙의 북부 지역의 '아한대(亞寒帶, Subarctic)을 중심으로 분포하는 아사바스카어족과, 북미 북서 해안의 계통적으로 고립되어 있는 이야크어·하이다어·틀링깃어를 추가한 어족. 엄밀한 계통적 단위로서는 아사바스카어족이라고 하는 편이 더 적절할지도 모르지만, 이 책에서는 아사바스카 또는 나-데네라는 명칭을 엄밀하게 구분하지 않고 편의적으로 사용하고 있다.

- 나마어(Nama language) → 호텐토트어(Hottentot language)

- 나와트(Nawat language) → 피필어(Pipil language)

- 나우아틀어(Nahuatl language) : 멕시코·엘살바도르·미국 등지에 흩어져 살고 있는 나우아인들의 언어. 유토-아즈텍제어에 속하며, 현재 약 150만 명 정도가 사용하고 있다.

- 나일-사하라제어(Nilo-Saharan languages) : 아프리카의 샤리강과 나일강 상류 지역에서 주로 사용하는 언어들.

- 나할리어(Nahali language) : 인도 중서부의 마디야 프레데시 주(Madhya Predesh 州)와 마하라쉬트라 주(Maharashtra 州)에서 사용하는 언어. 칼토어(Kalto language)라고도 한다. 사용자 수는 약 5천 명 정도이다. 인도제어나 드라비다어족, 문다제어 등에서 차용한 어휘가 많으나 계통적으로 고립된 언어이다.

- 난디어(Naandi language) : 아프리카의 케냐에서 사용하는 언어. 나일-사하라어족의 남부 나일제어에 속한다.

- 남빅와라제어(Nambikwaran languges) : 남미 브라질의 마투그로수 주(Mato Grosso 州)에서만 사용하는 여섯 개의 언어들.

- 네기달어(Negidal language) : 러시아 극동의 아무르 강을 따라 하바롭스키 등지에서 사용하는 언어. 에벵키어·에반어 등과 함께 북방계 퉁구스제어에 속한다.

- 네와르어(Newary language) : 네팔에서 사용하는 언어 중 하나. 네팔 바사어라고

도 하지만 네팔어와는 다른 언어이다. 시노-티베트어족에 속하지만 오랫동안 인도유럽어족의 영향을 받아 와 어휘는 물론 문법적인 특징까지도 인도유럽어적인 모습을 보인다.

- 네즈퍼스어(Nez Perce language) : 현재 북아메리카 서부의 태평양 연안에서 1,000km 정도 안쪽에 있는 아이다호 주·워싱턴 주·오레곤 주의 경계 지역에서 살아온 네즈퍼스인들의 언어. 현재 네즈퍼스인들의 인구 약 2천 명 정도로 알려져 있으나 실제로 네즈퍼스어를 구사할 수 있는 인구는 1/10에 불과하다고 한다. 靑木晴夫(1970)의 『네즈퍼스 문법』(캘리포니아 대학)에 따르면, 네즈퍼스어에도 모음조화 현상이 있다고 한다.
- 넹고네어(Nengone language) : 뉴칼레도니아(New Caledonia)의 로얄티섬 (Loyalty Islands)에서 사용하는 언어. 오스트로네시아어족에 속한다.
- 녹테어(Nocte language) : 인도 북동부에서 사용하는 언어. 시노-티베트어족에 속한다.
- 녹텐어(Nocten language) : 아르헨티나와 볼리비아 등지에서 사용하는 언어. 마타코제어(Matacoan languages)에 속한다.
- 뉴믹어(Numic language) → 체메웨비어(Chemehuevi language)
- 니망어(Nyimang language) : 아프리카의 수단 남부에서 사용하는 언어. 나일-사하라어족에 속한다.
- 니브흐어(Nivkh language) → 길랴크어(Gilyak language)
- 니제르-콩고어족(Niger-Congo languages) : 세계의 주요 대어족 중의 하나로, 아프리카 서부에서 나이지리아를 거쳐 아프리카 대륙의 남단에까지 이르는 광대한 지역에서 사용하는 대언어군. 사용 지역과 화자 수, 개별 언어의 개수 등에서 아프리카 최대 어족이다.
- 다구르어(Dagur language) : 현대 몽골어계 방언의 하나. 중국의 옛 만주 지역의 중국령 몽고자치구(蒙古自治區) 후룬베이얼멍(呼倫貝爾盟) 지역에서 사용하는 언어. 몽고계 여러 언어들 중에서 특히 중세적인 고풍스러운 특징을 지니고 있다는 점에서 몽고계 언어 연구에 매우 귀중한 자료가 된다. 다푸르어(Daghur language) 또는 다우르어(Daur language)라고도 한다.
- 다게스탄제어(Dagestan languages) : 러시아 남부의 카스피해 연안 서쪽에서 사용하는 언어들.

■ 다니어(Dani language) : 파푸아뉴기니의 파푸아 주(Papua 州) 고지대에 사는 다니인들과 그 관련 부족들의 언어.

■ 다르기어(Dargin language) : 러시아의 다게스탄 공화국 서부에 사는 다르기인들의 언어. 세 개의 방언이 있고, 키릴문자를 사용한다.

■ 다우르어(Daur language) → 다구르어(Dagur language)

■ 다푸르어(Daghur language) → 다구르어(Dagur language)

■ 다칼리어(Thakali languages) : 네팔의 미아그디(Myagdi) 지역과 무스탕(Mustang) 지역에서 사용하는 언어. 티베트-버마제어에 속한다.

■ 다코타어(Dakota language) : 미국의 다코타 주・네브라스카 주・미네소타 주 등지에 거주했던 다코타인들의 언어. 수어족(Siouan language)에 속한다.

■ 드라비다어족(Dravidian languages) : 인도 남부와 스리랑카 지역의 여러 언어들을 포함하는 어족. 인도 남부나 스리랑카뿐 아니라 파키스탄・네팔・인도의 동부와 중부・아프가니스탄 등지에도 분포한다.

■ 디에게뇨어(Dieguño language) : 미국의 샌디에고 서부에서 사용하였던 아메리카 선주민 언어. 현재 사용자 수는 약 50명 정도로(1994년), 소멸 위기에 처해 있다. 유마제어에 속한다.

■ 디야리어(Diyari language) : 오스트레일리라 남부에서 사용하는 선주민 언어.

■ 디지어(Dizin language) : 아프리카의 에티오피아 남서부에 위치한 남부국가민족 주(Southern Nations, Nationalities, and People's Region)의 마지(Maji) 지역에 사는 디지인들의 언어. 아프로-아시아어족의 오모어파에 속한다.

■ 따이까다이제어(Tai-Kadai languages) : 동남아시아와 중국 남부에서 사용하는 여러 언어들의 집합. 예전에는 시노-티베트어족의 일부로 여겨졌으나, 지금은 독립된 어족으로 분류한다. 대표적인 언어로는 태국어・라오어 등이 있고, 그 외에도 다수의 소수 민족 언어가 있다.

■ 라오어(Lao language) : 라오스의 공용어. 언어학적으로 보면 태국어와 방언 연속체 혹은 동일 언어의 지역적 변종 관계에 있다고 할 수 있어 라오스 화자와 태국어 화자는 상당 부분 의사소통이 가능하다.

■ 라자스타니어(Rajasthani language) : 인도의 라자스탄 주(Rajasthan 州)와 그 접경 지역, 그리고 파키스탄의 신드 주(Sindh 州)와 펀자브 주(Punjab 州)에서 사용하는 언어. 인도유럽어족의 인도어파에 속하며, 힌디어의 방언으로 간주되

기도 한다.

■ 라마어(Rama language) : 중미 니카라과의 대서양 연안부에서 사용하는 선주민 언어. 치브차제어에 속한다.

■ 라즈어(Laz language) : 흑해 남동부 해안에 사는 라즈인들의 언어. 남부캅카스제 어에 속한다.

■ 라칸돈어(Lcacandon language) : 멕시코의 치아파스 주(Chiapas 州)에 사는 라칸돈인들의 언어. 마야제어에 속하고, 사용자는 약 천 명 정도라고 한다.

■ 라코타어(Lakota language) : 수족(Sioux people)이라고 불리는 북아메리카 선주민인 라코타인들의 언어. 그 중에서도 테론-수족이 사용하는 서부 방언을 일컫는다.

■ 라쿠아어(Laqua language) : 베트남 북부와 중국의 윈난성에 사는 콰비아오인들(Qabio people)의 언어. 따이-까다이어족에 속한다. 콰비아어(Qabiao language)라고도 한다.

■ 라트비아어(Latvian language) : 라트비아(Latvia)에서 사용하는 언어. 리투아니아어와 함께 인도유럽어족의 발트제어에 속한다.

■ 라파누이어(Rapa Nui language) : 이스터섬(Easter island)의 선주민인 라파누이인들의 언어. 동폴리네시아제어에 속한다.

■ 라후어(Lahu language) : 중국 윈난성의 라캉라후족 자치현의 공용어. 시노-티베트어족에 속한다. 중국 이외에도 태국·미얀마·라오스 등지에서 사용된다. 형태적으로는 고립어에 속하고, 어순은 SOV이며, 7개의 성조를 가지고 있다.

■ 락키아어(Lakkia language) : 중국 광시성 중앙부와 동부에 사는 락키아인들의 언어. 따이-까다이어족에 속한다.

■ 랑수어(Langsu language) → 마루어(Maru language)

■ 랍프어(Lapp language) : 북유럽에 사는 사미인들(Sami people)의 언어. 우랄어족에 속하고, 사미어(Sami language)라고도 한다.

■ 랑고어(Lango language) : 아프리카 우간다에 사는 랑기인들(Langi people)의 언어. 나일-사하라어족에 속한다.

■ 레워어(Lango language) : 오세아니아의 바누아투(Vanuatu)의 에피섬(Epi island)에서 사용하는 언어. 오세아니아제어에 속한다.

■ 레투아라어(Letuara language) : 콜롬비아에서 사용하는 선주민 언어. 투카노제어

에 속한다. 레투아마어(Letuama language)라고도 한다.

■ 레투아마어(Letuama language) → 레투아라어(Letuara language)

■ 레즈기어(Lezgian language) : 러시아의 다게스탄 공화국과 아제르바이잔 북부에 거주하는 레즈기인들의 언어. 북동캅카스제어에 속한다.

■ 렘바룽가어(Rembarunga language) : 오스트레일리아 북부의 로퍼강(Roper River) 유역에서 사용하는 선주민 언어. 북부의 비(非)파마늉간제어에 속한다.

■ 로망스제어(Romanace languages) : 인도유럽어족에서 가장 큰 언어군 중 하나. 라틴어 구어인 소위 통속 라틴어에서 기원한 여러 언어들을 한데 일컫는다. 현재 아프리카・아메리카・유럽 등지에서 6억여 명이 쓰고 있다.

■ 로인지어(Roinji language) : 파푸아뉴기니 북부에서 사용하는 언어. 오스트로네시안제어에 속한다.

■ 로코노어(Lokono language) → 아라와크어(Arawak language)

■ 로투코어(Lotuko language) : 남수단 동부의 적도 부근에 사는 로투코족의 언어. 동부 나일제어에 속하고, 여러 방언들이 있다. 화자 수는 약 19만 명 정도.

■ 롤로-버마제어(Lolo-Burmese languages) : 시노-티베트어족의 티베트-버마어군에 속한다. 버마어나 롤로어 등이 포함된다.

■ 루비아어(Luvian language) : 히타이트 서남부의 아르자와인들(Arzawa people) 의 언어. 인도유럽어족의 아나톨리아어군에 속하며, 히타이트어와 밀접한 관련이 있다고 여겨진다. 루위아어(Luwian language)라고도 한다.

■ 루마니아어(Romanian language) : 동유럽의 루마니아와 그 인접국 일부에서 쓰이는 언어. 인도유럽어족의 로망스제어에 속한다.

■ 루이세뇨어(Luiseño language) : 미국의 캘리포니아 남부에서 사용하였던 아메리카 선주민 언어. 유토-아즈텍제어에 속한다. 2007년 조사에 따르면 현재 5명의 화자가 남아있어 소멸 위기에 처해 있다.

■ 루위아어(Luwian language) → 루비아어(Luvian language)

■ 루카이어(Rukai language) : 대만에 사는 루카이인들의 언어. 오스트로네시아어족에 속한다.

■ 루툴어(Rutul language) : 러시아의 다게스탄 공화국과 아제르바이잔의 일부에 거주하는 루툴인들의 언어. 북동캅카스제어에 속한다.

■ 르하오-보어(Lhao-Vo language) → 마루어(Maru language)

■ 리구리어(Liguri language) : 아프리카 수단 남부에서 사용하는 언어. 나일-사하라 어족에 속한다.

■ 리수어(Lisu language) : 중국의 윈난성과 미얀마 북부, 태국 및 인도의 일부 지역에 거주하는 리수인들의 언어. 시노-티베트어족에 속한다.

■ 리앙어(Liang language) : 중국의 쓰촨성 남부와 윈난성 북부에서 사용하는 언어. 시노-티베트어족의 롤로버마제어에 속한다.

■ 리어(Li language) : 중국의 하이난성(海南省)에 사는 리인들의 언어. 따이-까다이 어족에 속한다.

■ 릴루엣어(Lillooet language) : 캐나다의 브리티시 콜롬비아 주 서쪽에서 사용하는 아메리카 선주민 언어. 살리시제어에 속한다. 2011년 조사에 따르면 약 310명의 사용자가 있다고 한다.

■ 림부어(Limbu language) : 네팔·부탄·시킴·캬슈미르·인도 서벵골의 다즐링 등지에 사는 림부인들의 언어. 시노-티베트어족에 속한다.

■ 마니푸르어(Manipur language) : 인도의 마니푸르 주(Manipur 州)의 공용어. 시노-티베트어족에 속하고, 메이테이어(Meithei language)라고도 부른다.

■ 마두라어(Madurese language) : 인도네시아의 자바섬 동부와 마두라섬(Madura island) 등지에 사는 마두라인들의 언어. 사용자 수는 약 1,360만 명이다. 문법적으로 자바어에 가깝고 경어법이나 어휘의 사용 양상 등도 자바어와 유사하다.

■ 마라티어(Marathi language) : 인도의 마하라슈트라 주(Maharashtra 州)의 공용어. 인도유럽어족에 속한다.

■ 마루어(Maru language) : 미얀마에서 사용하는 언어. 롤로-버마제어에 속한다. 미얀마 이외에 중국에서 수천 명의 화자가 있다고 하고, 중국에서는 르하오-보어(Lhao-Vo language) 또는 랑수어(Langsu language)라고도 불린다.

■ 마르기어(Margi language) : 아프리카 나이지리아에서 사용되는 언어. 아프로-아시아어족의 차드제어에 속한다.

■ 마리어(Mari language) : 러시아의 마리엘 공화국(Mari El Republic)의 공용어. 핀-우그리아어파의 모르드빈제어에 속한다. 체레미스어(Cheremis language)라고도 한다.

■ 마리코파어(Maricopa language) : 미국 애리조나 주에 거주하는 마리코파인들의 언어. 2007년 조사에 따르면 사용자 수는 100명 안팎으로 소멸 위기에 처해 있

다. 유마제어에 속한다.

■ 마사이어(Maasai language) : 아프리카의 케냐 남부와 탄자니아 북부에 사는 마사이인들의 언어. 나일-사하라어족의 동부 나일제어에 속한다.

■ 마셜어(Marshallese language) : 마셜제도 공화국(Republic of the Marshall Islands)의 공용어. 오스트로네시아어족에 속한다.

■ 마야제어(Mayan languages) : 메소아메리카와 북부 중앙아메리카에 사는 마야인들의 언어. 주로 과테말라·멕시코·벨리즈·온두라스 등지에서 약 300만여 명이 사용하고 있다. 1986년 과테말라에서는 21개의 마야계 언어가 있음을 밝혔고, 멕시코는 현재 5개의 마야계 언어를 인정하고 있다.

■ 마이두어(Maidu language) : 미국 캘리포니아 주에서 살았던 아메리카 선주민인 마이두인들의 언어. 현재는 사용자가 없어 소멸하였다.

■ 마이푸레어(Maipure language) : 베네수엘라의 오리노코강(Orinoco River) 유역의 링구아프랑카(lingua franca)로 사용하였던 언어. 18세기 후반에 소멸하였다.

■ 마타코-과이쿠루제어(Mataco-Guaicuran languages) : 남미의 아르헨티나 북부와 파라과이 서부, 그리고 볼리비아 남동부에 분포하는 언어군.

■ 마푸둥군어(Mapudungun language) : 남미의 칠레 중부와 아르헨티나 중서부에 사는 마푸체인들(Mapuche people)의 언어. 약 24만 명의 화자가 있다. 마푸둥구어(Mapudungu language) 또는 아라우카노어(Araucan language)라고도 한다. 계통적으로 고립된 언어이다.

■ 만데제어(Mande languages) : 아프리카 서부의 가나·기니·나이지리아·라이베리아·말리·부르카나파소·세네갈·시에라리온·코트디부아르 등에 사는 만데인들의 언어. 니제르-콩고어족에 속한다.

■ 만차드어(Manchad language) : 인도의 히마찰프라디시 주(Himachal Pradish 州)에서 사용하는 언어. 팟타니어(Pattani language)라고도 부른다. 시노-티베트어족에 속한다.

■ 말라가시어(Malagasy language) : 마다가스카르의 공용어. 아프리카에서 유일하게 오스트로네시아어족에 속한다. 오래전에 선조들이 인도네시아에서 건너왔다는 설이 있다. 계통적으로 인도네시아어나 말레이어와 매우 가깝다고 여겨진다.

■ 말레이어(Malay language) → 멜라유어(Melayu language)

▪ 말토어(Malto language) : 주로 인도 동부에서 사용하는 언어. 북드라비다제어에 속한다.

▪ 맘어(Mam language) : 멕시코의 치아파스 주와 콰테말라에서 사용하는 언어. 마야제어에 속하며, 50만 명에 가까운 사용자를 가지고 있다.

▪ 망가라이어(Manggarainese language) : 인도네시아의 플로레스섬(Flores island) 서부에 사는 망가라이인들의 언어. 오스트로네시아어족에 속한다.

▪ 매크로-제제어(Macro-Jê languages) : 남미 중동부에서 사용하는 중간 규모의 언어군.

▪ 먀오-야오제어(Miao-Yao languages) : 라오스 북부에서 중국의 윈난·후난·광시·구이저우·광둥 등의 여러 성에 분포하는 소수 민족들의 언어. 먀오어·취라오어·쇼어·야오어 등이 포함된다.

▪ 메이테이어(Meithei language) → 마니푸르어(Manipur language)

▪ 메케오어(Mekeo language) : 파푸아 뉴기니의 센트럴 주(Central Province)에 사는 메케오인들의 언어. 오스트로네이아어족의 오세아니아제어(Oceanic languages)에 속한다.

▪ 멜라유어(Melayu language) : 말레이반도에 사는 말레이인들의 언어. 말레이어 (Malay language)라고도 한다. 인도네시아·말레이시아·브루나이·싱가포르의 공용어이다. 오스트로네시아어족에 속한다. 인도네시아에서는 별도의 기준을 삼아 인도네시아어라는 이름을 붙이고 있으나 대부분의 언어학자들은 이 둘을 근본적으로 동일한 언어라고 본다.

▪ 모르도바어(Mordovinic language) : 러시아의 볼가강 중류에 사는 모르도바인들의 언어. 우랄어족의 핀우그리아제어에 속한다.

▪ 모킬어(Mokilese language) : 미크로네시아의 캐롤라인제도의 산호섬인 모킬 아톨 (Mokil Atoll) 등에서 사용하는 언어. 오스트로네시아어족에 속한다.

▪ 모투어(Motu language) : 파푸아뉴기니의 센트럴 주(Central Province)에 사는 모투인들의 언어. 오스트로네이아어족의 오세아니아제어에 속한다.

▪ 모하베어(Mohave language) : 미국 캘리포니아 동부의 콜로라도강 주변과 애리조나 북서부, 네바다 남서부에 거주하는 모하베인들의 언어. 유마제어에 속한다. 2007년 조사에서 100명 정도의 사용자밖에 남아 있지 않은 것으로 알려져 있다.

▪ 모호스어(Moxos language) → 이그나시아노어(Ignaciano language)

- 몬-크메르제어(Mon-Khmer languages) → 오스트로-아시아어족(Austro-Asiatic languages)

- 무옹어(Muong language) : 베트남 북수 산악 지대에 사는 무옹인들의 언어. 다섯 개의 성조가 있다. 베트남어와 아주 가까워 주변의 여러 소수 민족 언어와 함께 오스트로-아시아어족의 베트-무옹어군에 포함된다.

- 무이스카어(Muisca language) : 남미의 콜롬비아 중앙 고지대에 살았던 무이스카 족의 언어. 치브차어(Chibcha language)라고도 한다. 18세기에 소멸하였다.

- 무스코기제어(Muscogee languages) : 미국 남동부에서 사용하였던 선주민 언어들. 일반적으로 동·서의 두 언어 그룹으로 크게 나뉜다. 형태적으로는 교착어에 속한다.

- 무춘어(Mutsun language) : 미국의 캘리포니아에 살았던 코스타노인(Costanoan people)의 언어 중 하나. 현재는 소멸하였다.

- 문다리어(Mundari language) : 인도·네팔·방글라데시 등지에 사는 문다인들의 언어. 사용자는 약 200만 명 정도 있다.

- 문다제어(Munda languages) : 인도 동부에서 방글라데시에 걸쳐 사용되고 있는 일군의 언어들. 약 900만 명 정도가 사용한다.

- 므농어(Mnong language) : 베트남과 캄보디아에 사는 므농인들의 언어. 몬-크메르제어에 속한다.

- 미스키토어(Miskito language) : 니카라과 북동부와 온두라스에 사는 미스키토인들의 언어.

- 미워크제어(Miwok languages) : 미국의 시에라네바다 산맥(Sierra Nevada)에서 사용하는 아메리카 선주민 언어들. 현재 소멸 위기에 처해 있다.

- 미헤-소케제어(Mixe-Zoque languages) : 멕시코의 테우안테펙 지협 부근에서 사용하는 언어들. 멕시코 정부에서는 이 어군에 3개의 포함시키고 있다.

- 밍그렐리어(Mingrelian languages) : 조지아(Geogia) 북서부에 사는 밍그렐리아인들의 언어. 남캅카스제어에 속한다.

- 바나르어(Bahnar language) : 베트남에 사는 바나르인들의 언어. 오스트로-아시아어족에 속한다.

- 바라사노어(Barasano language) : 남미 볼리비아에서 사용하는 선주민 언어. 투카노제어에 속한다.

▪ 바스크어(Basque language) : 스페인 북부와 프랑스 남부, 피레네 산맥 주변에 사는 바스크인들의 언어. 인도유럽어족에 둘러싸여 있으나 계통이 전혀 다른 언어이다. 화자는 약 60만 명 정도로 추정되고 방언 간의 차이가 심한 편이다.

▪ 바시키르어(Bashikir language) : 러시아의 바시키르 공화국(Bashkortostan)의 공용어. 알타이어족의 투르크제어에 속한다.

▪ 바오안어(Baoan language) → 보난어(Bonan language)

▪ 바힝어(Bahing language) : 네팔에서 사용하는 언어. 시노-티베트어족에 속한다.

▪ 반투어족(Bantu languages) : 서아프리카와 남아프리카 일대에서 널리 사용되는 언어 집단으로, '사람'을 의미하는 단어인 '반투(Bantu)'를 공유하는 데서 유래한다. 계통적으로는 니제로-콩고어족에 속한다.

▪ 발루치어(Baluch language) : 이란과 파키스탄에 걸쳐 있는 발루치스탄(Baluchistan) 지역에 사는 발루치인들의 언어. 인도유럽어족의 이란제어 중 북서어군에 속한다.

▪ 발리어(Balinese language) : 인도네시아의 발리섬과 롬복섬(Lombok island) 등지에 사는 발리인들의 언어. 약 330만 명의 인구가 사용한다. 오스트로네시아어족에 속한다.

▪ 발칸제어(Balkan linguistic union) : 언어학적 계통과 상관없이 공통의 문화적·음운적 특징을 나타내는 발칸반도의 언어들. 알바니아어·그리스어·루마니아어·아르마니아어·불가리아어·마케도니아어·세르비아어·크로아티아어 등이 포함된다.

▪ 발트제어(Baltic languages) : 발트해 동남 지역에서 주로 사용하는 언어들. 인도유럽어족에 속한다. 현재는 리투아니아어와 라트비아어가 여기에 포함되고, 이미 소멸하고 없는 고대 프로이센어도 여기에 포함된다고 한다. 슬라브어와 상당히 많은 자질을 공유하며, 현존하는 인도유럽어족 중 가장 원형에 가까운 특징을 잘 보존하고 있다.

▪ 베다어(Vedic Sanskrit) : 기원전 1,500년경부터 기원전 500년까지 인도의 베다시대에 성립된 베다문헌의 언어. 인도유럽어족의 인도이란어파 인도아리아어군에 속한다. 산스크리트어의 옛 형태로 원시인도이란(Proto-Indo-Iranian language)의 초기 발전형이다. 철기시대 인도(Iron Age India:BC1200-300)에서 기원전 6세기부터 서서히 고전 산스크리트어에 길을 내주며 점점 쇠퇴해 갔으며, 기원전

4세기 파니니(Panini)의 고전 산스크리트어 문법의 완성과 함께 완전히 사라지고 만다.

■ 베르베르제어(Berber languages) : 아프리카의 모로코와 알제리에서 주로 사용하는 언어들의 집합. 사하라 사막과 사헬 북부에 넓게 분포한다.

■ 베자어(Beja language) : 아프리카의 수단·에리트리아·이집트 등지에 거주하는 베자인들의 언어. 아프로-아시아어족의 북부 쿠시제어에 속한다.

■ 벵골어(Bengali language) : 현재 인도의 벵골 주와 방글라데시의 공용어. 인도유럽어족의 인도아리아제어 중 동부 그룹에 속한다.

■ 보난어(Bonan language) : 중국의 간쑤성에 사는 보난인들의 언어. 바오안어(Baoan language)라고도 부른다. 알타이어족의 몽골제어에 속한다.

■ 보도어(Bodo language) : 인도 아삼 주(州)의 공용어. 시노-티베트어족에 속한다.

■ 보라-위토토제어(Bora-Witoto languages) : 남미의 페루 북동부·콜롬비아 남서부·브라질 서부에서 사용하는 보라제어와 위토토제어의 언어들을 한데 묶어 일컫는 언어군.

■ 보로어(Boro language) : 아프리카의 에티오피아 서부에 사는 쉬나샤인들(Shinasha people)의 언어. 아프로아시아어족의 오모어파에 속한다. 쉬나샤어(Shinasha language)라고도 한다.

■ 봉고어(Bongo language) : 아프리카의 남수단 각 지역에서 산발적으로 사용하는 언어. 나일-사하라어족의 중앙수단어파에 속한다.

■ 부난어(Bunan language) : 인도의 히마찰프라디시 주(Himachal Pradish 州)에서 사용하는 언어. 가흐리어(Gahri language)라고도 한다.

■ 부두크어(Budukh language) : 아제르바이잔 북동부의 쿠바(Quba) 지역 일부에서 쓰이는 언어. 북동캅카스제어의 레즈기어계에 속한다.

■ 부랴트어(Buryat language) : 러시아 동부의 부랴티아 공화국에 사는 부랴트인들의 언어. 그밖에 중국의 신장위구르 자치구와 몽골 등지에서도 사용된다. 알타이어족의 몽골어파에 속하며, 형태적으로는 교착어적 특성을 보인다.

■ 부르샤스키어(Burushaski language) : 파키스탄 북부에 위치하는 카라코룸 산맥 및 힌두크쉬 산맥의 일부에서 사용하는 언어. 계통적으로 고립된 언어로, 현재 사용자는 약 4만~10만 명 정도로 추정된다.

■ 부이어(布依語) : 중국의 구이저우·쓰촨·윈난에 사는 소수 민족인 부이인들(布

依族)의 언어.

■ 브라후이어(Brahui language) : 드라비아어족에 속하는 언어이나 주요 분포 지역과 동떨어진 파키스탄에서 사용된다. 그렇기 때문에 드라비다어가 아닌 발루치어나 페르시아어와 같은 주변의 다른 언어들의 영향을 많이 받아 점점 변해 가고 있다.

■ 브루어(Bru language) : 동남아시아의 태국·베트남·라오스 등지에 사는 브루인들의 언어. 몬-크메르제어에 속한다.

■ 비나어(Bina language) : 아프리카 나이지리아의 카두나 주(Kaduna 州)에서 쓰이는 언어. 니제르-콩고어족에 속한다.

■ 비수어(Bisu language) : 태국의 롤로어계 언어. 중국에도 다수의 사용자가 있다.

■ 빌렌어(Bilen language) : 아프리카 에리트레아의 케렌 시(Keren 市) 주변에 사는 빌렌인들의 언어. 아프로-아시아족의 쿠시계 언어에 속한다.

■ 사모예드제어(Samoyedic languages) : 우랄어족의 하위 분포 중 하나. 시베리아 북서부 및 북유럽의 동쪽에 있는 오비강(Ob River)과 예니세이강(Yenisei River) 사이의 툰드라 지대를 중심으로 동서·북부 해안가 일대의 광대한 지역에 산재한다. 네네츠(Nenets)·에네츠(Enets)·응가나산(Nganasan)·셀쿠프(Sel'kup)의 네 언어가 여기에 포함된다.

■ 사르시어(Sarcee language) : 캐나다의 알버타(Alberta)와 캘거리(Calgary) 부근에서 쓰이는 아메리카 선주민 언어. 나-데네어족에 속한다. 2011년 조사에 따르면 사용자는 170명 정도 남아 있어 소멸 위기에 처해 있다.

■ 사리콜리어(Sarikoli language) : 중국의 신장 타지크에서 쓰이는 언어. 인도유럽어족의 이란어파에 속한다.

■ 사미어(Sami language) → 랍프어(Lapp language)

■ 사에크어(Saek language) : 태국 북동부와 라오스에 사는 사에크인들의 언어. 따이-까다이어족에 속하고, 2005년 현재 15,000명 정도의 사용자를 가지고 있다.

■ 사율라포폴루카어(Sayula Popoluca language) : 멕시코 베라크루즈 주에서 쓰이는 언어. 미헤-소케어족에 속한다.

■ 사카이어(Sakai language) : 말레이시아 반도에 사는 세마이인들(Semai people)의 언어. 오스트로-아시아어족에 속한다. 세마이어(Semai language)라고도 한다.

▪ 사템어군(Satem languages) : 인도유럽어족에 속하는 여러 언어들 중에서 인도·이란·슬라브·발트·아르메니아·알바니아의 각 어파에 속하는 언어들의 집합.

▪ 사파로-야와제어(Saparo-Yawan languages) : 아마존 서부에 계통적으로 고립되어 있는 소규모 언어들을 한데 묶어 일컫는 언어군.

▪ 사합틴어(Sahaptin language) : 미국의 워싱턴·오레곤 등지에서 사용하였던 아메리카 선주민 언어. 2007년의 조사에 따르면 사용자는 100여 명 정도 남아 있어 현재 소멸 위기에 처해 있다.

▪ 산탈리어(Santali language) : 인도·방글라데시·네팔·부탄 등지에서 620만 명 정도가 사용하는 언어. 오스트로-아시아어족의 문다제어에 속한다.

▪ 살라르어(Salar language) : 중국의 칭하이·깐수에 거주하는 살라르인들의 언어. 알타이어족의 투르크어파에 속한다. 현재 살라르인은 9만 명 정도인데, 이 중 7만 명 정도가 살라르어를 모어로 사용하고 2만 명 정도는 중국어를 사용한다고 한다. 살라르어에는 중국어와 티베트어에서 차용한 어휘가 많다.

▪ 살리나어(Salinan language) : 미국 캘리포니아 중앙 연안에 살았던 살리나인들의 언어.

▪ 살리시제어(Salishan languages) : 캐나다의 밴쿠버와 미국의 태평양 연안 지역에서 사용하였던 23개의 선주민 언어들의 집합. 이 중 대다수가 소멸했거나 현재 소멸될 위기에 처해 있다.

▪ 샤트어(Shatt language) : 아프리카 수단 남부에서 사용하는 언어. 나일-사하라어족에 속한다.

▪ 샨어(Shan language) : 미얀마 북동부의 샨 주(Shan 州)와 태국의 북부에 거주하는 샨인들의 언어. 따이-까다이어족에 속한다.

▪ 세라노어(Serrano language) : 주로 미국의 캘리포니아 남서부에서 사용하였던 아메리카 선주민 언어. 유토-아즈텍제어에 속한다. 에스놀로그에 따르면, 2002년 세라노어를 유창하게 구사할 수 있었던 마지막 화자인 도로시 레이먼(Dorothy Ramon)의 사망과 함께 세라노어는 소멸된 것으로 본다.

▪ 세리어(Seri language) : 멕시코 소노라(Sonora) 해변의 푼타추에카(Punta Chueca)와 엘데셈보쿠(El Desemboque)에 사는 세리족의 언어. 계통적으로 고립되어 있다.

▪ 세마이어(Semai language) → 사카이어(Sakai language)

■ 세멜라이어(Semelai language) : 말레이시아에 사는 선주민 부족인 세멜라이인들의 언어. 오스트로네시아어족에 속한다.

■ 세부아노어(Cebuano language) : 필리핀의 비사야제도(Visayas) 중앙부와 민다나오섬(Mindanao island) 북서 지역에서 약 2,000만 명 정도가 사용하는 언어. 오스트로네이사어족에 속한다.

■ 세코어(Sheko language) : 아프리카의 에티오피아 서부에서 쓰이는 언어. 아프로-아시아어족의 오모어파에 속한다.

■ 셀쿠프어(Sel'kup language) : 알타이 지방의 오비강(Ob R.)과 예니세이강(Yenisei R.) 사이에 모여 사는 셀쿠프인들의 언어. 우랄어족의 사모예드제어에 속한다.

■ 셈제어(Semitic languages) : 아프로-아시아어족의 하위 분파 중 하나. 예전에는 인도유럽어족과 우랄-알타이어족과 함께 세계 3대 어족 중의 하나로 여겨졌으나 현재는 어족으로는 분류하지 않는다. 오늘날에 사용되고 있는 셈어에는 아랍어・암하라어・헤브라이어 등이 있다.

■ 셈-햄어족(Semitic-Hamito languages) 또는 햄-셈어족(Hamito-Semitic anguages) → 아프로-아시아어족(Afro-Asiatic languages)

■ 소말리아어(Somali language) : 소말리아・에티오피아・지부티・케냐 등지에 사는 소말리인들의 언어. 아프로-아시아어족의 쿠시제어에 속한다.

■ 솔론어(Solon language) : 시베리아와 중국 내몽고자치주 북부에 사는, 퉁구스계 소수 민족인 에벵키인들의 하위 집단인 솔론인들의 언어. 알타이어족의 퉁구스제어에 속한다.

■ 송가이어(Songhai language) : 아프리카 서부의 니제르강 중류 지역에서 사용하는 토착 언어. 옛 송가이제국(Songhai Empire) 시대부터 이 지 지역의 링구아프랑카로서 사용되어 왔다.

■ 쇼쇼니어(ShoShoni language) : 미국의 아이오밍・유타・네바다・아이다호 등지에 거주하는 쇼쇼니인들의 언어. 유토-아즈텍제어에 속한다. 2007년 조사에 따르면, 약 천 명 정도의 화자가 남아 있다고 한다.

■ 수르수룽가어(Sursunga language) : 파푸아뉴기니의 뉴아일랜드섬(New Ireland)에서 사용하는 언어. 오스트로네시아어족의 오세아니아제어에 속한다.

■ 수모어(Sumo language) → 울와어(Ulwa language)

- 수에나어(Suena language) : 파푸아뉴기니의 모로베 주(Morobe 州)에서 사용하는 파푸아제어 중 하나.
- 수제어(Sioux languages) : 북아메리카에서 다섯 번째로 많은 사용자를 가진 아메리카 선주민 언어. 크게 보아, 서부 방언인 라코타어와 동부 방언인 다코타어, 그리고 나코타어의 세 가지 방언이 있다.
- 수피레어(Supyire language) : 아프리카의 말리와 코트디부아르에서 쓰이는 언어. 니제르-콩고어족에 속한다.
- 순다어(Sundanese language) : 인도네시아의 자바섬 서부에 사는 순다인들의 언어. 오스트로네시아어족에 속한다. 사용자는 약 2,700만 명으로 다양한 방언이 존재한다.
- 술룽어(Thulung language) : 인도의 시킴(Sikkim)과 네팔에서 사용하는 언어. 시노-티베트어족에 속한다.
- 쉬나사어(Shinasha language) → 보로어(Boro language)
- 스반어(Svan language) : 조지사의 북서부 스바네티(Svaneti) 지역에 사는 스반인들의 언어. 화자 수는 약 3만 명 정도이다. 거의 대부분이 조지아어와의 이중 언어 병용자이다. 계통적으로 남캅카스제어에 속한다.
- 스와힐리어(Swahili language) : 아프리카 남동부의 탄자니아와 케냐를 중심으로 사용하는 언어. 아랍어나 영어의 차용 어휘가 많기는 하지만 계통적으로는 반투제어에 속한다.
- 스티엥어(Stieng language) : 베트남과 캄보디아에 사는 스티엥인들의 언어. 오스트로-아시아어족에 속한다.
- 슬라브제어(Slavic languages) : 동유럽과 중앙 유럽, 발칸 반도에 위치한 대부분의 국가들에 사는 슬라브인들의 언어. 인도유럽어족에 속한다.
- 슬레이비어(Slevey language) : 캐나다의 북서부에 사는 슬레이비인들의 언어. 나데네제어에 속한다.
- 시오나어(Siona language) : 남미의 콜롬비아와 에콰도르에 사는 시오나인들의 언어. 투카노제어에 속한다.
- 시피보어(Shipibo language) → 카파나와어(Capanahua language)
- 싱할라어(Sinhala language) : 타밀어와 함께 스리랑카의 공용어로 사용되고 있는 언어. 인도유럽어족에 속한다.

▪ 아구아루나어(Aguaruna language) : 페루에 사는 아구아루나인들의 언어. 히바로 제어에 속한다.

▪ 아굴어(Aghul language) : 러시아의 다게스탄 공화국 남부와 아제르바이잔에 사는 아굴인들의 언어. 북동캅카스제어에 속한다.

▪ 아네촘어(Aneityum language) : 오세아니아의 바누아투공화국(Republic of Vanuatu)에서 사용하는 언어. 오스트로네시아어족에 속한다.

▪ 아뉴악어(Anuak language) : 아프리카의 에티오피아 서부에 사는 아뉴악인들의 언어. 나일-사하라어족에 속한다.

▪ 아다마와-우방기제어(Adamawa-Ubangi languages) : 아프리카의 나이지리아·카메룬·차드·콩고·가봉 등지에서 1,200만 명 정도가 사용하는 여러 언어들의 집합. 니제르-콩고어족에 속한다.

▪ 아디어(Adi language) → 아보르어(Abor language)

▪ 아라오나어(Araona language) : 남미 볼리비아에 사는 아라오나인들의 언어. 파노-타카나제어에 속한다.

▪ 아라와크어(Arawak language) : 중남미의 도미니카 공화국·베네수엘라·아이티 등지에서 사용하는 언어. 로코노어(Lokono language)라고도 한다.

▪ 아라와크제어(Arawakan languages) : 남미의 거의 대부분의 나라에 퍼져 사는 아라와크인들의 여러 언어들. 남미에서 에콰도르·우르과이·칠레·카리브 지역은 제외한다.

▪ 아랍어(Arabic language) : 아프로-아시아어족의 셈어파에 속하는 언어로, 그 중에서 가장 많은 사용자를 가지고 있다. 아랍문자를 사용하며 굴절어에 속한다. 기본 어순은 VSO형이고, 아프리카와 아라비아반도 등 아랍권 국가들과 유럽의 스페인 등지에서 약 3억 명 정도가 사용하고 있다. 국제연합의 6개 공용어 중의 하나이다.

▪ 아람어(Aramaic language) : 기원전 500~600년 경에 시리아와 메소포타미아 지방에서 사용하였던 셈어계 언어.

▪ 아르메니아어(Armenian langauage) : 동부캅카스 지방과 서부 터키 등지에서 사용하는 언어. 인도유럽어족에 속한다.

▪ 아르치어(Archi language) : 러시아의 다게스탄 공화국 남부에 사는 아르치인들의 언어. 북동캅카스제어에 속한다.

■ 아메린드제어(Amerind languages) : 이누이트-알류트어족과 나-데네어족과 함께 아메리카 선주민 언어의 3대 분류 체계 중 하나. 그린버그(1987)의 『language in America』에서 처음 제기되었다. 현재 앞의 두 어족에 대해서는 많은 학자들이 인정하고 있지만, 이 두 어족에 속하지 않는 모든 언어들을 한데 모아 설정한 아메린드어족에 대해서는 인정하지 않고 있다.

■ 아멜레어(Amele language) : 파푸아뉴기니의 파푸아계 언어.

■ 아무에샤어(Amuesha language) : 페루에 사는 아메에샤인들의 언어. 아라와크제어에 속한다.

■ 아보르어(Abor language) : 인도 북동부의 아루나찰프라데시 주(Arunachal Pradesh 州)에서 사용하는 언어. 아디어(Adi language)라고도 부른다. 티베트버마제어 속한다.

■ 아사바스카제어(Athabaskan languages) : 북아메리카 서부에서 사용하는 선주민언어. 나-데네어족의 하위 분류로, 그 안에서도 상당히 큰 언어군에 속한다.

■ 아삼어(Assamese language) : 인도 아삼 주의 공용어. 인도유럽어족에 속한다.

■ 아웅기어(Awngi language) : 에티오피아 북서부의 고잠(Gojam) 지역에 사는 아위인들(Awi People)의 언어. 아프로-아시아어족의 중앙 쿠시계 언어에 속한다. 아위어(Awi language)라고도 한다.

■ 아위어(Awi language) → 아웅기어(Awngi language)

■ 아이누어(Ainu language) : 홋카이도·사할린·쿠릴열도 등지에 살았던 선주민인아이누인들의 언어. 아직 그 계통은 불분명하다.

■ 아이마라어(Aymaran language) : 남미 안데스의 아미마라인들의 언어. 케추아어와과라니어와 함께 남아메리카 선주민 언어 중 가장 큰 세력을 가지고 있다. 볼리비아와 페루에서는 과라니어와 스페인어와 함께 공용어로 지정되어 있다. 사용자는 약 200만 명 정도.

■ 아일랜드어(Gaeilge) : 아일랜드의 제1공용어. 인도유럽어족 켈트어파에 속한다. 2007년부터 유럽연합의 공식 언어 중 하나로 지정되었다. 대부분의 아일랜드인들은 모어를 모어로 하지만, 이 두 언어는 계통적으로 그다지 관계가 없다. 아일랜드가 영국의 통치를 받던 시절에 영어의 영향으로 사용자 수가 매우 많이 줄어들어 현재 일상에서 아일랜드어를 사용하는 사람은 매우 소수에 불과하다.

■ 아창어(Achang language) : 중국과 미얀마에 사는 아창인들의 언어. 시노-티베트

어족에 속한다.

- 아체어(Acehnese language) : 인도네시아 수마트라 섬의 아체 주(Arche 州)에서 쓰이는 언어. 오스트로네시아어족에 속하고, 현재 사용자 수는 350만 명 정도라고 한다.

- 아카드어(Akkadian language) : 고대 메소포타미아에서 특히 아시리아인과 바빌로니아인들이 사용했던 언어. 셈어 계통에 속하며, 아시로-바빌로니아어라고도 한다.

- 아타얄어(Atayal language) : 대만 북부에 거주하는 아타얄인들의 언어. 오스트로네시아어족에 속한다.

- 아푸리나어(Apurina language) : 남미 브라질의 아마존 지역에 사는 아푸리나인들의 언어. 아라와크제어에 속한다.

- 아프로-아시아어족(Afro-Asiatic languages) : 북아프리카와 동아프리카, 사헬 지역과 서남아시아 등지에서 쓰이는 240여 개의 언어. 사용 인구는 약 3억 7천 만 명이다. 셈-햄어족 또는 햄-셈어족이라고도 한다. 셈어 계통에 속하는 아랍어·히브리어와 햄어 계통에 속하는 이집트어·베르베르어·소말리아어 등이 포함된다.

- 아홈어(Ahom language) : 인도 아삼 지역에 살았던 아홈인들의 언어. 현재 이 언어를 사용하는 사람은 없으나, 남겨진 기록들을 볼 때 따이까다이어족에 속한다고 여겨진다.

- 알곤킨제어(Algonquian languages) : 캐나다의 중부와 동부·미국의 북동부에 걸쳐 사용하였던 아메리카 선주민 언어들의 집합. 문법적으로 전형적인 포합어에 속한다. 오늘날 알곤킨제어에 속하는 언어들은 대부분 소멸하였거나 현재 소멸 위기에 처해 있다.

- 알라칼루프어(Alacalufan language) → 카웨스카르어(Kaweskar language)

- 알리어(Ali language) : 중앙아프리카공화국의 남서부에서 사용하는 언어. 니제르-콩고어족에 속한다.

- 알시어(Alsea language) : 미국 오레곤 주의 해안가를 따라 사용하였던 선주민 언어. 현재는 소멸하였다. 페누티대어족에 속한다.

- 암도어(Amdo language) : 중국의 칭하이·깐수·쓰촨·티베트자치주 등지에서 쓰이는 언어. 티베트어의 3대 방언 중 하나다.

■ 암하라어(Amharic language) : 아프리카 에티오피아이 중부와 남부 고지대에서 쓰이는 언어. 쿠춤바어(Kuchumba language)라고도 한다.

■ 압하스어(Abkhaz language) : 조지아의 압하스 공화국과 터키 북동부에 사는 압하스인들의 언어. 북서캅카스제어에 속한다.

■ 야간어(Yaghan language) → 야마나어(Yamana language)

■ 야그노비어(Yaghnobi language) : 중앙아시아의 타지키스탄에 사는 야그노비인들의 언어. 인도유럽족의 이란제어에 속한다.

■ 야노맘어(Yanomaman language) : 남미의 베네수엘라 남부와 브라질 북서부의 아마존 지역에 사는 약 2만 명의 야노마미인들의 언어.

■ 야마나어(Yamana language) : 남미의 티에라 델 푸에고에서 사용하는 계통적으로 고립된 언어. 야간어(Yaghan language)라고도 한다.

■ 야쿠트어(Yakut language) : 러시아의 사하 공화국(Sakha Republic)에 사는 야쿠트인들의 언어. 투르크제어에 속한다. 사용자는 약 35만 명 정도.

■ 야퀴어(Yaqui language) : 미국의 애리조나와 멕시코의 소로나 지역에 사는 야퀴인들의 언어. 유토-아즈텍제어에 속하고, 사용자는 약 만 명 정도.

■ 야키마어(Yakima language) : 페누티대어족에 속하는 아메리카 선주민 언어.

■ 에르자어(Erzja language) : 러시아의 모르도바 공화국(Mordovia)의 북부와 동부에서 사용하는 언어. 우랄어족의 핀우그리아제어에 속한다.

■ 에스토니아어(Estonian language) : 북유럽의 에스토니아에서 약 110만 명 정도의 사람들이 사용하는 언어. 우랄어족의 핀우그리아제어에 속한다. 핀란드어나 헝가리어와 매우 비슷하나 인접 국가의 언어인 스웨덴어나 라트비아어, 러시아어와는 계통이 전혀 다른 언어이다.

■ 에트루리아어(Etruscan language) : 이탈리아 반도의 선주 민족인 에트루리아인들의 언어. 그리스 문자를 참고하여 만든 에트루리아 문자를 사용하였는데, 이는 훗날 로마자의 바탕이 된다. 당시 주변의 다른 언어들과 달리 인도유럽어족에 속하지 않았는데, 계통은 아직 확실하게 밝혀지지 않았다.

■ 엘람어(Elamite language) : 기원전 2,800~500년 경까지 고대 엘람 왕국에서 사용하였던 언어. 기원전 6세기~4세기까지 페르시아 제국의 공용어이기도 한다. 그 계통은 아직 분명히 밝혀지지 않고 있다.

■ 엠베라제어(Embera languages) : 남미의 콜롬비아 북서부와 파나마 남동부에 사는

엠베라인들의 여러 방언들을 통틀어 가리킨다.

■ 엣셀렌어(Esselen language) : 미국 캘리포니아 주 몬터레이 지역에서 사용하였던 선주민 언어. 19세기에 소멸하였다.

■ 엥가어(Enga language) : 파푸아뉴기니의 엥가 주(Enga 州)에서 18만여 명이 사용하는 언어.

■ 오로어(Oro language) : 아프리카 나이지리아의 아크와이봄(Akwa Ibom) 지역에서 사용하는 언어. 니제르-콩고어족에 속한다.

■ 오로치어(Oroch language) : 러시아 극동에 거주하는 퉁구스계 소수민족인 오로치인들의 언어. 남방계 퉁구스어에 속한다.

■ 오로크어(Orok language) → 우일타어(Uilta language)

■ 오리야어(Oriya language) : 인도 오리사 주의 공용어.

■ 오모제어(Omotic languages) : 아프로-아시아어족의 하위 분파 중 하나로, 주로 에티오피아 남서부에서 사용된다.

■ 오세트어(Ossetic language) : 러시아의 중앙아시아 지역과 조지아에 사는 오세트인들의 언어. 인도유럽어족의 이란어파에 속한다.

■ 오스크어(Oscan language) : 고대 이탈리아에서 사용하였던 언어 중 하나로 지금은 소멸하여 사용되지 않는다. 주로 이탈리아반도 중남부를 중심으로 사용되었다. 라틴어와 비슷한 점도 많지만 음운이나 어휘적인 면에서 상당한 차이를 보인다. 현재 알려진 바에 따르면, 이탈리아어파 중 가장 보수적인 언어로 고대 그리스어와 함께 인구어 본래의 모음 시스템을 가장 잘 보존하고 있는 언어라고 한다.

■ 오스티에크어(Ostyak language) : 시베리아 북서부의 소수민족인 한티인들(Khanty people)의 언어. 우랄어족의 핀우그리아제어에 속한다. 한티어(Khanti language)라고도 한다.

■ 오스트로네시아어족(Austronesian languages) : 대만에서 동남아시아의 여러 섬 지역, 태평양의 여러 섬들, 마다가스카르 등지에서 사용되고 있는 언어들의 묶음. 예전에는 말레이폴리네시아어족이라고도 하였다. 단, 여기에 파푸아제어와 오스트레일리아 선주민 언어는 포함되지 않는다.

■ 오스트로-아시아어족(Austro-Asiatic languages) : 동남아시아와 남아시아에서 널리 사용되고 있는 언어들의 집합. 에스놀로그의 분류에 따르면 168개의 언어가 이 어족에 속한다고 한다. 대부분의 언어가 고립어이고 성조가 없는 것이 특징

인데, 최대 언어인 베트남어만 유일하게 복잡한 성조 체계를 갖추고 있다. 몬-크메르어족(Mon-Khmer languages)이라고도 한다.

- 오스트로-타이제어(Austro-Tai languages) : 미국의 언어학자 P. 베네딕트가 따이-까다이어족과 오스트로네시아어족의 근친성에 착안하여 이 둘을 한데 묶은 언어군. 아직은 가설에 지나지 않는다.

- 오이라트어(Oirat language) : 러시아의 칼미크 공화국·몽골의 서부·중국의 신장위구르자치주 등지에 사는 오이라트인들의 언어. 알타이어족의 몽골제어에 속한다.

- 오토망게제어(Oto-Manguean languages) : 현재 멕시코에서 사용되고 있는 아메리카 선주민 언어들. 예전에는 니콰라가와 코스타리카에서도 사용하던 언어가 있었다고 하나 이미 소멸하고 없다.

- 오토미어(Otomi language) : 멕시코에 사는 오토미인들의 언어. 오토망게제어에 속한다. 세 개의 성조를 가지고 있는 성조언어이다.

- 올루타 포폴루카어(Oluta Popoluca language) : 멕시코의 베라크루즈 주 남부의 올루타(Oluta) 지역에서 사용하는 언어. 미헤-소케제어에 속하고, 2003년 조사에 따르면 화자 수가 20명 정도로 소멸 위기에 처해 있다.

- 올차어(Olcha language) : 시베리아에 사는 울치인들(Ulch people)의 언어. 알타이어족의 퉁구스제어에 속한다.

- 와어(Wa language) : 미얀마·중국·태국에 사는 와인들의 언어. 오스트로-아시아어족에 속한다. 프라오크어(Praok language)라고도 한다.

- 와레케나어(Warekena language) : 브라질과 베네수엘라에서 사용하는 선주민 언어. 아라와크제어에 속한다.

- 와르다만어(Wardaman language) : 오스트레일리아 북부 지역에서 사용하는 선주민 언어. 계통이 불분명한 고립 언어이다. 2006년 조사에 따르면 사용자는 84명으로 현재 소멸 위기에 처해 있다.

- 와르와어(Warrwa language) : 오스트레일리아 서부의 웨스트킴벌리(West Kimberly)와 더비(Derby) 지역에서 사용했던 선주민 언어. 이미 소멸하고 없다.

- 아르우코어(Arhuco language) → 이카어(Ika language)

- 와리스어(Waris language) : 파푸아뉴기니의 산다운 주(Sandaun 州)에서 와센글라(Wasengla)와 아마납(Amanab) 지역 주변에 사는 와리스인들의 언어. 파푸아제어에 속한다. 사용자 수는 약 2,500명 정도이다.

- 와베어(Huave language) : 멕시코 남부의 오악사카 주에서 주로 태평양 연안부에 사는 와베인들의 언어.
- 와쇼어(Washo language) : 미국 캘리포니아와 네바다의 경계 지역에 사는 와쇼인들의 언어. 호칸제어에 속하며, 2008년 조사에 따르면 20명 정도의 화자만 남아 있어 소멸 위기에 처해 있다.
- 와스텍어(Huastec language) : 멕시코의 베라크루즈와 산루이스포토(San Louis Potosi) 등지에 사는 와스텍인들의 언어. 마야제어에 속한다. 약 13만 명도의 사용자를 가지고 있다.
- 와우라어(Waura language) : 브라질의 마투그로수 주(Mato Grosso 州)에 사는 와우라인들의 언어. 아라와크제어에 속하며, 2006년의 조사에 따르면 320명 정도의 사용자가 있다고 한다.
- 와카시제어(Wakashan languages) : 캐나다의 브리티시 콜롬비아와 벤쿠버, 미국의 워싱턴 주의 올림픽 반도 북서부와 후안데푸카(Juan de Fuca) 해협에서 사용하였던 아메리카 선주민의 언어들.
- 왈라파이어(Walapai language) : 미국의 애리조나에 사는 왈라파이인들의 언어. 유마제어에 속한다.
- 왐비사어(Wambisa language) : 남미 페루에 사는 왐비사인들의 언어. 히바노제어에 속한다.
- 왑포어(Wappo language) : 미국의 샌프란시스코 북부에 있는 알렉산더 협곡에 살았던 왑포인들의 언어. 1990년대에 소멸되고 없다.
- 요루바어(Yoruba language) : 아프리카의 나이지리아와 토고 일대에서 쓰이는 토착어.
- 요쿠츠어(Yokutsan language) : 미국 캘리포니아의 샌호아킨벨리(San Joaquin Valley)에서 살았던 요쿠트인들(Yokut people)의 언어. 2007년 조사에 따르면 사용자는 50명밖에 남아 있지 않아 소멸될 위기에 처해 있다.
- 우가리어(Ugaritic language) : 현재 시리아와 아랍에미레이트연합 남서부에 있었던 고대 국가의 언어. 셈어 계통의 언어로 알려져 있다.
- 우데게어(Udege language) : 러시아 극동 지방에 사는 우데게인들의 언어. 알타이어족의 통구스제어에 속한다. 2010년 조사에 따르면 사용자는 100명 정도로, 소멸 위기에 처해 있다.

■ 우드무르트어(Udmurt language) : 러시아 우드무르트 공화국의 공용어. 우랄어족의 핀우그리아제어에 속한다.

■ 우디어(Udi language) : 아제르바이잔·러시아·조지아·아르메니아 등지에서 약 8,000명의 화자가 사용하고 있는 언어. 북동캅카스제어에 속한다.

■ 우디헤어(Udihe language) : 오로치어와 함께 남방계 퉁구스제어에 속한다.

■ 우라르트어(Urartian language) : 기원전 9세기부터 기원전 585년까지 소아시아 동부에 존재한 우라르트 왕국의 언어.

■ 우이촐어(Huichol language) : 주로 멕시코의 할리스코(Jalisco 州)에 사는 우이촐인들의 선주민 언어. 유토-아즈텍제어에 속한다.

■ 우일타어(Uilta language) : 러시아의 사할린과 일본의 홋카이도에 거주하고 있는 오로크인들(Orok people)의 언어. 알타이어족의 퉁구스어파에 속한다. 오로크어(Orok language)라고도 한다. 2002년의 조사에 따르면 사용자는 60명 정도로 소멸 위기에 처해 있다.

■ 울와어(Ulwa language) : 중미 니카라과와 온두라스에 거주하는 수모인들(Sumo people)의 언어. 수모어(Sumo language)라고도 한다.

■ 월로프어(Wolof language) : 아프리카의 세네갈·잠비아·모리타니에서 사용하는 언어. 니제르-콩고어족에 속하나, 다른 사하라 남부의 아프리카 언어들과 달리 성조가 없는 것이 특징이다.

■ 월레아이어(Woleaian language) : 미크로네시아 연방(Federated States of Micronesia) 야프 주(Yap 州)의 월레아이섬(Woleai island)과 그 주변의 작은 섬들에서 사용되는 언어. 오스트로네시아어족의 투르킥-포나페어파에 속한다.

■ 웨리어(Weri language) : 파푸아뉴기니의 파푸아제어에 속하는 언어. 쿠니마이파어(Kunimaipa language)라고도 부른다.

■ 윈투어(Wintu language) : 미국 캘리포니아 북부에 살았던 윈투인들의 언어. 이미 소멸하고 없다.

■ 유구르어(Yugur language) : 중국 간쑤성에 사는 유구르인들의 언어. 알타이어족의 투르크제어에 속한다.

■ 유카기르어(Yukaghir language) : 시베리아 동부 콜리마강 유역에 거주하는 유카기르들의 언어. 고(古)시베리아제어에 속한다. 화자 수는 1989년 조사에서 200명 이하로 줄어들어 현재 소멸 위기에 처해 있다.

■ 유카텍어(Yukatec language) : 중남미의 멕시코·벨리즈(Belize)·과테말라에 걸쳐 사용되고 있는 언어. 마야제어에 속하는 언어 중에서 가장 사용자가 많고 아메리카 선주민 언어들 중에서 가장 안정된 상태를 유지하고 있는 몇 안 되는 언어 중의 하나다.

■ 유키어(Yuki language) : 미국 캘리포니아 북서부의 에엘강(Eel River) 유역에 살았던 유키인들의 언어. 현재 소멸하고 없다.

■ 유토-아즈텍제어(Uto-Aztecan languages) : 아메리카 대륙에서 규모상 최대이자 가장 명확히 분류할 수 있는 언어 집단. 미국 서부의 대분지 지역(Greaat Basin)과 멕시코 서부 및 중부, 남부의 일부 지역, 그리고 중앙아메리카의 일부 지역에서 사용된다.

■ 응가나산어(Nganasan language) : 북러시아 타이미르 반도(Taymyr Peninsula)에 사는 응가나산인들의 언어. 우랄어족의 사모예드어파에 속한다.

■ 응코레-키가어(Nkore-Kiga language) : 우간다 남서부에서 약 390만 명 정도가 사용하고 있는 언어. 니제르-콩고어족의 반투어파에 속한다.

■ 이그나시아노어(Ignaciano language) : 남미 볼리비아 북동부에 사는 모호스인들(Moxos people)의 언어. 모호스어(Moxos language)라고도 한다. 아라와크제어에 속한다.

■ 이그보어(Igbo language) : 아프리카 나이지리아의 남동부에서 주로 사용하는 언어. 니제르-콩고어족에 속한다. 성조언어이고, 화자 수는 약 1,800만 명 정도이다.

■ 이누이트-알류트제어(Innuit-Aleut languages) : 그린란드와 알래스카 반도의 이누이트어(에스키모어)와 알류산 열도의 알류트어로 이루어진 언어군. 화자 수는 약 5만 명 정도로 추정한다. 전형적인 포합어로, 접미사가 매우 발달해 있다.

■ 이로쿼이제어(Iroquoian languages) : 미국의 북동부와 캐나다의 남동부에 걸쳐 사용하였던 아메리카 선주민 언어들의 집합.

■ 이마스어(Yimas language) : 파푸아뉴기니의 동세픽 주(East Sepik 州)에 사는 이마스인들의 언어.

■ 이몬다어(Imonda language) : 파푸아뉴기니의 산다운 주(Sandaun 州)에 사용하는 언어. 파푸아제어에 속한다. 1994년 조사에서 사용자 수는 약 250명 정도인 것으로 밝혀져 소멸 위기에 처해 있다.

■ 이베리아어(Iberian language) : 현재 포르투갈과 스페인이 있는 이베리아 반도의

선주민들의 언어. 아직 그 의미가 해독되지 않고 있다.

- 이야크어(Eyak language) : 알래스카 남중부의 코르도바 지역의 코퍼강(Copper River) 연안에서 쓰이던 언어. 현재는 소멸하고 없다. 나-데네어족에 속한다.
- 이카어(Ika language) : 남미의 콜롬비아에 사는 아르우코인들(Arhuco people)의 언어. 치브차제어에 속한다. 아르우코어(Arhuco language)라고도 한다.
- 이텔멘어(Itelmen language) : 캄차카 반도에 사는 이텔멘인들의 언어. 2002년 러시아의 인구 조사에 따르면 이텔멘인들은 3,180명으로 집계되었지만, 이들 대부분은 사실상 러시아어를 쓰고 있어 실제 사용자는 100명 전후로 추정된다. 별칭으로 캄차달어(Kamchatkal language)라고도 한다.
- 익실어(Ixil language) : 중미 과테말라에 사는 익실인들(Ixil people)의 언어. 마야제어에 속한다.
- 일로카노어(Ilnokano language) : 필리핀의 루손섬 북부에서 사용된다. 오스트로네시아어족에 속한다.
- 자바어(Javanese language) : 인도네시아의 자바섬 중부 및 동부에 사는 자바족의 언어. 오스트로네시아어족에 속한다. 화자 수는 약 8,500만 명 정도로, 공용어로 지정되지는 않았지만 사용자 수만으로 봤을 때 인도네시아 최대 규모의 언어이다.
- 자이세어(Zayse-Zergulla language) : 아프리카의 차모호(Chamo lake) 서쪽 지역에서 에티오피아 남서부에 걸쳐 사용하는 언어. 아프로-아시아어족의 오모어파에 속한다.
- 쟐롱어(嘉絨, Rgyalrong languages) : 중국의 쓰촨성 간쯔티베트족 자치족(甘孜藏族 自治州)·아바티베트족창족 자치주(阿壩藏族羌族 自治州)에서 사용하는 언어. 시노-티베트어족의 티베트-버마어파의 쟐롱어군에 속한다. 매우 원시적인 언어로 시노-티베트조어의 옛 발음이나 어순이 그대로 남아 있기 때문에 티베트-버마제어의 '살아 있는 화석'이라고 불린다.
- 조지아어(Georgian language) : 조지아 공화국의 공용어. 남캅카스제어에 속한다. 그루지야어라고 한다. 캅카스제어 중 사용 인구가 가장 많다.
- 좡어(壯語) : 중국의 광시좡족 자치구(廣西壯族 自治區)에 거주하는 좡인들의 언어. 따이까다이어족에 속한다.
- 주쿤어(Jukunoid language) : 아프리카 나이지리아의 토착 언어. 니제르-콩고어족

에 속한다.

- 지노어(Jino language) : 중국의 윈난성에 사는 지노인들의 언어. 시노-티베트어족의 롤로버마제어에 속한다.

- 차드제어(Chadic languages) : 아프리카의 나이지리아 북부와 니제르, 차드, 중앙아프리카공화국, 카메룬 등지에서 사용되고 있는 200개 정도의 언어들.

- 차모로어(Chamorro language) : 괌과 북마리나 제도에서 쓰이는 언어로, 이 지역에서 미국 본토로 이주한 사람들은 물론 그 후손들도 사용하고 있다. 오스트로네시아어족의 말레이폴리네시아어파에 속한다.

- 참어(Cham language) : 캄보디아와 베트남에 사는 참족의 언어. 오스트로네시아어족의 말레이폴리네시아어파에 속한다.

- 체르케스어(Cherkess language) : 북서캅카스의 투르크계 언어 중 하나.

- 체레미스어(Cheremis language) → 마리어(Mari language)

- 체메웨비어(Chemehuevi language) : 미국 캘리포니아 남동부에서 콜로라도에 걸쳐 분포하는 선주민 언어. 유토-아즈텍제어에 속하고, 뉴믹어(Numic language)라고도 한다.

- 첼탈어(Tzeltal language) : 멕시코의 치아파스 주에서 사용하는 마야계 언어.

- 촌제어(Chon languages) : 남미의 푸에고 섬과 파타고니아에서 사용하는 언어군. 2개의 언어가 알려졌으나 그 중 셀크남어(Selk'nam language)는 2003년에 소멸하였고, 다른 한 언어인 테후엘체어(Tehuelche language)만이 남아 있다.

- 촌탈어(Chontal language) : 멕시코의 오악사카 주에 사는 촌탈인들의 언어.

- 촐어(Ch'ol language) : 멕시코의 치아파스 주에 사는 촐인들의 언어. 마야제어에 속한다.

- 촐티어(Cholti language) : 중미 과테말라 동부의 만체(Manche) 지역에 사용하였던 마야어계 언어. 18세기에 소멸하였다.

- 쵸우어(Tsou language) : 대만의 아리산(阿里山)에 거주하는 쵸우인들의 언어. 오스트로네시아어족에 속한다.

- 추트어(Chut language) : 베트남과 라오스에 사는 추트인들의 언어. 오스트로-아시아어족에 속한다.

- 추투힐어(Tzutujil language) : 중미 과테말라의 아티틀란호(Atitlan lake) 남쪽에서 사용하는 마야어계 언어.

■ 축치어(Chukchi language) : 러시아 극동 지역의 축치반도에 사는 축치인들의 언어.

■ 축치-캄차카제어(Chukchi-Kamchatka languages) : 시베리아 최동단의 툰드라 지대에서 축치반도에 걸쳐 분포하는 언어들의 집합. 포합어이지 능격 언어이며, 파열음과 파찰음에는 무성음밖에 없다.

■ 츠라우어(Chrau language) : 베트남 남부에 사는 초로인들(Cho Ro people)의 언어. 베트남어와 달리 성조언어가 아니다.

■ 치난테코어(Chinantec language) : 멕시코의 오악사카 주에서 사용하는 언어. 오토망게제어에 속한다. 현재 화자 수는 약 10만 명 정도이다.

■ 치누크어(Chinookan language) : 미국의 워싱턴 주와 오레곤 주를 가로지르는 콜롬비아강 하류 지역에 사는 치누크인들의 언어. 페누티대어족에 속한다.

■ 치마리코어(Chimariko language) : 미국 캘리포니아 북부에서 사용하였던 선주민 언어. 지금은 소멸하고 없다.

■ 치브차어(Chibcha language) → 무이스카어(Muisca language)

■ 치브차제어(Chibchan languages) : 중남미의 콜롬비아·파나마·코스타리카·온두라스 등지에서 사용하는 아메리카 선주민 언어들.

■ 치페와이안어(Chipewyan language) : 캐나다 북서부에 사는 치페와이안인들의 언어. 나-데네어족에 속한다.

■ 침시안어(Tsimshianic language) : 캐나다의 브리티시 콜롬비아주 북서부와 알래스카 남부에 사는 침시안인들의 언어. 화자 수는 2천 명 정도이다.

■ 카가바어(Cagaba language) : 남미 콜롬비아에 사는 코기인들(Kogi people)의 언어. 치브차제어에 속하고, 코기어(Kogi language)라고도 한다.

■ 카도제어(Caddoan languages) : 다코타 주에서 오클라호마 주까지 미중부 대평원에서 사용하였던 언어들.

■ 카렌어(Karen language) : 미얀마 및 태국 국경 주변에 사는 카렌인들의 언어. 화자 수는 약 300만 명으로, 성조를 가지고 있다.

■ 카록어(Karok language) : 미국 캘리포니아 북서부에 사는 카록인들의 언어. 호칸제어에 속한다. 2007년 조사에 따르면 사용자는 12명밖에 남아 있지 않아 소멸 위기에 처해 있다.

■ 카르트벨리제어(Kartvelian languages) → 남캅카스제어

- 카리아어(Carian language) : 예전에 소아시아 지역에서 사용하였던 언어. 현재는 소멸하고 없다.
- 카발란어(Kavalan language) : 대만의 북동 해안가에 사는 카발란인들의 언어. 오스트로네시아어족에 속한다.
- 카베카르어(Cabecar language) : 코스타리카에서 사용하는 아메리카 선주민 언어. 치브차제어에 속한다.
- 카비네냐어(Cavineña language) : 남미 볼리비아 북부 아마존강 유역에 사는 카비네냐인들의 언어. 파노-타카나제어에 속한다.
- 카비트어(Khabit language) : 중국의 윈난과 라오스 북부에서 사용하는 언어. 오스트로-아시아어족에 속한다.
- 카시어(Khasi language) : 인도의 메가랴야 주에 사는 카시인들(Khasi people)의 언어. 오스트로아시아어족의 몬-크메르제어에 속한다.
- 카쉬나와어(Kashinawa language) : 남미의 브라질과 페루에서 사는 카쉬나와인들의 언어. 파노제어에 속한다.
- 카야르딜드어(Kayardild language) : 오스트레일리아의 퀸즈랜드 북서쪽에 있는 남 웰리슬리섬(South Wellesley island)에서 사용하였던 선주민 언어. 사용 인구는 10명 내외로 현재 소멸 위기에 처해 있다.
- 카와이수어(Kawaiisu language) : 미국의 캘리포니아 남부에서 사용하였던 아메리카 선주민 언어. 유토-아즈텍제어에 속한다. 2005년 조사에 따르면, 사용자는 5명 정도 남아 있어 현재 소멸 위기에 처해 있다.
- 카웨스카르어(Kaweskar language) : 칠레쪽 파타고니아 남부에 사는 카웨스카르인들의 언어. 알라칼루프어(Alacalufan language)라고도 한다.
- 카이오와-타노아제어(Kiowa-Tanoan languages) : 미국의 뉴멕시코·캔자스·오클라호마·텍사스 등지에서 사용하였던 아메리카 선주민의 언어들.
- 카일리어(Kaili language) : 인도네시아의 술라웨시(Sulawesi)에서 사용하는 언어. 오스트로네시아어족에 속한다.
- 카친어(Kachin language) : 미얀마의 카친주·중국의 윈난에 사는 징포인들(Jingpo people)의 언어. 화자 수는 약 90만 명 정도이다. 징포어(Jingpolanguage)라고도 한다.
- 카테어(Kâte language) : 파푸아뉴기니의 모로베 주(Morobe 州)의 Finschhafe

지역에서 약 6천 명 정도가 사용하고 있는 언어. 파푸아제어에 속한다.

■ 카토어(Kato language) : 미국 캘리포니아의 에엘강(Eel River) 유역에 살았던 카토인들의 언어. 나-데네어족에 속한다. 현재는 소멸하고 없다.

■ 카투어(Katu language) : 베트남 중앙부와 라오스 동부에 사는 카투인들의 언어. 오스트로-아시아어족에 속한다.

■ 카파나와어(Capanahua language) : 페루에 사는 시피보-코비노인들(Shipibo-Kobino people)의 언어. 페루의 공용어 중 하나이다. 시피보어(Shipibo language)라고도 한다.

■ 칸나다어(Kannada language) : 인도 남부의 카라나타카 주(Karnatak 州)의 공용어. 드리비다어족에서 가장 오래된 언어 중 하나로, 약 5,500만 명의 화자를 가지고 있다. 독자적인 문자 체계인 칸나다 문자를 사용한다.

■ 칸호발어(Kanjobal language) : 멕시코 일부와 콰테말라에서 사용하는 마야어계 언어.

■ 칼미크어(Kalmyk language) : 러시아의 칼미크공화국(Kalmykia Republic) 주변에서 약 13만 명이 사용하는 언어. 일반적으로 오이라트어의 방언으로 취급되며 몽골어족에 속한다.

■ 칼토어(Kalto language) → 나할리어(Nahali language)

■ 캄-수이어(侗-水, Kam-Sui languages) : 중국의 구이저우성·후난성 서부·광시성 북부에 사는 캄-수이인들의 언어. 따이까다이어족에 속한다. 베트남 부부와 라오스에서도 약간 사용된다고 한다.

■ 캄차달어(Kamchatkal language) → 이텔멘어(Itelmen language)

■ 캄티어(Khamti language) : 미얀마와 인도의 아삼 지방에 사는 캄티인들의 언어. 따이-까다이어족에 속한다.

■ 캠베라어(Kambera language) : 인도네시아의 소순다열도에서 사용하는 언어. 오스트로네시아어족의 말레이폴리네시아어파에 속한다.

■ 케추아어(Qhichwa language) : 남아메리카 선주민 언어. 잉카 제국에서 공용어로 채택한 이래로 줄곧 안데스 지역을 중심으로 큰 세력을 유지하고 있다. 남과 북을 다 합쳐 아메리카 대륙에서 사용자 수가 가장 많은 언어이다.

■ 케트어(Ket language) : 시베리아 중앙부에 사는 소수 민족인 케트인들의 언어. 현재 사용자는 약 600명 정도로 소멸될 위기에 처해 있다. 포함어로 능격성을

띤다.

■ 켁치어(Kekchi language) : 중미의 과테말라 · 벨리즈 등지에 사는 켁치인들의 언어. 마야제어에 속한다.

■ 켄툼어군(Centum languages) : 인도유럽어족에 속하는 여러 언어 중에서 이탈리아 · 켈트 · 게르만 · 그리스 · 토카리아의 각 어파에 속하는 언어군을 가리킨다.

■ 켈트제어(Celtic languages) : 기원전 1,000년 경에 유럽 대륙의 거의 전 지역에서 사용되었으나 현재는 브리튼제도와 프랑스 일부 지역에서만 사용한다.

■ 코기어(Kogi language) → 카가바어(Cagaba language)

■ 코라어(Cora language) : 멕시코의 나야리트(Nayarit) 지역에서 쓰이는 아메리카 선주민 언어. 유토-아즈텍제어에 속한다.

■ 코레구아에어(Coreguaje language) : 남미 콜롬비아에서 사용하는 투카노제어.

■ 코르쿠어(Korku language) : 인도 중앙에 사는 코르쿠인들의 언어. 오스트로-아시아어족의 문다어파에 속한다.

■ 코만체어(Comanche language) : 미국 오클라호마 주에서 사용하는 아메리카 선주민 언어. 유토-아즈텍제어에 속한다. 2007년 조사에 따르면 약 100명 정도의 화자가 남아 있다고 한다.

■ 코메크루도어(Comecrudo language) : 미국 텍사스와 멕시코 사이의 리오그란데강 유역에 사용하였던 선주민 언어. 이미 19세기 후반에 소멸되었다.

■ 코베어(Kove language) : 파푸아뉴기니의 비스마르크제도에서 가장 큰 뉴브리튼섬(New Britain island)에서 사용하는 언어. 오스트네시아어족에 속한다.

■ 코본어(Kobon language) : 파푸아뉴기니의 마당 주(Madang 州)에서 사용하는 언어.

■ 코스타노안제어(Costanoan languages) : 샌프란시스코 해안가에서 사용하던 아메리카 선주민 언어들. 1950년에 소멸한 것으로 알려져 있다.

■ 코아휠테코어(Coahuilteco language) : 미국의 텍사스 남부와 멕시코의 코아휠라 북동부에서 사용하였던 계통적으로 고립된 언어. 이미 18세기에 소멸하였다.

■ 코이아리어(Koiaric language) : 뉴기니아의 남동부 반도(일명 Bird's Tail)에서 사용하는 파푸아계 언어.

■ 코이어(Khoe language) : 서아프리카의 나미비아(Namibia)와 칼라하리 사막(Kalahari Desert) 부근에서 사용하는 토착 언어. 비(非)반투계 언어 중 가장 규

모가 크다.

■ 코이산제어(Khoisan languages) : 남서아프리카의 칼라하리 사막과 탄자니아 일부 지역에 사는 코이코이족과 부시먹인들(산족)의 언어들. 아프리카에서 가장 규모 가 작다.

■ 코이코이어(Khoekohe language) → 호텐토트어(Hottentot language)

■ 코파인날라어(Copainala language) : 멕시코의 치아파스 주에서 사용하는 언어. 미 헤-소케제어에 속한다.

■ 콰비아어(Qabiao language) → 라쿠아어(Laqua language)

■ 쿠나어(Cuna language) : 중남미의 파나마와 콜롬비아에 사는 쿠나인들의 언어. 치브차제어에 속한다.

■ 쿠나마어(Kunama language) : 아프리카의 에리트리아 서부와 에티오피아 북부에 사는 쿠나마인들의 언어. 나일-사하라어족에 속한다.

■ 쿠니마이파어(Kunimaipa language) → 웨리어(Weri language)

■ 쿠룩스어(Kurukh lanuage) : 인도의 비하르 주(Bihar 州)·자르칸드 주 (Jarkhand 州)·오리사 주(Odisha 州)·마디아프라데시 주(Madhya Pradesh 州)·차티스가르 주(Chhattisgach 州)·서뱅골 주 및 방글라데시 북부에서 사 용하는 언어. 드라비다어족에 속한다.

■ 쿠르드어(Kurdish language) : 이란과 이라크와 터키의 경계 지역에 사는 쿠르드인 들의 언어. 인도유럽어족의 현대 이란어에 속한다.

■ 쿠베오어(Cubeo language) : 남미의 브라질과 콜롬비아, 베네수엘라에 사는 쿠베 오인들의 언어. 투카노제어에 속한다.

■ 쿠시제어(Cushitic languages) : 아프로-아시아어족의 하위 그룹으로 주로 소말리 아·탄자니아·케냐·수단·이집트 등지에서 사용하는 언어들 아프로-아시아어 족의 하위 분파에 속한다.

■ 쿠춤바어(Kuchumba language) → 암하라어(Amharic language)

■ 쿠페뇨어(Cupeño language) : 미국의 캘리포니아 남부에서 사용하였던 아메리카 선주민 언어. 유토-아즈텍제어에 속하나 현재는 소멸하고 없다.

■ 쿨레레어(Kulere language) : 아프리카 나이지리아의 대평원에서 사용하는 언어. 아프로-아시아어족의 서부차드제어에 속한다.

■ 크리어(Cree language) : 북아메리카에서 쓰이는 알골킨 계통의 언어. 북미의 아

메리카 선주민 언어 중 두 번째로 규모가 크다.

■ 크와마어(Kwama language) : 아프리카의 에티오피아 남부에서 쓰이는 언어.

■ 클레머스어(Klamath language) : 미국의 오레곤 남부와 캘리포니아 북부에 걸쳐 있는 클레머스호(Klamath lake) 주변에 살았던 클레머스인들의 언어. 2003년에 소멸하였다고 한다.

■ 키체어(Quiche language) : 중미의 과테말라 중앙 고원 지대에 사는 키체인들의 언어. 마야제어에 속하고, 사용자 수는 230만 명을 넘는다.

■ 타라스코어(Tarascan language) : 멕시코의 미초아칸 주(Michoacan 州)에 사는 푸레페차인들(Purepecha people)의 언어. 계통 불명의 고립 언어이다.

■ 타밀어(Tamil language) : 인도 정부가 지정한 22개 계획어에 속하며 인도의 타밀나두 주와 푸두체리 연방령의 공용어이다. 스리랑카와 싱가포르에서도 공용어로 지정되어 있고, 말레이시아와 싱가포르 일대의 남도계 이민자들이 주로 사용하는 언어이기도 하다. 드라비다어족에 속하고, 가장 오랜 기간 살아남은 고전어 중 하나이다.

■ 타바사라어(Tabasaran language) : 러시아의 다게스탄 공화국에 사는 타바사라인들의 언어. 북동캅카스제어에 속한다.

■ 타켈마어(Takelma language) : 미국 오레곤 주 남서부의 로그강(Rogue River) 중상류 지역에 거주했던 타켈마인들의 언어. 이미 19세기에 소멸하였다

■ 타타르어족(Tatar languages) : 볼가강과 우랄강 유역에 사는 투르크인의 언어들.

■ 테소어(Teso language) : 아프리카의 우간다와 케냐에 거주하는 테소인들의 언어. 나일-사하라어족의 동부 나일제어에 속한다. 1991년 조사에 따르면 우간다에 약 100만 명, 케냐에 약 28명의 사용자가 있다고 한다.

■ 테페완어(Tepehuan language) : 멕시코 북부에서 사용하고 있는 언어. 유토-아즈텍제어에 속한다.

■ 테페카노어(Tepecano language) : 멕시코의 할리스코 주(Jalisco 州) 지역에서 사용하였던 언어. 유토-아즈텍제어에 속한다. 현재는 소멸하고 없다.

■ 텔루구어(Telugu language) : 인도 남동부 안드라프라데시 주(Andhra Pradesh 州)의 공용어. 드라비다어족에 속하는 언어로서는 가장 많은 수의 사용자(약 8천 만 명)를 가지고 있다.

■ 토바어(Toba language) : 남미의 아르헨티나·파라과이·볼리비아에 사는 토바인

들의 언어. 마타코-과이쿠루제어에 속한다.

■ 토바-바탁어(Toba-Batak language) : 인도네시아의 수마트라섬 북부에 있는 토바 호(Toba lake) 주변에서 사용하는 언어. 오스트로네시아어족에 속한다.

■ 토벨로어(Tobelo language) : 인도네시아 할마헤라섬(Halmahera sland)의 동부 및 주변 여러 섬에서 사용하는 언어. 서파푸아제어에 속한다.

■ 토카라어(Tocharian languages) : 현재의 중국 신장에 있는 타림 분지(Tarim Basin)에서 사용하던 언어. 인도유럽어족에 속하는 언어로, 토카라어 A(아그나 어 · 동토카라어)와 토카라어 B(쿠처어 · 서토카라어)로 이루어져 있다. 인도유 럽어족에 속하는 언어 중 가장 동쪽에 분포하는 언어로, 6세기~8세기 경에 사 용되다가 소멸하여 현재는 쓰이지 않는다.

■ 토토나코어(Totonacan language) : 멕시코 베라크루즈 주의 중부 지역에서 푸에블 라 주 북부 지역에 걸쳐 사는 토토나코인들의 언어.

■ 토톤테펙어(Totontepec language) : 멕시코의 오악사카 주 북동부에서 사용하는 언 어. 미헤-소케제어에 속한다.

■ 투르카나어(Turkana language) : 아프리카의 케냐에 사는 투르카나족의 언어. 약 34만 명의 화자를 가지고 있다.

■ 투르크제어(Turkic languages) : 중앙아시아 전체와 몽골고원 서쪽에 걸쳐 있는 알 타이 산맥을 중심으로 동유럽과 시베리아에 이르는 광대한 지역에서 사용하는 여러 언어들.

■ 투유카어(Tuyuca language) : 남미의 콜롬비아와 브라질에 사는 투유카인들의 언 어. 동부 투카노제어에 속한다.

■ 투카노제어(Tucanoan languages) : 남미의 콜롬비아 · 브라질 · 에콰도르 · 페루의 아마존 바우패스강 유역 전체의 링구아프랑카로 사용되고 있는 언어.

■ 투피-과라니제어(Tupi-Guarani languages) : 남미에서 사용되고 있는 투피어족(Tupi languages) 중 가장 중요한 어군으로, 55개의 언어로 구성된다.

■ 퉁구스어(Tungusic language) : 알타이계 언어 중 하나. 시베리아 동부연해주사할 린의 일부만주에 흩어져 사는 퉁구스인들의 언어. 형태적으로 교착어에 속하고, 복잡한 격 시스템을 가지고 있으며, 시제와 상의 구분이 발달해 있다.

■ 틀라파넥어(Tlapanec language) : 멕시코의 게레로 주(Guerrero 州)에 사는 틀라 파넥인들의 언어. 오토망게제어에 속하고, 현재 약 10만 명 정도가 사용한다.

- 틀라위톨테펙어(Tlahuitoltepec language) : 멕시코의 오악사카 주 북동부 지역에서 사용하는 언어. 미헤-소케제어에 속한다.
- 틀링깃어(Tlingit langauage) : 알래스카 남동부 및 캐나다 서부에서 사용하는 선주민 언어. 나-데네어족에 속한다. 1995년 조사에 따르면 당시 사용자 수는 845명이었다.
- 티베트어(Tibetan language) : ① 좁은 의미의 티베트어(고전 문어와 티베트·카슈미르·부탄·중국의 서부에서 사용되는 언어들) ② 티베트-히말라야어군(네팔과 인도의 시킴 지방의 언어들) ③ 북부 아삼어군
- 티위어(Tiwi language) : 오스트레일리아 북부 해안과 티위섬(Tiwi island)에서 사용하는 선주민 언어. 계통적으로 고립된 언어이다.
- 파노-타카나제어(Pano-Tacanan languages) : 남미의 페루·브라질 서부·볼리비아·파라과이에서 사용하는 언어군. 그 안에는 33개의 언어가 포함된다.
- 파마-늉간제어(Pama-Nyungan languages) : 오스트레일리아에서 가장 큰 규모의 언어군. 약 300개 정도의 오스트레일리아 선주민 언어들이 여기에 속한다.
- 파슈토어(Pashto language) : 아프가니스탄 동부와 남부, 파키스탄 서부에서 사용하는 언어. 인도유럽어족의 인도이란어파에 속한다.
- 파아마어(Paama language) : 오세아니아의 바누아투 공화국(Republic of Vanuatu) 북부의 파아마섬에서 사용하는 언어. 약 6,000명의 화자를 가지고 있다. 오스트로네시아어족의 오세아니아제어에 속한다.
- 파야어(Paya language) : 중앙아메리카의 온두라스 북동부에 사는 파야인들의 언어. 치브차제어에 속한다.
- 파이우테어(Paiute language) : 미국의 대분지(Great Basin) 지역에 살았던 파이우테인들의 언어. 2007년 조사에 따르면 700명 정도의 사용자밖에 남아 있지 않아 현재 소멸 위기에 처해 있다. 유토-아즈텍제어에 속한다.
- 파이파이어(Paipai language) : 멕시코의 쿠메야아이(Kumeyaay) 지역에 사는 파이파이인들의 언어. 2007년 조사에 따르면 100명 정도의 사용자밖에 남아 있지 않아 현재 소멸 위기에 처해 있다. 유마제어에 속한다.
- 파코어(Pacoh language) : 라오스 중앙부와 베트남 중앙부에 사는 파코인들의 언어. 오스트로-아시아어족에 속한다.
- 파파고어(Papago language) : 미국의 애리조나 주 남부와 멕시코의 소로나 주 북

부에 사는 파파고인들과 피마인들(Pima people)의 언어. 2007년 조사에 따르면 14,000명 정두의 사용자를 가지고 있다. 유토-아즈텍제어에 속한다.

■ 파푸아제어(Papuan Languages) : 뉴기니아섬과 그 주변에 분포하는, 오스트로네시아어족에도 속하지 않고 오스트레일리아제어도 아닌 언어들을 통틀어 일컫는 말. 어순은 SOV형이고, 동사에 매우 복잡한 격변화를 가지고 있다.

■ 팔라웅어(Palaung language) : 주로 미얀마의 샨 주에 사는 팔라웅인들의 언어. 오스트로-아시아어족에 속한다.

■ 팔리어(Pali language) : 중기 인도아리아제어에 속하는 언어. 산스크리트의 속어 또는 지역어라고 불리는 프라크리트를 대표하는 언어이다. 다량의 문헌을 가진 남방 불교의 경전이 주로 이 언어를 사용하여 쓰였기 때문에 불경 연구에 매우 중요하다.

■ 팔리크루어(Palikur language) : 남미의 브라질과 프랑스령 기아나(French Guiana)에 사는 팔리크루인들의 언어. 아라와크제어에 속한다.

■ 팟타니어(Pattani language) → 만차드어(Manchad language)

■ 페누티대어족(Penutian languages) : 미국의 워싱턴 주·오레곤 주·캘리포니아 주에서 한때 가장 널리 사용하였던 아메리카 선주민의 언어들.

■ 페르시아어(Persian language) : 이란을 중심으로 한 중동 지역에서 쓰이는 언어. 인도유럽어족에 속하며 이란의 공식 언어이기도 하다.

■ 포나페어(Ponapean language) : 캐롤라인 제도의 폰페이섬(Pohnpei island)에서 사용하는 언어. 폰페이어(Pohnpeian language)라고도 한다. 오스트로네시아어족의 미크로네시아제어에 속한다.

■ 포모제어(Pomoan languages) : 미국의 캘리포니아에서 사용하였던 아메리카 선주민 언어들.

■ 포추텍어(Pochutec language) : 멕시코의 오악사카 주에서 사용하였던 언어. 유토-아즈텍제어에 속하며, 현재는 소멸하였다.

■ 폰페이어(Pohnpeian language) → 포나페어(Ponapean language)

■ 푸투나어(Futuna language) : 푸투나섬과 뉴칼레도니아 등지에서 사용하는 언어. 오스트로네시아어족의 폴리네시아제어에 속한다.

■ 푸투나-아니와어(Futuna-Aniwa language) : 오세아니아이 바누아투 공화국의 푸투나섬과 그 주변에서 사용하는 언어. 오스트로네시아어족의 폴리네시아제어에 속

한다.

■ 프라오크어(Praok language) → 와어(Wa language)

■ 피로어(Piro language) : 남미의 페루에서 사용되는 언어. 아라와크제어에 속한다.

■ 피필어(Pipil language) : 중앙아메리카의 엘살바도르 서부에 사는 피필인들의 언어. 유토-아즈텍제어에 속한다. 2005년 조사에 따르면 현재 11,100명 정도의 사용자가 있다고 한다. 나와트(Nawat language)라고도 한다.

■ 핀-우그리아제어(Finno-Ugrian languages) : 우랄어족의 하위 분류로, 헝가리어·핀란드어·에스토니아어를 포함하는 언어군.

■ 필라가어(Pilaga language) : 남미 아르헨티나의 베르메호강(Bermejo River)·필코마요강(Pilcomayo River)의 협곡·포르모사 주(Formosa州) 서부에서 사용하는 언어. 2004년 조사에 따르면 4,000명 정도의 사용자가 있다. 과이쿠루제어에 속한다.

■ 하구루어(Jaguru language) → 하카루어

■ 하니어(Hani language) : 중국의 윈난성 남부에 사는 하니인들의 언어. 시노-티베트어족의 롤로버마제어에 속한다. 라오스·태국·베트남의 북부 지역에서도 사용한다.

■ 하유어(Hayu language) : 네팔에 사는 키라티인들(Kirati people)의 언어.

■ 하우사어(Hausa language) : 주로 아프리카 나이지리아 북부에서 니제르 남부에 걸쳐 거주하는 하우사인들의 언어. 3개의 성조를 가진 성조언어이다.

■ 하이다어(Haida language) : 캐나다 브리티시 콜롬비아 주의 퀸샬롯제도와 미국의 알래스카 등지에 사는 하이다인들의 언어. 현재의 사용자 수는 3개 부락의 수십 명 정도로 추정되어 소멸 위기에 처해 있다.

■ 하카스어(Khakas language) : 러시아의 하카스 공화국(Khakassia)를 중심으로 분포하는 하카스인들의 언어. 알타이어족의 투르크제어에 속한다.

■ 하칼텍어(Jakaltek language) : 주로 중미 과테말라에서 사용하는 언어. 마야제어에 속하고, 약 9만 명 정도의 화자가 있다.

■ 하키-아이마라제어(Jaqi-Aymaran languages) : 케추아어와 함께 중앙 안데스의 주요 언어군 중의 하나이다.

■ 하티어(Khattic language) : 소아시아의 히트이트 제국의 사람들이 사용하였던 언어. 기원전 1,600년~기원전 1,100까지 사용되었다. 일단 인도유럽어족에 속한

다고 여겨져 왔으나, 다른 인구어들과 비슷하지 않은 많이 있어 매우 이른 시기에 인구어에서 분리되었을 것으로 추정된다.

■ 한티어(Khanti language) → 오스티야크어(Ostyak language)

■ 헤브라이어(Hebrew language) : 유대인들의 고유 언어로 셈어계로 분류된다. 고대 헤브라인이 모어 사용했던 고전 헤브라이어와 현재 이스라엘의 현대 헤브라이어로 크게 두 개로 나눌 수 있다.

■ 호어(Ho language) : 인도에서 107만 명 정도가 쓰는 언어. 오스트로-아시아어족의 문다어파에 속한다. 문자는 데바나가리(Devanagari) 문자를 쓴다.

■ 호텐토트어(Hottentot language) : 아프리카 남부의 나미비아·보츠와나·남아프리카공화국에 사는 호텐토트인들의 언어로, 나미비아의 공용어이다. 코이산어족에 속하고, 코이코이어(Khoekohe language) 또는 나마어(Nama language)라고도 한다.

■ 후르리어(Hurrian language) : 기원전 2,300년 경부터 기원전 1,000년 경까지 메소포타미아에 살며 미탄니 왕국을 세운 후르리인들의 언어.

■ 후파어(Hupa language) : 미국 캘리포니아 북서부의 트리니티강(Trinity River) 하류 지역에 살았던 후파인들의 언어. 나-데네어족에 속한다. 1998년 조사에 따르면 사용자가 8명밖에 남아 있지 않아 소멸 위기에 처해 있다.

■ 히바로제어(Jivaroan languages) : 남미의 페루 북부와 에콰도르 동부에 분포하는 소언어군. 슈아르어(Shuar language), 아추아르어(Achuar language), 아와준어(Awajun language), 후암비사어(Huambisa language) 등이 포함된다.

■ 힌디어(Hindi language) : 영어와 함께 1965년부터 인도에서 공용어로 사용하고 있는 언어. 주로 인도 중부와 북부에서 많이 사용한다. 화자 수는 약 5억 명 정도로, 인도 안에서 가장 많이 쓰이는 언어일뿐만 아니라 세계적으로도 중국어와 영어에 이어 세 번째로 많이 쓰이는 언어이다.

용어 색인

인명 색인

‖ 저자 마쓰모토 가쓰미(松本克己)

1929년 나가노현(長野縣) 출생
도쿄대학 문학부 언어학과 졸업, 동대학원 석사, 가나자와대학(金澤大學) 법문학부, 쓰쿠바대학(筑波大學) 대학원 문예언어학연구과, 시즈오카현립대학(靜岡縣立大學) 대학원 국제관계학 연구과 교수를 거쳐, 현재 가나자와대학, 시즈오카현립대학 명예교수, 전 일본언어학회회장. 전공은 인구비교언어학, 언어유형론.

‖ 역자 박종후

현재 일본 시마네현립대학(島根縣立大學)·히로시마슈도대학(廣島修道大學) 강사
연세대학교 국어국문학과 졸업(2002), 같은 대학원 국어국문학과 석사 졸업(2009), 박사 과정 수료
일본 도쿄외국어대학 ISEP(International Student Exchange Program) 참가
연세대학교 언어교육연구원 한국어학당 강사(2009-2012)
연세대학교 언어정보연구원 사전편찬실 연구원(2009-2012)
21세기 세종계획 구어 전사 말뭉치 구축 참여(2002-2005)
「'의' 명사구에서 논항 관계의 양상」(2009), 「한국어 학습자용 외래어 사전 편찬을 위한 기초 연구」(공저, 2012), 「한국어에서 중첩의 유형과 기능」(2013), 『한국어 구어 말뭉치 연구』(공저, 2013) 등을 발표함.

언어유형지리론과 환태평양 언어권

유형지리론으로 탐구하는 언어의 친족 관계

초판 인쇄 2014년 11월 14일 | 초판 발행 2014년 11월 21일
저 자 마쓰모토 가쓰미(松本克己)
역 자 박종후
펴낸이 이대현 | 편집 권분옥
펴낸곳 도서출판 역락 | 등록 제303-2002-000014호(등록일 1999년 4월 19일)
주소 서울시 서초구 동광로 46길 6-6 문창빌딩 2층
전화 02-3409-2058(영업부), 2060(편집부) | 팩시밀리 02-3409-2059
전자우편 youkrack@hanmail.net
ISBN 979-11-5686-097-6 93730

정가 34,000원

■ 파본은 구입처에서 교환해 드립니다.

이 도서의 국립중앙도서관 출판예정도서목록(CIP)은 서지정보유통지원시스템 홈페이지(http://seoji.nl.go.kr)와 국가자료공동목록시스템(http://www.nl.go.kr/kolisnet)에서 이용하실 수 있습니다.(CIP제어번호: CIP2014031589)